U0536332

甘肃省文化资源名录

（第四十三卷）

文化类高等教育、文化艺术机构团体 II

群众文化艺术馆

总 主 编：陈 青　王福生
副总主编：马廷旭
总 校 对：刘玉顺
本卷主编：吴绍珍

中国书籍出版社
China Book Press

图书在版编目（CIP）数据

甘肃省文化资源名录. 第四十三卷 / 陈青, 王福生总主编; 甘肃省社会科学院编. — 北京 : 中国书籍出版社, 2018.1

ISBN 978-7-5068-6727-6

Ⅰ.①甘… Ⅱ.①陈… ②王… ③甘… Ⅲ.①文化遗产—甘肃—名录 Ⅳ.①K294.2-62

中国版本图书馆CIP数据核字（2018）第027850号

甘肃省文化资源名录　第四十三卷

陈　青　王福生　　总主编
甘肃省社会科学院　编

责任编辑	陈守卫　王　淼
责任印制	孙马飞　马　芝
封面设计	东方美迪
出版发行	中国书籍出版社
地　　址	北京市丰台区三路居路97号（邮编：100073）
电　　话	（010）52257143（总编室）　　（010）52257140（发行部）
电子邮箱	eo@chinabp.com.cn
经　　销	全国新华书店
印　　刷	三河市顺兴印务有限公司
开　　本	787毫米×1092毫米　1/16
字　　数	554千字
印　　张	24.75
版　　次	2018年1月第1版　2018年1月第1次印刷
书　　号	ISBN 978-7-5068-6727-6
定　　价	295.00元

版权所有　翻印必究

甘肃省文化资源普查和分类分级评估工作领导小组

组　长　　连　辑

副组长　　张广智

成　员　　俞建宁　张建昌　范　鹏　武来银　伏晓春　赵海林
　　　　　　王智平　周继尧　史志明　李宗锋　阿　布　李　堋
　　　　　　曹玉龙　陈　汉　梁文钊　陈德兴　妥建福　樊　辉
　　　　　　肖立群　王兰玲　肖学智　宋金圣　拜真忠　卢旺存
　　　　　　石生泰　柳　民　吴国生　火玉龙　车安宁　马少青
　　　　　　王福生　张智若

甘肃省文化资源普查
和分类分级评估工作领导小组办公室及下设机构

主　　　任　　范　鹏

常务副主任　　王福生

副 主 任　　李　埘　王兰玲　柳　民

执行副主任　　侯拓野　马廷旭　陈月芳　廖士俊

成　　　员　　杨文福　丁　禄　田锡如　李含荣　路晓峰　刘效明
　　　　　　　张建胜　徐麟辉　马志强　张春锋　梁朝阳　方剑平
　　　　　　　黄国明　王银军　刘志忠　李拾良　王登渤　赵艳超
　　　　　　　席浩林　王　钢　刘　晋　李军林　王景辉　邵　斌
　　　　　　　杨彦斌　李素芬　李才仁加　王　旭　王治纲

综合协调组

　　组　长　　王灵凤
　　成　员　　庞　巍　马争朝　吴绍珍　巨　虹　王彦翔　唐莉萍
　　　　　　　段翠清

普查业务组

　　组　长　　谢增虎
　　成　员　　马东平　侯宗辉　马亚萍　戚晓萍　魏学宏　李　骅
　　　　　　　买小英　梁仲靖　王　屹　海　敬

技术保障组

　　组　长　　刘玉顺
　　成　员　　胡圣方　王　荟　谢宏斌　张博文　宋晓琴

专家联络组

　　组　长　　郝树声　马步升
　　成　员　　金　蓉　赵　敏

甘肃省文化资源名录编纂委员会

主　　　任　陈　青　郝　远

副 主 任　范　鹏　彭鸿嘉　俞建宁　王福生

委　　　员　朱智文　安文华　刘进军　马廷旭
　　　　　　王俊莲　王　琦　陈双梅

总 主 编　陈　青　王福生

副总主编　马廷旭

总 校 对　刘玉顺

成　　　员　谢增虎　马东平　侯宗辉　马亚萍　戚晓萍
　　　　　　魏学宏　赵国军　谢　羽　金　蓉　买小英
　　　　　　巨　虹　吴绍珍　胡圣方　李　骅　鲁雪峰
　　　　　　梁仲靖　王　荟　王　屹　海　敬　段翠清
　　　　　　李志鹏　尹小娟　姜　江

前　言

丝绸之路三千里，华夏文明八千年。甘肃是华夏文明的重要发祥地之一，是中华民族重要的文化资源宝库，是国务院认定的"华夏文明传承创新区"。为了保护和传承甘肃恢宏的历史与当代文化资源，使之能够汇总展示给世界，并永久流传，甘肃省从2013年4月启动了全省文化资源普查工作。在甘肃省文化资源普查和分类分级评估工作领导小组组织下，动员全省各市（州）县（区）、31个厅局及省直单位的专业人员，数十位专家学者，历时两年，完成了普查和数据录入工作。对于全省文化资源普查成果，甘肃省社会科学院又经过两年时间整理完善、分类编辑、拾遗补阙、校对编排，现在终于有了《甘肃省文化资源名录》的付梓出版。

《甘肃省文化资源名录》集中展现了甘肃历史悠久、丰富多样的文化资源。甘肃历史文化遗存位列全国前茅，民族民俗文化特色鲜明，现代文化颇具实力。伏羲文化、大地湾文化、马家窑文化、齐家文化、寺洼文化、彩陶文化、周秦早期文化、长城文化、汉简文化、三国文化、五凉文化、敦煌文化、石窟文化、黄河文化等历史文化资源积淀深厚；道教文化、西夏文化、伊斯兰文化、藏传佛教文化等民族宗教文化资源星罗棋布；大革命文化、根据地文化、长征文化、抗日文化、解放区文化等红色文化资源耀眼夺目；工业文化、科技文化、歌舞文化、大众文化等现代文化资源特色鲜明。可以说，文化资源是历代生活在甘肃的华夏儿女留给这块大地的永不磨灭的最辉煌印记。

就甘肃省文化资源的精华而言，截至2017年初，全省馆藏可移动文物为195.84万件，各类不可移动文物16895处。有世界文化遗产7处，全国重点文物保护单位131处，省级文物保护单位556处，国家级非物质文化遗产代表性项目68项。有国家级历史文化名城4座，国家级历史文化名镇7座，中国历史文化名村 2 座，中国传统村落 36 个。莫高窟、嘉峪关、伏羲庙、麦积山、炳灵寺、阳关、玉门关、锁阳城、崆峒山、拉卜楞寺、中山桥……，都是甘肃文化的历史见证；敦煌汉简、悬泉汉简、铜奔马、牛肉面、剪纸、花儿、皮影、羊皮筏子、黄河水车……，都是甘肃永恒的文化名片；腊子口、哈达铺、会师楼、南梁……，都是甘肃代表性红色文化遗产；酒泉卫星发射中心、刘家峡水电站、玉门油田、《读者》《丝路花雨》《大梦敦煌》……，都是甘肃之所以为甘肃的鲜明标志；祁连山、雪山冰川、河西走廊、大漠戈壁、高原草原、天池梅园……，都是如意甘肃的生动写照。众多的历史、自然和现代文化资源犹如满天繁星，镶嵌在广袤的甘肃大地上熠熠生辉。

　　《甘肃省文化资源名录》汇总甘肃省文化资源的精华，完成了打造华夏文明传承创新区的基础工作。《名录》将文化资源分为二十大类，分别是：文物；红色文化；重要历史事件与人物；重要历史文献；民族语言文字；非物质文化遗产；自然景观文化；宗教文化；文学艺术；饮食文化；建筑文化；节庆、赛事文化；文化之乡；地名文化；文化传媒；社科研究；文化类高等教育；文化艺术机构团体；文化产业；文化人才。每类文化资源按属性又分若干子分类，每个子分类都有严格的界定。同时，将文化资源级别分为省级和市州级。省级文化资源是指国务院、国家有关部委、甘肃省政府和省直部门已经明确命名、认定、管理（或委托管理）的国家级和省级文化资源，以及甘肃省文化资源普查办公室评估认定并核定公布、报送备案的文化资源。市州级文化资源是指甘肃省各市州、县级政府及其管理部门已经明确命名、认定、管理的市县文化资源，以及甘肃省文化资源普查办公室评估认定并核定公布、报送备案的市县文化资源。甘肃省内世界级文化资源（遗产）纳入省级文化资源管理范围，暂未认定级别和不需认定级别的文化资源统一纳入市州级文化资源范围。

　　推出《甘肃省文化资源名录》，对于推进华夏文明传承创新区建设、甘肃文化大省建设、丝绸之路黄金段建设意义深远。《名录》不仅仅记录了甘肃文化资源的种类和数量，也使甘肃文化资源的资源类别、品相级别、蕴藏情况、流布地域、传承范围和衍变情况得以准确和清晰化。通过编辑出版《甘肃省文化资源名录》，形成一个科学完整的文化资源数据库、文化资源研究的学术平台、文化资源传承保护和开发利用的指南，有助于更好地挖掘那些具有世界影响、国家价值、显著特点、唯一仅存、开发潜力巨大的代表性文化资源，为文化资源的有效保护提供科学依据，为重点文化资源找到开发的机遇并重塑生长的价值，为文化产业项目的开发利用提供可靠的参考。所以，《名录》的推出，是甘肃省文化资源普查成果面向世界迈出的第一步，是文化实力助推甘肃转型发展的坚实步伐，它为甘肃省今后对文化资源进行保护传承、专题研究、数字展示、市场开发奠定了基础。

甘肃省社会科学院
2017 年 7 月

目 录

前　言　001

群众文化艺术馆　001

（一）兰州市城关区　002

（二）兰州市七里河区　011

（三）兰州市西固区　016

（四）兰州市安宁区　018

（五）兰州市红古区　021

（六）兰州市榆中县　025

（七）兰州市皋兰县　036

（八）兰州市永登县　042

（九）酒泉市玉门市　049

（十）酒泉市敦煌市　061

（十一）酒泉市肃北蒙古族自治县　069

（十二）酒泉市阿克塞县　071

（十三）金昌市金川区　075

（十四）金昌市永昌县　076

（十五）天水市秦州区　085

（十六）天水市麦积区　096

（十七）天水市清水县　105

（十八）天水市秦安县	112
（十九）天水市甘谷县	121
（二十）天水市武山县	123
（二十一）天水市张家川回族自治县	131
（二十二）武威市凉州区	138
（二十三）武威市古浪县	157
（二十四）武威市民勤县	167
（二十五）武威市天祝藏族自治县	178
（二十六）张掖市甘州区	189
（二十七）张掖市山丹县	190
（二十八）张掖市临泽县	193
（二十九）张掖市肃南裕固族自治县	196
（三十）白银市白银区	201
（三十一）白银市平川区	205
（三十二）白银市会宁县	213
（三十三）白银市靖远县	227
（三十四）白银市景泰县	236
（三十五）平凉市崆峒区	244
（三十六）平凉市泾川县	246
（三十七）平凉市华亭县	247
（三十八）平凉市静宁县	251
（三十九）庆阳市西峰区	257
（四十）庆阳市华池县	263
（四十一）庆阳市合水县	265
（四十二）庆阳市宁县	272
（四十三）庆阳市庆城县	279
（四十四）庆阳市镇原县	288
（四十五）庆阳市环县	300

（四十六）定西市安定区	310
（四十七）定西市通渭县	319
（四十八）定西市陇西县	320
（四十九）定西市漳县	323
（五十）定西市渭源县	330
（五十一）定西市岷县	333
（五十二）定西临洮县	334
（五十三）陇南市成县	343
（五十四）陇南市徽县	347
（五十五）陇南市西和县	348
（五十六）陇南市礼县	349
（五十七）陇南市康县	360
（五十八）临夏回族自治州积石山保安族东乡族撒拉族自治县	363
（五十九）甘南藏族自治州合作市	364
（六十）甘南藏族自治州卓尼县	367
（六十一）甘南藏族自治州临潭县	375
（六十二）甘南藏族自治州玛曲县	376

后　记　378

甘肃省文化资源名录
第四十三卷 文化类高等教育、文化艺术机构团体 II

群众文化艺术馆

（一）兰州市城关区

0001 甘肃省图书馆

地　　址：城关区南滨河东路 488 号

隶属关系：甘肃省人民政府甘肃省文化厅

人　员　数：191 人

观　众　数：30 万人

开展活动情况：周末名家讲坛，国学讲座。

文艺创作作品：该馆编印了《迎接新挑战——WTO 对我国各行各业的影响》《中国西部大开发论文索引（1997—1999）》《西部大开发论文摘要》等二次文献。

简　　介：甘肃省图书馆创建于1916年，初名甘肃省公立图书馆（1932年更名甘肃省立图书馆，1942年更名甘肃省立兰州图书馆）。1944年，国立西北图书馆（1947年更名国立兰州图书馆）创办，1949年10月两馆合并为兰州人民图书馆，后更名西北人民图书馆，从1953年起称甘肃省图书馆。甘肃省图书馆迄今已有百年历史，是向社会公众提供图书阅读和知识咨询服务的学术性机构，是全省教育、科学、文化事业的重要组成部分。甘肃省图书馆是全国九个地区中心图书馆之一，也是西北地区的中心图书馆。

0002 甘肃省地质博物馆

地　　址：城关区团结路 6 号

隶属关系：甘肃省人民政府

人　员　数：18 人

观　众　数：28 万人

开展活动情况：地质化石研究，展播富有陇原特色、具有原创性的《甘肃概况》《甘肃地质公园》《甘肃土地资源》《遨游甘肃》等 20 多部影视片和幻像等。

场地面积：12568 平方米

文艺创作作品：无

简　　介：甘肃地质博物馆始建于1943年，其前身为地质陈列室，由我国老一辈地质学家王日伦先生创建，是全国最早的地质博物馆之一。甘肃地质博物馆建筑面积12568平方米，布展面积4860平方米，建筑风格新颖别致，独具地方和时代特色。馆内设有序厅、地球厅、矿物岩石厅、宝玉石厅、生命演化厅、土地资源厅、地质环境厅、矿产资源厅、4D穿幕影厅和临时展厅，馆外设有矿石林和影雕文化墙。馆内收藏了省内外地质矿产、古生物、矿物和岩石标本共3万余件。馆内展示有大夏巨龙、兰州龙和甘肃鸟等大批国宝级精品。展厅内循环播放富有陇原特色、具有原创性的20多部影视片和幻像、以及《宝石趣闻》《地震体验》等寓教于乐的一系列互动项目。

0003 兰州市博物馆

地　　址：城关区庆阳路 240 号

隶属关系：甘肃省人民政府

观 众 数：26万人

开展活动情况：文物收藏展览。

场地面积：4400平方米

文艺创作作品：无

简　　介：兰州市博物馆位于城关区庆阳路东段240号，建于1984年，占地4400平方米，为地方性综合博物馆。馆藏文物13000余件。其中马家窑文化马厂类型的彩塑陶鼓是我国已知最早的打击乐器，出土于红古区的马家窑类型彩陶瓮，高63厘米，肩宽56厘米，为迄今发现的最大的彩陶器。另外，像西周青铜簋、东汉写字纸、唐二彩云头鞋、宋代青瓷堆塑瓶、明肃王白瓷造像、鲁土司盔甲等，都是珍贵文物。

0004 兰州彩陶馆

地　　址：城关区北滨河路450号

隶属关系：兰州市人民政府

人 员 数：15人

观 众 数：8000人

开展活动情况：彩陶文化展览、交流、研究。

场地面积：1400平方米

文艺创作作品：无

简　　介：兰州彩陶馆由序厅、展示厅、体验厅三部分组成，利用声、光、电相结合的高科技数字化技术手段，通过彩陶文化展览、先民生活场景复原、多媒体模拟制陶过程、陶吧互动等方式，集中呈现兰州地区出土的马家窑文化彩陶及各时期、各种类型的彩陶，使观众能对彩陶文化，特别是马家窑文化有更多的认识和了解。本馆旨在弘扬和普及彩陶文化，让观者在轻松愉悦的环境中体验彩陶的魅力！

0005 兰州缠海鞭杆传习所

地　　址：城关区兰州民族中学对面

隶属关系：兰州市非遗中心

人 员 数：550人

观 众 数：3000人

开展活动情况：兰州缠海鞭杆在民族中学对面冰河路开展传承活动，每天坚持活动的有20人左右。

场地面积：200平方米

文艺创作作品：无

简　　介：在全省武术比赛中，共有29人获奖，其中一等奖1名，二等奖15个，三等奖13个。还组织队员参加了兰州举办的国际马拉松比赛开幕式中的武术表演。

0006 兰州市图书馆

地　　址：兰州市城关区雁宁路415号

隶属关系：兰州市人民政府

人 员 数：56人

观 众 数：22万人

开展活动情况：兰州市图书馆从2005年起已成功举办了10届以"阅读丰富人生，构建和谐社会"为总主题的"兰州读书节"大型系列读书活动。"兰州读书节"已成为在国内有一定影响的全民阅读文化品牌，被兰州市精神文明建设委员会评为"兰州市首届精神文明建设创新案例奖"。"金城大讲堂"是我馆多年策划举办的另一个公益文化品牌活动，秉承公益宗旨免费向读者开放。"金城大讲堂"每年都邀请国内著名专家学者、社会名人做客兰州，就社会热点和读者关注的问题做专题演讲并且面对面和读者开展互动交流，已先后邀请卢勤、纪连海、毛佩琦、翁敏华、郭敬明、杨金波、鲍日新、李达武、王立群、刘延宁、范鹏等国内知名专家学者做客"金城大讲堂"，为兰州市民送上了一道道精美的文化大餐。

场地面积：8318 平方米

文艺创作作品：无

简　介：兰州市图书馆成立于 1957 年，现馆址位于城关区雁宁路 415 号，由兰州市政府于 1997 年 12 月投资建成。主体服务大楼四层，局部行政业务办公楼五层。安装有防火防盗报警监控安防系统、供电照明系统、程控电话交换系统、计算机网络系统、金盘自动化集成管理系统、音响播放系统等基本较完善的综合智能系统。设有咨询、报纸、期刊、中文图书、地方文献、特藏、电子、少儿、盲文、自学等 13 个全开放服务窗口，读者报告厅和展厅各一个，大小停车场 2 个，读者阅览座席 526 个，拥有计算机 118 台，每周免费开放 70 小时。年财政拨款 1044 万元，文献购置费为 160 万元，馆藏各类文献达 60 多万册（件）以上，年入藏各类文献 14300 种，电子文献藏量以每年 3T 的速度增加，中文图书书目数字化达 100%，中文期刊达 100%，地方文献达 100%，文献年外借 35 万多册次，年流通 21 万多人次。建立各类分馆、服务点、流通站 64 个，年开展各类活动、讲座、展览 70 多场次。内设综合部、文献部、特藏文献部、网络部、读者服务部五个行政和业务部门，三名馆领导班子成员均为副高级职称，接受过专业及继续教育的培训。56 名正式职工中，大学本科以上学历职工占 48%，大专以上学历职工占 95%，中级职称以上人员占业务人员总数的 100%，业务人员继续教育年人均 68 学时，实行全员聘用合同制。

0007　兰州黄河桥梁博物馆

地　　址：城关区北滨河路 450 号

隶属关系：兰州市人民政府

人 员 数：10 人

观 众 数：8 万人

开展活动情况：全年对外免费开放，展现黄河桥梁概貌和兰州黄河铁桥的百年历史沧桑，为历届春节文化庙会免费参观场所。

场地面积：870 平方米

文艺创作作品：本馆基本陈列以《九曲飞虹》为题，分为《天堑通衢》和《天下黄河第一桥》两大部分，展览采用珍贵实物、微缩景观模型、图片资料等多种手段。

简　介：兰州黄河桥梁博物馆坐落于金城关文化博览园广场东侧，于 2013 年 5 月 1 日面向广大市民免费开放。本馆基本陈列全面展示黄河桥梁概貌和兰州黄河铁桥的百年历史沧桑。《天堑通衢》通过大河桥影、古今桥韵、名桥集锦三个单元向大家介绍了黄河从古至今桥梁的演变历史以及黄河流域著名桥梁。《天下黄河第一桥》以古渡重关、慎重签约、百年沧桑、人文铁桥等四个单元，通过文献、实物等陈展方式将百年中山铁桥的建造历史做了详尽梳理和展示。

0008　兰州市文化馆

地　　址：城关区五泉西路 29 号

隶属关系：兰州市文化广播影视新闻出版局

人员数：50人

观 众 数：30万人

开展活动情况：成功举办了十二届兰州春节文化庙会、十三届黄河风情文化周、五届兰州社区艺术节、两届国际民间艺术节以及农民艺术节、兰州合唱节等大型群众文化品牌活动；常年坚持开展节庆活动，在每年元旦、"三八"妇女节、"五一"劳动节、"八一"建军节、国庆节、重阳节举办中老年广场舞大赛、都市妈妈健身操舞大赛、激情五一群众优秀节目汇演、庆祝国庆等群众文化活动。每年举办兰州市社区文化骨干、乡镇文化站长、非遗传承人、农家书屋管理员培训班，开展对企事业单位、行政机关、学校、社区、农民等群众文化团体的辅导、培训和送文化下乡活动。

场地面积：2600平方米

文艺创作作品：无

简　　介：兰州市文化馆成立于1956年7月，2007年加挂兰州市非物质文化遗产保护中心牌子，为国家一级馆，是全额财政拨款事业单位。编制50人，实有44人。专业技术人员35人，其中正高职称1人，副高职称7人，中级职称15人。下设办公室、社区和行业文化工作部、农村文化工作部、社会文化培训中心、非物质文化遗产保护中心等五个部室。近年来，成功举办了十二届兰州春节文化庙会、十三届黄河风情文化周等活动。经统计，每年举办各类演出200余场次，参与群众300余万人（次），群众文化交流、培训、辅导6000余人次。建立了兰州太平鼓、黄河大水车、兰州高跷、兰州鼓子等四个国家级非遗名录保护基地，编纂出版三辑《兰州市非物质文化遗产保护丛书》，国家级非遗项目兰州太平鼓、兰州高高跷参加中国成都国际非遗节多次荣获"太阳神鸟奖"金奖。

0009 秦腔博物馆

地　　址：城关区北滨河路450号

隶属关系：兰州市人民政府

人 员 数：10人

观 众 数：8万人

开展活动情况：全年对外免费开放，展现秦腔艺术魅力；历届春节文化庙会中，进行秦腔曲目、折子戏展演。

场地面积：2400平方米

文艺创作作品：秦腔博物馆征集了大量的清代秦腔曲谱、秦腔脸谱以及许多颇具代表性的秦腔文物，其中收藏各个时期的秦腔剧本达上千部。

简　　介：秦腔博物馆陈展面积达2000余平方米，是一个地方戏曲专业博物馆，于2010年1月26日隆重开馆。博物馆由序厅、演员篇、班社篇、音乐篇、剧目篇、舞美篇和观演篇共七个展厅组成。秦腔博物馆征集了大量秦腔文物。其中收藏的各个时期的秦腔剧本，组织专人对其进行重新抄写后，全部在博物馆的电纸书上显示。还特意赶赴杭州，找专人完全按照传统工艺制作了几乎所有的秦腔表演戏服及演出道具。大量高科技手段的运用，是秦腔博物馆的另一大特色，参观者可以通过互动性触摸屏，了解和欣赏秦腔名家和名段，也可以在复原的古代戏园里，欣赏由幻影成像技术"现场"演绎的秦腔演出。从博物馆相配套的秦腔网站（www.zgqin.com）可以查阅秦腔剧目、名家唱段、名家资料，以及关于秦腔的文化内涵等。

0010 兰州剪纸传习所

地　　址：城关区金城关文化风情园

隶属关系：兰州市非遗保护中心

人 员 数：3人

观 众 数：10万人

开展活动情况：利用兰州剪纸传习所这个平台多年接待剪纸爱好者，传授剪纸技艺，提供工具和材料。分别对大专院校、小学、幼儿园的学生孩子们传授剪纸技艺，让他们从小树立对中国传统剪纸和现代剪纸的认知，以达到后继有人的目的。

场地面积：30平方米

文艺创作作品：近两年，先后创作了"美丽甘肃"四幅剪纸和"黄河奇石""敦煌舞伎""金陵十二钗"等剪纸艺术作品。

简　　介："敦煌舞伎""甘肃彩陶"系列剪纸作品参加全国剪纸展览荣获"金、银"奖。"金陵十二钗"剪纸作品，在中国（武汉）第八届艺术节荣获银奖，第十二届甘肃省工艺美术"百花奖"获制作创新一等奖。"美丽甘肃"四幅剪纸，2013年被航天部做成主题艺术芯片，在甘肃酒泉卫星发射中心装入神州十号发射升空，作品被航天部收藏。兰州剪纸传习所叶长友的剪纸艺术，强化了剪纸艺术的形式美，追求线条的精美和图式的现代感，拓宽了题材的表现领域，山川人物、古代人物、神话故事，都是他所涉及的题材，多年来创作了一批精美的剪纸作品。

0011 兰州泥塑传习所

地　　址：兰州市金城关文化风情园

隶属关系：兰州市非遗保护中心

人 员 数：5人

观 众 数：10万人

开展活动情况：兰州泥塑传习所作为非遗馆的组成部分，每天参观人数众多。其中不乏爱好者进行耐心解释和交流，并现场示范泥塑创作过程。多年来配合市文化局参加文博会、庙会、兰洽会等各项活动。

场地面积：45平方米

文艺创作作品：创作泥塑作品"山民系列""过年系列""难民系列""村妇系列""儿童系列""牛肉面系列""古人系列""三千丑脸"等作品。2008年获得甘肃省二十年来第一个甘肃省工艺美术"百花奖"特等奖；2009年获得甘肃省工艺美术"百花奖"一等奖；2010年获得甘肃省工艺百花奖一等奖；2011年被评为省级工艺美术大师。

简　　介：兰州泥塑传习所岳云生的泥塑，与传统的兰州民间泥塑有所不同，岳云生的泥塑具有鲜明的个人特色，它的民间性不是普通而常见的动物等传统民间题材，而以怀旧的方式，关注生活底层的社会边缘性群体的生存及精神状态，在艺术上属于直接造型的创新泥塑艺术。

0012 兰州文化体验馆

地　　址：城关区北滨河路450号

隶属关系：兰州市人民政府

人 员 数：10人

观 众 数：8万人

开展活动情况：全年免费对外开放，展现兰

州文化特色；历届春节文化庙会中，免费开放博物馆。

场地面积：1950 平方米

文艺创作作品：影视体验区，拥有国内一流高科技手段的5D影院，播放兰州文化景像制品。

简　　介：兰州文化体验馆坐落于兰州市金城关文化博览园广场东侧，建筑面积约1950平方米，于2013年5月1日面向广大市民免费开放。兰州文化体验馆，包括舞剧体验区、旅游景点体验区、影视体验区、美术体验区、《读者》体验区等十大版块。本馆最大的特色在于承展内容是通过现代科技手段以互动的方式呈现出来，市民可以亲身体验兰州的各种特色景观与主要的文化产品、活动。影视体验区，拥有国内一流高科技手段的5D影院。美术体验区，是用全新的数字技术将兰州画院书画家以《大河魂》为主题创造的书画作品进行了原汁原味的展示和介绍。《读者》体验区，将1982年至今所有的《读者》杂志进行了数字化收录，观众可在这里通过触摸屏尽情的翻阅。

0013 兰州黄河大水车制作技艺传习所

地　　址：城关区桃树坪

隶属关系：兰州市非遗保护中心

人 员 数：15人

观 众 数：5000人

开展活动情况：在黄河大水车传习所负责人段怡村的指导下常年制作水车。

场地面积：700 平方米

文艺创作作品：黄河大水车。

简　　介：兰州黄河大水车制作技艺是国家级非物质文化遗产项目，兰州大水车制作技艺传习所传承人和负责人段怡村老先生，为了方便水车制作和陈列，将自家院落的平房翻盖成二层，在他的指导下，雇用了6名工人制作水车，他们严格遵循古水车的制作方法，制作出真正意义上的兰州古水车。

0014 城关区刻葫芦传习所

地　　址：城关区金城关文化风情园

隶属关系：兰州市非遗保护中心

人 员 数：4人

观 众 数：10万人

开展活动情况：2010年上海世博会兰州手工艺品的交流展演；2013年第六届海峡两岸文化产业博览会交流展演；2013年第二届国际文化产业大会交流展演；2014年第五届西部非物质文化展演。

场地面积：30 平方米

文艺创作作品：1990年，葫芦作品《红楼梦人物》在第五届甘肃省百花奖评比中获得了希望杯奖；2005年，葫芦作品《泰戈尔诗选》在第九届甘肃省美术百花奖评比中获得了创新二等奖；2008年，葫芦作品《百美图》在第九届中国工艺美术精品展及国际手工艺大会上荣获金奖。

简　　介：城关区刻葫芦传习所目前主要以阮氏葫芦为主，作为公益性场馆全天免费向社会开放，每年接待游客十多万人。传习所主要由传承人阮林负责，现场制作葫芦，带徒传艺，和观众进行交流，为兰州刻葫芦的传承和发展努力工作。

0015 兰州非物质文化遗产陈列馆

地　　址：城关区北滨河路450号
隶属关系：兰州市人民政府
人 员 数：10人
观 众 数：8万人
开展活动情况：全年免费对外开放，展现兰州市非物质文化遗产保护成果；在历届春节文化庙会中，成为非遗展演和贺岁片展映、灯谜竞猜活动举办地。
场地面积：2800平方米
文艺创作作品：在序厅和展示厅，采用微缩景观模型、实物展示等形式，集中展示了兰州极具代表性的一批非遗项目，如兰州太平鼓、黄河水车、兰州鼓子、永登高跷、微缩古建模型兰州四合院、兰州刻葫芦等。
简　　介：兰州非物质文化遗产陈列馆陈展面积达2800多平方米，于2010年7月8日面向广大市民免费开放。采用实物陈列、场景复原、多媒体等数字化现代手段，集展示、陈列、收藏、研究、保护为一体，是了解兰州市非物质文化遗产保护成果的窗口和平台。陈列馆荟萃了兰州市非物质文化遗产的精华：兰州太平鼓的粗犷雄浑；永登高跷的惊险刺激；兰州鼓子的古韵悠扬；黄河大水车的水激轮转……都以强烈的地域性特征见证了丝路文化、黄河文化和多民族文化交流融合的深厚底蕴和非凡魅力，使观众在充分享受全新视觉盛宴的同时，起到了对民族文化认同和区域文化传承的作用。在序厅和展示厅，集中展示了兰州极具代表性的一批非遗项目，并在三楼的古金城民俗一条街，真实地再现了明清时期古金城茶马互市兴盛一时的商业景象，街头摊贩、民间工匠、茶楼酒肆、皮货杂铺等都包容其中。为了保护非遗项目的传承人，让广大群众更多地了解非物质文化遗产，还建立了兰州鼓子基地、刻葫芦传习所、泥人传习所、剪纸传习所。让非遗文化"活"起来，"动"起来，是兰州"非遗"陈列馆的一大特色，现代科技手段的活态展示将带大家走入兰州古老的历史记忆当中。

0016 兰州彩陶艺术博物馆

地　　址：城关区陇西路金城珠宝古玩城
隶属关系：兰州市文物局
人 员 数：25人
观 众 数：10万人
开展活动情况：开展彩陶文化理论研究、学术交流；藏品征集、鉴定、展览；彩陶文化附属品的开发、生产、利用。
场地面积：408平方米
简　　介：兰州市首家民办博物馆——兰州彩陶艺术博物馆，创建于2011年5月，下设马家窑文化研究会、彩陶鉴定委员会、彩陶工艺品加工等机构。博物馆占地面积400多平方米，馆藏彩陶2000余件，展出各时期各类型彩陶近400件。馆内陈列分为三大部分，第一部分为古人类文明的诞生，其中包括大地湾文化时期和仰韶文化时期；第二部分为古人类文明的巅峰，其中包括马家窑文化马家窑类型、半山类型和马厂类型；第三部分为古人类文明的余辉，其中包括齐家、四坝、辛店、寺洼、沙井诸文化期。国家一级文物 30 余件，三级以上文物 300 余件，大部分藏品是国内外绝无仅有的艺术珍品。在目前国内外的民办彩陶博物馆中，属兰州彩陶艺术博物馆的藏品数量最多、种类最全、藏品档次最高。马家窑文化研究会会长、彩陶鉴定委员会主任王海东是甘肃省唯一一名取得国家文物部门"文物鉴定专家"资质的文物鉴定专家。

0017 兰州市少年儿童图书馆

地　　址：城关区武都路 392 号
隶属关系：兰州市少儿活动中心
人　员　数：25 人
观　众　数：20 万人
开展活动情况：从 1987 年开始，图书馆就开始在远郊农村学校建立图书流动阅览站，截至目前，实际周转运营图书流动阅览站 16 个，每年 2 次（3 月和 9 月），分别为各阅览站每次配送图书 300—400 册。多次组织兰州市各有关单位和广大学生开展为农村学校捐赠图书活动，帮助农村学校建立图书阅览室。其中最大的活动一次性捐赠图书 18.5 万册，帮助 25 所农村学校建立和充实了图书阅览室。2014 年组织参加"全国少年儿童中华经典读物诵读视频大赛"活动，图书馆选送的《诗经三首》荣获一等奖，刘建军馆长获得优秀策划奖。
场地面积：911.71 平方米
文艺创作作品：无
简　　介：兰州市少年儿童图书馆是全市唯一一所独立建制的专门为广大未成年人提供优秀图书阅读的公共文化服务机构，以未成年人思想道德建设为重点，以人为本，坚持公益性原则，为全市未成年人提供了具有鲜明特色的图书文化服务，成为兰州市校外教育战线一块具有独特优势的重要专业阵地。目前馆内在职职工 25 名，大专以上文化程度 24 名，其中高级职称 4 名，中级职称 10 名，藏书 20 余万册，办理借书证 2.6 余万个。现为中国图书馆学会未成年人图书馆专业委员会委员馆，"华北、东北、西北"地区少年儿童图书馆工作协作委员会副主任馆。每年通过馆内借阅、分馆和流动阅览站借阅以及各种读书活动共接待读者达 20 万人次以上。

0018 李少波真气运行传习所

地　　址：城关区张苏滩 800 号高科大厦
隶属关系：兰州市非遗保护中心
人　员　数：30 人
观　众　数：5000 人
开展活动情况：兰州李少波真气运行研究所自认定为传习所以来，编写了《真气运行法》等大量的讲义教材，辅导资料齐全，在兰州、平凉以及杭州、苏州、北京、泰山等地多次举办项目培训班。目前，研究所根据非遗保护的要求，在甘肃省中医院做项目临床科研的同时，开展专病专治培训和研究。同时，进一步创造条件，使项目培训走向社区，面向社会，更好地造福于广大民众。

场地面积：150 平方米

文艺创作作品：《真气运行法》《李少波真气运行法》《真气运行论》《真气运行学》等讲课的录音光盘。

简　　介：李少波真气运行传习所 1992 年经省科委批准成立，传习所成立之初，以学术研究、课题研究、交流服务为主要业务。2008 年，研究所创始人李少波先生积一生之力倡导的真气运行结出硕果《真气运行学》正式出版，正式面向社会进行真气运行的交流、培训、推广。传习所制定了严格的师资培训制度和教师管理制度，培训一般分普及培训和提高培训两种，收到了良好的效果。

（二）兰州市七里河区

0019　兰州市七里河区文化馆

地　　址：七里河区小西湖东街38号
隶属关系：七里河区文化体育局
人 员 数：14人
观 众 数：1万人
开展活动情况：春节前期举办送文化下乡活动；春节期间举办七里河区春节文化庙会活动；7—8月举办七里河区"百合之声"群众演唱会，兰州市百合文化旅游节活动。
场地面积：1500平方米
文艺创作作品：无

0020　兰州市七里河区图书馆

地　　址：七里河区小西湖东街38号
隶属关系：七里河区人民政府
人 员 数：13人
观 众 数：2万人
开展活动情况：开展图书、报刊杂志借阅。
场地面积：260平方米
文艺创作作品：无
简　　介：七里河区图书馆成立于1958年，为副科级事业单位。现办公场所位于七里河区文广局办公楼五楼，设有少儿阅览室、成人阅览室、书库、采编室及图书馆办公室。现有馆藏图书30000册，且每年分计划不断购置新书入馆。图书馆图书借阅手续简单、办证容易、无费用，全面实现所有图书报刊免费借阅及预览。与此同时，本馆还重视加强乡镇、街道、社区、村图书室的建设和业务指导，并根据情况帮助社区、村图书室达到规定标准，发展公共图书网络，为更好的实现公共图书馆全面免费开放创设良好平台。

0021　兰州鼓子郑家庄传习所

地　　址：七里河区郑家庄
隶属关系：兰州市非遗保护中心
人 员 数：60人
观 众 数：5000人
开展活动情况：坚持每周搞4天鼓子演唱活动，积极参加各种节庆联谊演出活动。
场地面积：160平方米
文艺创作作品：兰州鼓子。
简　　介：兰州鼓子是国家级非物质文化遗产项目，七里河的鼓子艺人在郑家庄拥有了一个相对固定的演唱场所和一支相对稳定的鼓子艺人演唱队伍，几年来鼓子艺人以老带新，在培养年轻人上下了不少功夫。传习所坚持每周搞4天鼓子演唱活动，除了郑家庄活动点，还在彭家坪开辟了第二活动点，从而具备了传承保护的基本条件。

0022 魏岭乡综合文化站

地　　址：七里河区魏岭乡柳树湾村

隶属关系：七里河区人民政府

人　员　数：1人

观　众　数：2000人

开展活动情况：文化站面向广大群众免费全年开放，平均每天开放8小时，节假日正常开放，加上乡辖区8个行政村"农家书屋"的开放，使群众看书有处去，健身娱乐有场地，充分利用这些活动场所，发挥其作用，极大地活跃了群众业余文化体育生活。

场地面积：410平方米

文艺创作作品：无

简　　介：该站于1992年10月建设，为古建筑式两层楼，内设戏台。文化站功能室有图书室、阅览室、棋牌室、展览室、多功能电教室，图书室藏书10000多册，以上各室的免费开放，给魏岭乡群众在文化娱乐、科技咨询等方面带来很大方便。

0023 黄峪镇文化站

地　　址：七里河区黄峪镇

隶属关系：七里河区人民政府

人　员　数：2人

观　众　数：2万人

开展活动情况：文化站每年定期或不定期组织开展和举办具有地方特色、农民喜闻乐见、易于参与的文化活动，如：每年春节开展灯谜晚会活动，秋季开展全乡篮球赛，冬季开展演讲比赛，引导农民群众积极走向健康向上的精神文化生活乐园，满足群众日益增长的精神文化需求。

场地面积：400平方米

文艺创作作品：无

简　　介：黄峪乡文化站自开放以来开展书报借阅、时政法制科普教育、文艺演出、数字化信息服务、公共文化资源配送和青少年校外活动等，使其充分发挥广大群众的积极参与性，不断促进全乡精神文明建设的发展。

0024 西果园镇综合文化站

地　　址：七里河区西果园镇西果园村文化广场

隶属关系：七里河区人民政府

人　员　数：1人

观　众　数：1万人

开展活动情况：开展具有地方特色、农民喜闻乐见、丰富多彩的各类文体活动；开展党的方针政策、法律常识宣传普及活动；开展农业、科技、医疗保健等各类咨询培训活动。

场地面积：300平方米

文艺创作作品：无

简　　介：西果园镇以文化站为辐射，先后在上岭、草源、湖滩、鹞子岭村4个脱贫村建成综合文化活动室，同步配齐电脑、音响、图书、演奏乐器等基础设施，规范开放时间，配备活动室管理员，在辖区内所有行政村建成农家书屋14个。文化站不断推进了村民文化素质的提高和该镇精神文明建设的前进步伐，提高了西果园镇整体的文化精神风貌。

0025 八里镇综合文化站

地　　址：七里河区八里镇廿里铺村

隶属关系：七里河区人民政府

人　员　数：1人

观 众 数：2万人
开展活动情况：文化站自成立以来，每年举办各类文艺活动12场次，排练演出歌舞、小品、三句半、诗朗诵、秦腔等节目60余种，结合区各部门开展法律、农业、科技、医疗保健等各类咨询培训班60余场次，培训人数达到2000余人次。同时利用传统节日和农闲季节组织送文化下村活动，在重大节日举办专题文艺演出，元旦、春节期间举办写春联、猜灯谜等娱乐活动，并且每年举办一场专题文化展示系列活动，充分发挥文化阵地在社会主义新农村建设中的积极作用。
场地面积：303.94平方米
文艺创作作品：无
简　　介：八里镇综合文化站设有老年人活动室、棋牌室、投影室、图书室、广播室等，为全镇10个行政村、4个社区共2万余人提供各类文化共享服务。八里镇以文化活动中心为基点，面向农民群众创造性地定期或不定期组织开展具有地方特色、农民喜闻乐见、易于参与的文化活动，引导农民群众积极走向健康向上的精神文化生活乐园，满足群众日益增长的精神文化需求。

0026　土门墩街道文化站

地　　址：七里河区土门墩兰通厂社区
隶属关系：七里河区人民政府
人　员　数：2人
观　众　数：3.2万人
开展活动情况：组织编排健康活泼、内容丰富、形式多样、群众喜闻乐见的文艺节目，每年组织大型活动4次以上，同时将全民健身活动与重大节日、纪念日和全街道社区重点工作有机结合，不断充实和丰富街道文化活动的内容，使群众在自娱自乐的过程中，提高思想道德素养和文化素质。
场地面积：200平方米
文艺创作作品：无
简　　介：土门墩街道坚持"双百"方针，以文化惠民为落脚点，扎实推进文化服务建设。文化站设有图书阅览室、书画室、老年活动室、多功能活动大厅及灯光球场等活动阵地。文化站自建成以来，大力实施"文化惠民"工程，以舞蹈团、合唱团、豫剧团、武术团、晨练团、书法协会等团体为依托，组织编排健康活泼、内容丰富、形式多样、群众喜闻乐见的文艺节目，街道的文化活动呈现出"天天有活动、月月有主题、季季有亮点"的良好发展态势。在文化站的积极引导下，当地群众积极参与各类文化体育活动，文化体育活动正在红红火火地进行中。

0027　彭家坪镇文化站

地　　址：七里河区彭家坪镇彭家坪路25号
隶属关系：七里河区人民政府
人　员　数：2人
观　众　数：2万人
开展活动情况：每年举办各类文艺活动、各类培训班。
场地面积：306平方米
文艺创作作品：无
简　　介：彭家坪镇文化站建筑面积306平方米，有工作人员2人，设有老年活动室、棋牌室、投影室、图书室、广播室、文化资源信息共享服务室等，为全镇9个行政村、2个社区2万余人提供各类文化共享服务。9个行政村都设有农家书屋，各书屋藏有图书1000册，闲暇时间大部分村民都去文化活动室、农家书屋下棋看书。在重大节日文化站都组织各类文体活动。

0028　龚家湾街道文化站

地　　址：七里河区龚家湾龚北路68号
隶属关系：七里河区人民政府

人　员　数：2人

观　众　数：2万人

开展活动情况：文化活动中心每年举办各类文艺活动、各类培训班，培育了大批群众业余文化团队。

场地面积：300平方米

文艺创作作品：无

简　　介：龚家湾街道文化站设有图书阅览室、电子阅览室、多功能教室等活动空间，健身活动室设有健身房、乒乓球室等活动平台。文化站紧紧围绕党委中心工作，以服务群众、丰富广大社区居民的业余文化生活为目标，组织文艺团队排练节目，巡回演出；强化文化工作者的业务素质和职业道德培训，提高他们服务群众的能力；组织辖区居民健身体育活动；在重大节日举办大型文艺汇演。

0029　阿干镇文化站

地　　址：七里河区阿干镇

隶属关系：七里河区人民政府

人　员　数：2人

观　众　数：2万人

开展活动情况：阿干镇以文化活动中心为基点，安排专人进行负责管理，每天对群众开放，并在节庆日组织开展文艺汇演、门球及羽毛球比赛等多种丰富多彩的活动项目，活跃了农民的业余文化生活。

场地面积：306平方米

文艺创作作品：无

简　　介：阿干镇位于兰州市七里河区东南部，镇政府所在地距市区21公里。阿干镇党委、政府大力支持加强文化阵地建设，建成306平方米的镇文化站，设有棋牌室、图书阅览室、乒乓球活动室、文化信息资源共享服务室和办公室。图书阅览室藏书2000册，各村设有农家书屋，各农家书屋藏书1500册。

文化站2013年起对外开放，有专人负责管理，带领群众开展各类文化活动。

0030　敦煌路街道文化活动中心

地　　址：七里河区敦煌路

隶属关系：七里河区人民政府

人　员　数：2人

观　众　数：2万人

开展活动情况：文化活动中心每年举办各类大型文艺活动10余次，并积极组织所属社区开展各种形式多样的文化活动，培育了大批群众业余文化团队，带动了各社区的群众文化工作。

场地面积：950平方米

文艺创作作品：无

简　　介：敦煌路街道文化活动中心于2010年建成并对外开放，是集宣传教育、图书阅览、文化信息资源共享、文化交流、艺术培训于一体，面向社会群众提供无偿服务的综合性公共文化活动阵地。2011年敦煌路街道文化活动中心被定为全国文化资源共享工程基层示范点。

0031　建兰路街道文化站

地　　址：七里河区建兰路

隶属关系：七里河区人民政府

人　员　数：2人

观　众　数：6万人

开展活动情况：文化站负责本辖区文化体育活动的组织、辅导，指导社区文化室和群众团体的文体活动，协助上级部门做好文化市场管理和文物保护工作，开展艺术培训、科普讲座，365天全部免费开放，每年组织大型活动10余次，培育了大批群众业余文化团队，带动了各社区群众文化工作的活跃开展。

场地面积：350平方米

文艺创作作品：无

简　　介：建兰路街道文化站设有47.52平方米的多功能大厅，配有音响、调音台、电脑、投影仪等设备，藏书2000余册，配有电子阅览室、体育活动场所。文化站坚持文化、体育活动贴近群众的生活实际，免费开放图书阅览室、文化活动室、电子阅览室；在各社区大力发展广场舞队伍、合唱舞蹈队伍，设有广场舞指导员、体育指导员各1名；组织"三八"妇女节爬山比赛、拔河比赛、羽毛球比赛，在端午节举办包粽子比赛；节假日组织小学生在阅览室举办读书有奖活动。通过活动调动了群众参与活动的积极性，推动了社区文化建设的发展，提高了辖区群众的生活质量和文化品味。

0032　兰州百合栽培种植技艺传习所

地　　址：七里河区西果园镇袁家湾村
隶属关系：七里河区非遗保护中心
人 员 数：1150人
观 众 数：2000人
开展活动情况：百合种植技术培训
场地面积：3000亩
文艺创作作品：无

简　　介：兰州百合栽培种植技艺为2011年公布的第二批市级非遗项目。百合种植技术在当地有着悠久的种植历史，百合的种植与农民长期以来积累的种植经验、自然气候和地理环境息息相关，有待于全面搜集和总结。百合种植走的是产业化道路，目前已具有一定规模。作为非遗项目，名为种植栽培，对其所采取的保护措施就应该延伸、落实到百合的栽培种植等源头上。通过栽培、加工等环节提高百合品质，进一步开拓市场，加大展销宣传力度，力图走出一条现代化的精加工和深加工之路。

0033　西园街道文化活动站

地　　址：七里河区西园街道华林山社区
隶属关系：七里河区人民政府
人 员 数：2人
观 众 数：7.1万人
开展活动情况：文化站负责本辖区文化体育活动的组织、辅导，指导社区文化室和群众团体的文体活动，协助上级做好文化市场管理和文物保护工作，开展艺术培训、科普讲座，每年组织大型活动，比如"邻里之家"活动、"重阳"老人节活动、"我们的节日"文艺联欢及儿童书画比赛等；培育了大批群众业余文化团队，带动了各社区群众文化工作的有序开展。
场地面积：300平方米
文艺创作作品：无

简　　介：文化站设有阅览室、图书室及多功能电教室等，为推动社区的文化活动和开展全民健身活动提供了物质条件。文化站举办了法制科普、卫生健康、文化生活等讲座；积极组织各村文艺团体参加市、区的文艺表演；组织辖区群众参加投篮、跳绳、呼啦圈、广场舞等比赛；利用节假日举办大型的文艺汇演、社火表演等，通过活动引导群众追求健康、积极、向上的生活，激发了辖区居民奋发向上的斗志。

（三）兰州市西固区

0034 西固区图书馆

地　　址：西固区福利区山丹街521号

隶属关系：西固区文化广播影视局

人 员 数：8人

观 众 数：5.7万人

开展活动情况：每年正月十五在西固公园门口开展有奖灯谜活动、征集摄影作品集、有奖征文活动，每年国庆期间开展大型展览、演讲比赛活动。

场地面积：2119平方米

文艺创作作品：无

简　　介：西固区图书馆是西固区政府兴办的综合性公共图书馆、公益性文化事业单位，成立于1978年12月。现地处福利路山丹街521号，西固区西固中路105号（分馆）。现有馆舍建筑面积2119平方米（其中馆舍934平方米，分馆1185平方米），馆内设有报刊阅览室、全国文化信息资源共享工程西固支中心、主控机房、借阅室、综合书库、报纸资料室、地方史志资料室、信息资源加工室、办公室、培训室等；分馆设有少儿借阅室、综合阅览室、盲文图书室、会议室、职工培训室、文献资源加工室、特藏资料室、综合办公室、咨询接待室及集自学、培训、讲座为一体的多功能室等。我馆现有职工8人，其中馆长1人；副高级职称1人，中级职称3人，初级职称4人；拥有馆藏图书68459册（包括报纸期刊合订本2747册、电子图书15000册、地方史志资料5500册、盲文图书325册及光盘资料468种等）；为方便读者随时查阅，馆藏图书全部开放，每周开放时间达56小时以上。近年来，图书馆得到了国家"三馆一站"免费开放政策和国家文化信息资源中心及省、市、区财政的大力支持，也得到了省市文化部门的关心帮助以及省、市图书馆界同仁的厚爱，各项工作取得了可喜成绩，区图书馆事业得到了长足发展。

0035 金沟乡文化站

地　　址：西固区金沟乡小金沟村

隶属关系：金沟乡人民政府

人 员 数：3人

观 众 数：200人

开展活动情况：组织春节社火表演，开展农业科技培训。

场地面积：100平方米

文艺创作作品：《金晨》《姑嫂情》。

简　　介：金沟乡文化站始建于1983年，当时，文化站只有5间房子和1间办公室。1985年起，金沟乡党委、乡政府高度重视文化站工作，给文化站配备了文化专干，投资3600元添置设备，同时订购《甘肃日报》《兰州晚报》等报刊，文化站工作逐步进入正轨。

0036 柳泉乡文化站

地　　址：西固区柳泉乡
隶属关系：柳泉乡人民政府
人 员 数：3 人
观 众 数：700 人
开展活动情况：组织书法交流、戏曲演出、广场舞活动、秦腔演出、乒乓球赛、篮球赛等文体活动，每年春节举办社火表演。邀请省、市文艺剧团在乡文化戏台演出。
场地面积：2000 平方米
文艺创作作品：《柳泉史志》。
简　　介：柳泉乡文化站建于1998年，占地面积2000多平方米，主要是为了丰富人民群众的精神生活而设立。柳泉乡文化站免费对外开放，紧紧围绕乡党委、政府的中心工作，有针对性地开展农业科技、卫生健康、法律常识等文化知识的教育和群众喜欢的文化体育活动，为农村经济社会有序发展营造了良好的文化氛围。

（四）兰州市安宁区

0037　兰州市安宁区图书馆

地　　址：安宁区枣林路20号
隶属关系：安宁区文化广播影视局
人 员 数：9人
观 众 数：8500人

开展活动情况：安宁区图书馆每年举办"正月十五有奖猜谜活动"，组织全区群众参加一年一度的全民阅读活动、读书节系列活动、全民读书月活动、期刊展阅活动。创建校外第二课堂，开展"大田杯"百万中小学生"好书伴我成长"读书系列活动、"深情迎华诞、阅读伴成长"的读书有感征文、点击书动漫亲子阅读活动。以"同读书，共成长"为主题，组织全区未成年人及家长开展读书征文比赛，动员家长和青少年积极参与读书活动，以"义务小馆员""快乐少年"为活动主题，锻炼孩子们的实践能力，体验公益活动的快乐，使校外四点半工程在安宁区图书馆得到体现。安宁区图书馆组织老年人开展"读者之家""志愿者在行动""老年人电脑培训班"，每年举办一期"过健康生活，做健康老人"老年人电脑培训班。安宁区图书馆先后在沙井驿街道元台社区、十里店园艺社区、南街社区、培黎小学、机关服务中心、省劳教二所建立了"安宁区图书馆图书流动站"，并定期为流动站更换流动图书。安宁区图书馆定期举办讲座、展览、培训、阅读推广等读者活动。

场地面积：1878平方米
文艺创作作品：无

简　　介：兰州市安宁区图书馆始建于1981年，于2008年搬迁至安宁区枣林村20号。目前在职人员9名，学历均在本科以上水平。图书馆以健全的服务设施、优质的服务形式，实现无障碍、零门槛进入，基础项目全部免费。管理服务以"读者第一、服务至上"为宗旨，以"普通均等"为原则，开展延伸服务，为读者提供更加优良、更加人性化的服务。图书馆馆舍面积1878平方米，各类藏书10万余册。图书馆有集群自动化管理系统，45000册电子文献数据库，采用Web查询界面，ASP字段检索。馆内设有全国文化共享工程安宁支中心、兰州市少年儿童图书馆安宁分馆、外借部、盲文有声读物阅览室、期刊阅览室、报纸阅览室、电子阅览室、采编室、文献编辑制作室、辅导部、多功能厅、读者自修室等部门。图书馆采用藏、借阅为一体的服务模式，每周开放60小时，向读者提供馆藏图书、300G数字图书馆资源、报刊文献借阅、信息咨询、视听资料查询、办证、验证、基层业务指导、讲座、文化娱乐活动等服务。

0038 安宁区文化馆

地　　址：安宁区枣林村20号
隶属关系：安宁区文化广播影视局
人 员 数：13人
观 众 数：6000人
开展活动情况：每年七月，文化馆都会在安宁区培黎广场举办为期一周的"夏韵畅想卡拉OK大赛及少儿才艺大赛"。每年正月文化馆在安宁区培黎广场举办"安宁区'和谐之春'春节民俗文化系列活动"。安宁区非物质文化遗产展览在培黎广场布展，并现场发放非遗及文物保护宣传资料。"桃花旅游节摄影展"在区领导和有关部门的大力支持下在仁寿山广场成功举办。为庆祝"五一"国际劳动节，在五一到来之际在安宁区桃海宾馆举办了"桃海书画展"。安宁区文化馆举办迎"七一"书画作品展。文化馆举办大型庆"国庆"书画摄影展，展览得到了区领导和书法、美术、摄影爱好者的积极响应。文化馆创办了安宁区文化馆业余秦剧团、安宁区文化馆民乐队、安宁区文化馆老年舞蹈队、安宁区文化馆合唱队、安宁区文化馆同心艺术器乐演奏队、安宁区文化馆兰州鼓子演唱队等共10个团队。文化馆还安排这些演出队分别在元旦、春节、劳动节、建军节、国庆节和三下乡期间到农村、社区广场、公园广场、街头等基层演出场所进行汇报和慰问演出。
场地面积：1620平方米

文艺创作作品：音乐剧《阳光灿烂的早晨》
简　　介：安宁区文化馆初建于1965年，正式成立于1974年，历史悠久，文化底蕴厚重。四十多年来，在各级党委、政府和文化行政部门的正确领导和关心支持下，文化馆出色地履行了国家赋予的组织、辅导、培训、创作职能。以公益性群众文化为龙头，内强素质，外树形象，做先进文化的传播者和实践者，培养了数以千计的文艺骨干，创作了许多群众喜爱的文学艺术作品，举办了许多场次的各类大型文艺会演、调演和展演，组织和协办了各类群众文化活动及重大节庆活动，为发展安宁经济，促进和谐文化建设做出了应有的贡献。安宁区文化馆原址在安宁区桃源文化中心三楼，后搬迁到安宁区文体局院内，2008年7月迁至现址（原机床厂小学）。作为公共文化服务的主干力量，安宁区文化馆秉承"博文求精、德艺双馨"的办馆理念，面向基层，服务群众，丰富活跃了人民群众精神文化生活，繁荣发展了地区群众文化事业。同时开展了形式多样的公益性群众文化活动，并深入农村、社区、厂矿、学校等基层单位，对群众文艺团体进行辅导培训工作。安宁区文化馆始终坚持"二为"方向和"双百"方针，团结奋进，开拓创新。党的十八大对文化工作提出了新的要求，安宁区文化馆将深入学习实践科学发展观，充分发挥文化馆职能优势，为人民群众提供优质的文化产品，保障人民群众的文化权益，努力推动群众文化大发展大繁荣。

0039 兰州太平歌传习所

地　　址：兰州市安宁区
隶属关系：兰州市非遗保护中心
人 员 数：5人
观 众 数：1500人
开展活动情况：无
场地面积：30平方米
文艺创作作品：兰州太平歌。

0040 兰州鼓子安宁传习所

地　　址：兰州市安宁区文化馆
隶属关系：兰州市非物质文化艺术保护中心
人 员 数：25人
观 众 数：1500人
开展活动情况：兰州鼓子安宁传习所的鼓子好家们每周活动3次，每次参加活动人数在35人以上。
场地面积：80平方米
文艺创作作品：兰州鼓子。
简　　介：兰州鼓子安宁传习所的负责人为国家级传承人魏世发老师，这里集中了居住在安宁区的一大批鼓子好家，他们积极参加有关部门组织的节庆演出活动，积极配合各大学院和有关单位的课题调研活动，为宣传兰州鼓子做出了贡献。

（五）兰州市红古区

0041 红古区图书馆

地　　址：红古区平安路 583 号

隶属关系：红古区文化体育广播影视局

人　员　数：17 人

观　众　数：2 万人

开展活动情况：每年都开展迎新春庆元宵灯谜竞猜活动和送图书下乡活动。

场地面积：650 平方米

文艺创作作品：无

简　　介：红古区图书馆始建于 1985 年，主要负责我区图书文献收藏和借阅工作，2004 年前与区文化馆合署办公。1990 年由窑街搬迁至海石湾镇，2001 年"三馆"大楼落成，2004 年图书馆独立办公，编制由原来的 2 人增加到 17 人。2007 年 5 月由高汉文任图书馆馆长，2008 年 12 月闫生谦任图书馆馆长。图书馆分二楼和五楼两层，建筑面积 600 平方米，五楼 400 平方米，由资源编辑室、财务室和图书借阅室组成。二楼由图书阅览室和电子阅览室组成，每周开放 60 小时，日接待读者 20 余人次。截至 2013 年藏书量达到 10 万余册。2013 年被国家文化部评为国家三级图书馆。

0042 红古区博物馆

地　　址：红古区

隶属关系：红古区文化体育广播影视局

人　员　数：8 人

观　众　数：3 万人

开展活动情况：博物馆利用每年的"国际博物馆日"和"世界文化遗产日"开展文物图片展出和宣传，同时利用有线电视等宣传馆藏文物，为全社会营造了"了解历史，保护文物"的氛围。

场地面积：260 平方米

文艺创作作品：无

简　　介：红古区博物馆于 2011 年 3 月经兰州市机构编制委员会［兰机编办字（2010）112 号，红机编办（2011）5 号］关于红古区博物馆建制升格的通知，由股级单位升格为正科级单位，隶属于红古区文化体育广播影视局领导，核定事业编制 3 名，领导职数 2 名，一正一副。博物馆第一任馆长田东远，副馆长张惠良。红古区博物馆展馆从下海石马厂遗址出土文物中精心挑选，用专题展展示了绚丽多彩的马厂彩陶文化，使观众欣赏到史前彩陶的图案之多样、题材之丰富、花样之精美、构思之灵妙。它丰富多变的图案构成了典丽、古朴、大气、浑厚的艺术风格。红古区馆藏文物展出工作因受展厅面积的制约，截至2011年，只有下海石出土文物专题展一个展厅对外开放，并聘用专职讲解员2名。

0043 红古区档案馆

地　　址：红古区红古路347号
隶属关系：红古区文化体育广播影视局
人　员　数：10人
观　众　数：1000人
开展活动情况：各类档案管理查阅。
场地面积：255平方米
文艺创作作品：无
简　　介：兰州市红古区档案馆于1979年10月成立，1990年3月设立区档案局，区档案局、馆合署办公，一套机构，两块牌子。档案馆有房屋17间，共计255平方米；其中库房7间，105平方米；办公室5间，75平方米；阅览室1间，15平方米；展览室4间，60平方米。有档案柜57套，其中铁皮柜35套，木制柜20套，卡片柜2个。配有打字机、油印机各1台，照相机2架，黑白冲洗像机设备1套，收录机1台，吸尘器1个，装订机1个，灭火器3个，裁纸机1个。现馆藏档案35个全宗11534卷（袋），图书资料12大类698册。

0044 红古石碑刻传习所

地　　址：红古区海石湾镇
隶属关系：兰州市非遗保护中心
人　员　数：3人
观　众　数：1万人
开展活动情况：写家谱、书法创作等。
场地面积：60平方米
文艺创作作品：创作并出版《华夏史铭》一书。
简　　介：石碑刻传习所位于海石湾镇上海石村口，负责人敬世元，2013年获兰州市"农民艺术家"称号，场所60平方米，已经营15年，以此作为平台，进行创作、沟通、发展这个集文学和书法为一体的石碑刻艺术。至今已制作了600余方石碑刻，包括3个"孝"道碑，11尊寺院道观铭志碑，1尊照壁碑。

0045 红古黑陶制作技艺传习所

地　　址：红古区和平街284号
隶属关系：兰州市非遗保护中心
人　员　数：67人
观　众　数：10万人
开展活动情况：红古黑陶制作技艺传习所举办黑陶展示活动，接待了外国友人及各地黑陶艺术爱好者。多年参加兰洽会、兰州创业项目展览会、西部旅游节等。
场地面积：1000平方米
文艺创作作品："半山黑陶罐"在第十届工

艺美术"百花奖"大赛上获一等奖,"山水黑陶罐"在第十一届工艺美术"百花奖"大赛上获一等奖,第十二届工艺美术大赛上传承人王金明作品获二等奖。创作作品"龙盘""凤盘"等500余件。

简　　介:红古黑陶制作技艺传习所设在红古明见艺术馆内,位于区政府北部半山腰,艺术馆占地1000多平方米,其中制陶车间80平方米。红古黑陶从器形、纹饰上区分共有40多种,有马家窑系列、敦煌文化系列、传统吉祥纹样系列等。产品远销全国各地以及台湾、日本、马来西亚等国家。

0046 红古乡文化站

地　　址:红古区红古乡薛家村289号
隶属关系:红古乡人民政府
人 员 数:3人
观 众 数:8000人
开展活动情况:群众自发组织开展活动;乡政府、文化站组织开展活动(全乡篮球赛、文艺节目汇演、农民运动会等);积极参加区上组织的文体活动(全区合唱比赛、全区运动会等)。
场地面积:2800平方米
文艺创作作品:绘画、书法、刺绣作品。
简　　介:红古乡文化站基本设施有文化活动室4间、乒乓球台1个、棋牌桌2个、图书阅览室2间、藏书8000余册;电教室3间,面积90平方米;投影仪1套,电脑1套,桌椅30套;电子阅览室2间,面积60平方米;办公室1间,露天剧场1个,篮球架1个,健身广场1个。展览作品有刺绣、剪纸、书画等地方特色艺术精品。

0047 红古区花庄镇综合文化站

地　　址:红古区花庄镇湟兴村
隶属关系:花庄镇人民政府
人 员 数:2人
观 众 数:1000人
开展活动情况:2011年以来举办了两届篮球邀请赛及文艺汇演15场次,受到了周边群众的好评。
场地面积:400平方米
文艺创作作品:无
简　　介:红古区花庄镇位于兰州以西80公里处,距红古区政府所在地28公里,在红古区享有文化重镇的美誉。花庄镇综合文化站成立于1996年,占地面积6000平方米,建筑面积400平方米,是花庄镇依托原花庄镇湟兴村的文化活动中心改造建设而成的综合性群众文化站。站内设有兰州市乡村图书馆花庄分馆、文化信息资源共享工程花庄服务中心、多功能厅、露天舞台、体育活动室、图书阅览室、电子阅览室、秦腔剧团排练室、非遗展览室、文化站办公室等文化活动场所,配备专职人员2名。组建文艺演出团体2家、演出队6个。2011年,在省市区政府的大力支持下,镇政府投资120万元,对花庄镇综合文化站进行了改扩建,在院内新建一个标准化硅PU篮球场、两个硅

PU羽毛球场，配套3条健身路径。在文化站对面新建一个集休闲、娱乐、健身为一体的综合性文化体育广场。同时对原有的图书室、多功能活动厅等功能室进行了装修。花庄镇综合文化体育活动站今后发展的总体思路是结合花庄镇群众文化体育工作实际，高标准规划、高起点、高质量建设综合文化体育活动中心，把综合文化体育活动站真正办成"文化的乐园、活动的场所、信息的窗口、教育的课堂、致富的参谋"。依靠省、市、区文化主管部门的支持，引导广大群众积极参与群众性文化体育活动，力争将花庄镇综合文化体育活动站建成全省一流的综合文化体育示范站。

0048 红古区平安镇文化站

地　　址：红古区平安镇仁和村
隶属关系：平安镇人民政府
人　员　数：2人
观　众　数：1300人
开展活动情况：在农闲期间每个村的活动各具特色：上滩、若连的社火红红火火；张家寺、仁和的篮球让群众大饱眼福，精彩的球技赢得观众阵阵喝彩；中和村和复兴村分别推出了文化庙会；岗子村女子太平鼓，展示了平安镇妇女英姿飒爽的风貌；张家寺、河湾的秧歌喜气洋洋；平安村的秦腔吼出了平安镇群众特有的豪爽和勤劳。
场地面积：300平方米
文艺创作作品：无
简　　介：平安镇面积约126平方公里，人口2.1万人，有11个行政村，2个社区居委会，辖区内有企事业单位40多家。平安镇文化站于2012年5月建在仁和村，总投资128万元，建成了一条文化大道、一个占地面积2000平方米的文化大院，宽敞的文化大院内有一个现代化的灯光球场，各种健身器材齐全。文化站舍使用面积300平方米，有多功能厅、图书阅览室、文体活动室等。本站现有工作人员2名，建立健全了管理制度及岗位职责，配备了价值近10万元设备，落实免费开放经费4万元。文化站组建了平安秦腔剧团、8个村级业余文艺团队、11个村的文化活动室及农家书屋文化活动室，农家书屋定期向村民开放。文化站自成立以来，村民们汇聚在文化站看书、唱歌、跳舞、上网、健身锻炼、绘画、弹琴等，群众真正享受到了文化建设带来的快乐。

（六）兰州市榆中县

0049 榆中县文化馆

地　　址：榆中县城关镇兴隆路 307 号
隶属关系：榆中县人民政府
人 员 数：31 人
观 众 数：3000 人
开展活动情况：每年开展送文化下乡 6 次，每年开展文学、美术、书法、摄影培训班各 4 次，每年举办县级展览 3 次，每年举办大型文艺活动 3 次。
场地面积：2500 平方米
文艺创作作品：散文、诗歌、小说有《村庄里的年味》《文懿恒》《犁铧》《秋日》《广东红》《桃姐》《冬入兴隆峡》《拯救》《旅程不孤单》《且行且吟》《老钱》《方氏像谱》等；书画有《幽居图》《野趣图》《向天歌》《天泉》《榆中三杰》《黄土绿韵》《抗倭英雄》《陇上英烈》等；摄影作品有《狮舞》《山乡社戏》《兴隆烟雨》《黄河水乡兰州青城古镇》《水烟作坊》《栖云秋色》《快乐的童年》等。
简　　介：榆中县文化馆坐落于榆中县政府正南，办公及活动场所为原文化中心大楼第一、六、七、八层，分设各职工办公室、摄影展厅、书画展厅、民间手工艺展厅、非物质文化遗产保护实物资料展厅、舞蹈培训室、书画创作培训室、文学创作培训室、多功能室等。文化馆副科级建制，下设办公室、美术室、摄影室、文艺室及非物质文化遗产保护办公室。文化馆现有编制 13 人，在编 10 人，其中馆长 1 人（同时兼任专业技术岗位），副馆长 1 人，专业技术人员 7 人，副研究馆员 2 人（文艺专业 1 人、美术专业 1 人），馆员 4 人（美术专业 2 人、摄影专业 2 人），助理馆员 1 人（文艺专业兼办公室工作），工勤技能人员 2 人（会计 1 人、驾驶员 1 人）。馆内现有人员平均年龄 45 周岁，本科学历 4 人，大专学历 6 人。

0050 青城永顺成博物馆

地　　址：榆中县青城镇政府东
隶属关系：青城镇人民政府
人 员 数：5 人
观 众 数：5000 人
开展活动情况：青城永顺成博物馆每天开放，供游客及本地居民参观。
场地面积：800 平方米
文艺创作作品：无

简　　介：永顺成博物馆投资 5000 万元，由千年古镇青城罗氏家族罗宏平先生、民营企业家李巨君先生合资创办。馆舍占地 400 多平方米，建筑面积 800 平方米，为两层仿古建筑，于 2014 年 4 月 11 日奠基，同年 10 月 11 日竣工。该馆是全县乃至全市首家最大的一家以陶器、瓷器、玉器展品为主的民营博物馆。博物馆收藏陈列的展品有玉器、陶器、瓷器、书画、民间工艺刺绣等多种类别，经专家鉴定多为精品。展品上自远古，中经商、周、秦、汉，下至唐宋元明清及民国。在珍贵的西夏陶瓷盆、美轮美奂的青瓷玉器、彩釉陶器前，许多游客纷纷驻足观看，对其精巧细腻、美观典雅的韵致连连称赞。

0051　马坡乡文化站

地　　址：榆中县马坡乡马坡村 40 号
隶属关系：马坡乡人民政府
人 员 数：3 人
观 众 数：2000 人
开展活动情况：每年定期在元旦、春节期间，在全乡不同村组织至少一到两次社火队的表演以及群众自编自演的舞蹈。国庆节期间，举办农民体育健身运动会，开展歌咏、舞蹈、象棋、乒乓球、篮球等各类比赛。
场地面积：402 平方米
文艺创作作品：无
简　　介：马坡乡文化站位于榆中县马坡乡马坡村，建成于 2010 年 10 月，占地 402 平方米，设有多功能厅、文体活动室、图书阅览室、电子阅览室等功能性用房，内部已配备了电脑、投影仪等必需的各类文化体育器材。室外活动广场 805 平方米，可以开展各种单项文体活动。站内共有各种图书 2000 余册，10 余种音像资料。文化站建成后，确定了 3 名文化专干，负责文化站的日常工作开展，制订了一整套工作制度及工作流程，保证了工作的有序开展，方便了群众及在校学生图书借阅，宣传了新政策、新文化，积极组织开展引导全乡各村的群众业余文化活动。乡文化站牵头，通过与当地农业技术部门、计生部门配合，开展文化科技卫生"三下乡"活动，发放各种科技宣传资料，传播先进文化，提升了群众科学文化素质。国庆节期间，举办农民体育健身运动会，丰富当地群众精神文化生活。

0052　甘草店镇综合文化站

地　　址：榆中县甘草店镇东村
隶属关系：甘草店镇人民政府
人 员 数：3 人
观 众 数：900 人
开展活动情况：组建了锦田农民艺术团和 10 余个村级业余文艺团队，先后举办了全镇"永远跟党走"大型群众汇演、"兴隆之夏"节目展演、春节社火调演等活动，参加了"永安杯"兰州市首届中老年歌唱大赛并获优秀奖。
场地面积：430 平方米

文艺创作作品：群众自编自演节目《洗衣歌》《甘肃老家》《白毛女选段》等。

简　　介：甘草店镇综合文化站始建于2009年10月，2011年5月建成启用，总投资135万元，总建筑面积750平方米。其中文化站使用面积430平方米，集多功能厅、图书阅览室、文体活动室、电子阅览室、仿古式戏台于一体，并由书法名家何聚川题写"甘草店文化活动中心"。本站现有工作人员3名，建立健全了管理制度及岗位职责，配备了价值近10万元设备，落实免费开放经费4万元。将阅览室与东村农家书屋整合，拥有图书3000余册，藏书涉及文学、农业、科技、政治、少儿类。组建了锦田农民艺术团和10余个村级业余文艺团队，先后举办了全镇"永远跟党走"大型群众汇演、"兴隆之夏"节目展演、春节社火调演等活动，参加了"永安杯"兰州市首届中老年歌唱大赛并获优秀奖。目前，文化站每天按时正常开放，运行良好，极大地丰富了群众的精神文化生活。

0053　连搭乡文化站

地　　址：榆中县连搭乡连搭村
隶属关系：连搭乡人民政府
人 员 数：1人
观 众 数：5000人
开展活动情况：文化站对各村文化室、农家书屋管理人员做了多次集中培训，宣传国家惠农政策，普及科学、教育、文化、卫生等知识，开展了农技、养殖、种植等方面知识的讲座培训。
场地面积：200平方米
文艺创作作品：无
简　　介：连搭乡文化站位于连搭乡连搭村，原先站内设有文体活动室、电子阅览室等场所。文化站因年久失修、站舍陈旧，不宜陈设设施设备，为了安全起见，设施设备安放在乡政府统一保管。文化站现有文化站长及文化专干2名。近年来，我站积极开展各类文化活动，极大丰富了该乡群众的精神文化活动，使得该乡经济社会更加和谐、有序发展。

0054　夏官营镇文化站

地　　址：榆中县夏官营镇夏官营村
隶属关系：夏官营镇人民政府
人 员 数：3人
观 众 数：3000人
开展活动情况："定西市院团"千台大戏送农村、"定西市百花演艺有限公司"文化下乡活动，节目有舞蹈《开门红》《第一无二》《吉祥颂》等，秦腔清唱《庵堂认母》《火焰驹》，板胡、二胡独奏《战马奔腾》《秦月》，绝活表演《粉墨人生与美猴王》等。利用元旦、春节、五一、国庆等重大节日，积极开展农民运动会、农民科技知识培训、文艺节目汇演、农民艺术作品展等活动18场（次），节目有歌伴舞《欢乐中国年》，舞蹈《我愿》《中国美》《祖国你好》等，秦腔《赶坡》《华亭会》等。参加"兴隆之夏"文艺周活动，活动的内容有舞蹈《山里红》《我要去西藏》《幸福爱河》《酒桥》《原香草》，独唱《高原红》等。
场地面积：200平方米
文艺创作作品：编排的舞蹈《酒桥》《原香草》《江南Style》参加"兴隆之夏"文艺周活动并获奖。
简　　介：夏官营镇文化站位于夏官营村旧街，建筑面积200平方米，于2007年建成并投入使用，总投资24万元，站内现有专职人员2名，均为在编人员。文化站为2层砖混结构楼房，内设图书室、电子阅览室、文化信息共享室、教育培训室等，站内规章制度健全、物品摆放有序。现有桌椅20余套，书架 6 个，电脑 10 台，图书室书籍种类齐全，藏书量达到 2000 余册。建有夏官营村文化艺术宣传队、梦想文艺宣传队、计生宣传队等。近年来，镇党委、镇政府高度重视群众性文化体育活动，紧紧围绕新农村建设的总要求，以文化站为依托，充分利用国庆、元旦、春节等重大节日，积极开展社火表演、农民运动会、文艺节目汇演、农民科技知识培训、农民艺术作品展等活动，极大地带动了全镇文化体育事业的发展。

0055 上花岔乡综合文化站

地　　址：榆中县上花岔乡上花岔村 63 号

隶属关系：上花岔乡人民政府

人 员 数：2 人

观 众 数：1231 人

开展活动情况：举办舍饲养羊、甘草种植等各种农业技术培训，开展社火、广场舞等群众娱乐活动。

场地面积：300 平方米

文艺创作作品：无

简　　介：上花岔乡综合文化站始建于 2009 年，之后一直在不断完善中。现占地 1000 余平方米，建筑面积 300 平方米，包括图书阅览室、电子阅览室、文体活动室、培训室等。文化站有健全的组织机构和管理制度，从业人员 2 人，为群众全面开放，日常组织开展一些群众喜闻乐见的文化娱乐活动和农业技术培训。本文化站是上花岔乡群众文化活动的主要阵地。

0056 中连川乡综合文化站

地　　址：榆中县中连川乡高窑沟村 41 号

隶属关系：中连川乡人民政府

人 员 数：2 人

观 众 数：1200 人

开展活动情况：在元旦、春节期间，组织开展社火队表演。积极响应上级主管部门，结合"联村联户、为民富民"开展文化、科技、卫生"三下乡"活动，传播先进文化。国庆节期间，乡机关干部开展羽毛球、歌咏、舞蹈、书法等各类比赛，举办农民体育健身运动会。

场地面积：300 平方米

文艺创作作品：无

简　　介：中连川乡综合文化站基本设施有砖混结构平顶房 2 幢，占地面积 300 平方米，设有多功能厅、文体活动室、图书阅览室、电子阅览室等功能性用房，内部已配备了电脑、投影仪等必需的各类文化体育器材。室外活动广场 600 平方米，可以开展各种单项文体活动。现有兼职文化专干 1 名。文化站积极组织开展各类文化活动，极大地丰富和活跃了群众的精神文化生活。

0057 定远镇综合文化站

地　　址：榆中县定远镇定远村六号

隶属关系：定远镇人民政府

人 员 数：3 人

观 众 数：1500 人

开展活动情况：文化站每年元旦举办以篮球、

乒乓球、羽毛球、拔河、象棋为主的农民体育运动会，每年春节举办农民社火表演。从2006年始协助全镇各中小学组织成立了少年舞蹈队，每年在"六一"儿童节期间进行排练表演，不定期对农民进行农业科技服务。

场地面积：720平方米

文艺创作作品：无

简　　介：镇党委、镇政府在财力十分困难的情况下，筹措资金5万元于1994年建成了镇文化站，位于镇中心地段。但随着社会经济的发展、生活水平的提高，基层群众对文化需求也不断增强，原有场地和设施远远达不到群众文化的需要。1998年镇党委、镇政府为满足群众对文化活动的需求，创造性的提出公办民助、自取自支的文化活动经营理念，自筹资金8万元，向银行贷款18万元，上级主管部门补助6万元，共32万元新建起了占地1.5亩，建筑面积达720平方米的镇科技文化中心大楼，在运行机制与管理上采用民办公助的形式。目前，文化站内设文化科技放映室、图书阅览室、台球室、农技校培训室、歌舞厅、淋浴室等，有图书5000余册，电视机VCD各4台，音响设备3套，电脑5台，台球桌5个，乒乓球台2个，订阅各类报刊杂志10余种。开展的活动有科技培训、图书阅览、上网、象棋、台球、乒乓球、歌舞、科技放映等。并配合县镇村开展多种形式的文体活动及省市科技、文化、卫生"三下乡"活动。文化站娱乐活动与技能培训相结合，以消费收入为支持，实现自取自支，维持文化站各项活动的正常运营。培训室、图书室等公益性文化活动场所全部公开。开展以新农村建设为主要内容的各类培训和文艺体育活动。

0058　小康营乡综合文化站

地　　址：榆中县小康营乡南北关村328号

隶属关系：小康营乡人民政府

人 员 数：2人

观 众 数：1300人

开展活动情况：文化下乡宣传党的政策和农业科技卫生知识等，开展社火、广场舞、篮球比赛等文化娱乐活动。

场地面积：1200平方米

文艺创作作品：无

简　　介：小康营乡党委、政府把文化建设作为乡村工作的一项重要任务，积极筹集资金建成场地面积1200平方米的综合文化站。站内设有文体活动室、多功能厅、（电子）阅览室等，各室设备配置齐全。文化站外建有文化广场，广场内配有乡村大舞台、各类健身器材，所辖各村建有文化活动计划室和农家书屋。文化站充分利用各站点的硬件设施和地理位置优势积极开展各项文体活动，使当地群众真正享受到文化建设带来的快乐。

0059　清水驿乡综合文化站

地　　址：榆中县清水驿乡清水村111号

隶属关系：清水驿乡人民政府

人 员 数：3人

观 众 数：2000人

开展活动情况：文化站长杨津利用闲暇时间将报头剪辑、粘贴、配上封面，每季度出1至2期老少皆宜的"报头集"；利用投影设备放映戏剧；农闲时节为村内老人放映秦腔；举办农民书画展览、农民手工作品展览，每年展览1次，已连续展出5年。涉及农业科技、计划生育、法律法规、时政要闻等群众关心、关注的内容，每年培训4至6次，一年培训达2000人（次）。每年举办老年人茶话会，春节组织全乡健身秧歌、社火表演、文化庙会等。"三八"妇女节、"兴隆之夏文艺广场周"、"十一"国庆节、"元旦"等节日，都会组织群众文艺团队在县乡村进行表演。通过学习外界，发掘本地资源，新推出了"粮食的种类""农机具"展览等。

场地面积：200平方米

文艺创作作品：无

简　　介：清水驿乡综合文化站位于乡政府所在地清水村，于2006年建成，总投资27.2万元，场地面积1200平方米，建筑面积200平方米，设有图书室、报刊阅览室、多媒体放映室（培训室）、活动室、办公室。有图书5000多册，国家文化信息资源共享工程设备一套（电脑4台、电视机1台、音响1套），篮球架1副，乒乓球台2副。文化站以十八大精神为指导，以文化服务经济、文化服务群众为中心，以宣传积极向上的优秀作品、组织和举办各种文体活动为途径，以提高全乡文化品味为目的，全面加强群众的文化修养、道德观念教育，积极开展各种文化娱乐活动，丰富了广大群众的精神文体生活。整合资源，着力优化文化站配置；建章立制，着力强化文化站管理；创新服务，着力丰富农民群众文化生活；泽被农家，着力推进新农村建设再上新台阶。文化站以创办"群众性文化活动"为载体，大力开展农民读书活动、农民书画展览、农民手工作品展览等等，有力地促进了本乡物质文明和精神文明建设。

0060　龙泉乡文化站

地　　址：榆中县龙泉乡银川村窦家庄社48号

隶属关系：龙泉乡人民政府

人 员 数：3人

观 众 数：800人

开展活动情况：利用传统节日和农闲季节，组织开展具有地方特色、农民喜闻乐见、易于参与的群众文化活动。每年5月、7月庙会盛况空前，期间开展文化交流、秦腔、歌舞、秧歌等表演艺术活动。

场地面积：300平方米

文艺创作作品：无

简　　介：龙泉乡文化站始建于20世纪80年代，建筑面积30多平方米。由于其建筑面积较小，影响文体活动的正常进行，2013年乡党委、乡政府多方争取资金，建成300平方米的新文化站，并不断加大投入，改善文体活动场所条件，使文化站成为了广大干部群众学习科技、休闲娱乐、汲取知识的好去处。文化站现有工作人员3名，配有电脑、音响、打印机等价值十余万的设备。文化站以文化阵地建设为基点，以各村农家书屋建设为支点，建立村组群众娱乐队伍4个，配有篮球架、兵乓球台的健身广场4个，面向农民群众创造性地开展文化工作，活跃群众文化生活。利用传统节日和农闲季节，组织开展具有地方特色、农民喜闻乐见、易于参与的群众文化活动，如：人民群众喜欢的秦腔表演、健身操、书画展览、篮球比赛等。龙泉乡有着悠久的民间文化艺术传统，每年5月、7月庙会盛况空前，文化站组织富有特色的文化活动，以引导农民群众投身健康向上的精神文化生活。同时，文化站工作坚持生产和文化活动相结合，举办农业实用技术培训班，将文化站作为提高群众科技知识的阵地和窗口，切实发挥文化在社会主义新农村建设中的积极作用。

0061　哈岘乡综合文化站

地　　址：榆中县哈岘乡哈岘村

隶属关系：哈岘乡人民政府
人　员　数：2人
观　众　数：260人
开展活动情况：文化站开展以新农村建设为主要内容的各类培训，每年元旦举办以篮球、乒乓球、羽毛球、拔河、象棋为主的农民体育运动会，每年春节举办农民社火表演。
场地面积：300平方米
文艺创作作品：无
简　　　介：哈岘乡综合文化站自成立以来以娱乐活动与技能培训相结合，以消费收入为支持，实现自取自支，维持本站各项活动的正常运营。培训室、图书室等公益性文化活动场所全部免费开放。

0062 新营乡文化站

地　　　址：榆中县新营乡新营村
隶属关系：新营乡人民政府
人　员　数：4人
观　众　数：1600人
开展活动情况：每年积极举办迎新春农民体育健身运动会、社火表演、庆"三八"妇女秧歌表演、健身操表演赛、"五四"青年节文艺表演、"七一"建党节及国庆文艺演出、千台大戏送农村等群众喜闻乐见的活动。
场地面积：300平方米
文艺创作作品：无
简　　　介：新营乡文化站位于新营村，建筑面积300平方米，站内有多功能活动厅、图书报刊阅览室、文化活动室、电子阅览室、办公室等，设备配备齐全。建有篮球场地1个、乒乓球案台2个、羽毛球架1个及健身路径。文化站每年免费开放达到300天以上，为群众提供了良好的文化健身活动场地。自建站以来，在乡党委、政府的正确领导下，在县主管部门及社会各界的关心支持下举办了多场文化体育活动和各种赛事。今后，文化站要争取上级文化主管部门的支持，组织群众开展文化体育创建活动，为满足群众的精神文化需求做好服务工作。

0063 贡井乡综合文化站

地　　　址：榆中县贡井乡吕家岘村1号
隶属关系：贡井乡人民政府
人　员　数：3人
观　众　数：1300人
开展活动情况：每年积极举办迎新春社火表演、健身操表演比赛、庆"七一"拔河比赛、国庆文艺演出、千台大戏送农村等文体活动。
场地面积：300平方米
文艺创作作品：无
简　　　介：贡井乡综合文化站位于吕家岘村街道，建成于2009年10月，馆舍建筑面积为300平方米，主体为砖混结构，设有图书室、老年活动室、少儿活动室等场所，站内图书室共有各种图书1000册、10余种音像资料。文化站至建成后，乡党委、政府确定了2名文化专干负责文化站的日常工作，制订了一整套工作制度及工作流程，有利地促进了工作的开展。文化站不仅注重文化知识的理论传播，更加注重文化活动的开展。文化站通过开展丰富多彩的活动，为营造农村文化氛围、满足农民精神文化需求、培育农村文化骨干队伍、创建农村精神文明和谐等方面起到了重要作用。

0064 七月官神传习所

地　　址：榆中县金崖文化中心
隶属关系：兰州市非遗保护中心
人 员 数：60人
观 众 数：2万人
开展活动情况：在当地的节庆活动中，七月官神的部分内容也被吸收纳入进行展演。
文艺创作作品：无
简　　介：七月官神是中华人民共和国成立以前的榆中苑川河流域规模盛大的民俗活动，涉及5个乡镇几十个村落，参与人数几万人。在实地调研中，七月官神传习所负责人王锡光以及当地的古稀老人介绍，榆中苑川河流域土地肥沃、灌溉便利，自古就是兰州地区的粮食主产区，五月份瓜果成熟，在夏秋交替之际，也就是农历七月，这里的人们利用收割完麦子后一个月的农闲时间开始敬神、庆祝和祈祷丰收，在几百年的代代传承中，七月官神逐渐演变成为集文化娱乐、物资交流、相亲联谊为一体的一项民俗活动。中华人民共和国成立后，七月官神作为封建落后的活动停止演出50余年。2006年，非物质文化遗产全面普查之际，在榆中县文化馆的支持下，七月官神在小范围内恢复演出，2007年成立苑川民俗文化研究会，研究会的架构就是针对如何开展七月官神民俗活动而设置的，根据七月官神主要的活动区域，研究会下设28个分会，负责资料搜集及组织演出等相关活动。

0065 和平镇文化站

地　　址：榆中县和平镇徐家营社
隶属关系：和平镇人民政府
人 员 数：4人
观 众 数：1500人
开展活动情况：每年积极举办迎新春农民健身运动会、社火调研、庆"三八"妇女秧歌、健身操表演赛、纪念"五四"青年节文艺表演、"七一"党员拔河比赛、"国庆"文艺演出、千台大戏送农村等群众喜闻乐见的活动。
场地面积：414.54平方米
文艺创作作品：自编自演的快板《十八大金光闪闪》。
简　　介：和平镇文化站位于和平村徐家营社，距镇政府0.3公里，建筑面积414.54平方米，站内设有多功能活动厅、图书报刊阅览室、文化活动室、电子阅览室、老年活动室、办公室等五室一厅，设备配置齐全。投入使用灯光篮球场地、普通篮球场地、乒乓球案、羽毛球架、健身路径等体育场地及设施。

0066 青城镇文化站

地　　址：榆中县青城镇城北路91号附近
隶属关系：青城镇人民政府
人 员 数：1人
观 众 数：2.5万人

开展活动情况：开展积极向上的文化、娱乐、健身活动，每年在元旦、春节、妇女节、清明节、中秋节等节日举办民俗表演及相应的节日活动。

场地面积：756平方米

文艺创作作品：组织人员编排青城小调《计划生育好》《游青城》《石头记》等。

简　　介：青城镇文化站旧址在青城城隍庙内，2008年由青城镇政府统一规划将青城司法所、青城文化站、青城计生服务站等机构合于一体，建成青城综合服务中心。青城综合服务中心位于城河村边墙路南侧，青城城门楼旁边。现因经济原因，此建筑没有交付使用，整体无法装修，因而，青城文化站的免费开放工作比较薄弱。因室内设施比较缺乏，青城文化站便将重心转移到了室外的大型活动之上。如：举办城隍出巡、本土社火汇演、民俗文化旅游节、篮球比赛、乒乓球比赛、广场舞大赛等，传承保护道台狮子、英雄舞顾、城河抬子、青城高跷等。

0067 城关镇综合文化站

地　　址：榆中县城关镇南河公园

隶属关系：城关镇人民政府

人　员　数：15人

观　众　数：3万人

开展活动情况：文艺表演方面：编排节目《南河晨韵》，参加榆中县第四届"兴隆之夏"文艺周活动；编排舞蹈《梁祝》《吉祥》《祖国你好》等节目，参加第四届"农民艺术节"表演；编排《盖碗茶》等节目，参加兰州市金城剧院文艺活动；编排《鲜花陪伴你》等节目，参加县政府举办的"联村联户、为民富民"为主题的文艺演出。2014年"五一"由兴隆艺术团牵头组织在文化站舞台为期3天的戏曲演唱（主要是秦腔）等进行群众文艺活动。图书、报刊借阅方面：做好书刊分类、贴标、上架、书目造册统计。制订了办证须知、借阅制度、阅览规章制度、借阅登记备案等工作。文化信息资源共享工程方面：认真做好平时的工作记录，及时掌握农民群众对文化信息资源有关服务的具体需求，灵活调节播放内容。体育活动方面：早晚按时开放场地，目前每天锻炼达到200余人次，活动内容主要包括篮球、羽毛球、武术、广场舞以及利用站内健身器材进行身体锻炼等。健身娱乐方面：为了丰富群众的娱乐活动，我站还经常组织丰富多彩的体育文化活动，主要以下棋、打牌、篮球、拔河、跳舞、唱歌为主，在群众中引起了很大反响，群众评价很好。

场地面积：360平方米

文艺创作作品：编排《南河陈韵》《吉祥》《祖国你好》《盖碗茶》《鲜花陪伴你》等节目，有多幅书画作品。

简　　介：2009年，城关镇投入资金150万元，在县城南滨河路南侧修建镇综合文化站。该项目共占地2500平方米，建筑面积360平方米，建有多功能厅、图书室、阅览室、棋牌室等活动室。先后投入30万元配备办公设备、体育健身、活动器材和音响器材。并在上级部门的帮助下，配备多媒体讲台、液晶电视、投影仪、10台电脑等文化信息资源共享工程设备。镇文化站于2012年配备了一名文化专干，并招聘15名公益性岗位人员，确保了文化站各项工作顺利开展和免费正常开放。综合文化站定期开展和举办文化娱乐活动，并对全镇文化爱好者进行专业培训。组建成立城关镇综合文化站"兴隆艺术团""银河艺术团""阳光艺术团"。综合文化站经常组织丰富多彩的体育文化活动，主要以下棋、打牌、篮球、拔河、跳舞、唱歌为主，在群众中引起了很大反响，群众评价很好。每天晨练的人达到200余人次，主要包括篮球、羽毛球、武术、棋牌类、广场舞以及利用站内健身器材进行身体锻炼活动。镇综合文化站通过开展丰富多彩的文化活动，为营造新农村文化氛围、满足农民精神文化需求、培育农村文化骨干队伍、创建农村精神文明等方面起到了重要作用。

0068 韦营乡综合文化站

地　　址：榆中县韦营乡孙家岔村320号
隶属关系：韦营乡人民政府
人　员　数：2人
观　众　数：2000人
开展活动情况：每2—3年举行一次农民文化体育活动，活动内容包括篮球比赛，象棋比赛。每年举行一次职工运动会，春节等重大节日经常举行文体活动。以各行政村为单位，2014年7月16日、17日、18日举行为期3天的农民文化体育活动，活动内容包括篮球比赛、乒乓球比赛、一分钟跳绳比赛、拔河比赛、象棋比赛、舞蹈比赛。
场地面积：300平方米
文艺创作作品：无
简　　介：韦营乡综合文化站位于韦营乡人民政府，即孙家岔村320号，有体育健身中心一处，内设塑胶篮球场、健身路径、乒乓球场、羽毛球场、文化活动室。文化站还配备了音响设备、投影仪、（电子）阅览室等文体设施，有专职工作人员2名。文化站联合各单位每2到3年举行一次内容丰富、规模较大的农民文化体育活动，每年举行一次职工趣味运动会，并在春节、"三八妇女节"等节日期间举行各类文体活动。韦营乡综合文化站的设立极大丰富了辖区群众的业余生活，提高了群众的健身意识和兴趣，满足了群众多层次、多元化的健身需求，大力推动了全乡群众健身活动向纵深发展。

0069 兰州青城水烟传习所

地　　址：榆中县金崖镇古城村
隶属关系：兰州市非遗保护中心
人　员　数：30人
观　众　数：1000人
开展活动情况：带领学徒学习水烟培植技术、研究水烟吸食烟具的形状和包装。
场地面积：500平方米
文艺创作作品：设计制作的新型水烟吸食烟具。
简　　介：李德森带领学徒李彦龙等人学习水烟烟苗的培育、田间管理、移栽等农业技术，并与青城旅游公司相互配合，设计制作出新型的水烟吸食烟具和包装，逐渐与市场相对接，形成新的文化产业链。

0070 榆中古建筑模型传习所

地　　址：榆中县城关镇南关桥头东80米
隶属关系：兰州市非遗保护中心
人　员　数：26人
观　众　数：10万人
开展活动情况：无
场地面积：260平方米

文艺创作作品：2010年8月，"微缩古建筑——北京天坛"荣获甘肃省第十一届工艺美术百花奖制作技艺特等奖；2011年7月，作品"微缩古建筑——北京天安门城楼"在中国国家博物馆举办的"盛世天工——中国木雕艺术展"中荣获金奖；2011年7月，作品"微缩古建筑——北京祈年殿"收藏于中国国家博物馆；2012年10月，作品"微缩古建筑——嘉峪关城楼"在第十三届中国工艺美术大师作品暨国际艺术精品博览会上获铜奖；2013年11月，作品"微缩古建筑——黄鹤楼"在第十四届中国工艺美术大师作品暨国际艺术精品博览会上获得金奖。

简　　介：榆中古建筑模型传习所的负责人丁武明也是传承人，木匠出身，在当地农村是建造房屋和制作家具的好手，在长期的实践中，注意观察，善于精工巧思，积累了丰富的制作古建筑模型的经验。从2006年正式生产以来，仿照和采取古建筑榫卯结构的特点和方式，已制作成功40多件古建筑模型。目前，在展厅摆放作品有30余件。其中，有部分作品在全国工艺美术产品评奖中荣获大奖。传习所传承人深入研究古代建筑的微缩制作及木雕工艺，将我国不可移动的建筑古迹微缩制作技艺发扬光大，力求向人们展现我国古代建筑文化的风采。

0071　高崖镇综合文化站

地　　址：榆中县高崖镇高崖村87号
隶属关系：高崖镇人民政府
人　员　数：4人
观　众　数：1200人
开展活动情况：召开文化研讨会，开展送文化下乡活动、送电影下乡活动、庆"七一"文艺汇演，组织各村农家书屋管理员参加培训。
场地面积：302.4平方米
文艺创作作品：自编自演《祖国你好》《毛主席的光辉》《欢乐跳吧》等节目。
简　　介：近年来，高崖镇以提高人民群众物质生活和精神生活水平为目标，从文化站配备器材等文化基础设施建设入手，着力打造群众文化活动发展的平台，为群众文化活动的广泛开展创造物质条件。高崖镇综合文化站于2008年7月16日开始建设，于12月10日全面完工。工程总投资24万元，建筑面积302.4平方米，内设图书室、阅览室、培训室、文化活动室、棋牌室、体育健身室、值班室和办公室。图书室总藏书量达2000多册，分为党建、政治理论、历史文献、法律法规、社会科学、经济建设、文学小说、农业科技等7个类别。图书按照不同类别陈列于图书专列柜内，供广大农民群众及中小学生阅览，进一步满足了广大人民群众的精神文化需求。我镇综合文化站自建成投入运营以来，坚持"打基础、抓规范、重服务、讲实效"的原则，积极组织开展各项活动，全年免费开放天数260多天，极大地丰富了群众的精神文化生活。

（七）兰州市皋兰县

0072 皋兰县图书馆
地　　址：皋兰县兰花路10号
隶属关系：皋兰县文化体育广播影视局
人员数：6人
观众数：8756人
场地面积：2000平方米
开展活动情况：无
文艺创作作品：无
简　　介：皋兰县图书馆始建于1982年，经县人民政府批准设立科级建制，刚成立初位于县文化馆内，后经过三次搬迁，于2012年初搬至兰花路新图书馆大楼。现内设借阅室、成人阅览室、少儿阅览室、电子阅览室、盲人阅览室、资料室、地方文献室等对外服务窗口。馆内有供读者使用的电脑35台，阅览坐席80个，藏书4万3千册。

0073 皋兰县博物馆
地　　址：皋兰县石洞镇梨花中路
隶属关系：皋兰县文化体育广播影视局
人员数：6人
观众数：5万人
开展活动情况：举办皋兰县馆藏文物精品展。
场地面积：150平方米
文艺创作作品：无
简　　介：皋兰县博物馆成立于2011年，博物馆占地面积150平方米，建筑面积120平方米，展厅面积70平方米，馆藏文物202件。其中珍贵文物3件，以新石器时期彩陶为馆藏特色。举办皋兰县馆藏文物精品展，年接待观众5万人次。

0074 皋兰县文化馆
地　　址：皋兰县石洞镇北辰路168号
隶属关系：皋兰县文化体育广播影视局
人员数：10人
观众数：4万人
开展活动情况：每年组织各类文化活动达100场次以上。其中包括石洞寺文化庙会、农民艺术节、书画展览活动等；开办文艺辅导30余次；下乡演出60多场次。获得省级文艺表演银奖1个，铜奖1个；县级文艺表演金奖2个，二等奖1个，三等奖3个。
场地面积：2000平方米
文艺创作作品：创编出了《歌唱政府抓禁毒》《创业英雄赞》《金城巨变民心顺》《抗震

赞歌》《西电颂》、鼓子曲及鼓子伴舞作品等一系列文艺精品。

简　　介：皋兰县文化馆是政府公益性群众文化事业单位，自1951年成立以来，在文化娱乐、辅导培训、宣传教育、文艺下乡等方面做了大量积极有效的工作。文化馆办公大楼建筑面积2000平方米，共有办公室9间，教室3间，书画展厅1间，多功能厅1间。在建的皋兰县艺术馆占地7.8亩，总建筑面积8000平方米，集群众文化采编、创作、排练、演出、综合性展览、培训、办公为一体，2014年建成并投入使用。文化馆内部机构分设办公室、计财室、非遗办公室、文艺办公室。相继成立了金鹰秦腔艺术协会、业余艺术团、书画艺术协会、兰州鼓子艺术协会。目前，文化馆工作人员共10人，其中，管理人员3人（正科1人、副科2人），中级职称2人（馆员），初级职称4人（助理馆员），高级工1人。文化馆担负着全县大型文艺调演、文艺竞赛、大型艺术展览、重要节日和重大庆典文化活动等的策划、组织及辅导，组织开展全县城乡多层次、多形式、丰富多彩的文化活动。文化馆积极开展民族民间文化推广活动，曾多次应邀参加省市电视台节目录制工作、什川梨花风情旅游节、县级大型文艺活动等演出活动。文化馆完成全国第三次文物普查工作，同时还积极参加民族民间文化（非物质文化遗产）资料收集整理工作，《兰州鼓子》《太平鼓舞》都已被列入2007年省级名录。

0075 兰州鼓子什川传习所

地　　址：皋兰县什川镇上车村
隶属关系：兰州市非遗保护中心
人员数：62人
观众数：1万人
开展活动情况：在各级政府和文化部门的支持和鼓励下，多次参加各种节庆演出和进校园活动。
场地面积：100平方米
文艺创作作品：魏至星创作的兰州鼓子词三首《嫦娥奔月》《魅力什川》《迎春曲》。
简　　介：皋兰什川镇兰州鼓子于2002年成立了鼓子协会，2008年成为兰州大学非物质文化遗产保护基地。

0076 兰州鼓子传习所

地　　址：皋兰县水阜乡
隶属关系：兰州市非遗保护中心
人员数：30人
观众数：8000人
开展活动情况：创作、排练、演唱兰州鼓子。
文艺创作作品：2006年创作的《千里陇原跨骏马》获全省三等奖；2012年创作的《南湖的灯光》获全省特别奖；2008年出版《兰州鼓子传统曲本》。
简　　介：创作、排练、演唱新编兰州鼓子10个；培养鼓子后继人才，其中成人18人，少儿12人。

0077 什川镇文化站

地　　址：皋兰县什川镇南庄村
隶属关系：什川镇政府
人 员 数：5人
观 众 数：1万人
开展活动情况：2009年国庆、2010年春节、什川之春旅游节、"五一"劳动节等时间节点由秦腔鼓子协会组织开展了为期15天的秦腔鼓子演唱会和健身歌舞表演；2010年初成功举办了由市文化馆组织的"三下乡"活动；2010年什川旅游节期间，由书画摄影协会邀请甘肃诗书画联宜会及市、县书画摄影爱好者30多位，成功举办了皋兰县什川之春书画摄影展活动；2012年成功举办"一村一品"群众性文艺展演；非节假日期间，群众性文化、健身活动也经常开展，每年累积开展活动达50场次以上。
场地面积：313平方米
文艺创作作品：舞蹈《走进新时代》《梨花仙子》《西部放歌》《鸿雁》，快板《夸什川》，小品《生男生女都一样》《夸什川》，鼓子曲《赞什川》《林冲夜奔》《草船借箭》《韩英见娘》《三娘教子》，另有秦腔及多幅书画摄影作品。
简　　介：什川镇文化站位于什川镇交通便利、人口集中的南庄村，占地面积约3.3亩（2194平方米），于2009年建成并投入使用。其中建成业务及办公用房313平方米，共16间，内设多功能放映厅、文艺活动室、图书阅览室、信息共享室、文化协会活动室、棋牌室等；建成文化表演戏台占159平方米，主要用于大型文艺演出；对场地进行硬化、亮化的同时，在戏台对面小广场配置了健身器材14套。文化站设专职站长1名，站长助理及理事共4名。文化站投入使用以来，全镇人民以文化站为基础，先后成立了兰州鼓子、秦腔、书画摄影等群众性文化协会，协会人员总数多达300人，并成功举办了一系列公益性社会文化活动，极大地丰富了当地群众的文化生活。

0078 水阜乡综合文化站

地　　址：皋兰县水阜乡水阜村
隶属关系：水阜乡人民政府
人 员 数：5人
观 众 数：8000人
开展活动情况：每年配合县委宣传部、人民政府做好文化、科技、卫生"三下乡"、迎新春书画摄影作品展、"一村一品"文艺展示、全县广场健身舞大赛、全县篮球交流赛和春节社火调演、非物质文化遗产成果展活动。非节假日期间，经常开展群众性文化、健身活动，每年累积开展活动80场次以上。
场地面积：360平方米
文艺创作作品：新编兰州鼓子《千里陇原跨骏马》《中华复兴》《南湖的灯光》《圆梦》《全心全意为人民》等，秦腔除传统曲目《铡美案》《黑叮本》《花亭相会》《五典坡》《杨门女将》等，新编现代秦腔《风波》，另创作大量的书画作品。
简　　介：水阜乡综合文化站位于水阜村，建成于2010年，占地面积2000平方米，建筑面积为360平方米的两屋18间的楼房。文化站现有舞台1座、化妆室2间，设有阅览室、放映室、展览室、多媒体信息室、文化活动室，并配置了健身器材10套，篮球架 1 副，乒乓球台 2 个。有文体协会 8 个，工作人员 5 名，会员 1000 多名。文化站以"巩固、培育、发展"为原则，不断丰富农民群众文化生活，促进群众文化活动蓬勃发展。近年来，水阜乡文化工作依托区位优势和政策扶持的大好机遇，紧紧围绕"二为"方向和"双百"方针，坚持"三贴近"原则，以繁荣农村文化生活为重点，打造好以水阜鼓子弹唱、秦腔观摩演唱、健身舞蹈表演、书画会展等为主要内容的特色文化，充分发挥综合文化站的主阵地作用，逐步发扬提升"一村一品"文化工程的带动和辐射作用。全乡每年以重要活动、纪念日、节庆日为契机，组织开展形式多样的爱国主义、集体主义和理想信念教育活动和文体活动，努力培育"文明村社""五好家庭""十星级文明户"等组织。

0079 忠和镇文化站

地　　址：皋兰县忠和镇崖川村 191 号
隶属关系：忠和镇人民政府
人 员 数：1 人
观 众 数：1500 人
开展活动情况：每年组织各村文体协会参加镇县举办的各类文体活动累计 10 次，组织镇机关职工开展文体活动和竞赛累计 5 次。
场地面积：300 平方米
文艺创作作品：小品《家和万事兴》。
简　　介：忠和镇文化站于 2008 年建成，建筑面积 300 平方米，设有多功能室、文体活动室、图书阅览室、展览室、办公室。镇文化站配备文化体育专干 1 人。现藏书 2000 余册，报刊杂志 10 余种，音响文体设备配备齐全，基本能满足广大群众的精神文化需求。镇文化站每年都组织各村开展舞蹈、秧歌、篮球和广场舞等群众性文化活动，选派优秀代表队参加县上开展的"一村一品"文化展演活动，都取得了较好的成绩。

0080 九合镇文化站

地　　址：皋兰县九合镇中心村 171 号
隶属关系：九合镇人民政府
人 员 数：2 人
观 众 数：1 万人
开展活动情况：积极搭建文化活动平台，组织各村会员和乡镇机关干部广泛开展群众喜闻乐见的文化活动，组织会员培训，组织各协会参加市县开展的活动。
场地面积：210 平方米
文艺创作作品：戏曲《四老婆说唱》。
简　　介：镇政府自筹资金建成九合镇文化站，占地面积为 210 平方米，内设办公室、图书阅览室、信息室、综合展示室、棋牌室、文体活动室等。建成村级农家书屋 11 个；健身广场 8 个，总面积达到 5883 平方米，共配备篮球架 9 副、健身器材 4 套、乒乓球台 10 张。同时，购置活动服装 55 套，体育用品 30 余件，乐器 6 种 40 余件。镇上统一制作了展板和协会标牌，建立了二薄二册（会议记录薄、活动登记簿、人员花名册、活动剪影册）。成立各种群众喜闻乐见的协会19个，全镇文体会员人数达到了600余人。文化站成立以来，在县委、县政府的正确领导以及上级部门的大力支持下，始终坚持以科学发展观为指导，全面贯彻落实十八届三中全会精神，按照有特色、有阵地、有组织、有队伍、有活动、有经费的"六有"标准创建了"一村一品"文化精品工程，集中展现我镇农民群众的精神风貌，努力满足农民群众多层次、多方位的精神文化需求。

0081 石洞镇综合文化站

地　　址：皋兰县石洞镇广场小区院内

隶属关系：石洞镇人民政府

人 员 数：2人

观 众 数：1万人

开展活动情况：开展乒乓球赛、篮球赛、健身舞活动、象棋比赛、图书阅览等活动。

场地面积：3000平方米

文艺创作作品：无

简　　介：石洞镇文化广场位于石洞镇仿古一条街南段，该广场于2012年4月建成，其建筑面积3000平方米，建设总投资达50万余元。2012年4月8日至11日，石洞镇综合文化站组织群众在石洞镇文化广场成功举办了首届文化庙会。根据县委、县政府关于全县2013年"一村一品"群众性文化精品创建工程实施的会议安排，于2013年4月8日开工建设位于石洞镇文化广场的石洞镇东湾村"一村一品"群众性文化展演基地，其建筑面积200平方米，基地建设总投资达70万余元，配备多媒体音响等设施总投资20万余元。"一村一品"群众性文化展演基地建设工程于2013年10月底已基本完工。有了"一村一品"群众性文化展演基地这一平台，我镇文化艺术展演活动将会更加高质量、高水平地举办好，使乡土文化表现出更加强劲的生命力。石洞镇文化广场与乐湾村文化展演基地由石洞镇综合文化站负责管理。石洞镇综合文化站为发挥广大人民群众和文化工作者的创造精神，用健康的活动丰富人民群众的精神文化生活，全面加强社会主义精神文明建设，切实解决人民群众日益增长的文化需求，增强公共文化服务能力等方面起到了至关重要的作用。

0082 黑石川乡综合文化站

地　　址：皋兰县黑石川乡黑石村80号

隶属关系：黑石川乡人民政府

人 员 数：4人

观 众 数：800人

开展活动情况：组织各村开展太平鼓、秧歌、篮球和广场舞等群众性文化活动，选派优秀代表队参加了皋兰县开展的"一村一品"文化展演活动。

场地面积：30平方米

文艺创作作品：无

简　　介：黑石川乡综合文化站，坐落于乡政府院内南侧，由于受该乡经济条件制约，乡文化站未单列建设，仅占用乡政府房屋一间（建于1984年），面积30平方米，兼做图书阅览室、文化站办公室。文化站配备专职人员4人，设站长1名，文化体育专干3人。乡文化站藏书1000余册，报刊杂志10余种，音响文体设备配备齐全，基本能满足广大群众的精神文化需求。文化站积极发掘和保护传承太平鼓文化，全力打造太平鼓文化艺术之乡。全乡现已建成黑石村标准文化体育广场和和平村"一村一品"文化展演基地，建成村文化活动室11处，成立文化艺术协会12个。乡文化站每年都组织各村开展太平鼓、秧歌等群众性文化活动，选派优秀代表队参加县开展的"一村一品"文化展演活动，都取得了骄人的成绩。

（八）兰州市永登县

0083 永登县图书馆

地　　址：永登县和平街94号
隶属关系：永登县文化体育局
人 员 数：12人
观 众 数：1.8万人
开展活动情况：2010—2014年，开展中小学生优秀作文征文活动，共有2000多名学生参加。2012—2013年，举办元宵灯谜竞猜活动，共有3000多群众参加活动。
场地面积：1696平方米
文艺创作作品：无
简　　介：永登县图书馆建筑面积1696平方米，共计5层，内设电子阅览室、成人阅览室（含少儿阅览室）、借阅室、地方文献室、古籍室及报告厅等。现有藏书73000多册，其中图书56200册，期刊12600册，古籍3100册，地方文献1100册及1600余张视听资料。2008年、2009年永登县图书馆被评为先进单位；2010年，第四次评估定级工作中，永登县图书馆被评定为三级图书馆。

0084 永登县博物馆

地　　址：永登县城关镇和平街94号
隶属关系：永登县文化体育局
人 员 数：18人
观 众 数：2万人
开展活动情况：开展全县田野文物的保护、研究、规划设计，对馆藏三千多件文物进行日常管理，展厅免费对外开放。完成了三次全国不可移动电话文物的普查、第一次全国可移动文物古迹的普查、申报历史文化名城、文化资源普查、历史文献资料整理、文物法宣传等工作。
场地面积：1969平方米
文艺创作作品：编辑《永登史话》《永登文化大观》《连城史话》《红城史话》《永登县志续编》《永登军事志》等地方文献资料，专业人员在省市专业刊物发表了大量优秀成果作品。
简　　介：永登县博物馆成立于1990年12月，原为县文化馆的文物组，下属鲁土司衙门文物管理所，2003年迁入三馆一中心大楼，2006年鲁土司衙门分出。现在设有陈展部、文物保护部、讲解部、保卫部、田野文物保护部等。有馆藏文物2897件，其中国家一级文物9件、二级文物44件、三级文物96件，主要为新石器时期马家窑文化陶、石骨器、汉代铜、陶器、佛教经卷、古字画、唐卡、玉器等。博物馆2006年被县委、县政府授予爱国主义教育基地和县级精神文明单位称号。

0085 永登县文化馆

地　　址：永登县城关镇和平街94号
隶属关系：永登县文化体育局

人 员 数：20人
观 众 数：1.1万人
开展活动情况：文化艺术创作、群众文艺辅导、书画交流、非物质文化遗产保护、编印《玫瑰》杂志、组织大量文化活动等。
场地面积：1969平方米
文艺创作作品：祁重泰在省市刊物发表50多篇。张宇中为省级书法家协会会员，创作的书法作品多次在省市获奖。《玫瑰》杂志每年发行4期，发表文学、书画作品1000多件。1991年10月出版《中国曲艺音乐集成——甘肃省兰州分卷永登县资料本》一书。
简　　介：永登县文化馆建于1936年，原名为民众教育馆，于1953年改为文化馆。文化馆下辖四个乡镇文化站。常年开展文学创作、声乐、器乐、舞蹈、摄影、书法辅导，经常下乡、进社区、进机关单位进行形式多样的辅导活动。近年来重点组织文化下乡（镇）百村行活动，完成了兰州市第一、第二届农民艺术节永登代表团的文艺项目，组织参加全市春节文化庙会、各种文化活动，举办了全县歌手、秦腔大奖赛、各节会的文艺演出、书画展览，与周边县区积极进行文化交流活动，推荐文艺人才及其作品参加省、市文化活动，培养了一批书法、绘画、文学、声乐、器乐等方面的优秀人才，加入到省、市、县专业协会中。其中县文化馆三名同志加入了省作协、摄影协会、书法协会。文化馆把非物质文化遗产保护、申报做为重要工作，取得了一定成绩。目前全县有国家级保护项目一项、省级项目五项、市级九项、县级二十项、普查整理项目及线索五百多条。苦水高跷项目多次参加全国、省、市文化活动，2009年6月赴成都参加了第二届中国成都国际非物质文化遗产节，获太阳神鸟金奖，还参加了上海世博会甘肃馆的活动，其他多个项目也多次参加省、市文化活动并获奖。

0086 中堡镇文化站

地　　址：永登县中堡镇
隶属关系：永登县中堡镇人民政府
人 员 数：2人
观 众 数：2.5万人
开展活动情况：文化站对公众开放，提供全天服务，设有免费活动项目。自建站起组织综合性大型文化活动3次，单项性文体活动12次。认真组织村文化室开展文化活动，举办文艺培训班3期。文化站注重以文艺活动促繁荣的理念，常年举办"送文化下乡"活动。在我县举办的农村文艺调演暨元宵文艺晚会上，城关中堡镇选送的《让我们舞起来》《幸福相伴》获得了表演奖。
场地面积：1000平方米
文艺创作作品：《让我们舞起来》《幸福相伴》节目。
简　　介：中堡镇文化站有阅览室、文化活动室、乒乓球室、电子阅览室、老年活动室等，这些活动室都向群众免费开放。

0087 苦水镇文化站

地　　址：永登县苦水镇
隶属关系：永登县苦水镇人民政府
人 员 数：2人
观 众 数：3.2万人
开展活动情况：利用春节、元旦、"三八"妇女节、兰州玫瑰旅游节、"七一"建党节、教师节、国庆节等节日，组织开展丰富多彩的社火、歌咏比赛、文艺汇演、大合唱比赛等大型活动，极大地丰富了群众的精神文化生活。
场地面积：400平方米
文艺创作作品：截至目前，我镇有关人员整理和二度创作《风颠超当禅师实行实录》《西部济公风颠和尚》《下四川》《转灯》《三姐妹上香》《绣荷包》《十道河》《香山寺还愿》等民间文学和民间音乐文艺作品。

简　　介：苦水镇文化站建于1999年，文化站面向广大群众全年开放，村民群众闲暇之余在文化站读书看报、唱戏下棋、健身娱乐，在家门口享受各类文体服务。文化站的主要工作是加强文化活动组织领导，加强文化活动阵地建设，发展壮大专业人才队伍，开展群众主题文化活动，加强非遗文化传承保护，等等。

0088　苦水木偶戏传习所

地　　址：永登县苦水镇苦水街村

隶属关系：兰州市非遗保护中心

人 员 数：18人

观 众 数：10万人

开展活动情况：永登苦水木偶戏一般在农村婚丧嫁娶时活动，以清唱为主。

场地面积：80平方米

文艺创作作品：苗高埔表演的《花园游春》在1958年甘肃省木偶戏会演中获二等奖。

简　　介：永登苦水木偶戏，又称肘猴子，明代初随山西、陕西移民迁入而传来，以秦腔为唱腔。传习所传授木偶表演技法，木偶没有面部表情，只是眼睛、嘴动，全凭形体动作表现。

0089　兰州刺绣传习所

地　　址：永登县城青龙路1019号

隶属关系：兰州市非遗保护中心

人 员 数：5人

观 众 数：1万人

开展活动情况：开展刺绣作品展演及出售等活动。

场地面积：80平方米

文艺创作作品：2013年河南开封中国文化节上，刺绣《飞天》《反弹琵琶》获银奖。在1999年联合国儿童基金会展览中，《讲究卫生》《五年后的变化》获一等奖。

简　　介：兰州刺绣传习所位于永登县城青龙路，是一间80平方米的临街铺面，负责人毛存文追求爱好刺绣的艺术事迹，多次经新闻媒体报道，引起了社会各界的注意，传习所成为大家观赏、交流的一个平台。

0090　七山乡文化站

地　　址：永登县七山乡

隶属关系：七山乡人民政府

人 员 数：2人

观 众 数：4800人

开展活动情况：七山乡文化站自创建后，注重以文艺活动促繁荣的理念，充分利用农闲时间和传统节日常年举办"送文化下村"活动。每年组织举办综合性大型文化活动1次；举办单项性文化活动2次；举办科普、法制、农技、卫生等讲座、培训4次；年组织开展全乡性非物质文化遗产和民间文化艺术活动1次。

场地面积：216平方米

文艺创作作品：无

简　　介：七山乡文化站2010年10月投入使用，现有站舍建筑总面积216平方米，新建建筑面积140平方米的舞台一个。站内设有信息服务室、阅览室，有广场文艺演出必备的灯光、音响设备和艺术展览设备。开设常规性公共文化服务项目4个，每周对公众服务时间为28小时。

0091　坪城乡文化站

地　　址：永登县坪城乡村民委员会

隶属关系：坪城乡人民政府

人 员 数：2人

观 众 数：1.6万人

开展活动情况：文化站对公众开放提供服务时间达40个小时，设有免费活动项目。组织综合性大型文化活动2次，单项性文体活动4次。认真组织村文化室开展打乒乓球、下棋、排练舞蹈等活动，举办文艺培训班3期，还分别在春节、"三八"妇女节、"五一"劳动节、国庆节等重大节日开展文化活动。

场地面积：350平方米

文艺创作作品：无

简　　介：坪城乡文化站始建于2009年，占地面积1806平方米，建筑面积350平方米。设有图书室、活动室、展览室、多功能厅、露天舞台、灯光球场等。每年举办各类群众性民间文化活动18场次，培养艺术能人16人，收藏民间刺绣、雕刻、剪纸、书画等作品50件，建成宣传版面12个，新农村建设文化宣传墙360米，为全乡基层文化事业发展起到了表率和促进作用。

0092 大同镇文化站

地　　址：永登县大同镇南同村

隶属关系：大同镇人民政府

人 员 数：2人

观 众 数：2.1万人

开展活动情况：本站年开展大型文化活动及演出3场次以上，分别举办了春节文艺演出、趣味体育运动、书画、剪纸、刺绣等文化活动。春节期间组织青寺村、泉水村的社火表演，丰富了广大群众的文化生活。

场地面积：245平方米

文艺创作作品：无

简　　介：大同镇文化站位于南同村，主体建筑建成于1996年，实际使用面积245平方米，其中文化活动用房面积145平方米。为了满足群众对物质文化的需求，大同镇党委、政府高度重视文化事业的建设和发展，对全县文化事业的发展做了长期规划和安排，为文化站建设提供了大量支持。

0093 柳树乡文化站

地　　址：永登县柳树乡柳树村

隶属关系：柳树乡人民政府

人 员 数：3人

观 众 数：2.6万人

开展活动情况：本站年开放大型文化活动及演出2～3场次，举办各类比赛、展览6场次以上，举办各类培训学习活动10期以上，每年向广大群众播放电影30多场次，接待各类群众活动3万人次。

场地面积：320平方米

文艺创作作品：无

简　　介：柳树乡文化站始建于1983年，自建站以来始终坚持每天按时开放，几十年如一日。2007年本站进行了修建，2013年再次修建。文化站各类设施齐全，占地面积320平方米，建有图书室、电子阅览室、棋牌室等。文化站建立了薛家湾民俗文化传承基地，排练村社社火文化节目，并在春节庙会上进行表演。

0094 河桥镇文化站

地　　址：永登县河桥镇马莲滩村

隶属关系：河桥镇人民政府

人 员 数：1人

观 众 数：3.8万人

开展活动情况：近三年以来，我镇文化站每年都组织3次以上的大型文化活动，参与群众均在1000人以上。各村、社区的文艺活动团体每年活动达70多次，组织开展"三八"妇女节、"五一"劳动节、"六一"儿童节、元旦及春节等文化活动。

场地面积：481平方米

文艺创作作品：无

简　　介：河桥镇原文化站位于马莲滩村，

距镇政府 500 米处，始建于 1992 年，建筑面积 481 平方米。目前全镇共有 15 个群众自发组织的文化活动团体。镇文化站还成立了"河桥镇书法艺术协会"和"宝川农家乐文艺协会"，每年定期开展活动。

0095 民乐乡文化站

地　　址：永登县民乐乡铁丰村
隶属关系：民乐乡人民政府
人 员 数：2 人
观 众 数：4.3 万人
开展活动情况：本站每年举办综合性大型文化活动 5 次；举办单项性文化活动 8 次；常年举办"送文化下乡""庆三八""庆五四""庆六一""庆国庆"等专题文艺庆祝演出活动。
场地面积：200 平方米
文艺创作作品：无
简　　介：民乐乡文化站总面积 200 平方米，免费开放活动项目 11 个，内设有阅览室、文化活动室、乒乓球室、文化资源共享工程室等。近年来，文化站不断开拓创新，取得了前所未有的骄人成绩。

0096 红城镇文化站

地　　址：永登县红城镇红城街
隶属关系：红城镇人民政府
人 员 数：2 人
观 众 数：2.6 万人
开展活动情况：平均每天到文化站参加各项活动的群众有 200 多人，每年最少组织举办大型文体活动 3 场次，观众 2 万多人次；分别在春节、"三八"妇女节、"五一"劳动节、"六一"儿童节、国庆节开展文体活动。举办科普、法制、农业讲座等培训年超过 3 次。业余剧团每周六、周日的清唱活动和节假日的登台演出活动早已成为常态化。
场地面积：400 平方米
文艺创作作品：无
简　　介：红城镇文化站位于红城街中，建筑面积 400 多平方米。文化站设有图书阅览室、游艺室、展览室、多功能活动室、戏台等活动场所，还组织起了有 40 多人参加的秦腔业余剧团、30 多人为骨干的文艺活动积极分子和 10 多人参加的书画爱好者协会等群众组织。

0097 通远乡文化站

地　　址：永登县通远乡
隶属关系：通远乡人民政府
人 员 数：2 人
观 众 数：1.7 万人
开展活动情况：结合重大节日、节庆开展丰富多彩的群众文化活动。2013 年以来，举办了迎春慰问演出、大型花儿演唱会、闹元宵文艺演出、"三八"妇女节系列庆祝活动、旅游礼仪知识讲座、"六一"儿童节表演、文化下乡、全民读书活动等文化活动 13 场。
场地面积：336 平方米
文艺创作作品：无
简　　介：通远乡文化站始建于 2004 年，共投资 25 万元，占地 680 平方米，实际建筑面积 336 平方米。其中，图书阅览室 76 平方米、展览室 40 平方米、文化活动室 40 平方米、棋牌娱乐室 30 平方米、放映室 40 平方米、管理室 20 平方米、多功能教育室 40 平方米、体育活动室 30 平方米、办公室 20 平方米。文化站配有电脑 3 台，音响设备 1 套。全乡共有社火队 5 支，有舞蹈队、花儿演唱队等群众演出队 11 支。

0098 龙泉寺镇文化站

地　　址：永登县龙泉寺镇龙泉寺村
隶属关系：龙泉寺镇人民政府

人 员 数：2 人

观 众 数：2.1 万人

开展活动情况：多年来，文化站坚持每天向群众开放，每逢周末和重大节日，当地群众和周边秦腔爱好者近百人汇聚于此开展丰富多彩的文化活动，坚持每年利用重大节日，组织开展大型文化活动。2013年组织"元旦""元宵节""中秋节"文艺演出及"三八"联欢、"三下乡"等大型文艺活动7场。认真组织水槽沟村、费家湾村、瑞芝村开展文体活动。举办文艺培训班1期。

场地面积：1200 平方米

文艺创作作品：无

简　　介：龙泉寺镇文化站地处镇中心地带，始建于1995年，建筑面积1200多平方米，现有文化娱乐室3间60平方米、台球室2间40平方米、棋牌室5间100平方米、阅览室1间20平方米；站内配备彩色电视机、电脑、音响、碟机、乒乓球台、台球、棋牌等娱乐设施，曾被评为市级示范文化站。各种文化活动的开展极大地丰富了群众的文化生活，促进了全镇精神文明建设。

0099 武胜驿镇文化站

地　　址：永登县武胜驿镇武胜驿村

隶属关系：武胜驿镇人民政府

人 员 数：3 人

观 众 数：3.8 万人

开展活动情况：武胜驿镇文化站自创建后，注重以文艺活动促繁荣的理念，充分利用农闲和传统节日常年举办"送文化下村"活动。2013年举办"石家滩油菜花节"文艺汇演、"武胜驿村文化交流会"等大型文艺演出8场次，举办庆"三八"妇女节、"五四"青年节、"六一"儿童节等专题文艺演出10场次。

场地面积：312 平方米

文艺创作作品：无

简　　介：武胜驿镇文化站现有在编人员3人。文化站创建了多功能厅、图书阅览室、电子阅览室、老年活动室、棋牌室和文化综合活动室等。文化站建立了围绕节日搞活动的长效机制，群众文化活动呈现出蒸蒸日上的繁荣景象。

0100 连城镇文化站

地　　址：永登县连城镇连城村

隶属关系：连城镇人民政府

人 员 数：3 人

观 众 数：3.4 万人

开展活动情况：文化站每年配合县上组织文化下乡百村行演出、传统节会赶集表演、年头节下喜庆演唱达10次之多。

场地面积：350 平方米

文艺创作作品：主编了《连城史话》一书。

简　　介：连城镇文化站建于1981年，新址建筑面积350平方米，站内分别设文化活动室、电子阅览室、老年少儿活动室以及能举办演出、培训（讲座）、展览等活动的多功能服务厅。文化站的建成为辖区人民的文化生活提供了正当的娱乐场所和免费的精神食粮，有效发挥了先进文化的引领作用。

0101 树屏镇文化站

地　　址：永登县树屏镇

隶属关系：树屏镇人民政府

人 员 数：2 人

观 众 数：1.5 万人

开展活动情况：我镇以文化站为平台，积极开展文化宣传、举办文艺汇演、组织综合大型文化体育活动4次；分别在"五一"劳动节、国庆节等重大节日开展文艺演出等活动。特别是春节期间，各村组建的社火队走街串巷，表演太平鼓、龙舞耍狮、扭秧歌，给喜庆的节日增添了不少光彩。

场地面积：200平方米

文艺创作作品：无

简　　介：树屏镇2004年建成文化站并投入使用，使用面积200平方米，内设图书室、阅览室、乒乓球室、媒体阅览室等。文化站各项文体活动的开展，既满足了群众精神文化需求，也为促进地方经济发展和维护社会稳定做出了积极贡献。

0102 城关镇文化站

地　　址：永登县城关镇

隶属关系：城关镇人民政府

人 员 数：2人

观 众 数：4.6万人

开展活动情况：本站根据当地群众的需求和设施、场地条件，组织开展丰富多彩的文体活动，让广大人民群众"唱主角"。文化站免费向群众常年开放，每年还举行大型文艺演出10多场次。

场地面积：300平方米

文艺创作作品：无

简　　介：城关镇文化站于2008年建成，使用面积300平方米，内设有图书室、阅览室、棋牌室、文化信息共享点、多功能活动厅等。本站是一所通过文化共享工程服务网络为特点的新型综合文化站。

（九）酒泉市玉门市

0103 玉门市图书馆

地　　址：玉门市新市区文化三馆综合楼
隶属关系：玉门市文化体育局
人 员 数：9人
观 众 数：2万人
开展活动情况：在每年"世界读书日"来临之际，分别开展"多读书、读好书、让生活更精彩""学党史、知党情、跟党走""学习实践科学发展、让科学走进千家万户""读好书、让知识与我们相伴"等为主题的系列宣传纪念活动，并邀请社区群众和广大市民来馆积极参与，营造了世界读书日良好氛围；以广场文化活动为契机，举办"走进图书馆"为主题的宣传活动；每年定期举办全民读书月活动；积极开展了图书"四进"（进乡镇、学校、社区、企业）送书上门服务活动；积极拓展进书渠道，中国红十字会先后两次捐赠价值700万元图书；开展了送卡上门服务活动；分别在玉门中海油风电企业分公司、北车塔筒玉门风电分公司、玉港电站建成三家图书服务流动站，每次配送图书1000余册，每季度或半年进行一次图书更换；邀请玉门市电视台记者来馆做专题报道，制作《走进图书馆》节目，在电视台播放，起到了良好的宣传效果。
场地面积：2500平方米
文艺创作作品：制作《走进图书馆》节目。

简　　介：玉门县立图书馆创办于民国八年（1929年），可谓当时最早的官办文化事业机构，位于县三官街的三官楼上。至1930年，县立图书馆藏书达101部、953册，多为宣扬孔孟之道的儒家书刊。1976年，由于当时尚未正式建立图书馆，文化馆便设立了图书组，代管图书阅览。1980年8月原文化馆的图书室取消，由市政府批准成立了"玉门市第一图书馆"，当时藏书已达5.6万册。同时，将原"少年之家"的图书室取消，成立了"玉门市第二图书馆"。1992年市政府将"玉门市第一图书馆"和"玉门市第二图书馆"合并，成立了玉门市图书馆，位于现玉门老市区文化综合办公楼一楼，对外开放。图书馆馆址几经变迁，2012年11月，位于玉门新市区文化三馆综合楼建成，图书馆搬迁至文化三馆综合楼一楼，正式免费开放。馆建筑面积2500平方米，设计藏书量20万册，可容纳读者座位100个、计算机39台、宽带接入10M光纤，选用上海紫兴图书馆自动化管理系统。2013年参加第五次公共图书馆评估定级，被评为三级图书馆。

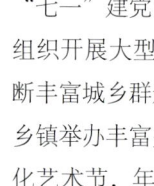

0104 玉门市文化馆

地　　址：玉门市新市区文化四馆大楼
隶属关系：玉门市文化体育局
人 员 数：16 人
观 众 数：18 万人

开展活动情况：玉门市文化馆常年组织开展的系列文化活动有全市歌咏大会、全市青年歌手大赛、全市少儿声乐器乐比赛和广场文化艺术节。广场文化艺术节年均演出 30 场次以上，表演各类文艺节目 300 多个，参与演职人员 2000 多人，观看群众 12 万余人次；认真组织开展以文化进乡村、进社区、进企业、进校园为主要内容的文化"四进"活动，年均开展活动 30 余场次；利用元旦、春节、"七一"建党节、国庆节等重大节日，年均组织开展大型节庆文化活动 20 余场次，不断丰富城乡群众节日文化生活；积极协助各乡镇举办丰富多彩、具有地方特色的农民文化艺术节，年均开展文化活动 30 余场次；大力扶持发展柳河乡蘑菇滩秦剧团、油城秦腔自乐班、赤金"铁人"文艺演出队等 9 个群众业余文艺团队，年均开展活动 50 余场次。

场地面积：3500 平方米

文艺创作作品：《三大嫂敬酒》获甘肃省现代小戏（小品）剧本优秀奖；摄影作品《多彩的世界》获"甘肃、青海"两省摄影艺术作品联展优秀作品奖；《金秋胡阳》获"飞腾的大地"甘肃摄影艺术展二等奖；歌曲《盛世高歌唱明天》《风电富地》《风雪真情》，舞蹈《战井喷》《农家乐》《红灯笼》，小品《安家》《金蛋蛋》等 10 余个文艺作品在酒泉市"阳关奖"艺术创作精品剧（节）目评选、酒泉市首届农村文艺调演、酒泉市少数民族文艺调演及酒泉市精品文艺调演等活动中获奖；创作了歌曲《七彩玉门》，快板舞《群口赞玉门、齐心谋发展》《六大战略指方向、发展玉门事业旺》《增收节支夸财政》，歌舞《欢聚一堂》，舞蹈《这一片热土》《疏勒魂》等 10 多个中小型节目在文化"四进"活动中演出。

简　　介：玉门市文化馆初建于 1951 年，由原民众教育馆改称为县人民文化馆，首任馆长李立天。1958 年后，玉门市人民文化馆更名为玉门市文化馆，馆址设在玉门镇。1960 年，由于多方面的原因玉门市文化馆停办。1964 年，又重新成立了玉门市文化馆。1966 年，玉门市文化馆更名为毛泽东思想宣传队，文化馆的大部分业务停办，多以印发宣传品组织政治性文艺演出为主。1976 年，文化馆恢复正常工作。在 1976 年至 1988 年的十余年中，玉门城乡群众的文化工作有了较为显著的发展。1992 年文化馆与少年之家合并后搬迁至玉门市解放门文化中心大楼。2006 年 5 月随政府搬迁至新市区青少年活动中心。2011 年 11 月搬迁至文化四馆大楼至今。玉门市文化馆属全额拨款独立核算事业法人单位，国家二级馆，建筑面积 3500 平方米。馆内设有排练厅、音乐教室、美术教室、会议室、办公室、库房等文化活动厅室。

0105　玉门市档案局

地　　址：玉门市委综合楼

隶属关系：中共玉门市委

人 员 数：8人

观 众 数：900人

开展活动情况：面向群众和机关单位开展档案资料查询和现行文件查询服务；为群众解决房屋产权、出境劳务、房产交易、婚姻关系、劳资、退休、养老等纠纷提供档案资料凭证；举办档案展览，开展爱国爱党爱市教育。

场地面积：447平方米

文艺创作作品：主要编研成果有《玉门大事记》一书。

简　　介：玉门市档案馆成立于1960年1月，1981年9月成立了档案局。档案局为市委直属参公事业单位，现有编制9人，实有在编人员8人。截至目前，馆藏中华人民共和国成立后113个全宗各类纸质档案13万余卷、音像档案12750张（盘）、资料27025册。档案局工作在市委、政府的关心支持下得到了长足的发展。档案馆的主要职责是负责新老市区、12个乡镇59个行政村、138个单位的档案业务指导、档案管理，承担着《档案法》《档案法实施办法》等法律法规的执法检查任务，主要工作是坚持"三集中"归档，夯实档案工作基础。自20世纪80年代起，本局开始组织市属机关、乡镇、企事业单位集中归档。通过多年的坚持，一大批基层档案工作人员熟练掌握了整档工作从资料收集整理到分类装盒的全部整档环节，有力保证了档案整理的质量。坚持档案工作进乡镇、进社区、进家庭、服务基层。近年来，档案局认真贯彻档案工作"两个转变"、建立"两个体系"的工作方针，坚持以"百乡千村"示范工程为动力，构建以乡镇档案室为中心的乡村档案管理服务网络及以社区为基点的城市档案保管服务体系，加大改善馆藏档案结构力度，大力强化民生档案的接收。档案馆严格按照档案库房档案保管"八防"要求，落实各项安全措施，对于珍贵档案进行抢救保护；对于档案原件，进行数字化扫描保护。认真落实省、市关于档案安全建设的各项要求，建立健全规章制度，明确责任，落实措施，修订演练应急预案，确保档案安全制度、措施落实到位。坚持走依法治档的道路，把落实档案"两法一条例"作为做好档案工作的抓手，加强法制宣传，加强法治培训。

0106　玉门市博物馆

地　　址：玉门市新市区文化四馆大楼

隶属关系：玉门市文化体育局

人 员 数：4人

观 众 数：12万人

开展活动情况：配合甘肃省文物考古研究所发掘了金鸡梁墓群、古董滩矿冶遗址、毕家滩墓群、白土良墓群、官庄子墓群；参与修缮了昌马石窟、石油工人窑洞等文化遗迹；和嘉峪关文物局共同组成甘肃省早期长城资源第五调查组对玉门段汉长城进行了调查；开展完成了第三次全国不可移动文物普查工作；根据我市历史和文物的特色完成了"玉门文物展"展览大纲的编纂，并组织实施博物馆的布展工作；举办了火烧沟与玉门历史文化国际学术研讨会。

场地面积：3000平方米

文艺创作作品：编辑出版了《玉门文物》《玉门历史考古》，发表论文31篇。

简　　介：玉门市博物馆是玉门地区收藏、陈列、研究自然界和人类社会发展见证物的综合性社会文化教育机构。1990年6月8日经玉门市政府批准成立，为正科级市财政全额拨款的公益性事业单位，核定编制3人。内设文物收藏展览部、安防保卫部、办公室等机构。博物馆现有藏品1158件（套），其中二级文物7件（套），三级文物46件（套），主要有陶器、银器、铜器、石器、骨器、木器、瓷器、玉器、彩绘砖等十几类，尤以火烧沟文化类型文物、骟马文化类型文物为特色，同时还有汉、魏晋、明清时期的文物，这些文物构成了玉门市博物馆的馆藏基础。2009年起玉门市博物馆实施免费开放。同年，玉门市政府将文化"四馆"（含博物馆）建设项目列为年度政府十大建设工程。2012年，文化"四馆"建成，新建的博物馆总面积3000平方米。2011年6月新馆展览大纲通过省文物局专家组的评审。新馆展厅正在布展，2014年9月完工，并进行免费开放。

0107　安康路社区工作协作区文化站

地　　址：玉门市老市区中心地段
隶属关系：玉门市老市区管理委员会
人　员　数：2人
观　众　数：4.5万人
开展活动情况：每年面向居民群众组织文艺晚会、秧歌汇演、群众体育运动会等综合性的大型文化活动3场次；每年开展篮球、拔河、乒乓球体育赛事及妇女才艺比拼、青少年文化活动等单项文体活动7场次；每年举办科普、法制、健康、低碳生活、再就业等讲座和培训15多场次，每年坚持开展冬季集中教育。
场地面积：450平方米
文艺创作作品：无

简　　介：安康路、自由路、广场路社区工作协作区文化站位于玉门市老市区中心地段，管辖区域总占地面积3.9平方公里，协作区共有居民3174户，6870人，办公场所450平方米，室外文化活动场地3个。社区文化站一站式服务大厅、市民学校、道德讲堂、党员远程教育中心、电子图书阅览室、"爱心天天行"志愿者服务工作站、妇女儿童快乐之家、多功能活动室等阵地设置完善，社区文化站组建了8支志愿者队伍和2支百人业余文艺骨干队，坚持每年开展3～5次大中小型群众性文化活动，妇女手工艺展、青少年文体活动、老年人文化宣传等单项文体活动10余次及多场次为民服务志愿活动及"和谐社区""幸福家庭""五四三"等精神文明创评活动，受到了居民群众的一致好评。

0108　玉门镇综合文化站

地　　址：玉门市新市区建国路玉门镇政府东
隶属关系：玉门镇人民政府
人　员　数：1人

观 众 数：4.6万人

开展活动情况：宣传积极向上的文化优秀作品，组织和举办各种合唱、舞蹈、戏曲、篮球赛、乒乓球赛、象棋比赛、拔河比赛等群众喜闻乐见的文体活动。

场地面积：240平方米

文艺创作作品：无

简　　介：玉门镇综合文化站位于玉门市新市区建国路镇政府东侧50米，总面积240平方米，由一名副镇长主管，文化专干1名，村级文化专干5名。全镇三个村建成农家书屋5个，多功能文化健身广场5个，有各类书籍5000余册，报刊杂志10余种，各类活动设施齐全。镇文化站以"文化服务经济、文化服务群众"为中心，全部面向辖区群众免费开放。文化站有图书阅览室、多功能文体活动室、电子阅览室、培训辅导教室。电子阅览室安置电脑4台，为辖区群众提供电子信息阅览和资源共享服务。图书室有各类藏书3000余册，综合培训辅导室面积约100平方米，主要举办各类科技培训、讲座和教学。多功能活动室面积120平方米，设有投影仪、乒乓球、象棋、跳棋等活动器材，主要用于小型文体及文艺活动和排练。开放时间为周一至周五上午9：00—11：30，下午2：30—5：00，国家法定节假日按活动组织要求开放。

0109 黄闸湾乡文化站

地　　址：玉门市黄闸湾乡集镇中心地带

隶属关系：黄闸湾乡人民政府

人 员 数：2人

观 众 数：2.7万人

开展活动情况：不定期地举办各类农业科技、计生服务、文艺培训等科普知识讲座；利用农闲及节假日，组织干部职工、学生、农户开展舞蹈、社火、卡拉OK大奖赛、合唱、书画展等形式多样的文化活动；每年都定期举办以文化娱乐、物资交流、体育运动会为一体的文化艺术节暨农民运动会；吸引全乡群众及相邻乡镇个体户来进行文化、经济交流，并进行秦剧和文艺节目演出，开展篮球、拔河、乒乓球、象棋等比赛；每年利用举办文化节的有利时机，通过政策宣讲、散发传单、图片展览等方式大力开展科技、文化、卫生"三下乡"活动；利用乡上和各村建成的农家书屋为干部群众提供图书报刊借阅等服务；加强文化演出队伍的建设，在全乡多方挖掘吸纳文化艺术人才20余人，成立妇女健身舞蹈队、村民秦腔自乐班、业余社火队等文艺队伍，不定期开展各类演出活动。作为乡文化站的延伸，利用各村建成的村级文化室和文化健身广场，积极组织和引导广大群众就近开展文艺会演、体育健身等活动，丰富了群众业余文化生活。

场地面积：400平方米

文艺创作作品：舞蹈《俏媳妇》《洗衣歌》。

简　　介：黄闸湾乡文化站占地面积3500平方米，建筑面积400多平方米，室内建筑面积300多平方米，设有多功能活动室、辅导培训室、图书阅览室、广播室、服装道具室等公共设施场地。室外为3000平方米的乡文化活动中心，开辟有一个健身广场、一个篮球场、一个戏台等综合性文体活动区域。文化站各功能室全部实行免费开放。

0110 下西号乡文化站

地　　址：玉门市下西号乡文化站
隶属关系：下西号乡人民政府
人 员 数：2人
观 众 数：3.3万人
开展活动情况：在市文体局的指导下培训文艺骨干；利用元旦、春节、国庆等重大节假日组织举办大型群众性文化活动；开办舞蹈、绘画、音乐等少儿教育特色培训和成人健美操培训。
场地面积：1168平方米
文艺创作作品：无
简　　介：下西号乡共有6个行政村，29个村民小组，1.1万人，为了更好地满足广大群众的精神文化需求，乡党委、政府争取"百县千乡"宣传文化站建设项目并筹措资金，于2003年5月18日开工建设，完成了新建文化站建设任务。新建的文化站是一座高标准、多功能、设施设备齐全的综合性文化活动大楼，总体设计分为三层，建筑面积1168平方米，一楼为商业门点，二楼和三楼分别为办公室和各类活动室共10间，使用面积486平方米。其中，二楼设办公室1间，综合中心1间，健身室1间，娱乐室1间，接待室1间，活动中心1间。三楼设培训教室及演出室1间。大楼主体总投资81万元，其中甘肃省精神文明办投资15万元，乡上自筹66万元。文化站现有工作人员2名，工资由乡财政全额供给。目前，各活动室开放正常有序，文化站坚持经常性地组织开展群众性文化活动，为全乡经济建设提供了强有力的精神动力和智力支持，有效地促进了全乡三个文明建设和社会主义新农村建设进程。

0111 柳湖乡文化站

地　　址：玉门市柳湖乡政府西侧
隶属关系：柳湖乡人民政府
人 员 数：2人
观 众 数：2.2万人
开展活动情况：面向辖区群众免费开放图书阅览室和电子阅览室，为辖区群众提供电子信息阅览和资源。综合训练辅导室主要举办各类培训、讲座和教学。多功能活动室有乒乓球、象棋、麻将活动器材，主要用于小型文体及文艺活动的排练和演出。免费开放时间为周一至周五上午9：00—11：30，下午2：30—5：00，国家法定节假日按活动组织要求开放。
场地面积：300平方米
文艺创作作品：无
简　　介：柳湖乡文化站位于乡政府西侧，建筑面积300平方米，总投资87.6万元。乡文化站现有工作人员2名，工资和活动经费全面落实到位，列入财政预算。乡文化站设图书阅览室、辅导培训室、多功能活动室等。全乡五个村建成农家书屋5个，多功能文化健身广场5个，有各类书籍9000余册，报刊杂志20余种，各类活动设施齐全。乡文化站以文化服务经济、文化服务群众为中心，全部面向辖区群众免费开放图书阅览室和电子阅览室，面积约113平方米，安置电脑6台，为辖区群众提供电子信息阅览和资源共享工程，图书室各类藏书3000余册。综合培训辅导室面积约100平方米，多功能活动室面积100平方米。我站以宣传积极向上的优秀作品、组织和举办各种文体活动为途径，提高全乡文化品味为目的，全面增强群众的文化修养、道德观念，丰富广大群众的业余文体生活。近年来，乡文化站积极开展丰富多彩的文体活动 20 余场次，取得了较好的成绩，得到了乡党委、政府肯定，深受广大群众的喜爱。

柳湖乡综合文化站开展活动

0112 清泉乡文化站

地　　址：玉门市清泉乡跃进村小康住宅示范点

隶属关系：清泉乡人民政府

人　员　数：2 人

观　众　数：1.2 万人

开展活动情况：每年春节举办社火表演 2 场次；每年 6 月举办为期一周的火烧沟文化艺术节活动 1 场次；每年"三八"妇女节、"五四"青年节、"六一"儿童节、国庆节等重大节庆日举办文化娱乐活动 6 场次；每天晚上在乡集镇广场组织广场舞活动。

场地面积：260 平方米

文艺创作作品：无

简　　介：清泉乡文化站位于跃进村小康住宅示范点，总投资 26 万元，于 2012 年建设办公及活动用房 7 间，2013 年完成室内布置及人员配备。文化站设有办公室、图书阅览室、信息服务中心及活动室，配套有办公桌椅、沙发、文件柜等办公设施，农村实用图书 2200 册，乒乓球桌、象棋、棋牌等娱乐设施 5 件，配备专职工作人员 2 名，制订了服务中心管理制度、图书借阅制度、党员学习培训等制度。清泉乡文化站以"服务党员群众、加大文化宣传、促进社会和谐"为宗旨，面向全乡广大党员群众开展教育培训，组织各类主题活动，同时面向广大群众开展文化、宣传、就业等便民利民服务，成为集教育、宣传、管理、服务、娱乐为一体的服务型、开放型的文化工作平台。

0113 赤金镇文体中心

地　　址：玉门市赤金镇镇区中心处

隶属关系：赤金镇人民政府

人　员　数：2 人

观　众　数：4 万人

开展活动情况：全年举办大小文化活动 6 场次。中心充分发挥文化体育专干作用，举办广场舞培训 2 期，培训人员 80 人次，为文化事业的发展创造了良好的开展环境。

场地面积：550 平方米

文艺创作作品：无

简　　介：赤金镇文体中心始建于 2000 年，是集文化、体育、旅游为一体的综合文化中心，内设大型舞厅、活动室、图书室、培训室、广播电视机房、书画展览室等。中心以丰富群众文体生活为目的，打造文化大镇为目标，积极完善硬件设施，创造性地开展各类群众性文体活动。目前，全镇 8 个村和 1 个社区实现了农家书屋100%全覆盖。文体中心向群众免费开放中心的多功能厅、展览厅、辅导培训教室、综合活动室等公共设施场地，并向群众免费提供书报刊借阅、时政法制科普教育、群众文艺演出活动、体育健身等服务项目，公众服务时间达到了每周35小时。中心图书馆新增藏书1万册，所有的图书均全部进行了分类、贴签、上架和电子目录登记，书屋运行状况良好。

0114 柳河乡文化站

地　　址：玉门市柳河乡政府东侧

隶属关系：柳河乡人民政府

人　员　数：2人

观　众　数：3.1万人

开展活动情况：年内举办元旦、春节、"三八"妇女节、"六一"儿童节等重大节日活动1次；举办演讲、个人才艺展示、阅读活动、乡村环城赛及驻乡单位、乡机关和学区男女篮球赛等单项性文化活动3次；年内编办文化走廊、宣传橱窗5期，举办展览1次；举办科普、法制、农技等讲座3次；对村级文化骨干约15人进行广场舞培训2期，组建了一支40人的舞蹈队伍；开展了非物质文化遗产和民间文化艺术资源普查；建立了黑沙窝沙浴节非物质文化遗产档案资料，积极开展非物质文化遗产项目申报和创建民间艺术之乡工作；年内组织开展全镇性非物质文化遗产和民间文化艺术活动3次（春节社火、交流会、黑沙窝沙浴文化艺术节）。

场地面积：460平方米

文艺创作作品：无

简　　介：柳河乡文化站占地面积460平方米，主体建筑160平方米，室戏台及室内活动场地300平方米，室外活动场地1500平方米，集会议室、讲课室、图书室、办公室于一体。总投资46万元，用于土建工程、图书、体育健身器材及其他相关娱乐设施购置安装，资金来源采用国补与自筹相结合的方式。文化站于2009年4月开工，历时5个月于9月底完工。文化站建成后，成为乡文化宣传的主阵地，经常性开展群众性文体活动，为乡镇人民提供一个融文化、体育、娱乐为一体的活动场所，丰富了人民群众的文化体育生活，促进乡镇经济社会各项事业繁荣、健康、稳定发展，使农民群众的业余文化生活水平得到了极大提高，有效控制喝酒、赌博、打架斗殴等不文明现象，成为村民接受教育、传授知识、学习文化、聆听党的政策、议政议事的公共中心场所。乡文化站现有专职文化专干2名，均为大学本科学历，并积极参加市文化局、文化馆的各种培训活动。自文化站建立以来，乡党委、政府每年为文化发展投入6万元活动资金，充实、丰富文化站和各农家书屋的图书，现文化站拥有图书2576册。依托乡文化站和老年人幸福院，成立了老年人自乐班及广场舞团队，在农闲时节都会看到一些村民来到乡文化站广场上跳广场舞。

0115 昌马乡文化站

地　　址：玉门市昌马乡文化广场

隶属关系：昌马乡人民政府

人　员　数：3人

观　众　数：1.5万人

开展活动情况：文化站在全乡5个村均设置图书室或农家书屋，对公众开放，为群众业余文艺团队提供活动场所，免费发放资料，设置读报栏。每年把各村的50多个文艺能人积极组织起来，利用元旦、"七一"建党节、国庆、春节、农民文化艺术节等开展文艺演出、运动会、物资交流等综合性大型文化活动，并举办和建设文化长廊、书画展览、法制宣讲、农技等培训。

场地面积：400平方米

文艺创作作品：无

简　　介：昌马乡文化站位于乡文化广场，文化站站舍建筑面积400平方米，活动广场面积10080平方米，建有可供群众演出舞台150平方米；设立集培训教室、图书阅览室于一体的活动室总面积50平方米；设立文化墙50米、宣传栏70余块、信息公示栏2块。文化站在全乡5个村均设置图书室或农家书屋，对公众开放，为群众业余文艺团队提供活动场所，免费发放资料，设置读报栏。目前，文化站办业余文艺队6支，涉及民族、民间等多种类别。文化站在营造新农村文化氛围、满足农民精神文化需求、培育农村文化骨干队伍、创建农村精神文明和谐音符等方面起到重要作用。

0116 花海镇文化站

地　　址：玉门市花海镇文化站

隶属关系：花海镇人民政府

人　员　数：2人

观　众　数：3.6万人

开展活动情况：每年从春节到年底都以不同形式开展着各种文化活动，每天清晨和傍晚有3支自发参加的锅庄舞队活跃在城区12个地段，人数达到300多人。每年春节前夕，由镇、村、驻镇单位共同举办文艺演出，村、社区都有自己的社火队伍，每年春节进行社火表演；4月举办手工作品展示；5月举办为期5天的文化物资交流会；每两年举办一届农民运动会；6月组织开展校园文化艺术节；7月举办红歌演唱会；8月举行瓜果蔬菜精品展；9月择机举办双人舞比赛；12月结合冬季集中教育和文化下乡举办知识竞赛；另结合重阳节为老年群众开展秦腔上门表演。

场地面积：430平方米

文艺创作作品：无

简　　介：近年来，镇党委、政府始终将文化基础设施建设与小城镇建设相结合，实施了文化进村到组入户工程，先后投资480万元，新建了集休闲、娱乐、教育为一体的文化站，文化站位于花海中学东侧，占地面积20000平方米，广场上修建一座欧式风格、建筑面积430平方米的多功能舞台。疏通道路600米，修建看台及护坡300多米，建成标准化篮球场2个，安装标准篮球架2副，配套体育健身器材10件，铺设环形跑道400米。全镇建成村文化广场4个，村级农家书屋6个，配套图书近40000册，每个书屋设管理员一名。现全镇建有秦腔自乐班1个，老年秧歌队、锅庄舞队、文艺舞蹈队各1支，根雕及快板艺人各1名，另有数十人的歌唱爱好者。

0117 和平路社区、青年路社区工作协作区文化站

地　　址：玉门市老市区
隶属关系：玉门市老市区管理委员会
人 员 数：1人
观 众 数：1万人
开展活动情况：常设免费活动项目如象棋、麻将、棋牌、乒乓球等；每年文化艺术节开展老年人运动会、"春蕾"之星挑战赛、妇女趣味活动、老市区管委会群众运动会等；每年举办科普、法制、禁毒、生活保健等讲座和培训10多场次；每年开展社火表演、手工艺品展览和体育赛事等。
场地面积：1200平方米
文艺创作作品：无
简　　介：和平路社区、青年路社区有常住居民1713户、3957人，群众文化活动场地3个，文化商业经营门点4家，业余文体队伍5支、200余人。在老市区工委、老市区管委会的坚强领导和大力支持下，社区始终将文化建设作为社区建设的重要工作来抓，从满足广大居民群众的精神文化需求出发，不断完善社区文化基础设施，建成了社区老年人日间照料中心（健身康复室、休闲娱乐室等）、室内羽毛球场和"春蕾"小课堂，配置了健身器械、投影仪等文化活动设备，为繁荣社区文化活动奠定了物质基础。同时，着力培育壮大群众文化队伍，依托社区老年人日间照料中心和"春蕾"小课堂持续开展"吾老吾幼"爱心牵手系列活动，开展了各类特色专题活动15场次，受到广大居民群众的欢迎，切实推动了社区文化事业的繁荣发展。

0118 建设路社区文化站

地　　址：玉门老市区
隶属关系：玉门老市区管委会
人 员 数：1人
观 众 数：1.2万人
开展活动情况：每年文化艺术节开展篮球、拔河、乒乓球等体育赛事，冬季开展秧歌比赛活动；每年举办科普、法制、农技、美化生活等讲座和培训30多场次；每年开展社火表演、书画展览、手工艺品展览和体育赛事等。
场地面积：1600平方米
文艺创作作品：无
简　　介：建设路社区在2012年建成了占地1600平方米的文化站，设有文体活动室、图书阅览室、展览室、广播录像室、媒体阅览室等，配置电脑6台、图书1000册。室外新建标准化篮球场1处、门球场1处，有健身活动器材10余种，绿化树木20余株。娱乐广场建成后，安排专人进行负责管理。文化站组织开展了各种类型的文艺活动，充分发挥自身优势，积极开展阵地宣传、科技培训和各类文化活动，年均举办科技培训10余次、2次书画展览、4次群众秧歌舞活动，涉及3000人次。同时我们还定期聘请专业老师将健身舞、秧歌、腰鼓等文化团队进行培训辅导，提高了群众的文化素养和文明素质。文化站遵循"为人民服务、为社会主义服务"的方向，贯彻"百花齐放、百家争鸣"的方针和"与时俱进"的创新思想，团结务实，锐意进取，努力开展积极健康、丰富多彩文化活动。让先进文化站引领农村辖区阵地，让大众文化回归大众，让人民文艺扎根人民，使城市文化保持旺盛的生机和活力，真正发挥促进社会主义现代化建设、全面建成小康社会的作用。

0119 六墩乡文化中心

地　　址：玉门市六墩乡政府西侧

隶属关系：六墩乡人民政府

人 员 数：2人

观 众 数：1.68万人

开展活动情况：2013年，举办了六墩乡首届农民文化艺术节，组织了首届六墩乡农民运动会并取得圆满成功；2014年春节期间，安康村社火队在全乡进行了社火及娱乐节目表演。

场地面积：488平方米

文艺创作作品：无

简　　介：六墩乡从2012年起实施乡文化中心建设项目，目前建成并已投入使用，建设面积488平方米，分别设有书报阅览室、多功能活动厅、文体活动室、办公室、文化演艺台等，硬件设施较为齐全。文体活动室内有乒乓球案1副，棋牌桌1张；图书阅览室内有阅览桌4张，座椅10个，书架8组，报架1个，现有图书1.2万余册；办公室内有办公桌2张，办公椅2个，文件柜2组，音响设备1套；室外建设有标准篮球场和健身器材。通过建设，改善了文化中心的硬件设施，增强了文化中心的运行活力，提高了文化中心的服务水平。文化中心现有专职人员2人，他们在努力学习，提高理论水平的同时，积极参加市文化局举办的各项培训，提高了自身业务能力，并对各村农家书屋的运转和管理进行经常性指导，并积极支持和引导群众开展文艺活动。

0120 独山子乡文化站

地　　址：玉门市独山子乡政府南侧

隶属关系：独山子乡人民政府

人 员 数：2人

观 众 数：2.2万人

开展活动情况：每年组织开展篮球运动会、拔河、越野赛等体育活动，在"六一"儿童节期间组织学校师生开展运动会。

场地面积：300平方米

文艺创作作品：无

简　　介：玉门市独山子乡通过多渠道争取资金，投入200余万元，利用两年时间建成乡综合文化站，办公楼面积300平方米，文化广场面积9978平方米。独山子乡文化站2013年6月投入使用，是一所以有线电视/数字电视、光盘、丛书、体育活动场所为特点的新型综合文化站。文化站内图书室藏书已达3000余册，站内文化室以图片、实物、录像资料、图册等形式详细介绍了东乡族的民族服饰、特色饮食、宗教节日及礼仪等。文化广场更兼篮球场、乒乓球场等一系列体育健身器材。乡文化站通过开展丰富多彩的活动，为营造新农村文化氛围、满足农民精神文化需求、培育农村文化骨干队伍、创建农村精神文明等方面起到了重要作用。文化站组织开展了篮球运动会、拔河、越野赛等活动，这些群众性体育活动作为我乡全民健身工作的基本内容和重要表现形式，既丰富了健身活动内容，又推动了全民健身活动向着更加广泛更加深入的方向发展，受到了群众的一致好评。

0121 友谊路社区、钻井路社区文化站

地　　址：玉门市老市区北坪
隶属关系：玉门市老市区管委会
人　员　数：2人
观　众　数：1.2万人
开展活动情况：文化站常设免费活动项目，如实用技能培训、健康讲座、文化活动以及服务培训活动；每年文化艺术节开展篮球、拔河、乒乓球等体育赛事，冬季开展室内运动会；每年社区文化中心开展社火表演、文化演出、书画展览、手工艺品展览。
场地面积：600平方米
文艺创作作品：无
简　　介：友谊路社区、钻井路社区文化站在玉门市文化局的大力支持下，在老市区两委的指导下，充分发挥文化的特色功能，运用文艺形式在广大居民中进行宣传教育，开展群众性文化娱乐活动。特别是在广泛开展和推进城市化建设、全面建成小康社会以及参加各重大节日的庆祝活动等方面，通过文艺形式进行宣传演出，取得了很好的效果。

0122 小金湾东乡族乡文化站

地　　址：玉门市小金湾东乡族乡
隶属关系：小金湾东乡族乡政府
人　员　数：2人
观　众　数：1.5万人
开展活动情况：组织村民开展健身、花儿、篮球赛等体育健身活动，开展民族群众喜闻乐见的文化活动；同时坚持以中小学生为主体，通过演讲、歌舞、作文等形式，把讲礼仪、讲孝道、讲和谐宣传贯彻到了千家万户；在元旦、"五一"劳动节、"六一"儿童节、国庆节、古尔邦节等节日中组织学校老师和学生排演了丰富多彩的文艺节目公开演出；每年都召开一次农民运动会，开展乒乓球、篮球、羽毛球、象棋和拔河比赛等文体活动；乡上每年也都举办庆"七一"红歌会和庆"古尔邦节"花儿会及校园文化艺术节等活动。
场地面积：500平方米
文艺创作作品：无
简　　介：小金湾东乡族乡文化站把文化活动作为精神文明建设的重要内容，不断加大投资力度，强化基础文化设施建设，完善文化活动室、阅览室、健身器具。文化站充分利用现有设施结合宗教及民族特点，组织村民开展健身、花儿、篮球赛等体育健身活动，开展民族群众喜闻乐见的文化活动。让村民在自娱自乐中提高自身身体素质，也为普通群众搭建一个展示风采的舞台。

（十）酒泉市敦煌市

0123 敦煌市图书馆

地　　址：敦煌市阳关东路 4 号
隶属关系：敦煌市文化局
人 员 数：12 人
观 众 数：15 万人
开展活动情况：每年为读者举办各种大型读书活动 20 次以上。主要有图书漂流、书展、报刊展、知识竞赛、灯谜、书画展、故事会、知识讲座、优秀电影展播、农家书屋服务等活动。
场地面积：1500 平方米
文艺创作作品：无
简　　介：敦煌市图书馆成立于 1979 年，是市级综合性公共图书馆，是全市科学、教育、文化、经济建设的一个重要组成部分，是搜集、保存、开发和提供文献信息服务的公益性文化事业机构。目前，图书馆拥有藏书 16 万册，年征订杂志 140 余种（份），报刊 55 种，阅览座席 80 个，电脑 70 台。敦煌市图书馆修建于 1985 年 11 月，现有职工 12 人，其中高级职称 1 人、中级职称 4 人、初级职称 2 人。多年来我们坚持文化为敦煌各项事业发展服务的方向，倡导健康文明的文化风尚，积极进取，努力开拓，向着有特色的现代化图书馆目标建设，现已初步建成具有敦煌特色的藏书体系。藏有《贝叶经》《敦煌宝藏》等珍贵文献。建成了"全国文化信息资源共享工程支中心"。馆内设有成人阅览室、借阅室、儿童阅览室、电子阅览室、报刊资料室、图书资料室、石景宜赠书陈列室、杨利明赠书陈列室、敦煌文献陈列室、资源共享多媒体室等 10 个对外开放窗口。受中国图书馆学会等机构的委托，先后独自承办、协办了跨地域、跨国界的"全国中小型公共图书馆联合会年会"与"第六次中文文献资源共建共享合作会议"等大型会议。

0124 敦煌市文化馆

地　　址：敦煌市沙州北路 5 号
隶属关系：敦煌市文化局
人 员 数：10 人
观 众 数：7 万人
开展活动情况：负责全市各乡镇、企事业单位和社会文艺团体文艺辅导，及全市重大节庆文化活动组织、策划。
场地面积：1400 平方米

文艺创作作品：《敦煌曲子戏第一集》《敦煌曲子戏第二集》《敦煌与丝绸之路经典名胜故事》《敦煌民间传奇故事》《进城》《大漠胡杨》《莲花颂》《沙海胡杨》等。

简　　介：敦煌市文化馆成立于1952年6月，1988年在原文化馆的基础上又分设了图书馆和博物馆。1991年市文化馆修建了建筑面积2800平方米的文化馆综合楼。2013年，因城市规划，原馆拆除，搬迁至太阳大酒店北二楼办公。文化馆主要负责全市群众文艺辅导和培训，书画艺术交流及敦煌市非物质文化遗产的保护等工作。

0125　敦煌阳关博物馆

地　　址：敦煌市阳关镇阳关景区

隶属关系：敦煌市文化局

人 员 数：52人

观 众 数：10万人

开展活动情况：旅游景区接待服务、影视协拍服务及工艺美术品加工、零售等。

场地面积：78000平方米

文艺创作作品：《敦煌诗选》《两关长城论文选粹》《阳关博物馆讲解基础知识》。

简　　介：敦煌阳关博物馆位于敦煌市区西南70公里处的阳关景区。于2001年4月21日动工建设，2003年8月28日正式开馆。该馆占地面积约78000平方米，建筑面积近2万平方米，是由两关汉塞陈展厅、丝绸之路陈展厅、阳关研究所、汉阙牌楼、仿古兵营、阳关都尉府、仿汉阳关关城、仿汉民居一条街、旅游工艺品展销中心等九部分组成的砖混结构仿汉城堡式建筑群。主营业务有文物保护、博物馆经营管理、展览、收藏以及旅游服务。阳关博物馆先后举办"两关长城学术研讨会""《敦煌诗选》出版发行座谈会"等大型文化学术活动，并编辑出版《两关长城论文选粹》《敦煌诗选》《阳关博物馆讲解基础知识》等数百万字的正式出版发行刊物和内部读物。

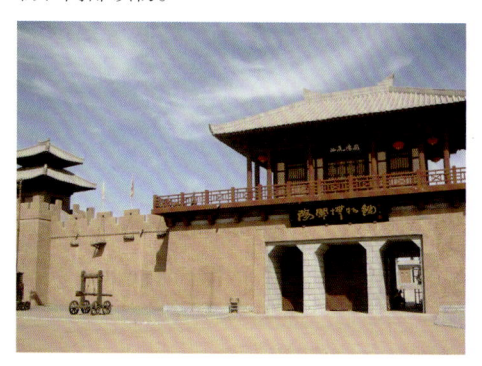

0126　敦煌博物馆

地　　址：敦煌市鸣山北路1390号

隶属关系：敦煌市文化局

人 员 数：92人

观 众 数：30万人

开展活动情况：常年举办以"华戎交会的都市"为主题的展览，展出文物1100余件，并负责全市境内文物的征集、宣传、管理、调查、维修等工作。

场地面积：7398平方米

文艺创作作品：无

简　　介：敦煌博物馆成立于1979年，现博物馆大楼建成于2011年，距著名的月牙泉风景名胜区5公里，建设用地25亩，呈长方形，东西129米，南北宽100米，地面二层。建筑由中国建筑设计院建筑大师崔恺主持设计，整个建筑外形色调融长城、烽燧及古城堡式建筑等文化符号于一体，美观、庄重、大方。该馆建筑面积 7500 平方米，内设展厅、文物库房、放映厅、休息厅等，以"华戎交会的都市"为展览主题，共设 6 个展厅，占地面积 3000 平方米。博物馆建成设施齐全、功能完善，是弘扬敦煌文化、展示敦煌古代文明的重要窗口，也是敦煌学又一个重要的研究基地。敦煌博物馆被列为 2008 年甘肃省首批免费开放的博物馆。2007 年经市政府批准成立敦煌市文物管理局，与博物馆两块牌子、一套人马，核定编制 25 人，现有职工 26 人。全馆分设办公室、文物考古与督查部、宣传教育部、安全保卫部、后勤部、玉门关文物管理所和阳关文物管理所。拥有标准文物库房和文物展厅，常年举办展览，展出文物，是一个融文物保护、研究、收集、征集、陈列展出于一体的综合性博物馆。

0127 阳关镇综合文化站

地　　址：敦煌市阳关镇
隶属关系：阳关镇人民政府
人 员 数：2 人
观 众 数：3000 人
开展活动情况：每年举行综合性大型文艺活动 4 次以上，单项性文体活动 8 次以上，举办科普、法制、农技、美化生活等讲座 4 次以上。
场地面积：102 平方米
文艺创作作品：蒙古舞《牧民新歌》。
简　　介：阳关镇建有一个镇级综合文化站，5 个行政村均设有农家书屋。综合文化站总占地面积 2100 平方米，现有在编人员 2 人。文化站办公用房建筑面积 102 平方米，其中办公室 10 平方米、文化资源共享室 12 平方米、图书阅览室 10 平方米、培训教室 20 平方米、多功能厅 50 平方米，适用于大型文化活动举办、影剧演出排练。文化资源共享室配备了电脑和电脑桌椅并开通了英特网定期对外开放。图书阅览室内有各类书刊、杂志 5000 余册，多功能厅内安装有多媒体投影等设备。综合文化站免费开放活动项目 11 个，主要有报刊阅览、图书借阅、乒乓球、共享工程电子阅览、老年活动室等。文化站在丰富群众业余文化生活的同时，极大地发挥了文化阵地的宣传指导作用，为广大人民群众传播科学、实用的有效信息。

0128 转渠口镇综合文化站

地　　址：敦煌市转渠口镇
隶属关系：转渠口镇人民政府
人 员 数：2 人
观 众 数：5000 人
开展活动情况：开展文艺活动、农民道德讲堂培训大会，春节期间组织社火表演。
场地面积：348 平方米
文艺创作作品：舞蹈《张灯结彩》，歌伴舞《江山》。
简　　介：转渠口镇按照《建设国际文化旅游名城规划纲要》和敦煌市建设"魅力敦煌"，打造"艺术之都"的要求，加大项目争取力度，多方筹资35.4万元（其中国家补助16万元，地方配套8万元，镇政府自筹11.4万元），在镇政府东侧新建了综合文化站。文化站总占地面积713.3平方米，建筑面积348平方米，内设多功能活动室1个，阅览室、图书室各1个，办公室1个。该项目于2008年11月建设完成并投入使用。2010年底省文化厅又配套了文化信息资源共享工程综合设施。2014年5月7日，在多功能大厅举办了全镇农民道德讲堂培训大会，充分发挥了该设备的作用。转渠口镇政府按照整合区域资源、打造特色文化的工作思路，多方筹资30万元，在镇综合文化站旁边修建了占地面积2000平方米的高标准舞台和文化建身广场，并在下辖的行政村分别设立了9个农家书屋，切实解决了农民借书难、看书难的问题。2014年春节组建了一支170人的社火表演队，春节期间有序的组织社火队上街表演，极大地丰富了农民群众的春节文化生活；组建篮球队参加了全市第二十六届"振兴杯"篮球赛，并荣获了第一名的好成绩；组织9个村秧歌队参加了"飞天果汁杯"敦煌市全国第四套健身秧歌大赛；组织全镇秧歌队、自乐班结合冬季农村集中教育活动及"三下乡"活动，在全镇文化广场舞台进行文艺演出。文化体育活动的开展满足了转渠口镇农民群众多样性、高层次的文化需求，也为转渠口镇的社会稳定、文化繁荣注入了新的活力。

0129 莫高镇综合文化站

地　　址：敦煌市莫高镇人民政府西侧
隶属关系：敦煌市莫高镇人民政府
人 员 数：2人
观 众 数：7000人
开展活动情况：文化站已举行大型文化演示活动4场次，文体活动8场次，司法、综治课讲座16场次。建成自乐班1个，文艺团队3个，在庆典日、节假日演出48场次。
场地面积：300平方米
文艺创作作品：大合唱《山丹丹花开红艳艳》《四渡赤水》，舞蹈《等爱的玫瑰》《请我跳舞》。
简　　介：莫高镇综合文化站于2005年正式成立，总建筑面积300平方米。全镇现已建成健身广场7个、健身路径7套、健身器材共32件，平均约每个行政村有一套健身路径和篮球场地，主要用于村组居民举办大型篮球比赛。有乒乓球拍及乒乓球32套，主要用于乒乓球比赛及练习。文化站内设有多功能厅、电子阅览室、图书室、图书阅览室、棋牌室等，各个活动室设备齐全。其中，图书阅览室配有图书2200册，供居民在平常空闲的时间内阅览。综合文化站的建立，将进一步满足我镇农民日益增长的文化需求，有效地推进农村文化服务体系的建设，逐步缩小城乡间文化公共服务差距，为占领农村文化体育阵地，丰富农民文化生活，引导农民建立科学文明的生活方式，提高生产力水平和生活质量，进一步推进农村文化、经济和社会全面进步提供了服务平台。

0130 肃州镇综合文化站

地　　址：敦煌市肃州镇
隶属关系：敦煌市肃州镇人民政府
人　员　数：2人
观　众　数：7000人
开展活动情况：图书阅览，开展戏曲演唱、健身操表演等丰富多彩的文体活动。
场地面积：420平方米
文艺创作作品：曲子戏《联村联户连民心》
简　　介：肃州镇综合文化站建筑面积420平方米。现有篮球场2块，露天乒乓球桌2副，羽毛球场1块，健身路径1条；室外大戏台1个，占地600平方米；图书室1间，藏书10000册；自乐班活动室1间，服装、音响、道具等表演设施齐全，活动正常开展；办公室1间，老年人活动室3间，建筑面积200余平方米；有工作人员2名，负责文化站日常管理、正常开放、组织各类群众性文体活动；每年组织大型群众文化活动4场次，参与人数达6000人，镇文化大院于2012年被省上评为"先进文化大院"，2013年被酒泉命名为"曲子戏艺术之乡"。

0131 黄渠乡综合文化站

地　　址：敦煌市黄渠乡
隶属关系：黄渠乡人民政府
人　员　数：2人
观　众　数：5000人
开展活动情况：在元旦、春节期间组织群众开展秧歌和社火汇演；"三八"妇女节期间举办秧歌大赛、健身操比赛、赛歌会等；"五一"劳动节期间举办青少年歌手大赛；"七一"建党节期间开展丰富多彩的广场文艺汇演等。同时，乡上每年拿出专项资金，采取"以奖代补"的方式奖励扶持各村组的自乐班、健身队进行创作和开展活动。全乡每年开展的大型文化体育活动在8场次以上，乡、村、组三级组织的各类群众文体活动每年达100余场次。
场地面积：800平方米
文艺创作作品：舞蹈《祖国你好》《中国美》，歌伴舞《为人民服务》。
简　　介：黄渠乡党委、政府大力抓文化建设，建成占地面积800平方米的乡综合文化站，占地4000平方米的健身广场，乡级图书阅览室1个，村级文化活动场所5处，农家书屋6个；建有全市规模最大、功能较为齐全的农民健身中心，有高标准篮球场2个，高标准三层看台，户外乒乓球场2个，羽毛球场1个，健身器材区2处；有乒乓球台、健身器材等38件。自2012年在全乡5个村配备了村级文化专干，形成了乡有文化活动中心，村有文化活动场所，各村都有文化专干的文化格局。全乡共有自发组建的农民自乐班6个、社火队2个、健身队12个、乡土文化人才21人，全乡常年参与文化活动的人员达5000余人。黄渠乡文化站集图书阅览室、科技培训、信息发布、文艺演出、综合展览等功能于一体，通过"抓文化、促文化、活文化"，黄渠乡在群众文化活动方面得到了深入长远的发展，在精神文明建设中取得了喜人的成绩。

0132 郭家堡乡综合文化站

地　　址：敦煌市郭家堡乡七号桥村五组
隶属关系：郭家堡乡人民政府
人 员 数：2人
观 众 数：4000人
开展活动情况：举行综合性大型活动3次，单项文体活动4次。
场地面积：400平方米
文艺创作作品：手语舞蹈《礼》，舞蹈《张灯结彩》。
简　　介：郭家堡乡综合文化站设有电子阅览室、图书阅览室、文艺室、多功能活动室。并设置了展览室，用来展览全乡书画、十字绣等作品。文化站在元旦、春节、"五一"劳动节、国庆等重大节日，以农民演员为主，外请市文化馆、艺术团演员为辅，举办大型文艺活动；积极调动群众智慧，涌现出了李新福、边正基等农民文化骨干，他们立足我乡实际，将党的政策及一些红枣、葡萄等种植技术编成通俗易懂的小段子，在全乡广泛传诵，《第一枣乡红枣甜》的音乐快板更是成了我乡的品牌节目；以60岁以上老人为主的前进自乐班，自拉自唱，每逢赶集，便在集镇上开展活动，他们自娱自乐地同时，也为乡亲们提供了精神食粮；利用法律进校园、道德教育进校园、科技技术进校园的"三进"活动，有力促进校园文化的健康全面发展。文化站在内容上做到了四个融合：节日大型活动与文化点的自由活动融合，随时随地开展内容自由多样文体活动；艺术活动与主导产业整合，将产业发展、种养殖要点融入文艺节目中，朗朗上口，易于传播；农家书屋与农民生活整合，把农家书屋建在农民的身边，方便借阅，方便服务；农耕文化与特色农业相融合，在万亩红枣科技示范园区内建成农耕文化展示区，展出农具实物，展现农耕特点和文化。

0133 沙州镇综合文化站

地　　址：敦煌市沙州镇文庙社区
隶属关系：沙州镇人民政府
人 员 数：2人
观 众 数：8000人
开展活动情况：举办了打牌、看书、上网、乒乓球赛等丰富多彩的农民业余文娱活动。
场地面积：330平方米
文艺创作作品：小品《婚宴风波》，合唱《祖国不会忘记》《山丹丹花开红艳艳》《亲吻祖国》《长相思在敦煌》，舞蹈《永远的映山红》《欢聚一堂》，歌伴舞《公仆赞》。
简　　介：沙州镇综合文化站与沙州镇文庙社区合署办公，目前建成并已投入使用，建设规模达330平方米，主体工程及装修总投资达到111万元，后期设备投资还需22万元。综合文体站设立了"四室一厅"，即书刊阅览室、文娱活动室、办公室、会议室和多功能活动厅。其中，书刊阅览室已存书5000余册，各种杂志13种、100多本，各类报刊

8种，各种设配齐全。文化站基本形成了以信息发布、图书阅览、广播影视、文化培训、文艺创作为主体，集老干部、青少年活动为一体的综合性文体活动场所。文化站及各社区积极组织居民参加社区运动会、安全生产知识讲座、为老党员免费健康检查活动以及各种文艺汇演活动37场次，文艺汇演节目内容丰富，紧跟社会形势，深受广大群众喜爱。文体站由镇上1名副镇长分管，设1名站长，1名专职副站长，1名兼职副站长，并安排我镇11个社区的文化专干协助。自成立以来，文化站举办了丰富多彩的农民工业余文娱活动，主要活动项目有打牌、看书、上网、乒乓球等方面，为丰富农民群众的精神文化生活做出了积极的贡献。

0134 月牙泉镇综合文化站

地　　址：敦煌市月牙泉镇杨家桥村
隶属关系：敦煌市月牙泉镇人民政府
人　员　数：2人
观　众　数：4000人
开展活动情况：月牙泉镇自乐班每周三次在活动室进行文化娱乐活动。同时，每逢重大节日都会举办内容健康、积极向上、丰富多彩的文艺演出活动。
场地面积：270平方米
文艺创作作品：功夫秀《擒拿格斗拳》。
简　　介：月牙泉镇综合文化站位于杨家桥村三组敦月公路东侧，主体建筑建于2009年，2011年翻新，总面积270平方米，使用面积200平方米。文化站内设办公室、图书室、阅览室、棋牌室、书画室、文化信息共享点（电子阅览室）、自乐班活动室、教育培训室等，图书室藏书达3200多册。文化站各功能室免费开放。全镇6个村均实现农家书屋和文化体育广场全覆盖，有3个村建有室内文化活动室，分别配有专兼职文化管理员。

0135 七里镇综合文化站

地　　址：敦煌市七里镇南台堡村和杜家墩村交接处
隶属关系：七里镇人民政府
人　员　数：2人
观　众　数：6000人
开展活动情况：组建自乐班等艺术组织4个，兼职演员70余名，每年开展各项文艺表演活动70余场次。
场地面积：305平方米
文艺创作作品：藏舞《吉祥》《中国美》。
简　　介：七里镇综合文化站位于七里镇中部，建成于2009年，砖混结构，建筑面积达305平方米。文化站设有多功能厅、图书阅览室、文体活动室、棋牌室、减压室、创作室等场所。有图书6000册，兼职文化专干2名。组建莫高面业社火队1支，最大阵容达140余人。活动开展做到"三个经常化"，即群众健身活动经常化，茶余饭后，群众们在文化广场进行体育锻炼，跳健身操；民间活动开展经常化，每月文化大院自发组织一些秦腔、曲子戏等节目进行演出；趣味竞赛活动经常化，在元旦、国庆节等节日，镇文化站积极组织广大干部群众开展有篮球、拔河、谜语等趣味竞赛项目，既营造了浓厚的节日氛围，又满足了群众的精神文化需求，促进了社会的文明和谐。

（十一）酒泉市肃北蒙古族自治县

0136　肃北县文化馆

地　　址：肃北县梦柯路南 4 号
隶属关系：肃北县文化体育局
人 员 数：26 人
观 众 数：3 万人
开展活动情况：举办灯谜晚会、儿童游艺、社火秧歌拜年、社火秧歌展演、广场舞、书法绘画摄影展、手工艺品展、图书下乡、图书借阅、非遗保护传承及"三下乡"文化活动。
场地面积：908 平方米
文艺创作作品：发行《肃北本土广场舞》一、二辑。创作书法《纪念改革开放三十周年》、楷书《雪域佳人》、国画《鱼水情深》、诗书画《国车》等作品。
简　　介：肃北县是甘肃省唯一的一个蒙古族自治县，地域辽阔，居住分散，为扶持自治县的群众文化事业，加快自治县的基层文化建设，国家、省、市、县委提供了优惠的政策保证，推动了自治县的公共文化基础设施建设迈上新台阶，基本上建成了全县的公共文化服务设施全覆盖。全县现有群众文化馆 1 个、博物馆 1 个、公共图书馆 1 个，统称为文化馆，三个牌子一套人马。自治县图书馆 2005 年 10 月搬入改建的新馆址，建筑面积 908 平方米，内设机构 6 个，由采编室、图书借阅室、成人阅览室、少儿阅览室、地方文献蒙文资料室、共享工程电子阅览室组成。图书馆现有藏书 1.5 万册，装订报刊杂志 2690 册，地方文献蒙文资料 1300 册；成人阅览室有座位 60 个，少儿阅览室有座位 30 个，共享工程电子阅览室有电脑 34 台，全部免费向全社会开放。自治县图书馆为全额财政拨款事业单位，现有人员 13 人。图书馆全天免费向读者开架开放，面向全社会各个阶层、各个民族，全年接待各类读者 7000 人次以上，尤其是少儿阅览室，能很好地发挥职能作用，吸引各族少年儿童前来借阅图书资料。

0137　马鬃山镇文化站

地　　址：肃北县马鬃山镇
隶属关系：马鬃山镇人民政府
人 员 数：13 人
观 众 数：3000 人
开展活动情况：文化站对公众开放提供服务时间达 40 小时，设有免费活动项目；组织综合性大型文化活动 2 次、单项性文体活动

4次；利用共享工程开展活动2次，开展信息服务1次；搜集、整理民间文化遗产并建立完整的民间艺术、非物质文化遗产档案；积极宣传国家文物保护法规、方针、政策，配合相关部门做好镇文物保护工作。

场地面积：300平方米

文艺创作作品：无

简　　介：马鬃山镇文化站成立于1982年，位于马鬃山镇，是财政全额拨款的事业单位。在上级部门及镇政府的关心支持下，投资24万元，于2009年修建完工，镇文化站使用面积300平方米，室外活动场地面积200平方米。文化站内有图书室、电子阅览室、电视信号转播机房，有调音台1台、全频主扬声器1对、全频返送扬声器1对、返送扬声器功率放大器1台、液晶电视1台、无线话筒2只、灯光组合1组、DVD1台、线材及系统接插件1批，有资源管理服务器1台、投影机1台、应用PC机电脑10台、音响1套、黑白激光打印机1台、电脑桌椅10套，有藏书1000多本，有各类文艺体育器材10余件。文化站配备职工13人，其中站长1名，会计1名，干部4名，工勤人员7名，入正式事业编制和工勤编制，并按时、按要求参加上级各项业务培训。

0138 党城湾镇文化站

地　　址：肃北县党城湾镇

隶属关系：党城湾镇人民政府

人　员　数：10人

观　众　数：3000人

开展活动情况：文化站对公众免费开放时间长达40小时以上。组织综合性大型文化活动4次、单项性文体活动8次。定时更新宣传橱窗内容8期，举办科普、法制、农村讲座4次，认真组织8个行政村、2个社区开展了村、社区文化室文体活动，举办文艺培训班3期。利用共享工程开展活动2次，开展信息服务2次。搜集、整理民间文化遗产并建立完整的民间艺术、非物质文化遗产档案。

场地面积：450平方米

文艺创作作品：无

简　　介：党城湾镇文化站位于党城湾镇办公楼，其使用面积约450平方米。文化站内设综合培训中心、多功能会议厅（文化共享工程）、文化活动室、图书阅览室、电子阅览室（少儿活动中心）、老年活动室、文化站办公室等。其中综合培训中心面积约120平方米，可容纳100余人进行技能等方面的培训。文化活动室面积约50平方米，是集排练厅、乒乓球室、棋牌室、老年活动室为一体的综合活动室。图书阅览室面积约30平方米，可容纳30多人阅读，内有藏书2000多册，报刊杂志10多种，书籍种类齐全。电子阅览室面积50平方米，配有14台电脑，可供镇居民进行上网等活动。外有健身活动场地，占地面积600平方米，健身器材区域占地面积200平方米，设有健身器材10组。党城湾镇文化活动中心的投入使用，为镇居民群众提供了一个学习、集会和娱乐的环境，为进一步发展和谐社会奠定了良好基础。

（十二）酒泉市阿克塞县

0139 阿克塞县图书馆

地　　址：阿克塞县红柳湾镇和平路4号
隶属关系：阿克塞县文化体育和广播影视局
人 员 数：25人
观 众 数：1.5万人
开展活动情况：图书室平均每年开展图书宣传活动11次，培训5次，演讲活动2次，征义活动2次40余篇，免费开放350天，提供服务指导20余次。
场地面积：200平方米
文艺创作作品：无
简　　介：1999年10月，阿克塞县图书馆搬入文化中心大楼，楼内设有图书室、阅览室、藏书室，面积约为200平方米，书架单层总长度为300米，阅览室有座席20座。2006年甘肃省实施文化资源信息共享工程，阿克塞县图书馆整合文化资源，发挥文化中心优势，重新内设科室，新增电子阅览室、采编室。2010年，阿克塞县图书馆再次实施图书目录编目工作，同时通过单位、个人捐赠、县财政拨款购书费，新增图书29000余册。目前，阿克塞县图书馆总藏书量39000余册，其中有汉语书籍、哈萨克语书籍，订有全国和地方性报纸报刊多种，年图书流通2000册次，读者15000人次。

0140 阿克塞县文化馆

地　　址：阿克塞县红柳湾镇文化中心大楼
隶属关系：阿克塞县文化体育和广播影视局
人 员 数：8人
观 众 数：3000人
开展活动情况：阿克塞县文化馆以县城文化活动为龙头，以乡镇文化、军营文化、校园文化、社区文化为基础，广泛发动和组织群众参加社会文化活动。
场地面积：2767平方米
文艺创作作品：无
简　　介：阿克塞县文化馆成立于1954年，1999年搬迁至阿克塞县红柳湾镇文化中心大楼。文化馆总面积2767平方米，设有舞蹈排练厅、多功能培训厅、非遗文化保护厅、综合活动室及阿肯弹唱、绘画创作兴趣培训室，常年组织开展文化活动30场次以上，举办展览4次以上，指导群众文化活动40次，受到了社会各界的好评。

0141 阿克塞县民族博物馆

地　　址：阿克塞县红柳湾镇和平路西侧民族风情园内

隶属关系：阿克塞县文化体育和广播影视局

人员数：13人

观众数：1.6万人

开展活动情况：阿克塞县民族博物馆常年实施免费开放，特别是节假日期间，是游客较多的时间段，民族博物馆工作人员都能坚守岗位，认真讲解，全年可接待游客上万余人，受到各界的好评。

场地面积：4238平方米

文艺创作作品：无

简　　介：阿克塞县民族博物馆成立于2009年6月，是一座展示哈萨克历史、文化、民俗民情、生产生活以及阿克塞县政治经济文化的综合性博物馆。博物馆建筑面积为4238平方米，使用面积为3200平方米，累计投资1480万元完成建设，共搜集整理各类文物（展品）600余种、1200多件。民族博物馆按功能区划分为展览厅、游客服务中心和购物区三部分。展览厅共有3个展览区，其中一、二展厅，分8个单元展示阿克塞县政治、经济、文化等基本概况和哈萨克历史、文化、民俗风情等方面，第三展厅主要展示野生动物标本。游客服务中心和购物区主要为游客提供休息、购物、会议等方面的服务。阿克塞县民族博物馆是集宣传、教育、观光、休闲等功能于一体的现代化民族博物馆，旨在对哈萨克族灿烂的文明进行保存、研究和传播，唱响"共产党好、社会主义好、民族团结好"的主旋律，促进中国特色社会主义民族团结进步事业向前发展。

0142 阿克塞县文化中心

地　　址：阿克塞县红柳湾镇东侧

隶属关系：阿克塞县文化体育和广播影视局

人员数：10人

开展活动情况：举办骑射大赛，组织摔跤比赛，开展冬布拉齐奏、冬布拉表演唱、民族歌曲等文艺汇演。

场地面积：1.25万平方米

文艺创作作品：无

简　　介：阿克塞县文化中心项目是集青少年馆、科技馆、体育馆、图书馆、城市展览馆、文化馆、游客接待中心等功能为一体的综合性文化活动场所（简称"六馆一中心"），工程概算投资5900万元，总建筑面积1.25万平方米，总高度22.08米。该项目是阿克塞县建县以来最大的具有哈萨克民族特色的文体公共建筑。

0143 阿勒腾乡文化站

地　　址：阿克塞县阿勒腾乡民族新村
隶属关系：阿勒腾乡人民政府
人　员　数：2人
观　众　数：3000人
开展活动情况：乡文化站负责组织并且开展牧农民日常的各类文体活动，举办阿肯弹唱会、赛马会、民族运动会等民族传统文体活动。同时，组织全乡农牧民群众积极参与县上举办的各种大型文体活动。
场地面积：80平方米
文艺创作作品：无
简　　介：阿勒腾乡文化站位于民族新村文化宣教中心北部，占地面积350平方米，设有职工活动之家、图书室、文体活动中心、培训教育中心，内部设施齐全，为丰富农牧民群众的业余文化生活奠定了基础。总藏书数量为9000余册，健身体育器材数量达到12种，篮球场1个，排球场1个。阿勒腾乡文化活动室建成后，参加活动的人数由每年的1000人增加到3000人，由于阅览、活动、培训等活动室的独立分开，基本满足农牧民群众参加各种文体活动的需求。文化站通过举办各种少数民族传统文化项目，极大地丰富了全乡牧民群众的业余文化生活，提高了群众文化生活质量。同时，也能使农牧民群众自觉主动地掌握农牧业科技知识和先进文明的生活常识，为广大牧农民加快致富奔小康步伐提供智力保障和精神支持。

0144 阿克旗乡文化站

地　　址：阿克塞县阿克旗乡南环路1号
隶属关系：阿克旗乡人民政府
人　员　数：2人
观　众　数：1200人
开展活动情况：负责组织全乡牧农民参加由乡政府举办的阿肯弹唱会、赛马会、民族运动会等民族传统文体活动，协助乡政府组织牧农民积极参与县上举办的大型文体活动，不断丰富全乡农牧民群众的业余文体生活。
场地面积：200平方米
文艺创作作品：无
简　　介：阿克旗乡下辖三个行政村，卫生院、综合服务站两个双管单位。为切实有效地解决活动场所建设的资金问题，阿克旗乡按照"全体动员、共同出资、集中精力建场所"的要求，把村级阵地建设同"三级联创"活动、项目建设等工作紧密结合起来，采取上级补、乡村筹、部门帮等措施，自筹资金65.3万元，争取省补专项资金14.7万元，新建和改建村级阵地3个。乡文体站设有文体活动室1间，占地面积60平方米，室内置有乒乓球案2台。兼职文体专干2名，负责组织各种活动。

0145 阿克塞县红柳湾镇文化站

地　　址：阿克塞县红柳湾镇民主路
隶属关系：红柳湾镇人民政府
人　员　数：2人
观　众　数：2000人
开展活动情况：以建好、管好、用好镇文化站为出发点和落脚点，以开展牧农民"多读书、读好书"活动为切入点，开展群众文化活动每年达到15场次。
场地面积：180平方米
文艺创作作品：无
简　　介：红柳湾镇文化站于2008年7月

挂牌成立以来，配备专职管理员3名，投入160万元，完善设施，做到每年新添置图书资金不少于5000元。书屋面积为50平方米，藏书达到7大类1.3万余册，图书目录实现了计算机管理。配有大桌4张，椅子70把，可供70人以上阅读。镇党委、政府以为民办实事和文化惠民工程为抓手，以保障农牧民基本文化权益为目标，统一思想，加大投入，坚持标准，整合资源，创新服务，并在文化站的管理、使用和服务上做了有益的尝试，取得了良好的效果。

（十三）金昌市金川区

0146 金川区双湾镇文化中心

地　　址：金川区双湾镇
隶属关系：金川区双湾镇人民政府
人 员 数：5人
观 众 数：3000人
开展活动情况：图书室、电脑室免费开放供区域内群众看书、上网，定期性地开展健身操、秧歌舞、篮球赛、下棋等各类文化体育活动。
场地面积：1000平方米
文艺创作作品：无
简　　介：双湾镇加快农村公共文化建设，逐年加大对文化事业的经费投入，于2007年建成了双湾镇文化中心，内有办公室、电子阅览室、棋牌活动室等，配齐了文化活动必须的设备、器材和图书等文化资源。文化中心有5位工作人员，他们积极组织开展各类讲座、展览、开展群众读书读报活动、广播及电影放映活动，指导村文化室开展群众喜闻乐见的文体活动等。营造了积极健康向上的生活氛围，全面推进文化建设活动有序开展。

0147 金川区宁远堡镇文化中心

地　　址：金川区宁远堡镇
隶属关系：金川区宁远堡镇人民政府
人 员 数：5人
观 众 数：3000人
开展活动情况：图书馆、电脑室免费供当地群众看书上网，开展羽毛球赛、乒乓球比赛、篮球赛、合唱、舞蹈等丰富多彩的文体活动。
场地面积：1000平方米
文艺创作作品：无
简　　介：2007年建成1000多平方米的文化服务中心综合办公楼，内设培训室、多功能活动厅、书刊阅览室、文化信息资源共享工程管理用房、室外广场、宣传栏、大舞台。室外广场有各类齐全的体育健身设施。文化中心依托春节、清明、中秋等重要节庆开展社火调演、经典诵读、月饼大赛等群众喜欢的活动。让群众感受到了政府的关怀，文化的魅力，增进了当地群众之间的友情，激发了他们参与文化活动的热情，全镇呈现出一派祥和的气象。

（十四）金昌市永昌县

0148 永昌县图书馆

地　　址：永昌县东大街

隶属关系：永昌县文化广播影视局

人 员 数：11人

观 众 数：2.5万人

开展活动情况：图书馆每年组织干部职工积极开展各类文化活动6余次，活动内容丰富、形式多样，主要有图书馆职工春节送温暖活动、读者广场舞健身辅导活动、世界读书日宣传活动、图书馆服务宣传周活动等。

场地面积：4862平方米

文艺创作作品：馆内专业人员先后在甘肃省图书馆学会发表论文4篇；在《金昌文化》发表文章2篇；在《西风》《骊軒》杂志上刊登作品40篇；在《金昌日报》发表作品十余篇，其中1篇获成人组一等奖。

简　　介：2004年9月，根据《永昌县机构编制委员会关于永昌县文化馆、图书馆、博物馆"三馆"分设的通知》（永机编发[2004]003号），决定将"永昌县文化馆、永昌县图书馆、永昌县博物馆（挂文物管理所的牌子）"单独设立，均为副科级事业单位。分设后图书馆和文化馆共同使用原文化馆大楼，在县城东大街2号办公。2010年，文化局、广播电影电视局合并为永昌县文化广播影视局，图书馆隶属于永昌县文化广播影视局。由于图书馆与文化馆一直合署办公，原办公楼已建成20年。随着近些年图书事业的发展及国家公共文化服务体系的建设，通过国家文化部门的验收，图书馆的基础设施建设未达到标准。经有关部门批准，2012年，通过申请中央、省上补助资金560万元，市县财政配套220万元，总投资780万元新建图书馆综合办公大楼，占地面积4862平方米。图书馆目前内设采编室、报刊借阅室、图书借阅室、少儿阅览室、盲人阅览室、资料室、办公室、电子阅览室、数字图书馆、多功能厅等职能机构。现有各类纸质藏书及资料10万余册（件），电子图书22万多册，每年订阅报刊约180种，新购图书近千册。永昌县图书馆以繁荣文化事业、加强图书馆工作为基础，以创建国家公共文化服务体系示范区为目标，以免费开放服务为中心，强力推进文化信息资源共享工程建设，图书业务自动化管理建设。保障开馆时间，为读者营造良好的读书氛围，做到标牌标准明显，室内清静安逸，图书摆放整齐有序。采取无偿收集和适当付费的方式征集地方文献。安装图书馆自动化管理系统，实现电子借阅。新购电子图书22万册，让广大读者可以通过公共电子阅览室享受数字图书馆等资源服务。

0149 永昌县博物馆

地　　址：永昌县东大街阁老府内
隶属关系：永昌县文化广播影视局
人 员 数：11人
观 众 数：3.9万人
开展活动情况：每年"国际博物馆日"和"文化遗产日"期间开展专题展览，以讲解、专题片播放、文物咨询、分发资料等多种形式宣传永昌历史文化，不断增强博物馆的社会影响力。
场地面积：1008平方米
文艺创作作品：永昌县文物管理所创作的《永昌县不可移动文物》工作手册。
简　　介：永昌县博物馆成立于1995年，2004年"三馆分设"后，在阁老府内建设了文物库房、展厅和办公设施，占地面积6028平方米，建筑面积1008平方米。2005年迁入新馆，同时成立了永昌县文物管理所，与县博物馆合署办公，均为副科级事业单位（两块牌子一套人马）。现总人数15人，在编9人，专业技术人员2人。博物馆自1953年开始收藏、征集、保护文物，现藏品总数5199件。其中一级品82件、二级品259件、三级品372件。藏品类别主要有新石器时代马家窑文化陶器、石器，两汉墓葬出土文物，古钱币，藏、汉传佛教文物，古旧书画，丝织物，金银器，玉器，明清瓷器，杂器，红西路军枪械，以北周时期番禾瑞像石雕佛首最为珍贵。自20世纪50年代博物馆就进行文博教育展览，1992年建立120平方米展厅正式展出馆藏文物。2005年8月新馆开馆，在阁老府内（市级文物保护单位）改建了历史文物、骊靬文化和近代文物三个展厅，对外开放，陈列展出永昌特色文物300余件。2008年5月，实行免费开放。2011年8月，对原有陈展模式进行提升改造，制作了"永昌古代文明""骊靬之迷解"两个专题展览与影视展现厅，以全新的面貌吸引各界人士进馆参观。现博物馆已成为宣传、展示永昌历史文化、革命文物和骊靬文化的重要窗口。

0150 永昌县文化馆

地　　址：永昌县东大街
隶属关系：永昌县文化广播影视局
人 员 数：11人
观 众 数：2.9万人
开展活动情况：举办各类培训24期，培训人员5000人（次）以上；举办书法、美术、摄影等各种展览12次；开展"送文化进基层"系列活动4次以上。
场地面积：4000平方米
文艺创作作品：馆内专业人员先后在国家级、省级刊物上发表书法、美术等作品二十余件；专业人员的作品先后多次在国家级、省级展览会上展览；馆内编辑并内部出版《骊靬》杂志2期，刊登文学作品80篇，30余万字。先后出版发行了《骊靬探丛》《骊靬传奇》《金昌俗曲》《金昌小戏》《永昌圣容寺》

等专著30余部，专业人员作品荣获国家级、省、市级各类奖项百余件。

简　　介：永昌县文化馆位于县城中心地带，1950年设文化教育馆，1953年改为文化馆。2014年，文化馆新馆建成并投入使用，建筑面积4000平方米。功能用房包括展览厅、"非遗"展示厅、演艺活动厅、艺术培训室、电子图书阅览室等，馆内设群文（文学、美术、书法、摄影、音乐舞蹈）创作与辅导室、骊靬文化研究会、《骊靬》杂志编辑部等功能室。文化馆现为副科级独立法人机构，设馆长、副馆长各1人，现有编制12人。2012年，实现了文化馆免费开放，形成了面向社会、服务群众的办馆特色。2013年被甘肃省文化厅评为"甘肃省非物质文化遗产保护传承工作先进集体"，现为县级文明单位。

0151　永昌县新城子综合文化站

地　　址：永昌县新城子镇
隶属关系：新城子镇人民政府
人 员 数：3人
观 众 数：2000人
开展活动情况：充分利用现有资源，积极开展阵地宣传、科技培训和各类文化活动。每年利用春节、"三八"妇女节、"五一"劳动节等节假日举办各类文化活动。此外还积极选送节目参加市县文艺汇演，并多次获奖。为积极保护和传承非物质文化遗产，组织镇、村干部组建节子舞表演队，参加了"首届中国•甘肃循环经济国际博览会"开幕式，为宣传魅丽金昌特色文化做出了积极贡献。
场地面积：1000平方米
文艺创作作品：无

0152　永昌县东寨镇文化服务中心

地　　址：永昌县东寨镇双桥村
隶属关系：东寨镇人民政府
人 员 数：3人
观 众 数：2000人
开展活动情况：充分利用现有的文化设施，发挥培训、辅导、展览、书报刊阅读、宣传教育的功能。举办各类培训班10场次，发放各类培训资料5000多份、图片400多张，培训农民560多人，有效地提升了参训农民的综合文化素养及农业科技知识水平。利用元旦、春节、"三八"妇女节、"五一"劳动节等重要节假日，积极组织群众开展红歌大赛、演讲比赛、知识竞赛、篮球比赛、乒乓球比赛、文艺汇演等丰富多彩的文化娱乐活动，丰富和活跃了镇村干部群众的业余生活。围绕我镇独具特色的小曲、小调、秧歌等民间文艺，以调动农民自主参与文化活动为目的，提供舞台让农民唱自己喜欢的歌，演自己熟悉的戏，让农民成为文化活动的主角，打造属于东寨人自己的特色文化。
场地面积：400平方米
文艺创作作品：2012年下四坝村社火参加金

昌市调研获一等奖，2014年新二坝村社火参加金昌市调研获一等奖。

简　　介：按照乡镇综合文化站建设标准，结合本镇实际，在镇文化计生综合服务楼的基础上，重新定位，超前规划，多方筹措资金，新建了占地面积达400平方米的高标准文化服务中心和占地面积近9100平方米集文化演艺、体育活动、休闲健身为一体的"金穗"文化健身广场。其中镇文化服务中心于2011年9月开工，2012年10月建成并投入使用，内设多媒体活动室、电子阅览室、书画交流室、文体活动室、办公室及藏书达3500多册的图书阅览室等，配齐了相应的文化活动用品、体育器材等设施，并全面实行免费开放，切实为农民群众提供图书报刊借阅、文化信息资源共享、电子图书阅览和书画艺术创作等服务。同时，建成了11个村文化室，并实现了农家书屋全覆盖。2013年，为进一步整合文化资源、提升服务水平，为创建工作增光添彩，本镇又专门聘请专业设计人员，以"突出特色、打造亮点"为目标，对镇文化服务中心进行进一步改造升级，在一楼大厅设置沙盘，全面、立体、直观地展示东寨镇的地理地貌、基础设施、产业布局及发展规划等。以同为永昌"八景"的"东岗晚照"和"南峪龙腾"独特景观为主题制作背景墙，展现东寨地域文化的独特魅力；在一楼到三楼的楼梯侧墙，以图文并茂的形式制作宝卷故事长廊，宣扬孝道善行、伦理道德；在二楼设置红色文化展厅，围绕红西路军征战河西遗留的革命资源，串联前进剧团遭遇战、勾家西庄战斗等红色历史，通过实物、雕塑、图片和光影等形式，反映本镇的红色文化资源，传承红色文化精神；在三楼设置乡村民俗馆，通过农耕文化、古迹遗址、乡村民俗、艺文深韵等四个篇章，以实物、雕塑、图片等形式分类展现东寨的历史沿革、发展历程、民俗文化，进一步推动对传统民俗文化的保护和传承。

0153　城关镇文化服务中心

地　　址：永昌县东大街
隶属关系：城关镇人民政府
人　员　数：4人
观　众　数：1500人

开展活动情况：2010年至2011年本镇组织的文艺节目多次在市、县比赛中获得优异成绩。2012年4月民俗文化节期间，本镇组织的非遗实物展厅和文艺节目展演分别获得二等奖和三等奖的好成绩。组织特色饮食摊位10个，其中获得首届民俗文化节特色饮食摊位一等奖2个，二等奖1个；8月，中国金昌首届骊靬文化国际旅游节永昌县广场文化艺术活动期间，本镇组织了两场小戏小曲专场演出分别获得二等奖和三等奖。2013年，本镇代表队获得全省农家书屋管理员知识竞赛三等奖。2014年5月中旬联合金昌市金悦演艺公司在社区、村委会、福利院、学校等地完成送文化演出16场次，覆盖群众15000余人；"七一"建党节前后，镇机关、部分社区结合党的群众路线教育实践活动开展了以"践行群众路线、弘扬社会主义核心价值观"为主题的演讲比赛，活动受到了县相关部门领导和镇领导的一致好评；8月，我镇积极组织15支队伍参加县上举办的三人制篮球赛、趣味运动比赛、全民健身操（舞）比赛等系列活动，取得了一个1等奖、两个2等奖、四个3等奖的优异成绩。

场地面积：458平方米

文艺创作作品：无

简　　介：2009年总投资70多万元，建成综合文化站，当年投入使用，并全面实行免费开放。2011年12月，根据县委、县政府及相关部门文件精神，我镇撤销原有文化站，成立了城关镇文化服务中心，隶属于城关镇人民政府，设主任1名，工作人员2名，根据工作需要，共有工作人员4名。城关镇多年来都将文化工作作为全镇工作的重点之一，特别是金昌市决定创建公共文化服务体系建设示范区以来，本镇以此为契机，加大对文化工作的宣传和建设力度，确定了创建任务，明确了创建目标，成立了组织机构，加大对基础设施建设投入力度，通过设置文化宣传栏发放宣传资料，新闻媒体宣传报道等多种形式进行广泛宣传，使群众广泛参与文化活动的积极性和主动性得到进一步提高。目前镇综合文化站设文体活动室配备乒乓球、象棋、麻将等娱乐设施。图书阅览室（含电子阅览室）配备服务器一台、电脑10台及各类书刊杂志等3000余册，为群众提供图书报刊借阅、文化信息资源共享、电子图书阅览等服务。书画展览室（含非遗保护室）开展书画艺术创作、书画展览、非物质文化遗产收藏保护活动。另在政府办公楼设有多媒体教室，配备电脑、电视、音响和投影设施，提供各类培训服务。同时，积极支持各村、社区建立了老年活动中心、文化活动室等文化阵地，并实现了农家书屋全覆盖。全镇农家书屋共有藏书15000余册，活动场所共有体育健身器材23件、文艺器材25件、电脑10台、投影仪10台。

0154 六坝乡综合文化站

地　　址：永昌县六坝乡六坝村

隶属关系：六坝乡人民政府

人 员 数：3人

观 众 数：2000人

开展活动情况：自创建以来，在乡党委、政府的高度重视下，以文化站为主，每年"元旦"、"三八"妇女节、"五一"劳动节、"五四"青年节、"七一"建党节、国庆节等重要节日开展文体活动。春节期间参加全县小戏小曲调演。

场地面积：800平方米

文艺创作作品：无

简　　介：六坝乡综合文化站始建于2003年9月，2010年因集镇拆迁改造需要，将原有的平房拆除，并在原址上建成群众休闲文化体育广场1处。2012年7月投资资金320万元开工建设的六坝乡计生文化服务中心办公楼，于2013年6月底竣工并投入使用，现已全部实行免费开放。六坝乡计生文化服务中心办公楼总建筑面积1458平方米，其中文化站总面积800平方米，实际使用面积645.72平方米。内设电子阅览室、图书阅览室、文体活动室、书画室、非遗展览室及多媒体教室（多功能厅），功能齐全，设备完善。配备专职文化站长1名，专职文化干部3名。六坝乡综合文化站着力加强农村文艺演出队的发展和建设，现已组建起下七坝村、玉宝村小戏小曲表演队各1支及五村秧歌队1支。六坝乡综合文化站定期开展活动，进一步丰富广大群众的精神文化生活，树立强身、健身新观念。文体活动做到有方案、有计划、有安排、早准备、早落实，确保活动顺利开展。通过活动的开展，激发了广大干部职工、人民群众团结拼搏、昂扬向上的斗志精神，为构建和谐社会发挥了精神文化的重要作用，更好地促进了全乡文化事业的大发展、大繁荣。

0155 水源镇综合文化站

地　　址：永昌县水源镇永宁村
隶属关系：水源镇人民政府
人　员　数：3人
观　众　数：2000人
开展活动情况：坚持全天向群众开放，每周开放时间不少于40小时。充分利用已建成的各类文化活动设施设备，深入开展广场文化活动，歌舞戏曲展演及全民读书活动，利用春节、"三八"妇女节、"七一"建党节、国庆等重大节日，组织开展秧歌、文艺汇演、体育比赛、广场舞、小戏小曲联唱、太平鼓表演等形式多样的活动，极大地丰富了农民群众的文化生活，形成"以十带百、以百带千、以千带万"的文化活动链条。
场地面积：1626平方米
文艺创作作品：无
简　　介：水源镇综合文化站于2012年10月建成投入使用，总投资258万元，占地4200平方米，站舍建筑面积1626平方米，主体高3层。站内配有图书阅览室、电子阅览室、书画创作室、非遗展览室、文化科技培训室、文化信息资源共享服务室、多功能活动厅等9个供能室，还有宣传橱窗和走廊等。综合文化站充分发挥文化信息平台的作用，免费开放，保障群众共享文化改革的基本权益，丰富基层人民群众精神文化生活。

0156 焦家庄乡综合文化站

地　　址：永昌县焦家庄乡水磨关村
隶属关系：焦家庄乡人民政府
人　员　数：3人
观　众　数：2000人
开展活动情况：举办大型的庆"三八"文艺汇演活动、庆"五一"职工卡拉OK大奖赛、乒乓球比赛、象棋比赛、跳绳比赛等系列活动。焦家庄乡农民文化广场建成后，举办了各类职工篮球赛、农民拔河比赛、民间小曲汇演等"文化周"系列活动。在"四月八"民俗文化节和骊靬文化艺术节期间，组织民间艺人和业余剧团，在北海子公园戏台和县城文化广场举办专场演出活动。在规模以上民营企业普遍建立职工活动室和职工书屋，培霖化工有限公司在中秋节举办了"迎中秋篝火晚会"，泰琦化工有限公司还主办了全市的"泰琦杯"乒乓球比赛等活动。
场地面积：2046平方米
文艺创作作品：无
简　　介：焦家庄乡综合文化站于2011年开工建设，总投资560万元，建筑面积2046平方米，是一栋集民俗文化、骊靬文化及综合文化各功能于一体的综合性文化中心。其中综合文化站处于整体建筑西侧上下两层，于2012年12月装修完成并投入使用，内有图书室、电子阅览室、书画创作室及多功能放映厅等。民俗博物馆是整个文化中心的主体，处于整体建筑东侧，主要展示民俗文化、农耕文化、骊靬文化、历史文化等内容，现已征集并展出各类展品1000多件。

0157 朱王堡镇综合文化站

地　　址：永昌县朱王堡镇朱王堡村

隶属关系：朱王堡镇人民政府

人　员　数：1人

观　众　数：3000人

开展活动情况：镇综合文化站始终坚持突出农民群众的主体地位，以群众喜闻乐见的比赛、展示为载体，在元旦、春节、"三八"妇女节、"五一"劳动节、"七一"建党节、国庆节等节日，组织干部群众开展了丰富多彩的文艺汇演、联谊舞会、知识竞赛、演讲比赛等活动，为全镇农民群众在节日期间献上了可口的文化大餐。

场地面积：500平方米

文艺创作作品：无

简　　介：朱王堡镇综合文化站建筑面积500平方米，根据功能项目设置了文体活动室、图书阅览室、电子阅览室、多媒体活动教室、非物质文化遗产保护室、书画展览厅和管理用房，并完善了体育器材、计算机、图书、电视、音响、投影仪等各类配套设施。除此之外，镇政府于2009年，多方筹资580余万元新建了占地面积22140平方米的绿洲源文化健身广场，同时结合甘肃省体育惠民工程的实施，在原广场的基础上新建了占地面积3620平方米的体育健身活动中心，配备了高标准篮球场、标准羽毛球场和室外健身器材，一个功能齐全、设施完备的集健身、娱乐、宣传、教育于一体的综合性活动场所，成为本镇新农村建设中一道亮丽的"风景线"。根据创建工作要求，镇综合文化站制定了免费开放实施方案，建立健全了各项规章制度，并对免费开放时间、内容、服务人员及服务承诺进行了公开、公示，以确保更好地为群众提供服务。

0158 红山窑乡综合文化站

地　　址：永昌县红山窑乡红山窑村

隶属关系：红山窑乡人民政府

人　员　数：3人

观　众　数：1800人

开展活动情况：在元旦、春节、"三八"妇女节、"五一"劳动节、"七一"建党节、国庆节等节日，组织干部群众开展了文艺汇演、秧歌表演、小曲联唱、元宵灯会、体育比赛、农家书屋征文、政策宣传等活动，加强了对民间文艺人才的挖掘，已培养业余文艺队伍5支，这些活动的开展和自乐班子的建设极大地活跃了我乡的文化氛围，促进了我乡文化的大发展、大繁荣。

场地面积：310平方米

文艺创作作品：无

简　　介：红山窑乡文化站创建于1986年，为土木结构，设图书室1间，娱乐室2间，书画展室2间。2004年10月拆除，搬至乡政府综合办公楼四楼，2012年，在上级有关部门的大力支持帮助下，乡党委、政府着力加强文化阵地建设，以创建国家公共文化服务示范区为契机，在政府驻地投资 876 万元建成了集健身、娱乐、休闲为一体的多功能广场，广场占地 12600 平方米。投资 100 多万元建成了 310 平方米的乡综合文化站，文化站内设多功能活动教室、文化资源共享服务室、电子阅览室、书报刊阅览室（藏书 3500 余册）、非遗保护室、书画展览厅。

0159 南坝乡综合文化站

地　　址：永昌县南坝乡永安村三社

隶属关系：南坝乡人民政府

人　员　数：3 人

观　众　数：2000 人

开展活动情况：每年元旦、春节、"三八"妇女节、"五一"劳动节、国庆节等法定节日等重大节点，组织干部群众开展了拔河、篮球、乒乓球、台球、象棋、跳棋等体育比赛和歌咏比赛、知识竞赛、联谊会、演讲比赛等内容丰富、形式多样的文体娱乐活动。特别是 2012 年"四月八"民俗活动上配合县上组织开展了民俗实物展示和小戏小曲展演，极大地丰富了群众精神文化生活，活跃了全乡文化氛围。

场地面积：350 平方米

文艺创作作品：特色民间小曲。

简　　介：2012 年，我乡依托市县政策机遇，投资 350 万元，建成面积为 1492.86 平方米的综合文化站。其中文化站建筑面积约 350 平方米，内设办公室、图书室、电子阅览室和多功能活动室，配置电脑 6 台，图书 3000 册以及投影仪等设施，现已投入使用。文化站有工作人员 3 名，全乡共有业余文化队伍 6 支、业余秧歌队和歌舞队各 2 支、民间小曲演唱队 2 支。目前，各村均依托村委会大楼建成了设备齐全的农家书屋、室内文化活动场所，免费向群众开放，极大地满足了农民群众的文化生活需求。同时，乡上利用元旦、春节、国庆等节日，组织开展各类丰富多彩的文体活动，充分调动了广大人民群众参与文化活动的主动性和积极性。

0160 河西堡镇综合文化站

地　　址：永昌县河西堡镇金河路

隶属关系：河西堡镇人民政府

人　员　数：5 人

观　众　数：2800 人

开展活动情况：组织开展了"凝心聚力·跨越崛起"迎新年联谊晚会、"安康杯"职工越野长跑赛、庆"三八"妇女表彰大会、送文化"进农村入社区走学校"文艺下乡活动、河西堡镇 2012 年"全民健身日"广场舞、锅庄舞大赛、广场文化月活动、"迎中秋·庆国庆"文化活动。

场地面积：350 平方米

文艺创作作品：无

简　　介：河西堡镇综合文化站建筑面积 350 平方米，建有农家书屋、图书阅览室、电子阅览室、文体活动室、多功能活动室等室内文化场所，坚持设施设备全天候免费开放，积极开展科普、法制、文艺、科技、农技等培训讲座。综合文化站大力支持和鼓励群众开展业余文艺活动，积极挖掘动员文艺骨干、文艺爱好者等热心公益事业的社会各界人士发挥专长，组建10余支民间业余剧团。充分利用元旦、"三八"妇女节、"五一"劳动节、"七一"建党节、国庆等重大节日、节庆开展丰富多彩的群众文体活动，活跃了群众精神文化生活，保障了人民群众基本文化权益。

（十五）天水市秦州区

0161 秦州区图书馆

地　　址：秦州区大同路7号山陕会馆
隶属关系：秦州区文化广播影视局
人　员　数：5人
观　众　数：2万人
开展活动情况：我馆举办多种形式的书刊宣传活动和阅读推广活动，并以图书馆为平台宣传党和国家的方针政策和法律法规。为不同社会群体开展讲座和培训等社会教育活动，定期举办展览。在读书月、宣传周、世界读书日等特定时间举办服务宣传活动，读者满意率达70%以上。
场地面积：725平方米
文艺创作作品：无
简　　介：秦州区图书馆成立于2011年5月，为财政全额拨款事业单位，副科级建制，馆址设在山陕会馆，设馆长1名，现有工作人员4人。图书馆馆舍面积725平方米，馆内现设有采编室、业务辅导部、信息编辑室、文献信息室、外借处、报刊阅览室、多媒体电子阅览室、少儿阅览室9个服务部门。阅览室共设62个坐席，其中电子阅览室占32个，接入10M宽带流量，为读者服务，存储容量4T。2012年，图书馆接受财政拨款33.44万元，其中购买新书13万元，免费开放资金已经全部到位。全馆职工每年按时参加岗位培训和继续教育学习，在学习期间发表论文，每年学习课时在50小时以上。馆内现藏书12400多册。2012年，在全馆工作人员的努力工作下，我图书馆工作人员将馆内捐赠和购买的12400多册图书按照中国图书馆分类法进行分类，并将其盖馆藏章、登记、完整上架，设立机读目录，并由专人管理、维护。图书馆共有3910种图书，书籍种类齐全，适合各类读者阅读借阅。馆内配备防尘、防潮、防盗、防火等设施。图书馆免费开放，基本服务项目健全，每周开馆56小时，节假日正常开放。

0162 秦州区文化馆

地　　址：秦州区民主东路68号
隶属关系：秦州区文化广播影视局
人　员　数：28人
观　众　数：3.76人
开展活动情况：2008年以来，连续举办了3届全市百名书画名家邀请展；2009年举办了天水秦州——宝鸡金台书画联展；组织"秦州鞭杆舞"进京演出达32场;2011年协同陕西省五县(杨凌、武功、兴平、周至、眉县)举办了书画联展,共同出版了《翰墨缘·渭水情陕甘两省六县区书画联展作品集》;举办甘肃省青年书法名家邀请展;举办建党90周年文艺晚会,反响良好;2012年元旦、春节期间组织了民间民俗汇演活动;举办以"新春大拜年、欢乐送农家"为主题的大型文艺演出10余台;在秦州区内景区景点开展了10余场以"畅游秦州"为主题的传统民间民俗系列文化活动;举办了"风雅秦州"甘肃历史文化名人书画作品展,共展出100余幅明、清翰林进士及文化名人的书画遗作;成功举办了"秦声秦韵"秦州区首届秦腔票友大赛;在秦州区内景区景点举办了以"逛节会、游景点、听小曲"为主题的13场秦州小曲展演活动;组织"秦州黑社火"及"秦州鞭杆舞"参加了由国家中药管理局、陕西省人民政府主办第二届"药王故地民俗文化展演"活动。

场地面积:2099.88平方米

文艺创作作品:以联村联户为主题,创作音乐快板舞蹈《咱村来了党的人》;在传统民间舞蹈"秦州鞭杆舞"的基础上,加入现代元素创编了舞蹈《催马扬鞭》;编辑出版了《天水秦州非物质文化遗产概编》。

简　　介:秦州区文化馆是隶属于天水市秦州区文化广播影视局的国家全额拨款事业单位,占地面积2099.88平方米,建筑环境布置舒适、幽雅,文化氛围浓厚。馆内现有工作人员31人(在职15人)。图书馆设有办公室、文艺部、美术部、非遗保护办、免费开放工作管理办公室、创研部、摄影部、戏剧部、展览中心、书画交流中心、培训部等11个内设机构。另有秦腔艺术团、管乐团、民乐团、豫剧团、青年歌舞团、秦州小曲艺术团六个馆办团队,囊括各级各类文艺人才300余人。有天水师院美术学院和音乐学院两个"艺术实践基地"及秦州区非物质文化遗产保护协会。2011年11月,被国家文化部公布为"三级馆",2012年被评为甘肃省非物质文化遗产保护先进单位和天水市科普教育基地。

0163　中梁镇综合文化站

地　　址:秦州区中梁镇
隶属关系:中梁镇政府
人员数:6人
观众数:8600人

开展活动情况:中梁镇综合文化站在做好文化站日常开放的同时,不断把本土文化发扬光大,每年都组织春节大型文化活动,并赴区参加演出。不定期地举办篮球赛、广场舞比赛等单项活动。同时,以村为单位,组建起特色表演队伍,现已具有老年秧歌队、中青年秦腔团、妇女广场舞表演队等群众团体8支。积极配合乡政府开展科技、农艺等培训活动,在构筑和谐社会中,不断丰富群众的精神食粮。

场地面积:310平方米

文艺创作作品:无

简　　介:中梁镇综合文化站于2010年10月投入使用,总建筑面积310平方米,文化活动广场1020平方米,站内现有工作人员7名(其中,专职人员5名,站长1名),全部具备大专以上学历。文化站功能布局合理,设备齐全，由多功能厅、文化活动室、电子阅览室、老年活动室等构成了文化站的基本格局，并有科教文卫等门类齐全的图书3000余册，杂志期刊10余种。站内配备有电脑、投影仪、电视机、乒乓球桌等硬件设施。文化站在做好文化站日常开放的同时，每年都组织各种活动，并积极配合乡政府开展科技、农艺等培训活动，在社会主义新农村建设中，发挥了重要的作用。

0164 皂郊镇综合文化站

地　　址：秦州区皂郊镇
隶属关系：皂郊镇皂郊路1号人民政府
人 员 数：11人
观 众 数：2000人
开展活动情况：定期或不定期地开展春节社火表演、秦州小曲群众表演、董家坪村群众龙狮表演、群众广场舞表演、送文化下乡、电影放映、篮球比赛、拔河比赛、足球比赛、科普知识培训等丰富多彩的活动。
场地面积：310平方米
文艺创作作品：无
简　　介：皂郊镇综合文化站于2010年9月投入使用，建筑面积310平方米。现有事业编制工作人员11名，其中专职人员6名（站长1名，工作人员5名）。站内配备了1台大型LED显示屏、4台电脑、1台投影仪、1台电视机、40把多功能座椅等硬件设施，有多媒体培训室、文化活动室、图书阅览室、书画室等。为了推动我镇文化事业的发展，让基层人民群众切实享受公共文化服务，皂郊镇利用现有资源及设备，积极组织有一技之长的文化人、民间业余文化团体定期或不定期地开展春节社火表演、秦州小曲群众表演等丰富多彩的活动，同时支持、鼓励个人组建各类文化表演团体、开办培训班等，使镇文化站成为服务农村群众的综合性公共文化机构。

0165 太京镇综合文化站

地　　址：秦州区太京镇甸子村
隶属关系：太京镇人民政府
人 员 数：9人
观 众 数：1800人
开展活动情况：近年来，为了推动我镇文化事业的发展，让基层人民群众切实享受公共文化服务，本镇利用现有资源及设备，积极组织有一技之长的文化人、民间业余文化团体定期或不定期地开展春节社火表演，秦州小曲群众表演，董家磨、田家庄、甸子等6村群众龙狮表演，群众广场舞表演，送文化下乡，电影放映、篮球比赛、拔河比赛、足球比赛、科普知识培训等丰富多彩的活动。支持、鼓励个人组建各类文化表演团体、开办培训班等，使镇文化站成为集书报刊阅读、宣传教育、文艺娱乐、科普培训、信息服务、体育健身等各类文化活动于一体，服务于当地农村群众的综合性公共文化机构。

场地面积：356 平方米

文艺创作作品：无

简　　介：太京镇综合文化站位于镇政府向西500米，于2010年5月建成并投入使用，建设规模达356平方米，现有事业编制工作人员9人，其中专职人员4名（站长1名，工作人员3名）。站内配备了1套多功能播放设备、4台电脑、1台投影仪、1台电视机、40把多功能座椅等硬件设施，有多媒体培训室、文化活动室、图书阅览室、书画室、办公室等。其中图书阅览室现有图书按文化、政经、科技、少儿、生活、综合等划分为六大类，共3000余册，同时订阅关注民生、时事的报刊杂志。近年来，为了推动镇文化事业的发展，利用现有资源及设备，积极组织各类文化活动。

0166　石马坪街道文化站

地　　址：秦州区莲亭路53号

隶属关系：石马坪街道办事处

人　员　数：1人

观　众　数：2000人

开展活动情况：街道组织广大党员干部去敦煌、酒泉等爱国主义教育基地接受教育，激发党员群众对祖国、对党的无限热爱。在伏羲文化旅游节会期间，组织广大居民积极参与各种民俗文化活动展演。以建设特色文化社区、构建和谐街道为目标，坚持有钱出钱、有力出力的方式，经过精心组织，认真彩排，隆重推出"舞龙舞狮、腰鼓、旱船、花车"等民间艺术节目。在春节期间上街演出，为全市人民欢度春节增加了节日气氛，获得全区春节文化活动一等奖。通过"讲党史""唱红歌""诗朗诵"等系列活动，弘扬党的光荣传统和伟大精神，激发党员干部和广大群众的爱党情怀与工作热情。为弘扬中华优秀文化，增强全民爱国情感，街道精心组织开展了"我们的节日元宵节、清明节、端午节"主题活动。清明节期间，宣传文明祭祀，并组织干部到烈士陵园扫墓，缅怀革命先烈。端午节期间，开展诗歌朗诵、包粽子趣味比赛等。

场地面积：135 平方米

文艺创作作品：无

简　　介：石马坪街道文化站坚持把理论武装作为首要任务，积极开展社区文化活动。充分利用各种宣传媒体，加大对精品工程、典型事例和典型人物的宣传。街道残疾人服务工作、城乡居民养老保险开展工作、南一社区"流动儿童之家"、秦声学会、民俗表演团体等典型事例和典型人物在各大媒体的重要版面上给予了充分报道，提高了社会各界对基层政府工作的认可度以及关注度，在社会树新风、促和谐上起到了典范的作用。积极培育和践行社会主义核心价值观，深入开展了未成年人思想道德教育工作，充分发挥思想道德教育阵地的作用，通过有效的载体活动，让未成年人在实践活动中极大地提升道德修养。

0167 平南镇综合文化站

地　　址：秦州区平南镇王坡村
隶属关系：平南镇人民政府
人 员 数：1人
观 众 数：5000人
开展活动情况：开展全民读书活动；开展丰富多彩的节庆活动；保护弘扬文化遗产，发扬传承大柳皮影戏、邢山锁呐等富有特色的文化遗产。
场地面积：312.6平方米
文艺创作作品：无
简　　介：平南镇综合文化站位于距镇区较近、人口相对集中、交通优势明显、文化氛围浓厚的王坡村，占地面积5.7亩，包括一个2000多平方米的文化广场及建筑面积312.6平方米的综合楼，建成的综合文化站室外有篮球场、健身场、休闲区，室内120平方米的多功能活动室、培训室、投影室、阅览室、娱乐室、办公室等功能齐备、实用性强的多个功能场所。文化站制度资料齐全，运行机制良好，活动开展丰富，为群众提供了一个集休闲娱乐、体育健身、科技普及、思想教育为一体的综合性文化服务平台，为丰富农村文化生活，提升农民生活品位，促进精神文明建设，构建和谐平安平南，推动转型跨越发展做出了贡献。

0168 东关街道综合文化站

地　　址：秦州区建设路209号
隶属关系：东关街道办事处
人 员 数：1人
观 众 数：8000人
开展活动情况：2012年，参加元旦"共迎新春"庆元旦文艺演出；春节期间，街道组织舞龙、舞狮、旱船队、社火队等"迎新春"社火汇演及春节文化活动展演；3月6日举办庆"三八"居民趣味运动会；3月7日组织庆"三八"爬山比赛；4月1日至30日在辖区范围内广泛开展社区居民读书月宣传活动；5月27日庆祝"计生协会成立31周年"文艺汇演。
场地面积：53.94平方米
文艺创作作品：无
简　　介：文化站自成立来，从业人员及站长共1人，建筑面积64.86平方米，活动场地53.94平方米。2012全年活动开展共支出资金1万元，无收入资金。文化站组织了丰富多彩的文化活动，主要有元旦"共迎新春"庆元旦文艺演出；春节期间，街道组织文化活动展演；3月6日庆"三八"居民趣味运动会；3月7日庆"三八"爬山比赛；在第41个世界环境日来临之际，积极响应区上的活动主题"共建绿色文明·倡导低碳消费"，5月30日在居民群众中进行了宣传，通过这次宣传活动，普及了环保知识，弘扬了环境文化，提高了居民群众环境素养和环保意识；8月3日，举办了廉政文化进社区"书画手工艺品展"活动；8月24日"弘扬正能量"文艺汇演；9月26日迎国庆"联社联户·为民富民"趣味运动会；11月7日下午在十方堂社区举办了"喜迎十八大书画进社区"活动。全年共开展活动有38次之多，观众人数有3000多人。街道文化站下设有忠武巷社区老年合唱团、"尚义"文化艺术团两个团队。

0169 西关街道综合文化站

地　　址：秦州区解放路厚生巷
隶属关系：西关街道办事处
人　员　数：1人
观　众　数：550人
开展活动情况：精心组织了各种文化活动，满足群众多样化、多层次的文化需求。同时，组建了老人演唱队、舞蹈队、秧歌队、武术队、篮球队等民间文娱文体队伍，除了日常参加市、区等各种活动外，还经常在本地区巡回演出，不断丰富群众的文化生活。
场地面积：200平方米
文艺创作作品：无
简　　介：根据市、区对街道文化站的要求，西关街道党工委高度重视文化站的建设，依托文化站在辖区六个社区设置棋牌室、培训室、书报阅览室、科普活动室、综合展室、活动健身室、多功能厅等"六室一厅"文化娱乐场地，同时在华天家园建有灯光篮球场。几年来，文化站从小到大，坚持面向群众，精心组织了各种文化活动，正确引导和满足群众多样化、多层次的文化需求。文化站还抓好各社区文化室的建设，采取各种形式开展社区文化，配合党在各时期的中心任务，进行科学、文明的宣传活动，大力传播社会主义精神文明和科学文化知识，群众文明素质得以提高，使文化站成为本地区政治思想的教育阵地、精神文明的活动基地、文化生活的娱乐天地。

0170 中城街道综合文化站

地　　址：秦州区绿色市场广源综合办公楼
隶属关系：中城街道办事处
人　员　数：1人
观　众　数：480人
开展活动情况：2013年，在春节文化活动中，组织开展了民俗民间艺术表演，组织了舞龙2条、舞狮2架、彩车3辆、秧歌、旱船、毛驴等多个设计新颖、造型独特的节目，得到了群众的一贯好评；端午节期间，组织街道社区干部职工举行了包粽子活动，活动现场热情高涨，增添了节日的浓厚氛围；组织街道社区干部、部分辖区居民参加了20~69岁人群体育健身活动和体质状况抽查体检活动；为庆祝第九个民族团结进步宣传月，在玉泉观广场举行了一台纳凉晚会，给居民群众献上了一份文化大餐，18个演出节目让群众流连忘返；对辖区内的文化产业进行摸底上报。
场地面积：630平方米
文艺创作作品：无
简　　介：文化站以街道社区阵地为依托，积极开展各种文体活动，深受广大居民欢迎。

0171 七里墩街道文化站

地　　址：秦州区长开路污水处理厂综合楼
隶属关系：七里墩街道办事处
人　员　数：1人
观　众　数：600人
开展活动情况：春节期间开展文体活动；"三八"妇女节组织街道社区妇女干部参加区妇联组织的爬山活动；举办了"践行党的群众路线、弘扬社会主义核心价值观"为主题的干部群众文艺演出活动。
场地面积：800平方米

文艺创作作品：无

简　　介：在街道党工委、办事处分管领导的正确领导下，文化站认真贯彻落实党的十八大和十八届三中全会精神，坚持党的群众路线，弘扬社会主义核心价值观，认真执行厉行节约反对浪费的规定，以节俭组织各种活动，以群众唱主角、突出民俗性为内容，丰富和活跃了广大居民群众节日文化生活，营造了平安和谐的浓厚文化氛围，开展了一系列结合实际的文体活动，较好地完成了各项工作任务，受到了广大居民群众的喜爱和好评。文化站2013年组织了舞龙、舞狮、旱船、秧歌方队、腰鼓等民俗节目以及辖区单位制作精美的5辆宣传彩车，在正月初九、十二上街进行表演，同时还在辖区单位进行了大拜年活动；"三八"妇女节组织街道社区妇女干部参加爬山活动，使干部既锻炼了身体，又陶冶了情操；4月30日下午，七里墩街道办事处在天河广场举办了以"践行党的群众路线、弘扬社会主义核心价值观"为主题的干部群众文艺演出活动；市场普查登记为全面盘清文化资源"家底"，为文化大省建设奠定基础，为文化资源普查和分类分级评估工作建立《甘肃省文化资源名录》和《甘肃省文化资源分类分级名录》，对辖区涉及目录在内的历史文化、摄影、新闻出版、文化艺术机构和团体及广播影视、文化产业等项目进行普查。

0172　关子镇综合文化站

地　　址：秦州区关子镇

人　员　数：5人

隶属关系：关子镇人民政府

观　众　数：6000人

开展活动情况：镇文化站利用现有的资源和设备，积极组织开展了全镇春节文艺汇演和南山9村社火汇演等大型文化活动2次，组织了新春秦腔汇演及业余象棋比赛等单项文体活动2次，同时支持鼓励文艺爱好者组建文艺表演团体，并举办各类培训班。

场地面积：346平方米

简　　介：关子镇综合文化站始建于2009年，建筑面积346平方米，有多功能厅、电子阅览室、文体活动室、图书展览室、办公室等。站内配备了4台电脑、1台投影仪、1台电视机、50把多功能座椅。电子阅览室藏书2400册，并订阅了相关报刊、杂志。现有工作人员4名，其中站长1名，文化专干3名。文化站成为集宣传教育、文艺娱乐、科普培训、体育健身等各类文化活动于一体，服务广大群众的综合性公共文化机构。

0173　娘娘坝镇综合文化站

地　　址：秦州区娘娘坝镇娘娘村

人　员　数：12人

隶属关系：娘娘坝镇人民政府

观　众　数：3600人

开展活动情况：娘娘坝黑社火艺术团参加了2011年甘肃省政府举办的伏羲文化节的专场演出，山里红艺术团于2012年赴陕西铜川参加了关中—天水文化交流活动，他们的精彩演艺被天水电视台、天水在线多次报道。

场地面积：302平方米

简　　介：娘娘坝镇综合文化站投资40万元于2011年10月建成，建有图书阅览室、文体活动室、办公室、多功能厅等，总计建筑面积302平方米。各室、厅分别配备有电视、音响、电脑、DVD、投影仪、图书、报刊、杂志等，设施完备，信息通畅。站里现有专职服务人员7名，其中站长1名，副站长1名，专业技术人员5名，均具有大学以上学历。他们团结向上、爱岗敬业、工作勤勉，深受群众的信赖和好评，是一支合格的工作服务队伍。文化站面向全镇28村近3万群众开展相关文化政策的宣传和落实，开展科技、文化、法律法规等的讲解和培训，开展大型的综合文化活动和单项的体育竞技活动。文化站现培养有娘娘坝黑社火艺术团、山里红艺术团、聚粹女子民俗艺术团、新生活广场舞蹈队等多家艺术团体。

0174 牡丹镇综合文化站

地　　址：秦州区牡丹镇
隶属关系：牡丹镇人民政府
人员数：13人
观众数：3600人
开展活动情况：2013年，组织辛家沟村鞭杆舞展评大型文化活动一次，邀请5家报社、媒体、电台参加活动。在条件较为方便的村组织了4次小型文化活动，春节期间本镇21个村组织以社火、秧歌、鞭杆舞等为主的文化活动，极大丰富了人民群众的文化生活。
场地面积：320平方米
文艺创作作品：无
简　　介：牡丹镇综合文化站位于牡丹镇牡丹村中心，坐落于东南方向，于2010年建成，建筑面积320平方米，活动场地510平方米。

文化站现有人员13名，其中站长1名（副科级），广播员1名，文化专干11名。在区文化广播影视新闻出版局的大力帮助下，镇政府的大力支持下，组织大量文化活动，极大丰富了人民群众的文化生活。今后，文化站将利用多种形式，采取灵活多样的方式，适时组织文化活动，为镇的经济建设起到一定的相助作用。

0175 杨家寺乡综合文化站

地　　址：秦州区杨家寺乡杨家寺村
隶属关系：杨家寺乡人民政府
人员数：3人
观众数：3000人
开展活动情况：乡党委、政府以乡综合文化站为中心，大力建设村级文化阵地，截至目前，全乡新建"农家书屋"13个、村级文化体育广场2个。同时，依托乡综合文化站，组织开展新社火汇演、中学生文艺调演、民俗作品展等活动，极大地丰富了乡干部及广大群众的精神生活。由于乡镇工作的特殊性，乡综合文化站图书室及文体活动室采取不定期开放的形式，并开展各类文体和科技培训60多场次，有效发挥了乡综合文化站的作用。
场地面积：438平方米
文艺创作作品：无
简　　介：杨家寺乡综合文化站于2006年7月开工建设，次年7月竣工投入使用，为二层结构楼房设计，建筑面积438平方米，硬化1000平方米文化体育广场，改造文化舞台1座，设置篮球场1个，总投资59.6万元。综合文化站内设图书室、阅览室、音像室、多功能室、综合展览室、文体活动室、办公室，购置了书架、培训桌、阅览椅、象棋、篮球、乒乓球等文化体育器材，图书室藏书量达3000册，价值6.8万余元。乡综合文化站建成后，先后制订了乡综合文化站管理办法、图书室管理制度、杨家寺乡群众文体娱乐活动办法等8项制度，做到了制度上墙公布。乡党委、政府以乡综合文化站为中心，大力建设村级文化阵地。

0176 汪川镇综合文化站

地　　址：秦州区汪川镇汪川村

隶属关系：汪川镇人民政府

人 员 数：6人

观 众 数：6000人

开展活动情况：积极组织有一技之长的文化人、民间业余文化团体定期或不定期地开展春节社火表演、篮球比赛、书画展、科普知识培训等丰富多彩的活动。同时支持、鼓励个人组建各类文化表演团体、开办培训班等。

场地面积：310平方米

文艺创作作品：无

简　　介：汪川镇综合文化站位于汪川镇政府后院，面向南方，建设于2009年，为2层砖混结构业务用房，建筑面积310平方米。镇文化站现有事业编制工作人员6名，其中，站长1名，工作人员5名。站内配备了1台大型LED显示屏、4台电脑、1台投影仪、1台电视机等硬件设施，有文化活动室、图书阅览室、书画室等。其中图书阅览室现有图书按文化、政经、科技、少儿、生活、综合等划分为六大类，共3000多册，同时订阅关注民生、时事的报刊杂志。近年来，为了推动汪川镇文化事业的发展，让基层人民群众切实享受公共文化服务，镇文化站利用现有资源及设备，积极组织丰富多彩的活动。2011年成立了天水市牡丹书画院汪川分院，使镇文化站成为集书报刊阅读、宣传教育、文艺娱乐、科普培训、信息服务、体育健身等各类文化活动于一体，服务于当地农村群众的综合性公共文化机构。

0177 大门镇综合文化站

地　　址：秦州区大门镇

隶属关系：大门镇人民政府

人 员 数：2人

观 众 数：3000人

开展活动情况：积极鼓励支持有一技之长的文化人成立了各种文化活动队伍。充分利用节假日和农闲时间，定期或不定期地开展篮球比赛、拔河比赛、象棋比赛、科普知识培训等活动。

场地面积：480平方米

文艺创作作品：无

简　　介：大门镇综合文化站于2010年9

月投入使用，建筑面积480平方米。现有事业编制工作人员2名（站长1名，工作人员1名）。站内配备了1台大型LED显示屏、4台电脑、1台投影仪、1台电视机、40把多功能座椅等硬件设施，有多媒体培训室、文化活动室、图书阅览室、书画室等。室外有文化广场，占地面积800多平方米，并配健身器材。图书阅览室现有图书按文化、政经、科技、少儿、生活、综合等划分为六大类，共2406册。近年来，综合文化站充分发挥自身优势，利用现有资源设备，积极开展广大群众参与的各类文体活动。让基层群众切实享受公共文化服务。

0178 秦岭镇综合文化站

地　　址：秦州区秦岭镇中心村
隶属关系：秦岭镇人民政府
人 员 数：4人
观 众 数：2000人

开展活动情况：近年来，秦岭镇综合文化站充分发挥自身优势，积极开展阵地宣传，鼓励广大群众参与各类文化体育活动。文化站还建立健全了各类文化队伍组织机构，不定期的进行表演和参演市、区庆典活动。斜坡鞭秆舞表演团队16～60余人，自2005年起，斜坡鞭秆舞在全镇大力推广，春节期间在全乡进行了轮演，每年在伏羲文化旅游节与元宵节在天水伏羲广场与天水龙城广场进行汇演，斜坡鞭秆舞2006年荣获中国伏羲文化旅游节优秀节目表演奖，2009年斜坡鞭秆舞在北京帝王庙等地方进行演出，并多次进市、进区、进乡、进村进行表演，取得了显著成效。

场地面积：619.77平方米
文艺创作作品：无

简　　介：秦岭镇综合文化站建立于秦岭镇中心村，坐落于秦岭镇分水阁，是一所集体育健身、文化娱乐、经济贸易为一体的多功能场所，占地总面积6.6亩。其中文化广场建设为三个主体工程项目：一是分水阁文艺舞台，建筑面积202平方米；二是秦岭镇综合文化站，建筑面积619.77平方米，文化站办公楼内设图书室、阅览室、乒乓球室、电视音乐室、农家书屋、科技培训室等；三是秦岭镇文化广场，占地3.6亩。文化广场已全面完成硬化工程，建成一条长35米的体育健身走廊，配套健身器材、篮球架、羽毛球场地一处，文化广场的建成使3个行政村539户、2426人直接受益。文化站作为全镇文化娱乐、体育健身及农产品交易的主阵地，进一步丰富了全镇人民的文化生活，促进了全乡的商贸流通，带动了全镇的经济发展。

0179 天水镇综合文化站

地　　址：秦州区天水镇
隶属关系：天水镇政府
人 员 数：4人
观 众 数：3000人

开展活动情况：利用现有资源及设备，积极

组织有一技之长的个人、民间业余文化团体定期或不定期地开展多种具有地方特色的文化演出，举办多起各类体育比赛，并每年邀请老年书画协会文化下乡，组织电影放映，让人民群众享受到丰富多彩的文化娱乐活动。

场地面积：450 平方米

文艺创作作品：无

简　　介：天水镇综合文化站于 2010 年 5 月投入使用，呈南北朝向，建筑面积 450 平方米。现有专职人员 4 名（站长 1 名，工作人员 3 名）。站内配备了 4 台电脑、1 台投影仪、1 台电视机、40 把多功能座椅等硬件设施，有多功能活动厅、多媒体培训室、文化活动室、图书阅览室、办公室等。其中图书阅览室有图书共 8500 册，分为文化、政经、科技、少儿、生活、综合等六大类，订阅多种报刊杂志。

0180　齐寿乡综合文化站

地　　址：秦州区齐寿乡廖集村

隶属关系：齐寿乡人民政府

人 员 数：8 人

观 众 数：3000 人

开展活动情况：在重大节日期间开展文化体育活动，定期举办党的方针政策、法律知识、农业科技知识、卫生保健知识等宣传讲座。

场地面积：320 平方米

文艺创作作品：无

简　　介：齐寿乡综合文化站建成于 2009 年 9 月，地处齐寿乡人口相对集中、文化氛围浓厚的廖集村，建筑面积约 320 平方米，活动场地 400 多平方米。文化站内设多功能厅、办公室、文化活动室、图书阅览室、站长室。文化站共有专职工作人员 8 名，其中站长 1 名，其他工作人员 7 名。

（十六）天水市麦积区

0181 麦积区图书馆

地　　址：麦积区前进南路 7 号
隶属关系：麦积区文化广播影视局
人 员 数：15 人
观 众 数：10050 人
开展活动情况：每年春节、"世界读书日"和"六一"儿童节、暑期都组织群众广泛参与读者活动。
场地面积：2247 平方米
文艺创作作品：无
简　　介：麦积区图书馆成立于 1979 年 3 月，馆舍面积 2247 平方米，现有藏书 14.04 万册（件），正式职工 15 人，设有采编室、业务辅导部、借书处、电子阅览室、未成年人阅览室、古籍阅览室、地方文献阅览室、"共享工程"支中心、政府大楼文献信息室分馆等 13 个服务部门。各服务窗口全天候为读者服务，年均总流通达 26 万人次。

0182 麦积区文化馆

地　　址：麦积区前进南路 7 号
隶属关系：麦积区文化广播影视局
人 员 数：16 人
观 众 数：2 万人
开展活动情况：每年举办各项书画展览数次；暑期开展免费声乐、书法、国画培训班两期；送文化下乡活动 6 余次。
场地面积：2347 平方米
文艺创作作品：无
简　　介：麦积区文化馆创建于 1956 年，原名天水县文化馆，1985 年更名为北道区文化馆。馆舍面积 2347 平方米，设有美工组、摄影组、文艺组、非物质文化遗产保护组、文艺指导中心、书画交流中心、办公室等 7 个部门。在设施改善、群众文化活动开展、文艺创作、非物质文化遗产保护、文化产业的发展以及干部队伍建设等方面取得了可喜的成绩，先后荣获国家"三级文化馆"、市级"文明单位"和"模范职工之家"等称号。几十年来，麦积区文化馆坚持拓展服务功能，在举办多形式、多层次、各具特色、丰富多彩的群众文化活动上做文章，做到了"逢节有大活动"。

0183 麦积区博物馆

地　　址：麦积区前进南路 7 号
隶属关系：麦积区文化广播影视局
人 员 数：16 人
观 众 数：11.3 万人
开展活动情况：文物精品展展览，免费向群众开放，开展交流学习活动。
场地面积：1528 平方米
文艺创作作品：无
简　　介：麦积区博物馆属综合性历史文物收藏国有博物馆，2002 年正式成立。馆舍面积 1528 平方米，主要由文物精品展厅、文物库房及龙园三部分组成。现有馆藏文物 15 类、5005 件，其中珍贵文物 157 件。2001 年被确定为全区青少年爱国主义教育基地，2008 年被列为全省博物馆免费开放试点馆。近年来，区博物馆认真贯彻"保护为主，抢救第一"的方针，多方筹资，改建文物库房，购置、安装先进的安防设施设备，改善了馆藏文物保管条件。抢抓博物馆和龙园免费开放的历史机遇，精心筹办文物精品展，让麦积人民群众享受到改革发展的文化成果，博物馆免费开放工作受到了省、市文化文物主管部门的充分肯定，省内 11 家兄弟县区博物馆前来交流学习。

0184 东岔镇综合文化站

地　　址：麦积区东岔镇码兴村
隶属关系：东岔镇人民政府
人 员 数：5 人
观 众 数：2000 人
开展活动情况：文化站建成以来，成功举办了东岔镇群众首届文化艺术节、东岔镇第一届农民运动会。每年举行东岔镇庆"三八"、庆"七一"文艺演出、庆"十一"书画展和综合性运动会，参加东路四乡镇篮球比赛及全区农民秦腔大赛等活动。每年开展文化"三下乡"活动，并积极参与和承办了由省禁毒办牵头，省教育厅、林业厅、团省委组织开展的走进林区大型《禁毒法》宣传文艺演出和小陇山林业实验局庆祝建局 50 周年基层慰问文艺演出等大型活动，累计观看演出和参加比赛的群众达 5000 多人（次），极大的丰富了群众文化生活。
场地面积：398 平方米
文艺创作作品：无
简　　介：综合文化站地处镇政府所在地码头村，群众居住较为集中，交通便利，占地 1200 平方米，建筑面积 398 平方米。文化站内设多功能厅、图书阅览室、文化活动室、展览室及信息共享室，外设篮球场和乒乓球案。内部配备有电脑、投影仪、卫星接收机、电视、音响等多媒体设备和图书、书架、阅览桌椅及必要的办公设备。文化站现在编人员6名，配备副科级站长1名，文化专职干部5名。

0185 甘泉镇综合文化站

地　　址：麦积区甘泉镇玉兰村

隶属关系：甘泉镇人民政府

人 员 数：3人

观 众 数：1800人

开展活动情况：每年开展大型文艺活动3次，体育活动6次。

场地面积：200平方米

文艺创作作品：新编地方折子戏。

简　　介：甘泉镇综合文化站新建于2009年，为一幢独立框架砖混结构建筑，位于镇政府北侧，双玉兰堂东面玉兰村。综合文化站设专职文化站站长1名，专职工作人员2名，经上级部门业务培训，有较强的工作能力和文化工作经验，文化站的队伍建设更好地保障了综合文化站的正常运行和各种文化活动的开展。

0186 渭南镇综合文化站

地　　址：麦积区渭南镇西村1号

隶属关系：渭南镇人民政府

人 员 数：7人

观 众 数：4330人

开展活动情况：坚持以文化活动为载体，积极组织文艺演出、书画展览、慰问演出等活动。宣传推介"渭南""卦台山"等文化品牌，并且为广大群众，特别是留守儿童、妇女和孤寡老人送去精神食粮，充分发挥文化站文化宣传、维护社会稳定和满足群众文化精神需求的基本职能。

场地面积：336平方米

文艺创作作品：无

简　　介：渭南镇综合文化站坐落于渭南镇渭西村政府院内，2009年9月建成。文化站现有站长1名，配专职人员8名，负责指导全镇40个行政村农家书屋运行和各项文化工作。近年来，共计挖掘在舞蹈、武术、秦腔和绘画方面表现突出的文化艺术人才53名，共登记7个农村舞蹈团体、5个秦腔艺术爱好者团队和1个书画协会，并在此基础上注重重点挖掘培养艺术人才，努力为他们打造良好的文化艺术成长"土壤"。

0187 三岔乡文化站

地　　址：麦积区三岔乡吴砦村

隶属关系：三岔乡人民政府

人 员 数：5人

观 众 数：3500人

开展活动情况：文化站结合当地村民群众的实际需求开展了一系列文化服务活动，每年举办综合性大型活动4次以上，举办单项性活动及各类讲座、培训10多场次。

场地面积：300平方米

文艺创作作品：无

简　　介：三岔乡文化站始建于2010年，坐落于三岔乡吴砦村，总投资40万元，其中项目配套资金28万元，自筹12万元。文化站建筑面积300平方米，设有办公室、图书室、电子阅览室、文体活动室、书法绘画室、棋牌娱乐室和多功能厅等。目前，乡文化站各功能科室全天候开放，基本能够满足辖区群众文化活动需求。文化站设有站长1名（副科级），专职工作人员4名，广播员

1名。村文化站点农家书屋17处，图书管理员17人。

0188 社棠镇综合文化站

地　　址：麦积区社棠镇社棠路下曲村
隶属关系：社棠镇人民政府
人 员 数：8人
观 众 数：4500人
开展活动情况：文化站注重以文艺活动促繁荣的理念，常年举办"送文化进村进社区"活动，年组织综合性大型文化活动4～6次、单项性文体活动8～14次。利用节庆等传统节日举办春节社火、庆"三八"、迎"五一"、庆"六一"、迎"国庆"等文艺庆演，多次举办文艺活动及书画展，被天水在线、麦积在线及政府网站上多次报道。
场地面积：440平方米
文艺创作作品：无
简　　介：社棠镇综合文化站位于镇政府西6000米处的下曲村，占地面积1054平方米，建筑面积440平方米，相邻20米建有文化大院，面积2000平方米，并配备健身设施及舞台。文化站配备专职人员4名、专职副科级文化站长1名，列入正式事业编制，站长和工作人员事业心强，有较强的专业能力和组织管理能力，并按时、按要求参加上级各项业务培训。文化站功能设置有74.2平方米图书阅览室、99.68平方米多功能厅、73.82平方米文体活动室、38平方米办公室。

文化站对公众免费开放提供服务，主要有报刊阅览、图书借阅、共享工程电子阅览、展览、培训、老年活动等。举办科普、法制、农业知识讲座，利用共享工程开展信息服务。积极宣传国家文物保护法规、方针、政策，配合相关部门做好镇文物保护工作。认真做好文化市场管理、监督工作，加强对农家书屋的管理和对专职人员的培训。

0189 马跑泉镇综合文化站

地　　址：麦积区马跑泉镇什字坪村对面
隶属关系：马跑泉镇人民政府
人 员 数：5人
观 众 数：1200人
开展活动情况：利用农闲时间举行庆"国庆"农民书画展、春节秦腔演出、正月十五社火文化汇演等各种文化艺术手段进行党的方针、政策、法律、法规以及爱国主义、集体主义和社会主义等有关方面的宣传教育；组织老年人晨练、跳健身操，来增强老年人的体质。
场地面积：300平方米
文艺创作作品：无

简　　介：马跑泉镇综合文化站成立于1975年，新文化站建于2011年，位于麦贾公路东侧，什字坪村对面。站舍面积300平方米，站内设多功能活动室、图书阅览室、办公室等。共有专兼职人员5人，其中1名为副科级干部，制订了一系列的工作职责、管理制度和服务制度等。在各村建立村级文化活动室、农家书屋，组织各村农家书屋图书管理员、信息员开展培训活动，推进各村文体事业健康发展。在全镇有线电视未开通的行政村实施广播电视户户通、村村通工程。工程建设开展以来，镇党委、镇政府高度重视，精心组织，加大宣传力度，让"户户通"这项惠民工程更广泛的惠及到家家户户，让全镇有条件的群众尽可能享受这一项惠民政策。

0190　新阳镇综合文化站

地　　址：麦积区新阳镇温集村

隶属关系：新阳镇人民政府

人　员　数：10人

观　众　数：1700人

开展活动情况：文化站每年专题讨论文化工作4次以上，并列入镇年度工作计划。建立了完整的文化站档案，开展书画展、健身舞蹈、文化庙会、闹元宵等特色文化服务活动。

场地面积：380平方米

文艺创作作品：快板《联村联户到我家》，眉户剧《路线教育开新花》。

简　　介：新阳镇综合文化站在区委、区政府的关心支持下，投资28万元，于2007年修建完工，地处新阳镇加油站旁边，使用面积380平方米，室外活动场地面积500平方米，现有文化专干10人。文化站内有图书阅览室、多功能厅、辅导培训室，外有宣传橱窗、板报栏。镇党委、政府十分重视镇文化站工作，列入镇年度工作计划，建立了完整的文化站档案，每年专题讨论文化工作4次以上。

0191　琥珀乡综合文化站

地　　址：麦积区琥珀乡罗家村

隶属关系：琥珀乡人民政府

人　员　数：6人

观　众　数：3900人

开展活动情况：综合文化站有业余文艺团队2支，其人员大部分由罗家村和马家坡村村民组成，乡上专门请专业艺术人员精心指导，每逢节假日都在乡巡回演出，极大地丰富了我乡群众的文化生活。

场地面积：318平方米

文艺创作作品：无

简　　介：综合文化站位于乡政府所在地罗家村，占地面积450平方米，总建筑面积318平方米。工程建设总投资31万元，其中，中央预算内投资24万元，地方配套资金7

万元。工程建设于 2010 年 2 月 28 日开工建设，2010 年 5 月 28 日竣工并交付使用。乡综合文化站为两层小楼，内设有多功能厅 1 间，面积为 96 平方米；图书阅览室 1 间，面积为 20 平方米；文化活动室 1 间，面积为 96 平方米；办公室 1 间，面积为 20 平方米；其他面积 86 平方米。文化站正前方为文化活动广场，面积为 8000 平方米，为群众跳舞、健身提供了方便。综合文化站设备配置有阅览桌、阅览椅、报架、文件柜、绘画书写案、调音台、专业功率放大器、音箱、专业话筒、高杆话筒架、终端计算机 4 台、电脑服务器 1 台、激光打印机 1 台，这些设备的配备，极大地提升了乡镇综合文化站的服务功能，尤其对舞蹈、歌唱等节目有很大的帮助。

0192 中滩镇文化站

地　　址：麦积区中滩镇雷王街
隶属关系：中滩镇人民政府
人　员　数：5 人
观　众　数：1100 人
开展活动情况：该站成立了两个民间文化社团（主要从事秦腔演出），组建了以文化爱好者自愿组成的两个民间书画院。文化站以此为骨干，开展了多种形式的文化活动。
场地面积：300 平方米
文艺创作作品：无
简　　介：中滩镇文化站位于中滩镇院内，建筑面积 300 平方米。建成后的文化站综合大楼是办公、对外服务、电子阅览室、文化活动室、远程文化服务为一体的综合性大楼。近年来，随着镇经济的快速发展，人民群众对文化的需求越来越大，文化站抓住发展的时机，成立了 2 个民间文化社团（主要从事秦腔演出），组建了以文化爱好者自愿组成的 2 个民间书画院。文化站以此为骨干，开展了多种形式的文化活动。

0193 花牛镇综合文化站

地　　址：麦积区花牛镇二十里街 9 号
隶属关系：花牛镇人民政府
人　员　数：10 人
观　众　数：1200 人
开展活动情况：正月初十，组织干部职工开展篮球、乒乓球、象棋等比赛，丰富了干部职工的文化生活；正月十三组织辖区内的十一支社火队赴麦积城区参加春节社火汇演；在"七一"建党节来临之际，邀请麦积区羲皇书画院画家赴镇进行了书画艺术交流；完成第三届麦积区秦腔大赛第五场分赛及全区总决赛，荣获优秀组织奖；邀请辖区各村书画爱好者来文化站进行书画写作和艺术交流，展示书画作品；组织辖区内秦腔娱乐班、广场舞艺术团、秧歌舞等艺术团体开展丰富多彩的文化娱乐活动；积极组织开展妇女创业、果园管理、农业科技知识讲座等培训活动；充分发挥农家书屋及村级文化活动室，引导广大群众开展积极向上的群众活动。
场地面积：310.90 平方米
文艺创作作品：无
简　　介：花牛镇综合文化站位于羲皇大道中段以南，花牛镇甘铺村中心区，与镇政府毗邻，总投资 30 万元，总建筑面积 310.90 平方米，内设多功能厅、图书阅览室、文化活动室和办公室，2010 年 5 月竣工并投入使用。文化站现有人员12名，专职副科级站长1名。文化站的投影仪、电视机、卫星接收设备、音响、调音台、多功能操作平台等电子设备全部投入使用。乒乓球、篮球、羽毛球、象棋等器材充足，方便群众开展活动。文化站加强文物保护工作，做好镇文物的保护、发现、检查、监督、管理工作。文化站的建成为进一步丰富全镇文化生活提供了有力保障，为推进花牛镇社会主义新农村建设起到了积极的助推作用。

0194 党川乡综合文化站

地　　址：麦积区党川乡党川村

隶属关系：党川乡人民政府

人 员 数：3人

观 众 数：1350人

开展活动情况：每年都举办公益性培训，指导村文化室工作，并下村辅导文艺团体。

场地面积：430平方米

文艺创作作品：无

简　　介：党川乡综合文化站位于党川村，总面积为430平方米，内设图书阅览室、多功能室、文体活动室、电子阅览室、老年活动室、青少年活动室等文化活动厅室，配有音响设备1套、共享工程基层服务点设施设备1套、电脑4台、摄影仪1台、书柜4个、藏书和音像制品1000余册。建设文化健身活动广场1处，占地面积11亩。目前综合文化站有专职工作人员3人，其中在册在编

3人，配备副科级站长1名。文化站开展图书借阅、数字化服务、重视民间文化保护和宣传、指导管理农家书屋等常规工作。

0195 麦积镇综合文化站

地　　址：麦积区麦积镇贾河村

隶属关系：麦积镇人民政府

人 员 数：7人

观 众 数：2000人

开展活动情况：为了丰富群众文化生活，镇上利用文化站和文化广场现有条件，积极开展形式多样的技术培训和文化体育活动。

场地面积：341平方米

文艺创作作品：无

简　　介：麦积镇综合文化站位于麦积镇贾河村，地处麦积山风景名胜区交龙寺脚下。该项目为2009年省文化厅乡镇文化站建设项目，项目总投资28万元，于2009年10月建设投入使用。文化站综合楼二层8间、341平方米，并硬化及彩砖铺设嘉龙文化广场800平方米，设置中心花坛，周围建成小型花园，配置篮球场、健身器材等。文化站所属的农家书屋有图书1500多册，各种期刊25种、报刊5种、电子影响制品100余册、光盘60多张。文化站设有娱乐活动室、书画活动室、多功能厅（配套全国文化信息共享平台电脑4台、投影仪1台、幕布1副、电视1台、调音设备1套）。

0196 五龙乡综合文化站

地　　址：麦积区五龙乡凌温村
隶属关系：五龙乡人民政府
人　员　数：4 人
观　众　数：3600 人
开展活动情况：2011 年和 2012 年成功举办了五龙乡第一和第二届文化艺术节。2013 年举办庆"三八"、庆"六一"等专题文艺庆祝演出，6 月举办了五龙乡运动会。
场地面积：200 平方米
文艺创作作品：无
简　　介：五龙乡综合文化站于 2011 年 1 月底建成并投入使用，西与乡政府接邻，东与乡卫生院接邻，占地面积 800 平方米，室内面积 200 平方米，配套投入 30 余万元。文化站软硬件设施配备齐全，各种文化活动都已开展。该站为副科级事业单位，配备副科级站长 1 名，工作人员 3 名。文化站图书室和报刊阅览室占地面积 60 平方米，藏有图书 5000 册，并有近 30 种报刊供阅读；展览室占地面积 40 平方米，内设展台等配套设施；另外还设有篮球场、农民夜校、文化信息资源共享工程中心。文化站阵地免费开放活动项目 11 个，主要有报刊阅览、图书借阅、展览、培训、排练等，日接待读者和体育爱好者 30 余人次。文化站注重以文艺活动促繁荣的理念，常年举办"送文化下乡"活动。该站规章制度、档案资料齐全，运行机制良好，开展活动正常，为群众提供了一个集休闲娱乐、信息传递、科技普及、思想教育为一体的综合性文化服务平台。

0197 伯阳镇综合文化站

地　　址：麦积区伯阳镇伯阳街 1 号
隶属关系：伯阳镇人民政府
人　员　数：5 人
观　众　数：6300 人
开展活动情况：组织指导伯阳春晚、元宵晚会、社火队及秧歌队表演；"五一"劳动节、"七一"建党节、国庆节等节日开展书画展览、秧歌表演、体育项目比赛等活动；每月举办一期的农技、法律、生殖保健等方面的培训。
场地面积：300 平方米
文艺创作作品：无
简　　介：伯阳镇综合文化站位于伯阳镇政府西 900 米处，是镇政治、经济、文化、商业的中心地带。文化站成立以来，注重加强文化队伍建设，加大对优秀文化人才的吸纳、培养力度。目前伯阳镇成立了伯阳秦剧团、石门村秦腔自乐班、九亩园秦腔演出团体 3 个秦腔团队，成立了 1 个伯阳秧歌表演队，成立了伯阳、兴仁、复兴、虎头 4 个社火队，组织了伯阳镇联谊会，同时，下一步要做的一项工作是组织书画爱好者、象棋爱好者成立兴趣小组。

0198 利桥镇文化站

地　　址：麦积区利桥镇
隶属关系：利桥镇人民政府
人 员 数：3人
观 众 数：3000人
开展活动情况：全镇共8个文化信息工程基层服务站点，设备齐全，各村都能认真开展日常工作，积极通过投影仪等设备开展电影放映、政策宣传、农业技术推广、科学技术普及等工作。
场地面积：477平方米
文艺创作作品：无
简　　介：利桥镇新建477平方米的综合文化站，为三层框架结构，设置有多功能室、报刊书籍阅览室、健身房等功能室，外建有文化活动广场，健身器材基本齐备，该广场成为广大群众健身、娱乐、休闲的活动阵地，镇文化站配备管理人员3名。文化站充分发挥文化引领作用，开展了法律、科技、文化讲座活动，送电影、送书、送戏下村活动，举办书写春联、信息咨询、技能培训等活动，把送文化与群众的自娱自乐结合起，充分调动群众参与文化活动的积极性，不断满足了群众日益增长的文化需求，实现了公共文化服务的全面提升。

0199 元龙镇文化站

地　　址：麦积区元龙镇
隶属关系：元龙镇人民政府
人 员 数：4人
观 众 数：8000人
开展活动情况：在元旦、春节、元宵节期间举办大型文艺活动，全年组织民间文艺活动不少于10次。文化活动中心、村文化大院坚持免费开放。
场地面积：600平方米
文艺创作作品：无
简　　介：元龙镇文化站现建在政府前广场东侧，南距陇海线60米，北与卫生院和上崖村相接，与元龙综合市场、元龙健身广场、元龙机关区构成独具特色的元龙城镇一体化格局，并为元龙小城镇建设增加新的亮点。文化站占地2亩，建筑面积600平方米，总投资52.5万元。文化站一楼设办公室、多功能厅；二楼设图书室、阅览室、文化活动室，同时配置桌椅40余套，电教设备2套，电脑5台，图书架9套。文化站设有站长1名，副科级待遇，文化专干4名。文化站的建设为建设社会主义新农村，构建农村和谐社会，繁荣社会主义先进文化提供一个活动平台，必将促进元龙镇经济社会全面、协调、可持续发展。

（十七）天水市清水县

0200 清水县文化馆

地　　址：清水县永清镇红崖路教体大楼南侧
隶属关系：清水县文化广播影视局
人　员　数：15人
观　众　数：4000人
开展活动情况：近年来，文化馆围绕县委、政府中心工作，组织各类文化艺术活动，辅导培训群众文艺队伍，挖掘整理和保护非物质文化遗产活动。其中较有影响的馆办群众文化活动和广场文化活动、节会大型演出、舞蹈大赛、青年歌手大奖赛、各类晚会、书画摄影展览、民俗手工艺展览有了新的突破与提高，活动每年达40多场次。挖掘整理非物质文化遗产保护项目36项，其中《清水道教音乐》已被列入国家级非物质文化遗产保护项目。
场地面积：553平方米
文艺创作作品：创作的快板作品《生一个好》获省级一等奖，论文《非物质文化遗产在轩辕文化研究中的作用》获省级三等奖，苏颖国画获省级三等奖，非物质文化遗产节目《木人摔跤》引起各大媒体关注。
简　　介：清水县文化馆创建于1952年，馆舍面积553平方米，现成为拥有15名工作人员的国家三级馆，馆内具有副高职称馆员1名，中级职称3人，初级职称6人。下设办公室、美术组、摄影组、文艺组、非物质文化遗产保护中心、后勤组等机构，隶属于清水县文化广播影视局，是全额拨款事业单位。近年来组织举办各类群众文化活动100多（场）次，参与群众达20多万人次，各类文艺联谊演出活动100多场次，书画、摄影展览80多次。承担了2007年至2010年的春节联欢晚会电视展演工作的策划、组织、排练、演出任务。其中较有影响的馆办群众文化活动、广场文化活动、"美丽的清水我的家"清水县少儿广场书画大赛、"鑫烨杯"青少年才艺电视大赛、"和璧杯"秦腔票友电视大赛、轩辕文化旅游节广场大型文艺演出、关中——天水经济区杨陵及金台、陇县清水四县区"庆国庆"书画联（巡）展活动，选送作品入选参加"甘肃省新农村建设摄影作品进京展""甘肃省第四届群星艺术节摄影展"。举办美术、器乐、声乐、舞蹈、绘画、剪纸六个内容的培训班40多期，培训学员1000多名，有100多名器乐班学生参加中国音乐学院校外业余考级，分别获得了3至8级的考级证书。为农民送书画1000多幅，每年春节累计义务书写春联5000余幅。在第三届轩辕文化旅游节暨经贸项目洽谈会之际，根据县委、县政府的具体要求策划制作了清水民俗风情展馆，集中展示了我县近几年来在非物质文化遗产的保护方面取得的丰硕成果。

0201 清水县博物馆

地　　址：清水县永清路97号
隶属关系：清水县文化广播影视局
人 员 数：15人
观 众 数：5000人
开展活动情况：有序推进博物馆免费开放工作。博物馆立足省、市爱国主义教育基地，积极开展传统文化的教育，扎实开展爱国主义的教育、理想信念教育。全年接待党政领导、省内外游客、中小学生8万多人次。
场地面积：1218平方米
文艺创作作品：无
简　　介：为了加强馆藏文物的管理和研究，让文物事业更好地服务于清水县经济建设，同时使文物保护和研究的成果惠及广大人民群众，县委、县政府高度重视，于2006年多方筹资128万元，建成了占地面积为2400平方米，建筑面积1218.96平方米的仿古标准化博物馆办公大楼。博物馆开设两个展厅：一楼历史文物精品展厅投资30万元，面积300平方米；二楼书画展厅投资20万元，面积200平方米，展出历代书法、绘画40多幅。清水县博物馆是陇东南地区最有特色的博物馆。现藏有上起新石器时代下至民国的不同时代各类文物、标本10000多件。其中三级以上文物400多件，一级文物25件，二级文物102件，三级文物308件，分为陶、瓷、铜、铁、玉、石、骨、金、银、木、漆、化石等15类。其中以先秦文化、金箔饰片最具地域特色。积极开展清水县全国第一次可移动文物普查工作。通过普查，准确掌握了全县文博系统外国有单位可移动文物资源情况，以及现存国有可移动文物的数量分布、保存状况和使用管理情况。全面做好李崖遗址的立项、保护规划设计前期工作。2013年3月，李崖遗址被国务院公布为第七批国家重点文物保护单位。已与郑州大学城市规划研究院达成合作，完成了保护规划的立项、文本的编制、上报工作，立项报告已逐级上报国家文物局。我县县级以上文保单位已达53处，其中县级文保单位48处，省级文保单位3处，国家级文保单位2处。2013年9月我县贾川乡梅江古村落被国家住房和建设部、财政部、文化部公布列为第二批全国古村落保护名录。

0202 松树镇综合文化站

地　　址：清水县松树镇
隶属关系：清水县松树镇人民政府
人 员 数：2人
观 众 数：1800人
开展活动情况：文化站自成立以来，以提高全镇人民群众文化素质为目标，以开展群众性文化娱乐活动为载体，充分发挥教育和服务的功能，组织春节期间文艺活动、"三八"妇女节庆祝活动。积极参加全县的非遗文化展演、皮影比赛、社火调赛等活动。

场地面积：300平方米

文艺创作作品：无

简　　介：松树镇综合文化站于2011年建成，面积300平方米。文化站内外部环境整洁优美，处于松树镇中心区，文化氛围浓厚，室外活动场地面积达500平方米；站舍内部设有培训室、辅导室、图书阅览室、电子阅览室、文体活动室等多个功能室。建有秦腔、小曲、象棋等文艺骨干队伍，业余文艺骨干近50余人。综合文化站机构纳入当地政府事业编制，共有编制内人员2人。镇文化站自成立以来，把全面实现县、镇《农村和谐文化建设规划》作为文化工作重点，加强与兄弟乡镇及社会文艺团体的广泛联系，开展经常性的演艺展赛、非遗普查、文化下乡等活动，用健康文明的生活方式占领农村文化思想阵地，为全镇经济发展、社会进步做出了一定贡献。

0203 白沙镇综合文化站

地　　址：清水县白沙镇

隶属关系：白沙镇人民政府

人　员　数：3人

观　众　数：3000人

开展活动情况：开展经常性的政策宣传、技术培训、学术交流、演艺展赛、民俗文艺、文化下乡等活动；该镇以巩固"文明乡镇""文明单位""文明示范村""十星级文明户""好婆媳"创评活动为载体，在白沙、马沟等村开展一系列文明创建活动；组织赵构村旱船表演队参加非物质文化遗产展演，举办白沙镇男子篮球赛等文化活动。

场地面积：300平方米

文艺创作作品：无

简　　介：白沙镇政府于2009争取到了镇文化站建设扩大内需项目，项目总投资24.8万元，结合白沙镇小城镇建设的统一规划，文化站选址在白沙街中心地带，占地面积320平方米，建成上下两层14间300平方米砖混结构楼房。其中多功能室3间45平方米，阅览室1间15平方米，活动室3间45平方米，办公室3间45平方米，书画室2间30平方米。室外活动场地面积达800平方米。全镇已建成村级文化广场5处。文化站建成后，配置音响、书架、书画桌、报架、办公桌椅、乒乓球案等设备。综合文化站机构纳入当地政府事业编制，共有编制内人员3人。文化站自成立以来，以提高全镇人民群众文化素质为目标，以开展群众性文化娱乐活动为载体，充分发挥教育和服务的功能，开展经常性的政策宣传、文化下乡等活动，推动全镇文化建设取得更好的时效。

0204 秦亭镇综合文化站

地　　址：清水县秦亭镇

隶属关系：秦亭镇人民政府

人　员　数：2人

观　众　数：3000人

开展活动情况：2012年10月，成功举办了秦亭镇答谢双联活动文艺汇演，获得了双联单位省政协及市、县相关部门的一致好评；2013年4月，成功举办秦亭镇"道德讲堂"；2013年9月，由镇政府组织，文化站承办的省政协、秦亭镇"庆中秋、迎国庆、手拉手、心连心"联谊晚会受到了省政协各位帮扶领导和工作人员的高度赞扬，进一步加深了省政协和秦亭镇的友谊，为全镇"双联"工作的发展起到了促进作用；成功举办了多届"元宵社火赛演""民俗文化展演"；多次组织群众参加县上举办的秦腔大赛、民俗节目汇演，并取得了优异的成绩。

场地面积：418.5平方米

文艺创作作品：无

简　　介：秦亭镇综合文化站办公楼建成于2011年，共三层，总建筑面积418.5平方米，总投资54.41万元，设图书阅览室、办公室、文体活动室、多功能厅，配备调音台、音箱、话筒等专业音响设备1套、电视机1台、电脑3台、服务器1台、摄像机1台、照相机1部、投影仪1台。现有站长1名、文化专干2名。近年来，在县委、县政府的正确领导和镇党委、镇政府的大力支持下，秦亭镇文化站在全镇文化事业的发展上取得了喜人的成绩。为全镇群众精神文化生活的丰富做出了极大的贡献，加快了"文明、和谐、魅力新秦亭"的建设步伐。

0205　黄门乡综合文化站

地　　址：清水县黄门乡

隶属关系：黄门乡人民政府

人　员　数：3人

观　众　数：2000人

开展活动情况：乡综合文化站自成立以来，以提高全乡人民群众文化素质为目标，以开展群众性文化娱乐活动为载体，充分发挥教育和服务的功能，积极参与了县上举办的非物质文化遗产展演和社火调赛；成功举办了黄门乡第四届农民运动会；积极参加全县篮球比赛并取得第三名的好成绩；利用农闲时间组织秦腔自乐班开展演出30多场次。

场地面积：500平方米

文艺创作作品：无

简　　介：黄门乡综合文化站成立于2010年，面积500平方米。文化站内外部环境整洁优美，处于黄门乡中心区，文化氛围浓厚，室外活动场地面积达1000平方米。站舍内设有培训室、文艺活动室、图书阅览室、展览室和多功能室。建有民乐、秦腔、舞蹈、象棋等文艺骨干队伍，业余文艺骨干60余人。综合文化站机构纳入当地政府事业编制，共有编制内人员3人。文化站自成立以来，以全面实现县、乡《农村和谐文化建设规划》作为文化工作重点，以提高全乡人民群众文化素质为目标，以开展群众性文化娱乐活动为载体，开展经常性的巡回表演、非遗普查、文化下乡等活动，为全乡经济发展、社会进步做出了一定贡献。

0206　土门乡综合文化站

地　　址：清水县土门乡

隶属关系：土门乡人民政府

人　员　数：2人

观　众　数：1600人

开展活动情况：乡综合文化站自成立以来，按照职能设置，紧紧围绕全面实现"文化之乡"的工作重点，以提高全乡人民群众文化素质为目标，以开展群众性文化娱乐活动为载体，充分发挥教育和服务的功能，组织乡村文艺人才积极参加全县非物质文化遗产展演，举办全乡社火调赛、运动会等活动。

场地面积：352 平方米

文艺创作作品：无

简　介：土门乡综合文化站于 2012 年建成，面积 352 平方米，主体建筑为二层。综合文化站内设功能室主要包括：一层设文化活动室、体育活动室；二层设图书阅览室、科普宣传及电教室、办公室。站内有专职工作人员 2 人。在 12 个村建成了农家书屋，藏书 25000 册。通过乡村公共文化设施设备的建设，群众读书难、健身难的问题逐步得到了解决。

0207　新城乡综合文化站

地　　址：清水县新城乡

隶属关系：新城乡人民政府

人 员 数：4 人

观 众 数：2000 人

开展活动情况：加强与兄弟乡镇及社会文艺团体的广泛联系，开展经常性的演艺展赛、非遗普查、文化下乡、电影放映等活动。

场地面积：300 平方米

文艺创作作品：无

简　介：新城乡综合文化站成立于 2011 年，面积 300 平方米，室外活动场地面积达 600 平方米，站舍内部办公用房面积为 60 平方米。文化站设有科技文化培训室、文体活动室、多功能厅、展览室、图书阅览室、电子阅览室 6 个功能室。有业余文艺骨干 80 余人。乡文化站自成立以来，开展群众性文化娱乐活动达 60 多次，广大群众的文化生活得到了极大丰富，他们的生活质量和文化素质得到有效提升。

0208　王河乡综合文化站

地　　址：清水县王河乡

隶属关系：王河乡人民政府

人 员 数：4 人

观 众 数：2000 人

开展活动情况：经常性开展演艺展赛、文化下乡、羽毛球比赛等活动。2012 年度，我站组织全乡干部职工参加全县庆"国庆大合唱"比赛获得一等奖。

场地面积：313 平方米

文艺创作作品：无

简　介：2011 年，王河乡投资 45.6 万元，建成两层砖混结构文化综合楼 1 栋，面积 313 平方米；建成文化综合舞台 1 座，面积 235 平方米；铺设彩砖 3000 平方米，彻底改善了文化站的办公环境。站内设有文体活动室、图书阅览室、展览室、广播录像室、媒体阅览室等 5 个功能室，配置电脑 4 台以及投影仪等设施。文化站建成后，安排专人进行管理，每天对群众开放，并在节庆假日组织群众开展文艺汇演、门球、羽毛球比赛等多种丰富多彩的文艺活动，活跃了农民的业余文化生活。综合文化站现有在编人员 4 人。文化站自成立以来，始终坚持科学发展观，不断加强公共文化服务体系建设，坚持公益性、便利性等原则，准确把握文化发展方向，确立了围绕阵地活动促发展的理念，以实现全乡文化大发展作为工作的重点，以提高全乡人民群众文化素质为目标，以开展群众性文化娱乐活动为载体，充分发挥教育和服务功能，经常性开展演艺展赛、文化下乡等活动，用健康文明的生活方式占领农村文化思想阵地，不断进取、开拓创新，开创全乡文化事业的崭新局面。

0209 白驼镇综合文化站

地　　址：清水县白驼镇
隶属关系：白驼镇人民政府
人 员 数：5人
观 众 数：431人
开展活动情况：加强与兄弟乡镇及社会文艺团体的广泛联系，开展经常性的学术交流、演艺展赛、非遗普查、文化下乡等活动。着重建立民乐、秦腔、小曲、唢呐、剪纸、刺绣、书画、舞蹈、秧歌、象棋等文艺骨干队伍，发展业余文艺骨干60余人。
场地面积：431平方米
文艺创作作品：无
简　　介：白驼镇综合文化站成立于2011年，占地面积2732平方米，建筑面积431平方米。位于白驼镇中心区，环境整洁优美，文化氛围浓厚。站内设有培训室、文艺活动室、图书阅览室、展览室、阅览室、视听室等多个功能室。综合文化站机构纳入当地政府事业编制，共有编制内人员5人。镇文化站自成立以来，紧紧围绕繁荣白驼镇文化事业重点，以提高全乡人民群众文化素质为目标，以开展群众性文化娱乐活动为载体，充分发挥教育和服务的功能，为全镇经济社会发展做出了积极贡献。

0210 陇东乡综合文化站

地　　址：清水县陇东乡
隶属关系：陇东乡人民政府
人 员 数：3人
观 众 数：2000人
开展活动情况：组建了秦腔、皮影戏、小曲、秧歌、剪纸、刺绣、书画队等文艺骨干队伍。搜集、整理民间文化遗产并建立完整的民间艺术、非物质文化遗产档案。乡综合文化站积极组织开展丰富多彩的文化活动，丰富了人民群众的文化生活。除充分利用现有的乡村文化站（室）、文化活动器材外，每年组织群众开展非物质文化艺术表演、社火调赛、手工艺品和书法展览、球类比赛、拔河比赛等文化活动，较好地满足了群众日益增长的文化生活需要。
场地面积：320平方米
文艺创作作品：无
简　　介：陇东乡综合文化站成立于2011年，地处清水县东南部，距县城23公里，面积320平方米，处于陇东乡中心区。文化站室外活动场地面积504平方米。文化站内设文体活动室、办公室、多功能厅、图书阅览室等功能室，配备了电脑、调音台、功率放大器、液晶电视、DVD、投影机等设备。文化站有编制内人员3人，临时人员1人。乡综合文化站自成立以来，乡党委、政府高度重视，积极组织开展丰富多彩的文化活动，丰富了人民群众的文化生活。为促进乡域经济发展和社会和谐稳定起到了积极的推动作用。

0211 郭川乡综合文化站

地　　址：清水县郭川乡郭川村
隶属关系：郭川乡人民政府
人 员 数：3 人
观 众 数：2000 人
开展活动情况：乡综合文化站自成立以来，按照职能设置，紧紧围绕全面实现"文化之乡"作为文化工作任务，以提高全乡人民群众文化素质为目标，组织乡村文艺人才积极参加全县非物质文化遗产展演，选送的《买货郎》获得二等奖，举办全乡社火调赛。
场地面积：368 平方米
文艺创作作品：无
简　　介：郭川乡综合文化站成立于 2009 年，面积 368 平方米。文化站室外活动场地面积达 800 平方米，站舍内部办公用房面积 160 平方米，设有培训室、文艺活动室、图书阅览室、展览室、阅览室。文化站共有编制内人员 3 人，有业余文艺骨干 50 余人。乡综合文化站自成立以来，以开展群众性文化娱乐活动为载体，充分发挥教育和服务的功能，为全乡经济发展，社会进步做出了积极贡献。

0212 草川铺乡综合文化站

地　　址：清水县草川铺乡草川村
隶属关系：草川铺乡人民政府
人 员 数：3 人
观 众 数：2000 人
开展活动情况：与兄弟乡镇及社会文艺团体开展经常性的学术交流、演艺展赛、非遗普查、文化下乡等活动。每年举办科普、法制、农技等培训活动 4 次以上，主办宣传栏、板报 6 期以上。指导、辅导各个行政村文化室开展形式多样的文化活动，积极参加全县非物质文化遗产展演和皮影大赛。2011 年以来，每年举办综合性大型文化活动和单项文化活动 2 次，并于 2012 年举办了草川铺乡第三届农民运动会。
场地面积：320 平方米
文艺创作作品：无
简　　介：草川铺乡综合文化站成立于 2010 年，面积 320 平方米，其中站舍内部办公用房面积为 128 平方米，设有培训室、文艺活动室、图书阅览室、电子阅览室、办公室、辅导室以及多功能厅等多个功能室。综合文化站机构纳入当地政府事业编制，共有编制内人员 3 人，其中，站长 1 名，专职工作人员 2 名。文化站组织业余文艺骨干 100 余人。

（十八）天水市秦安县

0213 秦安县图书馆

地　　址：秦安县解放路宣传文化中心大楼
隶属关系：秦安县文化广播影视局
人 员 数：14人
观 众 数：5.7万人
开展活动情况：每年为读者举办各种活动，其中组织各类讲座5次，参加人数600人；举办展览4次，参加人数2800人；举办培训班15次，参加人数1400人。
场地面积：1600平方米
文艺创作作品：无
简　　介：秦安县图书馆位于解放路文化宣传中心大楼，为财政拨款事业单位。馆藏面积1600平方米，馆藏图书共计4万余册。每周开馆时间为56个小时，现有工作人员14名。馆内设有图书综合借阅处、资料室、成人阅览室、少儿阅览室、采编室、电子阅览室、多媒体室7个对外服务窗口。2009年度被文化部评定为"国家三级图书馆"。为了进一步贯彻落实国家《财政部、文化部关于推进全国美术馆、公共图书馆、文化馆（站）免费开放工作的意见》精神，结合我馆实际，对广大群众实行免费开放。图书综合借阅处馆藏图书4万余册，全部藏书按照《中国图书馆分类法》分类、排架。共涵盖马列主义、毛泽东思想、邓小平理论、哲学、社会科学、自然科学、综合类图书5大基本部类，涉及政治法律、经济、文学、艺术、历史、地理、医药卫生、农业科学、工业技术等22个大类。期刊阅览室每年订阅报纸杂志共计187种，可容纳读者100多人。主控机房是局域网与外网的衔接点，是主要设备的控制中心，通称为机房。它包括了3台服务器，1台存储设备，1套卫星接收设备，对应的网络交换机、网络布线、网络安全设备以及相关的辅助设备等。电子阅览室主要设备包括了30台电脑，是图书馆向电子化、数字化转变的开始，电子阅览室全国文化信息资源共享工程平台，更是为读者提供内容丰富的包括文化新闻、名家讲座、农贸行情、农业养殖种植、进城务工、医疗卫生、农村政策、综艺汇演、绘画、电子书籍、电子期刊、书海精藏、文化广角等视频和文字资源，适合不同层次需求的读者进行学习交流。

0214 秦安县档案馆

地　　址：秦安县行政办公中心1楼

隶属关系：秦安县县委
人　员　数：12 人
观　众　数：3000 人
开展活动情况：永久保管全县党政机关、企事业单位档案，供科学研究者和社会各界查阅档案资料。
场地面积：418 平方米
文艺创作作品：编写《史话秦安》《女娲文化论丛》《印信荟萃》等。
简　　　介：秦安县档案馆是永久保管全县党政机关、企事业单位档案的基地，是科学研究者和社会各界查阅档案资料的中心。馆藏自清代康熙十一年（1672 年）以来各类档案、资料 91700 卷（册）。2009 年被县委、县政府命名为爱国主义教育基地。档案馆内举办的固定档案陈列展览的面积约为 32 平方米，有名人字画、契约、票证、徽章、纸币等珍贵展品 200 余件。年平均接待查档 3000 多人次，提供利用档案资料 5000 多卷（册），复制档案资料 1200 余页。编写了《秦安史话》《女娲文化论丛》《李白故里在秦安》等地情资料，编辑出版了全国首部印章档案类图书《印信荟萃》。到 2012 年底，秦安县档案馆共有档案密集架 23 列 230 节，基本满足今后 20 年全县档案进馆保管的要求。

0215　魏店乡综合文化站

地　　　址：秦安县魏店乡
隶属关系：魏店乡人民政府
人　员　数：5 人
观　众　数：28000 人
开展活动情况：每年农历正月十三综合文化站从优秀社火队中选出特色的优秀节目，组成"魏店乡清河社火队"赴县演出；每年农历三月十五组织发动秦腔爱好者登台表演；每年 5 月上旬，由文化站组织协调，联系我乡 31 个行政村的篮球队，开展为期一周的友谊赛；每年 10 月组织开展文化"三下乡"活动。
场地面积：310 平方米
文艺创作作品：出版《魏店乡志》。
简　　　介：魏店乡综合文化站有 2 个办公室，办公面积 36 平方米，室内文体活动室 80 平方米，包含两个乒乓球桌。室外文体活动场所 560 平方米，包含一个篮球场和一个羽毛球场。33 个行政村都建立了文化室、农家书屋，由专人负责，定期向群众免费开放。文化站自成立以来，积极组织群众开展各种文体活动，群众的身体素质和文化素质、道德修养、凝聚力有了大幅度提高。

0216　西川镇综合文化站

地　　　址：秦安县西川镇
隶属关系：西川镇人民政府
人　员　数：7 人
观　众　数：3 万人
开展活动情况：坚持图书阅览室、电子阅览室等设施设备对外免费开放，同时积极开展各项实用技术培训；每年组织综合性文艺活动 2 次；举办科普、法制、农机、卫生等讲座 3 次，举办单项性文体活动 4 次；组织专人搜集整理民族民间文化、非物质文化遗产；积极开展文化资源普查活动，建立完整的电子档案。
场地面积：340 平方米

文艺创作作品：无

简　介：2010年3月，在镇财政严重赤字的压力下，仍然投入30万元，按相关标准修建了镇综合文化服务站，站内有图书阅览室、电子阅览室、多功能活动室、文化活动室等场所，同时配备了卫星天线、电脑、投影仪、音响、照相机、锣鼓、服装等设备，购置了门类齐全、实用有效的文化教育和科技图书。当前，文化站电影放映工作、文化科技卫生"三下乡"活动等取得了良好的成果。

0217 莲花镇综合文化站

地　址：秦安县莲花镇
隶属关系：莲花镇人民政府
人　员　数：5人
观　众　数：2.4万人
开展活动情况：每年春节各村组织社火表演、秧歌队表演、秦腔演出等；组织周边的群众进行打陀螺、丢绣球等民间传统竞技活动；每年组织"三八"妇女节文艺联欢会；协助莲花中学和中心小学开展每年的"五四"青年节文艺演出活动和"六一"儿童节文艺汇演；每年元旦举办各村和镇政府篮球赛、乒乓球赛、象棋赛、跳棋赛等活动；每周定期向全镇村民开放学习交流等活动。
场地面积：314平方米
文艺创作作品：无
简　介：文化站成立于2009年，站舍有多功能厅、文体活动室、图书阅览室、电子阅览室，图书室藏有文化、社科、文艺、社会科学、农技、医学等图书3000余册。室外活动场设有老年和儿童活动场所、宣传橱窗、板报栏、健身器材等。

0218 兴丰乡综合文化站

地　址：秦安县兴丰乡
隶属关系：兴丰乡人民政府
人　员　数：2人
观　众　数：2.8万人
开展活动情况：经常组织群众开展丰富多彩的、喜闻乐见的、有时代特色的文化体育娱乐活动，运用各种文化艺术手段进行党的方针、政策、法律、法规以及爱国主义、集体主义和社会主义等有关方面的宣传教育。平日里开放阅览室，经常有群众阅读和参与各种娱乐活动。在各村建立村级文化活动室、农家书屋，形成全乡文体事业蓬勃发展。组织各村图书管理员、三级社会体育指导员、信息员开展培训活动，推进各村文体事业健康发展。
场地面积：350平方米
文艺创作作品：无
简　介：兴丰乡综合文化站位于乡政府北300米处，于2010年月底建成并投入使用。该站现有工作人员3名，占地面积399.54平方米，室内面积350平方米，配套设备投入39万元。文化站软硬件设施配备齐全，各种文化活动业已开展。文化站图书室占地面积40平方米，藏有图书1600册，并全部上架陈列；报刊阅览室占地面积 40 平方米，室内有阅览台、报刊架，并有近 6 种报刊供参阅；展览室占地面积 40 平方米，内设展台、展橱、展板等配套设施；游艺室占地面积 50 平方米，有各类娱乐棋牌等。该站规章制度、档案资料齐全，运行机制良好，开展活动正常，为群众提供了一个集休闲娱乐、信息传递、科技普及、思想教育为一体的综合性文化服务平台。

0219 王窑乡综合文化站

地　　址：秦安县王窑乡
隶属关系：王窑乡人民政府
人 员 数：2 人
观 众 数：1.3 万人
开展活动情况：经常组织群众开展篮球赛、乒乓球赛、广场舞表演等丰富多彩的、有特色的文化体育娱乐活动；每周开放阅览室进行学习交流；组织各村图书管理员、三级社会指导员、信息员开展培训活动。
场地面积：325.67 平方米
文艺创作作品：无
简　　介：王窑乡综合文化站成立于 2009 年 7 月，总投资 46 余万元，站内设有多功能活动厅、图书阅览室、培训室、资源共享服务室。站内配有 4 台电脑，阅览室藏书 2000 余册等。文化站为丰富人们群众的文化体育生活，促进经济社会各项事业繁荣、健康、稳定发展，为新农村建设提供了坚实的文化基础。

0220 云山乡综合文化站

地　　址：秦安县云山乡云山村
隶属关系：云山乡人民政府
人 员 数：2 人
观 众 数：1.4 万人
开展活动情况：文化站本着促进全乡文体事业向更高层次发展的目标，近年来在法定节日举办各类比赛累计 18 场（次），丰富和活跃了党员干部及群众精神文化生活，陶冶了群众情操。
场地面积：305 平方米
文艺创作作品：无
简　　介：云山乡综合文化站位于云山乡云山村，建筑面积 305.8 平方米，内设多功能活动厅、书刊阅览室、培训室、信息资源共享服务室、管理用房等。综合文化站配有电脑 4 台，主要用于电子阅览、资料查阅等文化活动。

0221 安伏乡综合文化站

地　　址：秦安县安伏乡

隶属关系：安伏乡人民政府

人　员　数：3人

观　众　数：3万人

开展活动情况：文化站每周对公众开放，提供服务时间42小时以上；举办科普、法制、农技培训等4次，并每年编办宣传橱窗13次；编办文化走廊、宣传橱窗、板报6期；指导本镇辖区内的村文化室开展活动10次，为辖区群众举办讲座和培训，为辖区内文化骨干（文艺团队）举办文体培训。

场地面积：380平方米

文艺创作作品：无

简　　　介：安伏乡综合文化站单独挂牌，占地0.2亩，总建筑面积380平方米，使用面积320平方米，总投资30万余元，于2012年02月竣工正式投入使用。文化站演出、阅览、培训、展览、体育健身五类设备基本齐全，有信息网络传输设备8台，站办图书馆（室）藏书（3千册），订阅报刊（6种）。

0222　刘坪乡综合文化站

地　　　址：秦安县刘坪乡政府西

隶属关系：刘坪乡人民政府

人　员　数：3人

观　众　数：12000人

开展活动情况：文化站定时对群众开放，提供服务时间每周35小时；文化站每年开展2～3次综合性大型文化活动；指导本辖区村文化室开展活动，对辖区群众举办讲座和培训，针对乡情开展果树修剪和大棚蔬菜栽培技术培训等，培训人员达600余人次；组织开展以"美丽田园——桃园游园"活动，让更多人感受田园之美，吸引了大批省内外摄影爱好者前来拍摄，对宣传刘坪乡起到很大的推动作用。

场地面积：300.7平方米

文艺创作作品：无

简　　　介：综合文化站位于刘坪乡政府西侧，为一层砖混独立业务用房，建设面积300.7平方米，工程总投资30.4万元，2010年建成，文化站站容整齐，环境优美，设有演出、阅览、培训、展览、信息网络传输等设备，订阅文化报刊6种。

0223　中山乡综合文化站

地　　　址：秦安县中山乡

隶属关系：中山乡人民政府

人　员　数：2人

观　众　数：25000人

开展活动情况：综合文化站积极开展法制、计划生育、党建的宣传，黑板报常办常新。协同各个单位，利用元旦、春节等积极开展文体活动。文化站积极配合县果业局、农业局、司法局、劳务办等有关单位开展知识讲座。

场地面积：305平方米

文艺创作作品：无

简　　　介：中山乡综合文化站投资20余万元，

于2009年建成并投入使用，面积305.8平方米，站内设有多功能活动厅、图书阅览室、培训室、信息资源共享服务室、管理用房等。配备有专职管理人员2名，电脑4台，有藏书1000余册。文化站及时对本地群众进行时政宣传和政策法制教育；在重大节日组织开展丰富多彩的文体娱乐活动；利用文化信息资源共享工程举办科普讲座、艺术培训、农业技术知识讲座等，通过开展活动极大促进了全乡精神文明工作的开展。

0224 五营乡综合文化站

地　　址：秦安县五营乡

隶属关系：五营乡人民政府

人 员 数：6人

观 众 数：34000人

开展活动情况：每年举办综合型大型文化活动5次；举办单项性文化活动3次；举办科普、法制、农技、卫生等讲座、培训5次；编办文化走廊、宣传橱窗、板报7期；指导配合本乡辖区内的村文化室开展活动9场，年度开展优秀读物推荐和读书活动3次；共享设备每天开放8小时，利用共享工程资源开展活动4次；举办民间艺术活动（含表演、展览、比赛）3次。

场地面积：300平方米

文艺创作作品：无

简　　介：五营乡综合文化站建于2002年，总投入29万元，建筑面积300平方米，站内设有多功能厅、文体活动室、图书阅览室、辅导和电子阅览场所、老年活动室、少儿活动场所等7个功能室，设有文化走廊25米。文化站阅览、培训、展览、档案资料收集等器材总值50万元，信息网络传输和数字化服务设备4台，图书室藏书3000余册，图书室订阅办刊10种。

0225 陇城镇综合文化站

地　　址：秦安县陇城镇

隶属关系：陇城镇人民政府

人 员 数：6人

观 众 数：2.2万人

开展活动情况：每年农历3月19日协同地方庙会开展民间祭祀女娲活动；每年元旦、春节等开展主题活动，丰富人们的生活；每年邀请司法、农技、畜牧等方面的专家在我镇开展文化知识讲座；文化站定期向民众开放，提供图书阅览等免费服务。

场地面积：322平方米

文艺创作作品：无

简　　介：陇城镇综合文化站建于1999年，建筑面积322.58平方米，有书画室、阅览室等五室一厅，办公桌椅30套，音响器材、电子设备1套，书籍800余册。

0226 王铺乡综合文化站

地　　址：秦安县王铺乡
隶属关系：王铺乡人民政府
人　员　数：5 人
观　众　数：1.2 万人
开展活动情况：举办科普、法制、农村农业讲座 20 次；认真组织各村文化室开展文体活动；组织综合性大型文化活动 10 次，单项性文体活动 6 次；文化站对公众提供免费活动服务项目。
场地面积：315 平方米
文艺创作作品：无
简　　介：王铺乡综合文化站于 2009 年修建完工，投资 39 万元，使用面积 315 平方米。文化站内设有图书阅览室、多功能厅、辅导培训室等。文化站配备专职人员 5 名，列入正式事业编制，并按时、按要求参加上级各项业务培训。

0227 千户乡综合文化站

地　　址：秦安县千户乡
隶属关系：千户乡人民政府
人　员　数：3 人
观　众　数：1.78 万人
开展活动情况：经常组织群众观看各种文化节目，向群众推荐科普书籍，让大多数群众学到了一些实用知识；结合党员现代远程教育，组织党员及时观看党的各种方针政策，不断提高党员的思想觉悟；每年农历正月十五在曹湾村进行秦腔清唱比赛；联系农业、果业、养殖、法律等科技专家举办了多次农作物病虫害防治、果树栽培管理、肉牛养殖、外出务工农民工维权等各类讲座培训班。
场地面积：309 平方米
文艺创作作品：无
简　　介：千户乡综合文化站成立于 2013 年，国家投资 20 万元，省级配套 4 万元建成了两层砖混结构 309 平方米文化站，布局结构合理，设计上突出独立性，外部设计上注重群众特色，方便群众，并对外免费开放。站内设有图书室、文化娱乐室和休闲室，室内环境优雅，文化气息浓厚。文化站有藏书 1800 余册，订报刊杂志 6 种。

0228 兴国镇综合文化站

地　　址：秦安县兴国镇
隶属关系：兴国镇人民政府
人　员　数：7 人
观　众　数：3 万人
开展活动情况：每年组织综合性文艺活动 2 次；举办科普、法制、农机、卫生等讲座 3 次；举办单项性文体活动 4 次；组织专人搜集整理民族民间文化、非物质文化遗产；积极开展文化资源普查活动。
场地面积：380 平方米
文艺创作作品：无
简　　介：兴国镇综合文化站成立于 2010 年，站内有图书阅览室、电子阅览室、多功能活动室、文化活动室等场所，同时配备了卫星天线、电脑、投影仪、音响、照相机、锣鼓、服装等设备，购置了门类齐全、实用有效的文化教育和科技图书，为文化站开展各项文体活动提供了有力保障，全镇文化事业迈上了一个全新的台阶。

0229 王尹乡综合文化站

地　　址：秦安县王尹乡

隶属关系：王尹乡人民政府

人　员　数：2人

观　众　数：2.6万人

开展活动情况：经常组织群众开展秦腔表演、秧歌表演、篮球比赛、羽毛球比赛、拔河比赛等文化体育娱乐活动；运用各种文化艺术手段进行党的方针、政策、法律、法规等有关方面的宣传教育；早晨组织老年人晨练等。

场地面积：2000平方米

文艺创作作品：无

简　　介：王尹乡综合文化站成立于2009年，站内有多功能活动厅、图书阅览室、培训室、信息资源共享服务室、管理用房等；配备电脑4台，阅览室藏书2000余册，并且订购了一些文化报纸杂志，方便了人民群众的阅览及资料的查阅。

0230 郭嘉镇综合文化站

地　　址：秦安县郭嘉镇中心小学

隶属关系：郭嘉镇人民政府

人　员　数：3人

观　众　数：3.1万人

开展活动情况：每周对公众开放提供服务的时间达35小时，免费为群众服务；利用元旦、春节等节日积极组织综合性大型文化活动；举办科普、法制、农技、美化生活等讲座培训活动。

场地面积：300平方米

文艺创作作品：无

简　　介：郭嘉镇综合文化站位于郭嘉镇中心小学操场西端，于2009年3月12日完成招投标。工程总投资24万，其中中央拨款20万，市、县筹款4万，总建筑面积300平方米，一期工程建成多功能厅、图书阅览室、办公室的建设，共260平方米；二期工程建成文体活动室，共40平方米。目前，全镇建成标准化农家书屋34个，配备资源共享设备35套。郭嘉镇综合文化站和农家书屋的建成，对丰富我镇群众文化生活，积极开展三个文明建设，创建文明和谐乡镇起到极大的促进作用。

0231 叶堡乡综合文化站

地　　址：秦安县叶堡乡

隶属关系：叶堡乡人民政府

人　员　数：3人

观　众　数：1.3万人

开展活动情况：与计生办一起开展了"婚育新风进万家"活动，通过现场有奖知识抢答赛，提高群众掌握有关知识、参与文化活动的兴趣；以中小学为场地，举办了一些文体活动；"五四"青年节在中学举办了歌咏比赛，各小学还进行了广播体操比赛活动；同时，协助中小学举办庆"六一"儿童节演出；在发展千姿百态的家庭文化方面，文化站协助开展了扶贫帮困，创建"文明幸福小家庭"活动。

场地面积：325平方米

文艺创作作品：无

简　　介：叶堡乡综合文化站成立于2009年，总投资38余万元，建筑面积325.67平方米。站内设有多功能活动厅、图书阅览室、培训室、信息资源共享服务室、管理用房等。文化站的建成为丰富人民群众的文化体育生活，促进经济社会各项事业繁荣、健康、稳定发展，为新农村建设提供了坚实的物质保障。

（十九）天水市甘谷县

0232 甘谷县文化馆

地　　址：甘谷县冀城大像山镇
隶属关系：甘谷县文化广播影视局
人 员 数：12 人
观 众 数：2 万人
开展活动情况：坚持非遗展厅、书画展厅、音乐舞蹈活动室全年免费开放。文化馆组织大型文化活动 4 次，分别为甘谷县"清凉夏夜、魅力甘谷"大型文艺演出、全县广场舞大赛、"文化遗产日"非物质文化遗产保护项目展演活动和庆祝中华人民共和国成立 65 周年系列文艺活动，观众人数约 6000 人次。组织"三下乡"送书画活动 6 次，送文化进企业 2 次，为群众送去春联及书画作品 1000 余幅。举办《中华人民共和国非物质文化遗产保护法》宣传活动，发放宣传资料 2600 余份。举办全省中青年（中书协会员）书画家大型书法展览 1 次，县内书画爱好者个人作品展 2 次。邀请天水市中青年书法家协会主席、副主席共 3 人来我馆和县内书画爱好者开展研讨交流。组织文化馆老年合唱团 33 人参加由市委宣传部、市文化广播影视新闻出版局、市老龄委主办的"秦州农行杯"中老年才艺大赛。抢救性录制甘谷道情、甘谷小曲影像光碟 68 张，时长 800 分钟。征集更换非物质文化遗产展厅展品 60 余件。举办乡镇文化专干培训班 2 期 30 余人次。

场地面积：1200 平方米
文艺创作作品：近年来，创作的文艺作品有长篇小说《此人》《官场密码》，大型历史秦剧《睢阳魂》《姜维》，长篇纪实文学报告《甘泉梦》等。
简　　介：甘谷县文化馆成立于 1953 年，2002 年文化馆、图书馆、博物馆三馆分设。文化馆为副科级事业单位，现有职工 12 人，活动场馆有非遗展厅、书画展厅、音乐舞蹈活动室、书画创作室等，场地面积 1200 平方米。

0233 西坪乡综合文化站

地　　址：甘谷县西坪乡
隶属关系：西坪乡人民政府
人 员 数：3 人
观 众 数：1200 人
开展活动情况：举办"送文化下乡"活动 2 场次，庆"三八"、庆"五四"、庆"六一"等专题文艺庆祝演出 4 场次，年均举办科技培训 10 余次。
场地面积：300 平方米
文艺创作作品：无
简　　介：西坪乡综合文化站设有多功能厅、图书阅览室、活动室、展览室、办公室等。站内藏书 3000 多本，年订报刊杂志 4 种，有各类文艺体育器材 12 件，放映设备、扩音设备和 4 台电子阅览终端设备。近年来，在乡党委、乡政府的正确领导下，在有关部门及社会各界的关心支持下，文化站充分发挥自身优势，始终坚持科学发展观，不断加强公共文化服务体系建设，建有石沟百米文化长墙，石坪等 5 村文化大院，村村建起了村文化活动室，全乡群众文化呈现出欣欣向荣的局面。

0234 六峰镇综合文化站

地　　址：甘谷县六峰镇
隶属关系：六峰镇人民政府
人　员　数：7 人
观　众　数：1200 人
开展活动情况：组建了六峰镇秧歌队，每年参加全县大型文体活动。2012 年组织干部职工 50 余人参加庆祝"甘谷县建县 2700 周年歌咏比赛"。
场地面积：300 平方米
文艺创作作品：无
简　　介：六峰镇综合文化站在镇党委、政府的正确领导下，在人民政府的具体指导下，充分发挥自身优势，积极开展阵地宣传、科技培训和各类文化活动。2013 年 3 月 1 日起六峰镇综合文化站实行公共空间设施、场地全部免费开放。文化站一贯坚持"生态立镇，文化活镇"的战略方针，充分发挥文化站的文化主阵地作用，为把六峰镇建设成为生态、人文、和谐、魅力的新家园做出了努力和贡献。

（二十）天水市武山县

0235 武山县文化馆

地　　址：武山县城关镇宁远大道 21 号
隶属关系：武山县文化广播影视新闻出版局
人 员 数：13 人
观 众 数：15 万人
开展活动情况：按照阵地宣传活动要活跃，节假日活动要丰富，未成年人教育活动要有特色，从而为全县经济建设和社会发展鼓劲加油的工作思路，每年创造性地举办 10 多次多层次、多形式、特色鲜明的展览活动。每年以突出地方特色文化为重点，组织开展 20 多次群众乐于参与、便于参与的群众文化活动。常年开展各种艺术培训活动，截至目前已举办各种培训班 250 期，培养各类人才 5800 多人。
场地面积：1106 平方米
文艺创作作品：每年都有 50 多幅（篇/首）书画、歌曲、舞蹈或论文在国家级、省级或市级刊物发表（入选）或大赛中入选，部分作品获奖。
简　　介：武山县文化馆成立于 1959 年，属于全额拨款事业单位，馆舍面积 1106 平方米。现设有美工组、摄影组、创作组、文艺组、辅导组、非物质文化遗产保护组、办公室，设有展厅、舞蹈室、少儿美术培训室、器乐培训室等 10 个文化活动厅（室）。现有职工 13 人。2009 年被武山县委、县政府命名为"文明单位"，2010 年被市总工会评为市级"职工模范之家"。近年来，县文化馆立足县情，求真务实，迎难而上，紧紧围绕全县经济建设和社会发展大局，繁荣全县文化事业，保障群众基本文化权益，丰富群众文化生活，激发人民昂扬向上的精神风貌及打造经济强县，建设文化大县。文化馆组织开展一系列送文化下乡下基层活动，组织专业人员下基层为群众免费赠送书画 200 余幅，用先进文化占领农村思想文化阵地。

0236 洛门李思训美术馆

地　　址：武山县洛门镇
隶属关系：武山县文广局
人 员 数：50 人
观 众 数：4.8 万人
开展活动情况：立足洛门，面向全国，加强与各地书画团体的联系与交流，不断扩大书画人才队伍，积极组织开展书画研究、展览交流，编辑出版作品集，加强对书画人才的培训工作，努力提高书画院院士与青少年中国书画爱好者的思想道德素质和艺术创作水平。

场地面积：42 平方米

文艺创作作品：各种书画作品。

简　　介：武山县洛门镇是一座历史名镇，具有十分雄厚的文化底蕴，据史料记载，中国山水画祖李思训的祖籍就在武山县洛门镇曲里村。李思训用金碧辉映为一家之法，后人画着色山水往往以他为尊，被一致推崇为"国朝山水第一"。如今，现当代文化有了进一步继承和发展，书画人才荟萃，李思训美术馆设立的初衷就是为了继承和弘扬历史文化，充分挖掘地方人文资源，陈列古今艺术精品，打造文化大洛门。李思训美术馆设立馆长、副馆长若干人，以充分挖掘和利用洛门镇人文资源，陈列、传承、交流、发展、弘扬祖国传统艺术为宗旨，立足武山洛门，面向全国，加强与各地美术界的联系与交流，展示古今美术精品，为各类美术作品提供展示的平台和优质的服务。

0237　城关镇综合文化站

地　　址：武山县城关镇韦庄村

隶属关系：城关镇人民政府

人 员 数：7 人

观 众 数：6.4 万人

开展活动情况：每年组织综合性大型文化活动 3 次、庆"国庆"、庆"五一"、庆"七一"等专题文艺庆祝演出 6 场次，全镇群众文化呈现出繁荣发展的局面。

场地面积：460 平方米

简　　介：城关镇综合文化站位于镇政府的西北方向，距镇政府 1500 米，坐北朝南。文化站总投资 35 万元，其中国家投资 22 万元，省市投资 3 万元，县乡自筹 10 万元，工程开工时间是 2009 年 3 月，竣工时间是 2009 年 10 月。文化站占地 460 平方米，建筑面积为 330 平方米，为两层砖混结构楼房。文化站现有专职副科级站长 1 名，文化干事 6 名。站内设有图书阅览室、多功能厅、辅导培训和电子阅览室、宣传橱窗及板报栏，藏书 1000 多册，年订报刊杂志 4 种。有调音台、全频扬声器、功率放大器、液晶电视、无线话筒、资源管理服务器、投影机、应用电脑等。

0238　马力镇综合文化站

地　　址：武山县马力镇马力村

隶属关系：马力镇人民政府

人 员 数：7 人

观 众 数：4.4 人

场地面积：300 平方米

简　　介：马力镇综合文化站位于镇政府的东北方向，距镇政府 300 米，坐北朝南，占地 300 平方米，建筑面积为 100 多平方米，因修建时间较早，设施规模较小，并在 2013 年岷县漳县地震中严重受损，不能正常使用，因此，于 2013 年 12 月列入了灾后重建项目，该项目于 2014 年 6 月开工，项目总投资 54 万元，2014 年 11 月竣工。新建的文化站占地面积 1200 平方米，建筑面积 300 平方米。文化站现配有专职人员 7 名。站内设有图书阅览室、办公桌椅、辅导培训室，有室外音响设施以及共享工程所需要的电脑、卫星接收器等各种设备。新建的文化站为当地群众发展文化提供了活动平台。

0239 洛门镇综合文化站

地　　址：武山县洛门镇东街村
隶属关系：洛门镇人民政府
人 员 数：5 人
观 众 数：2.8 万人
开展活动情况：每年组织综合性大型文化活动 3 次，庆"三八"、庆"五四"、庆"六一"、庆"七一"、庆"国庆"等专题文艺庆祝演出 8 场次。每年送电影下乡 4 次。
场地面积：330 平方米
文艺创作作品：无
简　　介：洛门镇综合文化站位于镇政府的东南方向，距镇政府 1000 米，坐北朝南。文化站总投资 36 万元，其中国家投资 20 万元，省市投资 4 万元，县镇自筹 12 万元，工程开工时间是 2009 年 3 月，竣工时间是 2010 年 10 月，占地 500 平方米，建筑面积为 330 平方米。文化站现有文化专职人员 5 名。站内设有图书阅览室、多功能厅、辅导培训和电子阅览室、宣传橱窗、板报栏及文化走廊。藏书 2000 多册，年订报刊杂志 6 种。站内有调音台 1 台、全频主扬声器 1 对、全频返送扬声器 1 对、返送扬声器功率放大器 1 台、液晶电视 1 台、无线话筒 2 只、线材及系统接插件 1 批、资源管理服务器 1 台、投影机 1 台、应用电脑 4 台、有源音响 1 套、黑白激光打印机 1 台。

0240 四门镇综合服务中心

地　　址：武山县四门镇四门村
隶属关系：四门镇人民政府
人 员 数：5 人
观 众 数：2.8 万人
开展活动情况：文化站全年向全镇群众免费开放，免费向群众提供以普及科学文化知识为主的展览、讲座、影视放映和群众读书报活动。每逢节日组织武术比赛、拔河比赛、广场舞表演等活动。
场地面积：310.9 平方米
文艺创作作品：无
简　　介：四门镇综合文化服务中心位于镇政府的西南方向，距镇政府 100 米范围内，坐东朝西，建设总投资 24 万元，其中国家投资 20 万元，省级投资 4 万元，工程开工时间 2009 年 3 月 16 日，竣工时间 2009 年 8 月 16 日。文化服务中心占地 662 平方米、建筑面积为 310.9 平方米。四门镇综合文化服务中心现有专职站长 1 名，专职人员 5

名。服务中心内设有图书阅览室、体育活动室、灯光球场、辅导培训、宣传橱窗及板报栏等，服务中心内藏书 2000 多册，年订阅报刊 6 种。文化服务中心新建以来，开展环保宣传、非遗传承、民间文化收集整理等活动。

0241 山丹乡综合文化站

地　　址：武山县山丹乡山丹村
隶属关系：山丹乡人民政府
人 员 数：5 人
观 众 数：1000 人
开展活动情况：每年"五一"劳动节、"六一"儿童节、"春节"等民俗节日都组织文体活动。
场地面积：310 平方米
文艺创作作品：无
简　　介：山丹乡综合文化站位于乡政府的北面，距乡政府 2500 米，坐南朝北。文化站建设总投资 24 万元，其中国家投资 20 万元，省市投资 4 万元，工程开工时间 2009 年，竣工时间 2010 年。文化站占地 1180 平方米，建筑面积为 310 平方米。山丹乡综合文化站现有专职站长 1 名，文化干事 4 名。站内设有图书阅览室、体育活动室、灯光球场、辅导培训、宣传橱窗及板报栏等。2011 年争取了全国文化信息共享工程电脑设备，争取了 4 万元的农家书屋配套图书 2500 多册、科技知识光碟 20 套，彻底改善了文化站的办公环境。

0242 温泉乡综合文化站

地　　址：武山县温泉乡温泉村
隶属关系：温泉乡人民政府
人 员 数：4 人
观 众 数：1.9 万人
开展活动情况：针对普遍存在的文化专干文化业务技能欠强等弱点，有针对性地开展了一系列业务培训，内容涉及基层文化活动策划、文化艺术档案管理、文艺技能等。
场地面积：320 平方米
文艺创作作品：无
简　　介：温泉乡综合文化站建设总投资 38 万元，其中国家投资 20 万元，省市投资 14 万元，县乡自筹 4 万元，工程开工时间 2010 年 6 月，竣工时间 2011 年 6 月，占地 470 平方米，建筑面积为 320 平方米。配备专职文化干事 4 名，其中 1 名文化站站长。站内设有图书阅览室、体育活动室、灯光球场、多功能厅、辅导培训和电子阅览室、宣传橱窗及板报栏等。文化站完成了聂河村群众活动广场的建修和温泉村舞台建设，满足了群众文化活动场地的需求。通过以业务培训，在具体实践过程中加强指导，提升了文化站干部的综合业务素质，开拓了工作思路和提高了工作管理能力。

0243 高楼乡综合文化站

地　　址：武山县高楼乡刘川村
隶属关系：高楼乡人民政府
人 员 数：4 人
观 众 数：1.9 万人

开展活动情况：开展各种形式的培训活动，组织大型的体育赛事、文艺汇演、广场舞表演，强化文化市场监管。

场地面积：350 平方米

文艺创作作品：无

简　　介：高楼乡综合文化站位于乡政府正西方向，距离乡政府 5 米，建设总投资 80 万元，其中国家投资 10 万元，省市投资 20 万元，县乡自筹 50 万元，工程开工时间 2009 年 3 月，竣工时间 2009 年 9 月。文化站是占地 1200 平方米、建筑面积为 350 平方米的三层砖混结构楼房。配备专职文化干事 4 名，1 名聘用人员。文化站内设有图书阅览室、体育活动室、灯光球场、多功能厅、辅导培训和电子阅览室、宣传橱窗及板报栏等。站内藏书 1.1 万多册，年订报刊杂志 24 种 2600 多册，有各类文艺体育器材 10 件，投影仪、扩音设备、录像机各 1 套，电脑 4 台，电视机 1 台，文化站极大地方便了群众的文化体育活动。

0244　咀头乡综合文化站

地　　址：武山县咀头乡咀头村

隶属关系：咀头乡人民政府

人　员　数：4 人

观　众　数：1.8 万人

开展活动情况：在春节期间，组织指导辖区各村的春节秧歌汇演。在"五一"劳动节、国庆节、元旦等重大节假日文化站都会组织工作人员和群众开展丰富多彩的文艺活动。

场地面积：310 平方米

文艺创作作品：无

简　　介：咀头乡综合文化站距乡政府 30 米，建设总投资 24.5 万元，其中国家投资 20 万元，省投资 4 万元，乡上自筹 0.5 万元，工程开工时间 2009 年 9 月 25 日，竣工时间 2010 年 5 月 1 日。文化站占地面积为 1206 平方米、建筑面积为 310 平方米的两层砖混结构楼房。文化站现有工作人员 4 人，其中 1 名是文化站站长。站内设有图书阅览室、文体活动室、多功能厅等，并配置了桌椅、电脑、电视机、投影仪、音响等文体活动器材，为文化站工作顺利开展提供了物质保障。文化站组建了一支业余文艺团队，极大地丰富了辖区群众的精神文化生活。

0245　鸳鸯镇综合文化站

地　　址：武山县鸳鸯镇鸳鸯村

隶属关系：鸳鸯镇人民政府

人　员　数：2 人

观　众　数：2.5 万人

开展活动情况：组织秦腔汇演活动。

场地面积：354.6 平方米

文艺创作作品：无

简　　介：鸳鸯镇综合文化站位于镇政府北面的鸳鸯镇新区，距镇政府 1.3 公里，坐北朝南，总投资 112.2 万元，其中建筑物总投资 69.2 万元，国家投资 20 万元，省市投资 4 万元，镇政府自筹 45.2 万元。工程开工时间为 2010 年 4 月，竣工时间为 2010 年 8 月。文化站占地面积 4000 平方米，建筑面积为 354.6 平方米，内设有放映室、阅览室、活动室等，配备了电脑、打印机等办公设施。

站内藏书 3000 多册，年订报刊杂志 6 种。建成农村气象工程"村村响"示范点 4 个。投资 40 余万元硬化了室外 3700 平方米的开放式文化广场，配套安装了篮球架及健身器材。

0246 杨河乡综合文化站

地　　址：武山县杨河乡杨河村

隶属关系：杨河乡人民政府

人 员 数：4 人

观 众 数：1.7 万人

开展活动情况：文化站每年组织综合性大型文化活动 3 次，庆"三八"、"五四"、"六一"等专题文艺演出 5 场次。

场地面积：331 平方米

文艺创作作品：无

简　　介：杨河乡综合文化站位于乡政府的东南方向，距乡政府 300 米，坐北朝南。文化站是建筑面积为 331.29 平方米的三层砖混结构楼房，总投资 37.09 万元，其中省市投资 20 万元，县乡自筹 17.09 万元。工程开工时间 2009 年 9 月 6 日，竣工时间 2010 年 6 月 6 日。文化站配备专职文化干事 4 名。站内设文化活动室、阅览室以及宣传橱窗及板报栏等，藏书 3000 多册，年订阅报刊 6 种。有各类文艺体育器材 10 件，配备有投影仪、扩音设备、录像机、电脑、电视机等。

0247 榆盘乡综合文化站

地　　址：武山县榆盘乡榆盘村

隶属关系：榆盘乡人民政府

人 员 数：5 人

观 众 数：1.6 万人

场地面积：350 平方米

简　　介：榆盘乡综合文化站位于乡政府的南面，距乡政府 100 米，坐东朝西。文化站建设总投资 62.8 万元，其中国家投资 20 万元，省投资 4 万元，乡上自筹 38.8 万元。工程开工时间 2009 年 12 月 1 日，竣工时间 2010 年 5 月 10 日。综合文化站占地 566.1 平方米，建筑面积为 350 平方米。现有工作人员 5 人，其中站长 1 名，专职文化干事 3 名，聘用人员 1 名。站内设有图书阅览室、文体活动室、多功能厅等。2011 年由上级相关部门配置了桌椅、电脑、电视机、投影仪、音响等文体活动器材，使得文化站工作能顺利开展。

0248 滩歌镇综合文化站

地　　址：武山县滩歌镇上街村

隶属关系：滩歌镇人民政府

人 员 数：4 人

观 众 数：3.8 万人

开展活动情况：曾多次参加市、县、镇艺术表演。

场地面积：300 平方米

文艺创作作品：无

简　　介：滩歌镇综合文化站位于镇政府的东南方向，距镇政府 200 多米，坐北朝南。因修建时间较早，设施规模较小，并在 2013 年岷县、漳县地震中严重受损，不能正常使用，因此，于 2013 年 12 月列入了灾后重建项目。该工程占地 11369 平方米，建筑面积 300 平方米三层砖混结构办公楼，2014 年 4 月开工，11 月完工。滩歌镇综合文化站在编在岗人员有 4 名，其中站长 1 名，享受副科级待遇，文化干事 3 名。兼具汉藏舞蹈艺术风格的滩歌旋鼓已成为地方一大文化品牌，列入国家级非物质文化遗产名录，有站办旋鼓队和上、下街舞蹈队三支业余文艺团队。

0249 沿安乡综合文化站

地　　址：武山县沿安乡沿安村

隶属关系：沿安乡人民政府

人　员　数：6人

观　众　数：1.6万人

开展活动情况：开展画册展览、群众演唱会，春节期间组织舞狮表演和秧歌队表演，在"五一"劳动节开展群众运动会，组织文化站三支业余文艺团队多次参加市、县镇艺术表演。

场地面积：312平方米

文艺创作作品：无

简　　介：沿安乡综合文化站位于乡镇政府的西南方向，距乡镇府500米，坐北朝南。文化站占地812平方米，建筑面积为312平方米的一层砖混结构房。站内设多功能活动室、阅览室、电子信息网络室、办公室四个区域。文化站共有工作人员6名，其中：专职站长（享受副科级待遇）1名，技术人员（原广电站人员，中级技师）1名，专职人员3名，县聘人员（原文化专干）1名。文化站在2013年岷县、漳县地震灾害中受损较为严重，部分房屋墙壁粉刷掉落，电路不能正常工作，局部地基下陷，墙体开裂，影响文化站正常使用。乡党委、政府经过研究，决定对沿安乡综合文化站进行全面维修，工程概算6.2万元，申请国家补助6万元，乡镇自筹2000元。文化站坚持传播、发展、繁荣、管理文化的宗旨，运用网络平台或邀请专家对群众进行时政方针政策、思想道德教育和优良传统文化教育，促进本乡精神文明建设。积极组织、协调、指导、开展群众文体、娱乐活动，开展图书阅览，举办各类展览、讲座、培训等。文化站通过传播先进文化、开展健康向上的活动，提高了本乡公共文化服务水平，极大地推进了社会主义新农村建设前进的步伐。

0250 龙台乡综合文化站

地　　址：武山县龙台乡董坪村

隶属关系：龙台乡人民政府

人　员　数：3人

观　众　数：1.4万人

开展活动情况：文化站设立放映室，有流动放映员，定期放映群众喜欢、有教育意义的电影，极大地丰富了群众的文化生活。

场地面积：300平方米

文艺创作作品：无

简　　介：龙台乡综合文化站位于乡政府的南面，距乡政府3公里，坐东向西。文化站占地1625平方米，建筑面积为300平方米。文化站配有文化专职人员3名。站内设有图书阅览室、多功能厅、辅导培训和电子阅览室、宣传橱窗及板报栏等，有各类文艺体育器材、电脑、电视机、投影仪、扩音设备、录像机等。

0251 桦林乡综合文化站

地　　址：武山县桦林乡赵坪村
隶属关系：桦林乡人民政府
人 员 数：3人
观 众 数：1.8万人
开展活动情况：在节庆日组织开展了文艺汇演、篮球、羽毛球比赛等文体活动4次。定时更新宣传橱窗内容6期，举办科普、法制、农村讲座3次，举办文艺培训班2期。利用共享工程开展活动2次。
场地面积：375平方米
文艺创作作品：无
简　　介：桦林乡综合文化站位于乡政府的东南方向，距乡政府400米，坐南朝北。文化站建设总投资45万元，县乡自筹45万元，工程开工时间2010年3月，竣工时间2010年12月，占地780平方米，建筑面积为375平方米的两层砖混结构楼房。综合文化站现有专职文化干事3人，其中站长1名。站内设有图书阅览室、文体活动室、展览室、广播录像室、媒体阅览室等，配置了电脑2台，图书1000册以及投影仪等设备。

（二十一）天水市张家川回族自治县

0252 闫家乡文化站

地　　址：张家川县闫家乡
隶属关系：闫家乡人民政府
人　员　数：3人
观　众　数：1万人
开展活动情况：文化站注重以文艺活动促繁荣的理念，常年举办"送文化下乡"活动，年均举办科技培训8次，举办各类群众性民间文化活动5场（次），培训村文化员和群众140人（次），图书借阅800多人次。新农村建设文化宣传墙800米，群众文化呈现出蒸蒸日上的崭新局面。
场地面积：380平方米
文艺创作作品：无
简　　介：闫家乡文化站占地面积1000平方米，建筑面积380平方米。设有图书室、报刊阅览室、文体活动室、多功能厅等。站内藏书1000余册，有文艺体育器材多种，影音箱具、扩音设备1套，配备专职文化干部3名。广场体育器材有羽毛球、篮球、乒乓球等全民健身活动设施。文化科技培训室配备了投影仪、播放机、调音台、音箱、话筒及桌椅，该室可进行科技知识讲座和培训，还配有电脑，供群众上网查询相关农业知识。闫家乡综合文化站是推进农村精神文明建设的桥梁和枢纽，该站规章制度、档案资料齐全，运行机制良好，开展活动良好，为群众提供了一个集休闲娱乐、信息传递、科技普及、思想教育为一体的综合性文化服务平台。

0253 刘堡乡文化站

地　　址：张家川县刘堡乡
隶属关系：刘堡乡政府
人　员　数：5人
观　众　数：1.8万人
开展活动情况：定期举办每季度一次的包括县乡级领导、乡村干部、各宗教界人士、寺管会主任等30多人参加的培训讲座；培养发现了大量的书画音乐等爱好者，建立文艺团队；平均每年组织群众在春节期间进行秦腔戏剧演出15场次。
场地面积：300平方米
文艺创作作品：无
简　　介：2011年8月，刘堡乡文化站经乡党委、政府整合文化、卫生、村阵地项目资金建成使用，属副科级建制单位，现有在编人员5人，另外招聘"三区"人才支持计划文化工作志愿者1名。站内设有阅览室、休闲娱乐室等，有图书1506册，书籍种类齐全，报刊杂志6种，图书室阅览量逐年攀升，社会效应日益彰显。配备羽毛球、乒乓球等球类活动器材15副、健身器材1套。建成村2000多平方米的文化广场1处，使文化设施得到显著改善。今年以来，乡党委、政府高度重视，将文化事业纳入全乡发展整体进行部署，制订文化事业发展规划，并分年度组织实施。通过人民政府的指导，乡党委、政府的组织实施，刘堡乡文化站顺利通过了省级文化站评估验收，确定为一级文化站。文化站注重以培训活动促提高、以文艺活动促繁荣的理念，定期举办培训讲座，培养发现了大量的书画音乐等爱好者和出类拔萃者，建立多个文艺团队。每年组织群众在春节期间进行秦腔戏剧演出，建立了围绕春节、重阳节等节日搞活动的长效机制，群众文化呈现出蒸蒸日上的崭新局面。每年组织群众开展诗词朗诵、普通话演讲比赛、乒乓球比赛等文化活动，较好地满足了群众日益增长的文化生活需要，为促进乡域经济发展和社会和谐稳定起到了积极的推动作用。

0254 木河乡综合文化站

地　　址：张家川县木河乡店子村
隶属关系：木河乡政府
人　员　数：11人
观　众　数：2.6万人
开展活动情况：坚持办好板报、标语粘贴等阵地宣传活动，为群众提供丰富的精神食粮，树立崇尚科学、反对封建迷信的思想。坚持办好图书阅览室，定期向广大干部群众开放。结合乡党委、政府中心工作，努力满足群众在不同季节对农技、畜牧知识的需求，开展形式多样、覆盖面广泛的培训活动。文化站充分利用场地优势，在业余时间组织干部群众进行篮球、乒乓球等文体活动，增进了干部群众的感情，活跃了乡域氛围。
场地面积：1800平方米
文艺创作作品：无
简　　介：木河乡综合文化站位于店子村，是我乡文明建设的窗口，科技培训的阵地，学法普法的课堂，文化娱乐的阵地。文化站占地面积约1800平方米，拥有独立的两层主体建筑，站内设有活动室、图书阅览室、电教室等。图书室收藏各类书籍1500册，电教室配备电脑5台、电视机1台、DVD1台、投影仪1台、EVD1台、音响设备1对。站内一次可容纳二百余人进行培训、图书阅览、健身娱乐等活动。文化站设有站长1名，其他成员10名。

0255 恭门镇文化站

地　　址：张家川县恭门镇
隶属关系：恭门镇政府
人　员　数：7人
观　众　数：1.6万人
开展活动情况：组织编排了付川小曲、独唱等节目参加县上群众文艺汇演活动；组织小分队到村开展健身文体进农家宣传表演活动；组织老年人才艺展示活动；组织中学生才艺展示活动。
场地面积：390平方米
文艺创作作品：无
简　　介：恭门镇文化站建筑面积390平方

米，设多功能室、展览室、老年人活动室、图书室、桌台室。文化站于 2001 年 5 月开工建设，2002 年 3 月建成使用至今。文化站属副科级建制，站长 1 名，现有在编人员 7 名。自建站以来，在上级主管部门及镇党委、政府的正确领导下，在有关部门及社会各界的关心支持下，始终坚持科学发展观，不断加强公共文化服务体系建设，坚持公益性、便利性等原则，把握文化发展方向，确立了围绕阵地活动促发展的理念，建立文艺团队 10 多个，藏书达 10000 多册，书籍种类齐全，报刊杂志 25 种，图书室实行微机化管理。恭门镇现有 20 多家事业单位，中小型企业近 10 家，企业职工千余人，图书借阅量逐年攀升，图书馆社会效应日益彰显。镇综合文化站免费开放活动项目 11 个，主要有报刊阅览、图书借阅、乒乓球、共享工程电子阅览、展览、健身、培训、排练、老年活动等，日接待读者和体育爱好者 100 余人次，文化站注重以文艺活动促繁荣的理念，常年举办送文化下乡活动，建立了围绕节日搞活动的长效机制，群众文化活动呈现出蒸蒸日上的崭新局面。

0256 张家川镇综合文化站

地　　址：张家川县张家川镇
隶属关系：张家川镇人民政府
人 员 数：5 人
观 众 数：5800 人
开展活动情况：先后组建西城社区秦腔自乐班、民族舞蹈队、秧歌队等多种文体社团，并积极开展丰富多彩的文化活动。
场地面积：300 平方米
文艺创作作品：无
简　　介：张家川镇综合文化站现有文化服务中心 1 个，29 个行政村均建有农家书屋。镇文化站是农村文化的前沿阵地，农村精神文明建设的重要窗口，它肩负着农村群众文化活动的示范和导向作用，是政府和农村群众感情联络的桥梁和纽带。张家川镇自 1981 年建镇以来，镇党委、政府高度重视群众性文化体育事业，始终将其作为精神文明建设的重要内容来抓，并于 2012 年成立张家川镇综合文化站。现有职工 5 名，其中站长 1 名、文化专干 1 名；新建成并投入使用 300 多平方米的站舍，内设有图书室、阅览室、棋牌室、文化信息共享点、老年青年活动室、教育培训室、综合展示厅、多功能活动厅等。图书室藏书达 2000 多册。文化站为营造新农村文化氛围，满足农民精神文化需求，培育农村文化骨干队伍，创建农村精神文明和谐音符等起到了重要作用。

0257 大阳乡综合文化站

地　　址：张家川县大阳乡
隶属关系：大阳乡人民政府
人 员 数：4 人
观 众 数：9600 人
开展活动情况：在节庆日组织开展了群众业余文化生活汇演、门球、羽毛球比赛等多种丰富多彩的活动项目，活跃了农民的业余生活。本乡有健身舞队 1 支、秧歌队 2 支，每年秋收季节举办丰收戏曲表演。
场地面积：700 平方米
文艺创作作品：无
简　　介：大阳乡综合文化站建筑面积 700

平方米，站长1名，副站长1名，专职人员3人。2010年开始投入使用，主体为三层建筑，内设多媒体室、培训室、多功能厅、图书阅览室、管理室、活动室等多个活动场所。文化站共有图书2168册，报刊杂志5种，拥有跳棋、乒乓球、二胡及扬琴等多种文体器材。乡政府对文化站建设相当重视，每年召开班子会专门研究乡镇文化站的建设和发展情况。每年下拨经费用于乡镇文化建设和文化活动，先后购置桌椅、书橱等设施，安装了健身器材和体育器材，制订完善了各项规章制度。

0258 川王乡文化综合站

地　　址：张家川县川王乡

隶属关系：川王乡人民政府

人 员 数：6人

观 众 数：3200人

开展活动情况：文化站注重以文艺活动促繁荣的理念，常年举办送文化下乡活动，年均举办科技培训10余次；举办各类群众性民间文化活动6场（次）；培训村文化人员和群众165人次；图书借阅达1000多人；建设文化宣传墙1200米，群众文化呈现出蓬勃发展的崭新局面。

场地面积：320平方米

文艺创作作品：无

简　　介：川王乡综合文化站始建于2011年，占地面积3200平方米，建筑面积320平方米，设有图书室、展览室、录像室、培训室等。站内藏书3000多册，年订报刊杂志6种，有各类文艺体育器材12件，扩音设备、调音台、投影仪各1套，信息网络传输设备11台，桌椅68套。文化站共有事业编制人员6人，全部为大专以上学历，有较强的专业能力和组织管理能力。文化站充分发挥自身优势，积极开展阵地宣传、科技培训和各类文化活动，在全乡各村建起了村文化活动室。

文化站注重以文艺活动促繁荣的理念，常年举办各种文化活动，群众文化呈现出红红火火的崭新局面。

0259 张棉乡综合文化站

地　　址：张家川县张棉乡

隶属关系：张棉乡人民政府

人 员 数：4人

观 众 数：1万人

开展活动情况：2012年10月31日，邀请甘肃省民族歌舞团的60余名著名艺术家，在张棉乡综合文化站文化广场为全乡的人民群众举办了一场规模大、规格高的文艺演出活动；2012年，在文化站举办了中药材技术培训班2期，受训人员达到800余人次；2013年，在文化站举办了三期"伊香牛肉拉面师"技能培训班，取得伊香牛肉拉面师资格证书100余人；2014年，联系县文联来我站举办"三下乡"活动一次。

场地面积：500平方米

文艺创作作品：无

简　　介：张棉乡综合文化站始建于2011年，占地面积1500平方米，建筑面积500平方米，设有图书室、办公室、多媒体室、文化活动室、露天舞台、篮球场、健身活动场地等。站内下设农家书屋11个，总藏书20000余册，年订报刊杂志8种，有各类文艺体育器材20件，投影机、扩音设备、卫星接收设备、电脑服务器各一套，配备专职文化干部3名。近年来，切实发挥文化阵地功能，运用形式多样、丰富多彩的活动方式，宣传党的政策，培养文艺骨干，开展文体娱乐活动，举办技能培训，规范文化市场，不断地营造新农村文化氛围，满足人民群众日益增长的文化生活需要。

0260 龙山镇综合文化站

地　　址：张家川县龙山镇
隶属关系：龙山镇人民政府
人　员　数：9人
观　众　数：6.7万人
开展活动情况：龙山镇综合文化站免费开放活动项目主要有图书借阅、乒乓球、展览、健身、培训、排练等，日接待人民群众200余人次；以各艺术团体为主经常举办秦腔艺术表演、社火表演、书画展览、广场健身舞大赛、篮球比赛等文化体育活动。
场地面积：300平方米
文艺创作作品：无
简　　介：龙山镇综合文化站建成于2012年，总面积300平方米，现有在编人员9人。龙山镇综合文化站建站以来，在上级主管部门及龙山镇党委、政府的正确领导下，以科学发展观为指导，加强公共文化服务设施建设，坚持公益性、便利性和开放性等服务原则，围绕阵地活动促发展，先后整合资源，建设完成900平方米的文化广场，整修了龙泉剧场，扶持成立了官泉村龙泉艺术团、连柯村文化艺术中心和龙山镇文化交流中心。

另外，官泉、榆树、汪堡、连柯等村的广场健身舞蹈队也先后成立，这些艺术团体积极开展活动，极大地丰富了人民群众的文化生活。同时，整合资源，合理利用，适时成立了文化站的图书借阅室，共计2000多册图书，并正常开展借阅活动。龙山镇综合文化站建立了围绕节日搞活动的长效机制，群众文化呈现出崭新局面。

0261 胡川乡综合文化站

地　　址：张家川县胡川乡张堡村
隶属关系：胡川乡人民政府
人　员　数：5人
观　众　数：1.3万人
开展活动情况：文化站在全乡范围内组织开展了以崇尚"个人品德、公民道德、家庭美德、社会公德"和践行社会主义核心价值观为主要内容的学习实践活动4次；开展了争创"五好村""星级文明户""幸福家庭"等为主要载体的"文明村户"创建活动2次；开展了广播电视"户户通"工程建设安装开通培训活动2次；开展了农家书屋规范化运行管理培训活动2次；开展了全乡农民篮球比赛活动2次；开展了全乡象棋和乒乓球比赛活动各2次；配合县委宣传部等单位开展了文化、科技、卫生"三下乡"活动4次。这些惠民文化活动的开展最大程度地提高了群众文化素质，丰富了农民文化生活，提升了农村文化水平，加快了地方文化建设步伐，推动了全乡经济和社会各项事业全面进步与发展。

场地面积：418.8 平方米

文艺创作作品：无

简　　介：胡川乡综合文化站位于胡川乡张堡村，该站舍坐东向西，滨河（后川河）临路（庆天二级公路），位置优越，交通便利，信息畅通，环境优美，是胡川乡加快文化建设和提升文化水平的主窗口，是引领全乡群众文化生活导向的主阵地，是开展"文化惠民"活动的主场。该站舍始建于 2011 年 8 月，竣工于 2011 年底，总占地面积 2621.31 平方米，建筑面积 418.8 平方米，总投资 111.3 万元，其中文化站综合楼工程 44.8 万元，文化广场"美化"工程 24.8 万元。该站舍建设整合了张堡村村级组织活动场所和综合文化站站舍建设两个项目，它包括综合文化站、张堡村村级组织活动场所、文化广场等三部分。综合文化站站舍由图书室、功能室（放映室）、电子阅览室、办公室等四个工作间组成。站舍内配备了价值 20 余万元的电视、电脑、音箱、投影仪、打印机、图书架、报刊架、电脑桌椅、阅览桌椅等设备；广场内配套了露天文化娱乐和休闲健身器材。文化站现有工作人员 5 名，其中站长 1 名，文化专干 1 名，事业编制的工作人员 3 名，在岗履职的 5 名工作人员都具有大专及以上学历，且都具备一定的文化工作经历和工作水平，是一支履职尽责、爱岗敬业的基层文化工作队伍。

0262　马鹿乡综合文化站

地　　址：张家川县马鹿乡

隶属关系：马鹿乡人民政府

人　员　数：7 人

观　众　数：9000 人

开展活动情况：在节庆日组织开展了歌咏比赛、秦腔自乐班表演、羽毛球、篮球比赛等多种丰富多彩的活动项目，活跃了农民的业余文化生活。同时还不定期地进行培训辅导，增强了综合文化站的运行活力，丰富了人们的文化生活，提高了乡镇文化站的服务水平。

场地面积：300 平方米

文艺创作作品：无

简　　介：马鹿乡综合文化站于 2005 年 8 月份建成并投入使用，建设面积 300 平方米，分别设有书报刊阅览室、档案室、文体活动室、娱乐室、培训教室、办公室、广播电视站、管理室等。2009 年人民政府配发了 12 万元的设备，主要包括调音台、液晶电视、音箱、电脑、阅览桌以及投影仪等设施。室外新建标准化篮球场 1 处、羽毛球场 1 处、增添健身活动器材。文化站建成后文化队伍不断壮大，共有人员 7 名，其中文化站长 1 名，文化专干 1 名，其他工作人员 5 名。

0263　连五乡综合文化站

地　　址：张家川县连五乡

隶属关系：连五乡人民政府

人　员　数：3 人

观　众　数：8200 人

开展活动情况：图书室免费对外开放，每周定时 42 小时；每年开办文化板报专栏 6 次以上；利用传统节假日和农闲时节举办各种文体活动，得到了广大群众的一致好评；随时挖掘我乡民间艺术文化，每年组织牛肉拉面和科技培训等特色产业服务工作。

场地面积：186.5 平方米

文艺创作作品：无

简　　介：连五乡综合文化站于 2012 年正式投入使用，总投资达 46 万元，占地面积达 1517.75 平方米，建筑面积 186.5 平方米。文化站一楼设有电子阅览室，二楼设有资源共享室和活动室。站内现有音响设备 1 套、文化信息资源共享工程设备 1 套、投影仪 1

套、各种桌椅达 90 多张，总藏书 1500 余册，每年订各种报刊杂志 6 种以上。站内在岗人员共 3 人，其中 1 名聘用工，2 名正式工。有专职文化站长 1 名，且享有副科待遇。全乡共有 13 个农家书屋，有 3 支业余文艺团队，每队达 15 人以上，每年定期参加县乡举办的文化知识培训。

0264 梁山乡文化站

地　　址：张家川梁山乡
隶属关系：梁山乡人民政府
人 员 数：4 人
观 众 数：1.35 万人
开展活动情况：2012 年 11 月 6 日，邀请县委宣传部多名农业专家，在梁山乡综合文化站文化广场为全乡人民群众举办了养殖技术、劳务技能培训班 3 期。2013 年开展养殖技术、劳务技能、特色种植业培训班 4 期。
场地面积：417 平方米
文艺创作作品：无

简　　介：梁山乡境内各类民间传统文艺底蕴深厚，文艺人才济济，乡党委、政府大力倡导文化建设与经济社会发展同步惠及全乡群众生产生活的总体战略部署，于 2011 年 8 月建成梁山乡综合文化站。文化站占地面积 920 平方米，建筑面积 416.9 平方米。设有办公室、多媒体室、文化活动室、电子阅览室、展览室、老人活动室、培训室、篮球场、健身活动场地等。站内下设农家书屋 12 个，总藏书 1.8 万余册，年订报刊杂志 6 种、400 多册，有各类文艺体育器材 20 件，投影机、扩音设备、卫星接收设备、电脑服务器各 1 套，配备专职文化干部 4 名。近年来，切实发挥文化兴乡强乡，实现以文养文，运用形式多样、丰富多彩的活动方式，宣传新时期党的文化方针政策、培训文艺骨干、开展文体娱乐活动、举办技能培训、规范文化市场，不断的营造新农村文化氛围，满足人民群众日益增长的文化需要。

（二十二）武威市凉州区

0265 武威市文化馆

地　　址：凉州区北关西路 37 号
隶属关系：武威市文化广播影视新闻出版局
人　员　数：18 人
观　众　数：8 万人

开展活动情况：宣传党的路线、方针、政策，引导社区文化、乡镇文化等群众文化的健康发展；开展"百村千人"农村文艺骨干培训工程；策划组织群众文化活动，举办群众性文艺比赛、文艺演出和各类展览；面向社会，开展少儿艺术培训和艺术教育；指导社会文艺团体的活动；组织开展群众性的文学、文艺作品的创作及群众文化的调查研究；搜集、整理、开发民族民间优秀文化，挖掘和保护民间文化遗产。

场地面积：4593.35 平方米

文艺创作作品：民间舞蹈《攻鼓子》，绘画作品《长风万里鸿朗高畅》《乡村小景》《四条屏》《写生》，秦腔折子戏《烂柯山·悔路》《探窑》，论文《关于挖掘整理民族民间舞蹈的思考》《试谈新世纪群艺馆的创新与发展》《群艺馆在非物质文化遗产保护中的作用》《对发展武威文化旅游业的探讨》，编译国家级课题《藏族民间口传文化汇典》，情景舞剧《凉州会盟》，小品《连心酒》，舞蹈《安召嗦罗罗》，文化书《武威文化志》。

简　　介：武威市图书馆始建于 1964 年 5 月，2010 年 6 月更名为武威市文化馆。武威市文化馆核定编制 19 人，现有干部职工 18 人，其中专业技术人员 15 人。馆长 1 名、副馆长 2 名，均为专业技术人员。本馆内设办公室、文艺辅导部（含少儿文艺辅导）、美术摄影部、免费开放管理部和非遗保护工作办公室。文化馆占地总面积为 4593.35 平方米。其中办公室各类业务活动室面积为 3393.25 平方米，设有展厅、交流室、资料室、多功能厅、各类培训教室、会议室等。武威市文化馆始终坚持党的"双百"方针，坚持"贴近实际、贴近生活、贴近群众"原则，以创新、服务、发展为理念，认真开展群众文化活动，狠抓管理不放松，各项规章制度健全。业务工作做到年初有安排，年底有总结，采取层层签定责任书、工作任务落实到人、年底总结与绩效工资挂钩的管理办法，每年均超计划完成各项工作。

0266 凉州区图书馆

地　　址：凉州区西大街 56 号

隶属关系：凉州区文化体育广播影视局
人　员　数：14 人
观　众　数：13 万人
开展活动情况：每年开展"世界读书日"活动，为读书爱好者提供了平台。
场地面积：2860 平方米
文艺创作作品：无
简　　介：凉州区图书馆位于武威市中心的文化广场，始建于 1926 年，重建于 1956 年，现为三级图书馆。馆舍面积 2860 平方米，设有阅览席位 300 个。图书馆承担着为凉州区 39 个乡镇、449 个村、6 个街道、24 个社区的 103 万人口免费提供基本读书看报、网络运用等文化权益均等保障的重任。馆内实行全年全天候开放，节假日、双休日不闭馆，坚持每周开放时间不少于 50 小时。馆内现有职工 14 人，大专学历以上人数占 100%，图书资料专业技术人员 8 人，其中中级职称人员 6 人，初级人员 2 人。馆内藏书 16800 多册，以《四库全书》《宛委别藏》及地方文献为特色，馆内开架书刊占总藏量的 63% 以上。馆内设有综合图书借阅室、电子阅览室、报刊阅览室、多媒体室、特藏阅览室（地方文献阅览室）、少儿借阅室、过刊借阅室等 7 个对外服务窗口，拓展了盲人阅览专区和电子书城阅读服务。

0267 凉州区文化馆

地　　址：凉州区西大街 5 号
隶属关系：凉州区文化体育广播影视局
人　员　数：22 人
观　众　数：1.2 万人
开展活动情况："凉州民间文艺大赛、贤孝汇演比赛"，"百村千人"农村文艺骨干培训工程，"百校万人"青少年文艺辅导工程，青少年"蒲公英"培训，迎新春书画展，"春节庙会"。
场地面积：3884 平方米
文艺创作作品：《凉州贤孝精选》《凉州贤孝曲谱汇编》《天堂里有没有阳光》《雨中遥想》《黑板上的河流》《程翹作品精选》
简　　介：凉州区文化馆正式成立于 1950 年 10 月，原名为武威县文化馆，其前身是武威县民众教育馆（民国时期），1985 年改名为武威市文化馆。2001 年撤区设市后改名为武威市凉州区文化馆，是隶属于凉州区文化体育局的公益性文化事业单位。凉州区文化馆位于市区中心文化广场，现有建筑面积为 3884 平方米的文化大楼一座。有职工 21 人，有专业技术人员 14 人，其中副高级职称 2 人，中级职称 6 人，初级职称 6 人；现有馆长 1 人，副馆长 2 人。馆内下设办公室、文艺辅导部、美术辅导部、摄影辅导部、后勤部、财务部等部（室）。2011 年 6 月凉州区文化馆被中央文化部考核通过，宣布为二级文化馆。近年以来，文化馆在区文体局领导下，在繁荣全区精神文明建设，组织辅导城乡群众各项文化活动，活跃城乡群众文化生活，普查保护非物质文化遗产等方面，做了大量的工作，取得了一定的成绩。

0268 韩佐乡综合文化站

地　　址：凉州区韩佐乡韩佐村
隶属关系：韩佐乡人民政府
人 员 数：1人
观 众 数：2000人
开展活动情况：第六届凉州民间文艺大赛韩佐片区复赛。
场地面积：1100平方米
文艺创作作品：无
简　　介：韩佐乡综合文化站设在乡政府四楼，有培训室、信息资源共享室、管理用房等。文化站文化信息资源共享工程配备了计算机、服务器、卫星接收设备等价值10万元的工程设备，现运行正常。全乡7个行政村，文化信息资源共享村级服务点设备全部到位，并已启动运行。建立健全以政府为主导、以村为中心、以自我发展为重点、由综合乡文化站管理指导、村协调配合的管理机制，按照政府投一点、村出一点、自乐班拿一点、社会捐一点"四家联动"的投入机制，以文化大院为固定场所，以政策宣传、文化娱乐、科技培训、借书看报、信息传播、健身休闲"六位一体"为服务目标，在全乡发展村自乐班子1家，引导农民自办文化活动。以"农村文化大院"为主要载体的农民自办文化活动，极大地丰富了农民群众的精神文化生活，已成为农村精神文明建设的重要力量。

0269 双城镇综合文化站

地　　址：凉州区双城镇双城村
隶属关系：双城镇人民政府
人 员 数：2人
观 众 数：3500人
开展活动情况：每年在元旦、国庆节等重大节假日举办大型文艺演出活动；常年组织自乐班带领广大农民群众进行广场舞、健美操、腰鼓等全民健身娱乐活动。
场地面积：240平方米
文艺创作作品：无
简　　介：双城镇综合文化站是双城镇人民政府举办的提供公共文化服务、指导基层文化工作和协助管理农村文化市场的公益性事业单位，是集书报刊阅读、宣传教育、文艺娱乐、科普培训、信息服务、体育健身等各类文化活动于一体，服务于当地农村群众的综合性公共文化机构。文化站现有正式在编工作人员2名，配备了计算机、服务器、卫星接收设备、音响等价值10万元的工程设备，运行正常。全镇16个行政村，建立了15个文化信息资源共享村级服务点，并已启动运行。

0270 松树乡综合文化站

地　　址：凉州区松树乡中堡村
隶属关系：松树乡人民政府
人 员 数：3人
观 众 数：3000人

开展活动情况：每年在元旦、国庆节等重大节假日举办大型文艺演出活动；常年组织自乐班带领广大农民群众进行健身娱乐活动。

场地面积：400平方米

文艺创作作品：无

简　　介：松树乡综合文化站坐落于松树乡中堡村八组，建筑面积400平方米。文化站现有人员编制2名，室内文体设施有乒乓球、羽毛球，室外有篮球场1处。综合文化站文化信息资源共享工程配备了计算机、服务器、卫星接收设备等价值10万元的工程设备，现运行正常。全乡10个行政村，文化信息资源共享村级服务点设备全部到位，并已启动运行。乡综合文化站建立健全以政府为主导、以村为中心、以自我发展为重点，乡综合文化站具体管理辅导、村协调配合的管理机制，以文化大院为固定场所，以政策宣传、文化娱乐、科技培训、借书看报、信息传播、健身休闲"六位一体"为服务目标，在全乡发展村自乐班子1家，积极调动农村群众开展有利于身心健康的精神文化生活。

0271　吴家井乡综合文化站

地　　址：凉州区吴家井乡七星村

隶属关系：吴家井乡人民政府

人 员 数：2人

观 众 数：1800人

开展活动情况：自2012年开始举办凉州区民间文艺大赛吴家井乡初赛；积极参加片区复赛；2013年举办吴家井乡庆"七一"文艺演出等。

场地面积：108平方米

文艺创作作品：无

简　　介：吴家井乡综合文化站建于2010年，位于人口相对集中，道路畅通的吴家井什字西南角。文化站是在原文化站旧址上改建而成，总建筑面积108平方米。全乡4个行政村，文化信息资源共享村级服务点设备全部到位，并已启动运行。文化站配备工作人员2名，其中站长1名，文化专干1名。目前综合文化站有上级部门配备的音响、投影仪、调音台、阅览桌、阅览椅等各类设施。全乡现已建成村级篮球场1处，建成高标准健身中心1处，为群众文化活动提供了场所，有效推动了群众文化的丰富和发展。

0272　大柳乡综合文化站

地　　址：凉州区大柳乡烟房村

隶属关系：大柳乡人民政府

人 员 数：2人

观 众 数：1200人

开展活动情况：2013年举办第五届凉州区民间文艺大赛大柳乡初赛；2014年举办第六届凉州区民间文艺大赛大柳乡片区复赛。文化站每年在元旦、国庆节等重大节假日举办大型文艺演出活动。并常年组织自乐班带领广大农民群众进行广场舞、腰鼓等全民健身娱乐活动。

场地面积：300平方米

文艺创作作品：无

简　　介：大柳乡综合文化站位于烟房村五组，有阅览室、文体活动室、棋牌室和资源共享工程室等。综合文化站文化信息资源共享工程配备了计算机、服务器、卫星接收设备等价值10万元的工程设备，现运行正常。全乡7个行政村，文化信息资源共享村级服务点设备全部到位，并已启动运行。文化站藏书200多册，有工作人员2名，文化站长1名，文化专干1名。文化站各功能室免费向本地群众开放，开放时间为每天上午9:00—12:00，下午2:30—5:30，节假日不休息。

0273　丰乐镇综合文化站

地　　址：凉州区丰乐镇丰乐街

隶属关系：丰乐镇人民政府

人 员 数：1人

观 众 数：1200人

开展活动情况：举办凉州区首届农民运动会丰乐片区复赛；参加每年一度的凉州区民间文艺大赛。

场地面积：404平方米

文艺创作作品：无

简　　介：丰乐镇综合文化站位于丰乐镇小城镇中心位置，地理位置优越，交通便利，人口集中。文化站于2009年12月开工，经过近四个月的建设，于2010年4月完工并通过项目验收，投入使用。文化站建有图书阅览室一间，藏书2000余册，建有多功能厅、辅导培训教室、乒乓球室及管理办公室等，配备文化站长1名。镇综合文化站免费为群众提供图书报刊借阅、免费上网服务、文化共享资源播放等服务活动，并免费提供乒乓球室、文艺活动室等文化活动场所供群众休闲娱乐。综合文化站积极组织本镇群众开展丰富多彩的文化体育活动，支持自乐班开展自娱自乐活动，群众文化活动不断获得发展。

0274　九墩乡综合文化站

地　　址：凉州区九墩乡九墩村

隶属关系：九墩乡人民政府

人 员 数：2人

观 众 数：2000人

开展活动情况：每年在元旦、国庆等重大节假日举办大型文艺演出活动。并常年组织自乐班带领广大农民群众进行广场舞、健美操、腰鼓等全民健身娱乐活动。组织凉州民间文艺大赛九墩乡预赛。

场地面积：300平方米

文艺创作作品：无

简　　介：九墩乡综合文化站坐落于乡政府南侧，为单层仿古建筑平房，建筑面积300平方米，总投资35万元。文化站设有多功能活动厅、书报刊阅览室、培训室、信息资源共享室、管理用房等。乡综合文化站文化信息资源共享工程配备了计算机、服务器、卫星接收设备等价值10万元的工程设备，现运行正常。全乡6个行政村，文化信息资源共享村级服务点设备全部到位，并已启动运行。文化站以文化大院为固定场所，以政策宣传、文化娱乐、科技培训、借书看报、信息传播、健身休闲"六位一体"为服务目标，在全乡发展村自乐班子4家。以"农村文化大院"为主要载体的农民自办文化活动极大地丰富了农民群众的精神文化生活，已成为农村精神文明建设的重要力量。

0275 武南镇综合文化站

地　　址：凉州区武南镇三马路
隶属关系：武南镇人民政府
人 员 数：2人
观 众 数：1800人
开展活动情况：2012年举办第四届凉州区民间文艺大赛武南镇初赛；2013年举办第五届凉州区民间文艺大赛武南镇初赛和武南片区复赛；2014年举办第六届凉州区民间文艺大赛武南镇初赛。
场地面积：350平方米
文艺创作作品：无
简　　介：武南镇综合文化站建于2008年，位于人口相对集中、道路畅通的三马路中段。文化站修建严格按照项目建设要求进行，内设文体活动、图书阅览、电子阅览、培训室、信息共享等5大功能室，总建筑面积350平方米，上水、下水、电、暖气通畅。全镇17个行政村，文化信息资源共享村级服务点设备全部到位，并已启动运行。文化站配备工作人员5名，其中专职站长1人，文化专干3人，临时工作人员1人。目前综合文化站配有上级部门配备的音响、投影仪、调音台、阅览桌、阅览椅、书画桌等各类设施。图书阅览室有图书8400余册。定期开放文体活动室，每天至少活动6个小时。文化站促进"以城带乡"活动，邀请铁路文化宫秋云舞蹈队的陈军老师、武南铁路合唱团的王贤义老师对村自乐班进行业务培训，先后培训共12次。

0276 和平镇综合文化站

地　　址：凉州区和平镇
隶属关系：和平镇人民政府
人 员 数：3人
观 众 数：2000人
开展活动情况：组织第四、五、六届凉州民间文艺大赛和平镇初赛、复赛；参加全区庆祝"五一"国际劳动节暨"中国梦·劳动颂"大型诗歌演唱会；参加全区文化专业干部及书画爱好者培训班活动；参加非物质文化遗产"凉州花灯"展览。2013年成立了和平镇体育协会，每年举办大型活动4次以上，每月举办中小型活动1次以上。参加各种比赛获得荣誉20多项，文化站连续六年被文体局评为先进单位。
场地面积：300平方米
文艺创作作品：书籍《西凉鼓舞源远流长》，论文《凉州花灯历史渊源、作用及发展过程》，诗歌《放歌石羊河畔》，情景对白剧《梦想》，凉州花灯歌舞《十二月菜妹子观花灯》，书法作品《正气歌》。
简　　介：2007年中央扩大内需项目，投资24万元，建成了300平方米的和平镇综合文化站，设有书画创作室、展览室、文艺辅导室、图书阅览室、电子阅览室；建成1700多平方米体育场1处，800平方米文化广场1处，设有篮球场、羽毛球场、路径健身场、乒乓球室。2013年新建3000多平方米的体育健身中心1处，文化站场所全部达到免费开放。2010年建成了文化资源共享工程基层服务点1个、村级服务点10个，2013年建成数字电影固定放映点1个。文化站主要负责文化宣传、体育活动、农业科技培训、文化作品展览、图书借阅、文化信息资源共享工程管理等工作，有站长1名，专干2名。文化站2002年以来挖掘民间艺术"凉州花灯"，2008年被申报列为武威市非物质文化遗产保护项目，2011年建成凉州花灯保护中心和生产基地，2013年成立了武威市凉州花灯民间艺术协会。2012年成立了天一艺术表演团和旭峰艺术表演团，组建社火、健身文体表演队5支。

0277 洪祥镇综合文化站

地　　址：凉州区洪祥镇刘家沟村
隶属关系：洪祥镇人民政府
人 员 数：1人
观 众 数：5000人
开展活动情况：组织第四、五、六届凉州民间文艺大赛洪祥镇初赛。
占地面积：429平方米
文艺创作作品：无
简　　介：洪祥镇综合文化站位于镇政府大门斜对面，占地面积429平方米。文化站内设有阅览室、文体活动室、棋牌室和资源共享工程室等；文化信息资源共享工程配备了计算机、服务器、卫星接收设备等价值10万元的工程设备，现运行正常；有专干1名，主要从事文化活动的开展和文化市场、文物的管理。各村都建有农家书屋、文化活动室，农家书屋藏书1000册，文化活动室有乒乓球案、乒乓球拍多副；有棋牌桌、象棋、五子棋、弹子跳棋等。农闲时节大部分群众都在文化站、农家书屋、文化室活动。全镇8个行政村文化信息资源共享村级服务点设备全部到位，并已启动运行。

0278 金羊镇综合文化站

地　　址：凉州区金羊镇五一村
隶属关系：金羊镇人民政府
人 员 数：1人
观 众 数：2000人
开展活动情况：组织第六届凉州民间文艺大赛金羊镇初赛。文化站每年在重大节假日举办大型文艺演出活动，并常年组织自乐班带领广大农民群众进行广场舞、健美操、腰鼓等全民健身娱乐活动。
场地面积：600平方米
文艺创作作品：无

简　　介：金羊镇综合文化站建成于2010年，建筑面积300平方米，内设有阅览室、文体活动室、棋牌室和资源共享工程室等。文化站文化信息资源共享工程配备了计算机、服务器、卫星接收设备等价值10万元的工程设备，现运行正常。全镇15个行政村，文化信息资源共享村级服务点设备全部到位，并已启动运行。文化站不定期的外请农业技术专家、法律专业学生对当地村民进行农业技术和法律知识讲座。每个季度在文化站院内放映电影，重大节日开展卡拉OK比赛、拔河比赛、乒乓球比赛等文体活动。

0279　发放镇综合文化站

地　　址：凉州区发放镇发放村
隶属关系：发放镇人民政府
人 员 数：3人
观 众 数：3000人
开展活动情况：组织第五届凉州民间文艺大赛发放镇片区复赛，组织第六届凉州民间文艺大赛发放全镇片区初赛。
场地面积：307平方米
文艺创作作品：无
简　　介：发放镇综合文化站坐落于发放镇发放村，综合文化站建设项目是经武威市发改委批准立项实施的建设工程项目，综合文化站为单层仿古建筑平房，建筑面积307平方米，总投资25.5万元。设有多功能活动厅、书报刊阅览室、培训室、信息资源共享室、管理用房等。综合文化站文化信息资源共享工程配备了计算机、服务器、卫星接收设备等价值10万元的工程设备，现运行正常。全镇18个行政村，文化信息资源共享村级服务点设备全部到位，并已启动运行。

0280　新华乡综合文化站

地　　址：凉州区新华乡李府村
隶属关系：凉州区新华乡人民政府
人 员 数：2人
观 众 数：1500人
开展活动情况：2013年举办第五届凉州区民间文艺大赛新华初赛。2014年举办第六届凉州区民间文艺大赛新华乡片区复赛。
场地面积：300平方米
文艺创作作品：无
简　　介：新华乡于2010年新建成建筑面积300平方米的综合文化站，结构为砖混建筑，设有多功能活动室、培训室、图书报刊阅览室、文化信息资源共享服务室等功能区。文化站配有1名文化站站长，1名文化专干。文化站积极落实免费开放资金5万元，用于文体活动。文化站专干积极组织镇自乐班子及文艺人员在重大节日期间为群众表演文艺节目；组织图书管理员、社会体育指导员开展专业知识培训活动；紧密结合群众的实际文化特点，广泛宣传党的路线、方针、政策；大力推广适用于农村的科学技术，引导当地群众走向文明积极向上的生活方式。

0281 黄羊镇综合文化站

地　　址：凉州区黄羊镇发展路

隶属关系：黄羊镇人民政府

人 员 数：3人

观 众 数：1200人

开展活动情况：2008年举办凉州区民间文艺大赛黄羊镇初赛；2011年底成功举办凉州区首届农民运动会黄羊初赛、黄羊片区复赛；2013年举办第五届凉州区民间文艺大赛黄羊片区复赛。

场地面积：300平方米

文艺创作作品：无

简　　介：黄羊镇综合文化站位于镇政府北侧，建筑面积300平方米，有电子阅览室、文体活动室、棋牌室、培训室和资源共享工程室等。各室中设备配置齐全。文化站管理25个村级农家书屋、11个自乐班子、2个文化大院。在文化站的带领下，各村开展丰富多彩的文体活动，黄羊镇文化建设向全民化健康发展。

0282 下双乡综合文化站

地　　址：凉州区下双乡下双村

隶属关系：下双乡人民政府

人 员 数：2人

观 众 数：2000人

开展活动情况：组织第五届凉州民间文艺大赛下双片区复赛。

场地面积：307平方米

文艺创作作品：无

简　　介：下双乡综合文化站坐落于著名的省级文物保护单位下双大庙西侧，为单层仿古建筑平房，建筑面积307平方米，总投资25.5万元。文化站设有多功能活动厅、书报刊阅览室、培训室、信息资源共享室、管理用房等。乡综合文化站投入10万元文化信息资源共享工程，配备了计算机、服务器、卫星接收设备等工程设备，全乡7个行政村的文化信息资源共享村级服务点设备配置全部到位，工作正常开展。文化站以提高村民思想素质和文化修养为宗旨，以文化站、农家书屋、文化活动室为主阵地，积极引导村民开展图书阅览、戏曲演唱、科普知识教育等活动，群众的幸福感和文化素养有了大的提升。

0283 高坝镇综合文化站

地　　址：凉州区高坝镇政府七楼

隶属关系：凉州区高坝镇人民政府

人 员 数：2人

观 众 数：5000人

开展活动情况：2012年举办第四届凉州区民间文艺大赛高坝镇初赛和高坝镇复赛；2013年举办第五届凉州区民间文艺大赛高坝镇初赛；2014年举办第六届凉州区民间文艺大赛高坝镇初赛，开展高坝镇机关庆"七一"职工运动会。现全镇有自乐班20家，自乐班在农家大院或文化广场经常开展健身舞、民间文艺小调文化健身活动。文化站每年组织大型文体活动1~2次，单项文体活动2~3次，丰富了群众的文化生活。

场地面积：300平方米

文艺创作作品：无

简　　介：高坝镇综合文化站位于高坝镇政府七楼，在武威市区东南郊，距离城区4公里。文化站在编人员4人，有综合文化活动中心1处，占地面积380平方米。活动室面积300平方米，内设活动舞台一个，安装了信息资源共享、音响等设备。室外活动场地80平方米，设计了文化宣传走廊，安装了乒乓球台等体育设备。文化站西侧申请建设体育健身中心一处，面积1000平方米，健身中心建有2块篮球场、2块羽毛球场、4块乒乓球场和健身路径一处。通过文化硬件设施的改善，调动了广大群众积极参与文化活动的热情。

0284　古城镇综合文化站

地　　址：凉州区古城镇古城村

隶属关系：古城镇人民政府

人　员　数：2人

观　众　数：1800人

开展活动情况：举办凉州民间文艺大赛古城区初赛。

场地面积：306平方米

文艺创作作品：无

简　　介：古城镇综合文化站位于镇政府院内，建筑面积306平方米。站设有多功能活动厅、书报刊阅览室、信息资源共享室、文体活动室等。镇综合文化站文化信息资源共享工程配备了计算机、服务器、卫星接收设备等价值10万元的工程设备，现运行正常。全镇20个行政村，文化信息资源共享村级服务点设备全部到位，并已启动运行。近年来建立健全以政府为主导，以村为中心，以自我发展为重点，由镇文化站管理指导，镇文化站具体管理辅导，村协调配合的管理机制，带领"农村文化大院"自办文化活动、自乐班进行广场舞、健美操、腰鼓等全民健身娱乐活动，有效丰富了群众的文化生活。

0285　柏树乡综合文化站

地　　址：凉州区柏树乡柏树中学

隶属关系：凉州区柏树乡人民政府

人　员　数：3人

观　众　数：1800人

开展活动情况：举办了2011年西营片区农民运动会；组织了2013年"学习党章、执行党章"知识竞赛暨庆"七一"文艺汇演；举办了第五届凉州民间文艺大赛柏树片区初赛、复赛；举办了第六届凉州民间文艺大赛柏树乡初赛。积极开展阵地宣传、科技培训和各类文化活动，组建了21个自乐班和3个秧歌队。年均举办科技培训30余次，举办各类群众性民间文化活动18多场（次），培养艺术"能人"120人。

场地面积：305平方米

文艺创作作品：无

简　　介：柏树乡综合文化站始建于2008年，占地面积305平方米，2010年扩建和重新装修，内设图书室、老人活动中心、资源共享室、健身室、培训室等8个功能室，设施齐全，功能布局合理。站内藏书3000多册，年订报刊杂志6种、1100多册，有各类文艺体育器材56件，电影箱具、扩音设备、录像机各1套，配备专职文化干部2名。室外新建标准化篮球场一处，有健身活动器材10余种。免费开放活动项目11个，主要有报刊阅览、图书借阅、乒乓球、共享工程电子阅览、展览、健身、培训、排练、老年活动等，日接待读者和体育爱好者300余人次。图书借阅达4000多人，建成宣传版面32个，新农村建设文化宣传墙200米，群众文化呈现出蒸蒸日上的崭新局面。

0286　永昌镇综合文化站

地　　址：凉州区永昌镇刘沛村

隶属关系：永昌镇人民政府

人　员　数：1人

观　众　数：3500人

开展活动情况：2014年举办第二届凉州区民间文艺大赛永昌镇复赛；2014年参加凉州区农民运动会。现全镇有自乐班10家，自乐班在农家大院或文化广场经常开展健身舞、民间文艺小调文化健身活动。文化站每年组织大型文体活动1~2次，单项文体活动2~3次，丰富了群众的文化生活。

场地面积：300平方米

文艺创作作品：无

简　　介：永昌镇综合文化站位于永昌镇刘沛村十组，在武威市区北面，距离城区十四公里。文化站在编人员2人，有综合文化活动中心1处，占地面积300平方米，活动室面积100平方米，安装了信息资源共享、音响等设备，室外活动场地2000平方米。通过文化硬件设施的改善，调动了广大群众积极参与文化活动的热情。

0287　金塔乡综合文化站

地　　址：凉州区金塔乡人民政府日畦村

隶属关系：金塔乡人民政府

人　员　数：2人

观　众　数：2000人

开展活动情况：举办第六届凉州民间文艺大赛金塔片区复赛。

场地面积：314平方米

文艺创作作品：无

简　　介：金塔乡综合文化站位于乡政府大门西侧，有阅览室、文体活动室、棋牌室和资源共享工程室等。乡综合文化站文化信息资源共享工程配备了计算机、服务器、卫星接收设备等价值10万元的工程设备，现运行正常。全乡9个行政村，文化信息资源共享村级服务点设备尚未到位。文化站管理指导全镇涵盖区域的文化体育活动，在群众文体活动、文化科技知识宣传、文艺人才培养等方面取得了显著地成效。

0288 羊下坝镇综合文化站

地　　址：凉州区羊下坝镇上二沟村
隶属关系：羊下坝镇人民政府
人　员　数：2人
观　众　数：1200人
开展活动情况：2012年举办第四届民间文艺大赛羊下坝片区赛；2013年举办第五届凉州区民间文艺大赛羊下坝初赛；2014年举办第六届凉州区民间文艺大赛羊下坝初赛。在全镇发展村自乐班子3家，积极引导他们进行广场舞、腰鼓等全民健身娱乐活动。每年在元旦、五一、国庆等重大节假日举办大型文艺演出活动，极大地丰富了农民群众的精神文化生活。
场地面积：300平方米
文艺创作作品：无
简　　介：在镇党委、政府的大力支持下，以打造文明乡镇、智慧乡镇为主题，以提高村民文化素质和道德品质为宗旨，以提升群众文化品质和满意度为追求目标，积极进行文化硬件和软件建设。文化站各项设施基本齐全。文化信息资源共享工程配备了计算机、服务器、卫星接收设备等价值10万元的工程设备，现运行正常。所辖区域各村的文化信息资源共享村级服务点设备全部配置到位。文化站根据现有的文化资源，经常性的开展风格各异、形式多样的文体活动，给当地群众带来了丰富的精神享受。

0289 康宁乡综合文化站

地　　址：凉州区康宁乡西湾村
隶属关系：康宁乡人民政府
人　员　数：2人
观　众　数：2000人
开展活动情况：每年在元旦、国庆节等重大节假日举办大型文艺演出活动，并常年组织自乐班带领广大农民群众进行广场舞、健美操、腰鼓等全民健身娱乐活动。
场地面积：500平方米
文艺创作作品：无
简　　介：综合文化站文化信息资源共享工程配备了计算机、服务器、卫星接收设备等价值10万元的工程设备。全乡6个行政村，文化信息资源共享村级服务点全部到位，并已启动运行。综合文化站发展村级农家书屋6个，社火队3支，自乐班子4个，文化大院1个。乡文化站以文化大院为固定场所，以政策宣传、文化娱乐、科技培训、借书看报、信息传播、健身休闲"六位一体"为服务目标，定期进行党的政策、文化科技、法律常识、卫生知识等宣传普及。

0290 张义镇综合文化站

地　　址：凉州区张义镇堡子村
隶属关系：张义镇人民政府
人　员　数：1人
观　众　数：3000人
开展活动情况：每年在元旦、国庆等重大节假日举办大型文艺演出活动；定期进行党的政策、文化科技、法律常识、卫生知识等宣传讲座；常年组织自乐班带领广大农民群众进行广场舞、扭秧歌、秦腔清唱、腰鼓等全民健身娱乐活动；每年定期为各村送电影4次。
场地面积：622平方米
文艺创作作品：无
简　　介：张义镇2010年正式建成综合文化站，坐落于镇政府大楼西侧，建筑面积占地622平方米，设有科技图书室、文化活动室、电子阅览室、文化展览室、文化信息资源共享工程室、办公室。室内文体设施有羽毛球、乒乓球、各类棋；室外有篮球场一处，羽毛球场地一处。综合文化站配备电脑9台、音箱1组、调音台1台、激光打印机1台、电视机1台、投影仪1台等价值10多万元的工程设备，现运行正常。

0291 四坝镇综合文化站

地　　址：凉州区四坝镇寨子村
隶属关系：四坝镇人民政府
人　员　数：2人
观　众　数：1200人
开展活动情况：2012年举办第四届凉州区民间文艺大赛四坝镇初赛；2013年举办第五届凉州区民间文艺大赛四坝镇初赛和四坝片区复赛；2014年举办第六届凉州区民间文艺大赛四坝镇初赛。
场地面积：300.96平方米
文艺创作作品：无
简　　介：四坝镇综合文化站位于镇政府院内，有阅览室、文体活动室、棋牌室和资源共享工程室等。镇综合文化站文化信息资源共享工程配备了计算机、服务器、卫星接收设备等价值10万元的工程设备，现运行正常。全镇7个行政村，文化信息资源共享村级服务点设备全部到位，并已启动运行。文化站坚持"二为"方向和"双百"方针，积极探索和研究本乡文化活动，定期组织政策宣传、文化娱乐、科技培训、借书看报、信息传播、健身休闲等文化服务项目，极大地丰富了农民群众的精神文化生活。

0292 河东乡综合文化站

地　　址：凉州区河东乡政府内
隶属关系：河东乡人民政府
人　员　数：3人
观　众　数：2000人
开展活动情况：2012年参加第五届凉州民间文艺大赛；2013年5月举办庆"六一"文艺汇演；2014年2月举办河东乡农民运动会；2014年5月举办第四届敦煌行·丝绸之路国际旅游节暨"皇台杯"第六届凉州民间文艺大赛河东片区复赛。

场地面积：312 平方米

文艺创作作品：无

简　介：河东乡综合文化站位于凉州区河东乡人民政府，建筑面积312平方米。文化站有站长1名，文化编制人员2名，配备了信息资源共享、音响、阅览桌椅等设备，室外活动场地1000平方米，配有乒乓球台、羽毛球场等体育设备。通过文化硬件设施的改善，调动了广大群众积极参与文化活动的热情。全乡有自乐班9家，自乐班在农家大院或中心社区健身广场经常开展民间文艺小调、歌舞、器乐演奏等文化活动。文化站每年组织大型文体活动1~2次，单项文体活动2~3次，丰富了群众的文化生活。

0293　谢河镇综合文化站

地　　址：凉州区谢河镇五中村

隶属关系：谢河镇人民政府

人 员 数：3 人

观 众 数：3000 人

开展活动情况：2012年举办第二届凉州区民间文艺大赛谢河镇复赛；2010年举办春节文体汇演。现全镇有自乐班3家，自乐班在文化广场经常开展健身舞、民间文艺小调文化健身活动。

场地面积：600 平方米

文艺创作作品：无

简　介：谢河镇综合文化站位于谢河镇五中村，在武威市区南面，距离城区30公里。文化站在编人员4人，有综合文化活动中心1处，占地面积1348平方米，活动室面积600平方米。安装了信息资源共享设备，室外活动场地1048平方米。通过文化硬件设施的改善，调动了广大群众积极参与文化活动的热情。建成农家书屋11个，积极动员村民在农闲时间到农家书屋读书读报，以此提高他们的文化素质。

0294　清水乡综合文化站

地　　址：凉州区清水乡菖蒲村

隶属关系：清水乡人民政府

人 员 数：2 人

观 众 数：2000 人

开展活动情况：2013年举办第五届凉州区民间文艺大赛清水乡初赛；2014年举办第六届凉州区民间文艺大赛清水乡初赛。

场地面积：300 平方米

文艺创作作品：无

简　介：清水乡综合文化站位于菖蒲村二组，有阅览室、文体活动室、棋牌室和资源共享工程室等，现有工作人员2名。乡综合文化站文化信息资源共享工程配备了计算机、服务器、卫星接收设备等价值10万元的工程设备，现运行正常。全乡10个行政村，文化信息资源共享村级服务点设备全部到位，并已启动运行。文化站结合"五一""十一""元旦""春节"等节日举办大型文艺汇演，举办羽毛球和篮球比赛，组织书画作品展，组织送春联活动。利用农闲时间组织党的政策、法律常识、科普知识、农业技术讲座，定期给各村放映电影，积极培养村级文化骨干队伍，组建农村自乐班、文艺剧团，极大地丰富了农民群众的精神文化生活。

0295 金沙乡综合文化站

地　　址：凉州区金沙乡金沙村
隶属关系：金沙乡人民政府
人 员 数：2人
观 众 数：5000人
开展活动情况：组织了第四、五、六届凉州民间文艺大赛金沙乡初赛。组织自乐班带领广大农民群众进行广场舞、健美操、腰鼓等全民健身娱乐活动。每年在元旦、国庆等重大节假日举办大型文艺演出活动，有力地推动了金沙乡文化建设的步伐。
场地面积：308平方米
文艺创作作品：无
简　　介：金沙乡综合文化站高度重视农村文化建设，在乡党委、乡政府的大力支持下不断完善文化站和所辖各村的文化硬件设施，文化站各功能室设备齐全。全乡9个行政村，文化信息资源共享村级服务点设备全部到位，部分行政村设有农家书屋，藏书有1000册，乡文化站以文化大院为固定场所，以政策宣传、文化娱乐、科技培训、借书看报、信息传播、健身休闲"六位一体"为服务目标，以"农息传播村文化大院"为主要载体开展农民自办文化活动。

0296 永丰镇综合文化站

地　　址：凉州区永丰镇四十里街
隶属关系：永丰镇人民政府
人 员 数：1人
观 众 数：4000人
开展活动情况：举办第四、五、六届凉州民间文艺大赛永丰镇初赛及第五届凉州民间文艺大赛丰乐片区复赛。
场地面积：300平方米
文艺创作作品：无
简　　介：永丰镇综合文化站位于武威五中西侧，有培训室、信息资源共享室、多功能厅、阅览室、办公室、文化活动室等。文化站发展农家书屋8个，村级共享服务点8个，惠民工程1个，文物备案8处，登记在册自乐班子1家。镇综合文化站充分调动人民群众参与文化活动的积极性，在农闲时间和重大节日举办各种文化艺术活动、大型农民运动会、文化科技卫生宣传等活动，有效推动了永丰镇文化建设的发展。

0297 中坝镇综合文化站

地　　址：凉州区中坝镇花寨村
隶属关系：中坝镇人民政府
人 员 数：1人
观 众 数：1000人
开展活动情况：2014年举办第六届凉州区民间文艺大赛中坝初赛、复赛。
场地面积：300平方米

文艺创作作品：无

简　　介：中坝镇抓住文化站标准化建设的契机，先后新建占地面积300平方米的大楼，内部有图书阅览室、电子阅览室、文化活动室、信息资源共享工程室、办公室、展览室。外部有篮球场、健身器材场地。文化信息资源共享工程配备了计算机、服务器、卫星接收设备等价值10万元的工程设备，运行正常。全镇7个行政村，文化信息资源共享村级服务点设备全部到位，并已启动运行。中坝镇有村级农家书屋7个，自乐班子1个。中坝镇文化基础设施基本满足了当地群众的需求，以文化设施为活动平台，积极组织政策宣传、文化娱乐、科技培训、借书看报、信息传播、健身休闲文体活动，全镇全民健身娱乐活动蓬勃发展。

0298 长城乡综合文化站

地　　址：凉州区长城乡西湖村
隶属关系：长城乡人民政府
人 员 数：5人
观 众 数：2000人
开展活动情况：举办第四、五、六届凉州民间文艺大赛长城乡初赛；组织长城乡千台大戏下农村活动。
场地面积：300平方米
文艺创作作品：无
简　　介：长城乡综合文化站修建于2010年，建筑面积300平方米，建有图书阅览室、培训室、文化活动室等。外有占地面积4900平方米的文化广场，总投资36.9万元，设有篮球、乒乓球等群众喜爱的体育项目及健身器材，于2011年正式启用。有文化大院1处，农家书屋11座，农家书屋管理人员11名。乡文化站现有工作人员5名，其中专职站长1名，文化专干1名，兼职工作人员3名。近年来，长城乡综合文化站在乡党委、政府和区文体局的领导下，建立健全文化建设的各项制度，积极在全乡发展村自乐班子8家，为群众提供场地，开展各种文艺活动，大力推进文化站免费开放工作，为全乡群众提供图书借阅、数字文化共享资源播放、各类培训与辅导、绘画书法辅导与展览等，长城乡文化建设工作呈现蒸蒸日上的大好局面。

0299 怀安乡综合文化站

地　　址：凉州区怀安乡驿城村
隶属关系：怀安乡人民政府
人 员 数：1人
观 众 数：5000人
开展活动情况：举办第四、五、六届凉州民间文艺大赛怀安乡初赛及第六届凉州民间文艺大赛丰乐片区复赛。
场地面积：300平方米
文艺创作作品：无
简　　介：怀安乡现有乡文化站1处，农家书屋7个，村级共享服务点7个，惠民工程1个，文物备案7处，登记在册自乐班子2个，组建体育运动协会1个。怀安乡综合文化站位于乡政府院内东侧，建筑面积300平方米，设有培训室、信息资源共享室、多功能厅、阅览室、办公室、文化活动室等。文化站文化信息资源共享工程配备了计算机、服务器、卫星接收设备等价值10万元的工程设备。全乡7个行政村，文化信息资源共享村级服务点设备全部到位，现运行正常。文化站建立文化娱乐活动的长效机制，常年以文化室、"农村文化大院"、村自乐班为主要载体开展丰富多彩的文化活动，请文艺专家对文化建设人才进行培训指导工作，定期宣传党的政策、科技文化知识、法律常识、卫生保健知识，极大地提升了农民群众的生活质量和文化品位，怀安乡文化建设有序开展。

0300 金山乡综合文化站

地　　址：凉州区金山乡人民政府炭山村
隶属关系：金山乡人民政府
人　员　数：2人
观　众　数：2000人
开展活动情况：举办第四、五、六届凉州民间文艺大赛金山乡初赛。
场地面积：314平方米
文艺创作作品：无
简　　介：金山乡综合文化站位于炭山街中部，与炭山村合用一栋楼，有阅览室、文体活动室、棋牌室和资源共享工程室等。文化站建立健全以政府为主导，以村为中心、以自我发展为重点，由文化站管理指导，文化站具体管理辅导，村协调配合的管理机制，开展政策宣传、文化娱乐、科技培训、借书看报、信息传播、健身休闲等文体活动，极大地推动了文化建设的发展。

0301 西营镇综合文化站

地　　址：凉州区西营镇接脑村
隶属关系：西营镇人民政府
人　员　数：3人
观　众　数：3000人
开展活动情况：常年组织广大农民群众进行广场舞、健美操、腰鼓等全民健身娱乐活动，每年在重大节假日举办大型文体活动。
场地面积：400平方米
文艺创作作品：无
简　　介：西营镇综合文化站建筑面积400平方米，文化站内设有电子阅览室、文化展厅、文化活动室、信息资源共享工程室、办公室等。文化站发展村级农家书屋16个，社火队3支，自乐班子2个，广场舞1个，文化广场2个。有工作人员3人，藏书3000册。西营镇综合文化站积极行动，切实为群众所想，充分调动农民群众参与文化站组织的各项文体活动，深得群众的称赞，有效提升了农民群众的文化生活水平，营造了和谐团结向上的农村社会建设文化氛围。

0302 清源镇综合文化站

地　　址：凉州区清源镇政府 5 楼
隶属关系：清源镇人民政府
人 员 数：2 人
观 众 数：5000 人
开展活动情况：2011 年举办第二届凉州区民间文艺大赛清源镇复赛；参加了清源镇片区农民运动会；2013 年举办镇机关庆"元旦"农民运动会。全镇 3 家自乐班在农家大院或文化广场经常开展健身舞、民间文艺小调文化健身活动。文化站每年组织大型文体活动 1～2 次，单项文体活动 2～3 次，丰富了群众的文化生活。
场地面积：380 平方米
文艺创作作品：无
简　　介：清源镇综合文化站位于清源镇政府 5 楼，在武威市区东郊，距离城区 18 公里，文化站在编人员 4 人，有综合文化活动中心 1 处，占地面积 500 平方米，建筑面积 380 平方米，活动室面积 100 平方米，安装了信息资源共享设备。室外活动场地 2000 平方米，配有标准化篮球架、乒乓球台等体育设备。通过文化硬件设施的改善，调动了广大群众积极参与文化活动的热情。

0303 东河乡综合文化站

地　　址：凉州区东河乡郑家庄村
隶属关系：东河乡人民政府
人 员 数：2 人
观 众 数：2000 人
开展活动情况：每年在"元旦""五一""国庆""春节"等重大节假日举办大型文艺演出活动，积极开展群众体育活动。常年组织自乐班带领广大农民群众进行广场舞、健美操、秦腔、腰鼓等全民健身娱乐活动。
场地面积：315 平方米
文艺创作作品：无
简　　介：东河乡综合文化站建筑面积 315 平方米，在东河乡人民政府院内。文化站各功能室的室内设备等配置齐全，在乡文化站设立文化宣传栏、各村设立农家书屋、各村集中区建立村民健身娱乐广场。文化站从硬件、软件上都能满足文化站标准化建设的要求。文化站秉承"文化乐民、文化育民、文化富民"的宗旨，开展送戏、送科技、送电影、送知识等丰富多彩的文化惠民活动，让辖区内的人民群众享受到文化带给他们的乐趣。

0304 五和乡综合文化站

地　　址：凉州区五和乡侯吉村
隶属关系：五和乡人民政府
人 员 数：2 人
观 众 数：3100 人

开展活动情况：举办 2012 年春节文艺汇演；2014 年举办第二届凉州区民间文艺大赛、五和乡复赛。全乡 3 家自乐班在文化广场经常开展健身舞、民间文艺小调演唱、扭秧歌等文化健身活动。

场地面积：300 平方米

文艺创作作品：无

简　　介：五和乡综合文化站位于五和乡侯吉村二组，在武威市区西面，距离城区 20 公里。文化站在编人员 2 人，有综合文化活动中心 1 处，占地面积 800 平方米，建筑面积 300 平方米，站内安装了信息资源共享、音响等设备，室外活动场地 500 平方米。五和乡领导高度重视乡村文化建设，文化硬件设施得到了显著改善，坚持先进文化引领，坚持寓教于文、寓教于艺、寓教于乐，调动了广大群众积极参与文化体育活动的热情。通过开展丰富多彩的文化体育活动，丰富了群众的文化生活，纯洁了群众情操，培养了群众高尚人品，满足了人民群众日益增长的文化体育生活需要，为全乡经济社会的和谐发展和社会全面进步提供了强大的思想支撑。

（二十三）武威市古浪县

0305　古浪县图书馆

地　　址：古浪县昌松路宣传文化中心大楼
隶属关系：古浪县文化体育局
人　员　数：6人
观　众　数：1.3万人
开展活动情况：保存图书资料33218册，年借阅图书资料约21000册，年接待阅览人员约13000人次；收集和整理各种类型文献资料；开展图书借阅、咨询和信息服务；开展多功能、多层次、多方式的读者服务工作，积极推广纸质文献开架借阅、电子资源上网服务等；年均开展流动图书服务5次。
场地面积：700平方米
文艺创作作品：无
简　　介：古浪县图书馆成立于1984年，与文化馆、博物馆合署办公。2013年12月三馆分设，图书馆独立办公，为正科级事业单位，核定事业编制7名。现馆舍面积约700平方米，在职人员8名，其中大学生志愿者3名。开设期刊阅览室、中文图书外借（内阅）室、少儿阅览室（兼多媒体教室）、电子阅览室等，拥有阅览席位120多个。馆内设施和服务实现全面免费开放。期刊阅览室年订阅报刊杂志60余种，图书外借室和少儿阅览室年新编上架图书1500册。2011年文化信息资源共享工程古浪县支中心依托县图书馆成立，每天从卫星地面接收站和互联网传输平台接收国家和省中心资源。截至2013年底，馆藏文献总量达33218册（种），其中电子文献资源约900余种，基本能满足广大读者阅读学习的需求。图书馆现已对馆藏资源进行重新整理上架，并安装图书电子管理和检索系统，实现开架借阅。读者可通过图书馆网站（建设中）或电子阅览室检索终端预约借书，也可直接入库选书借阅。服务区安装Wi-Fi热点，提供免费无线上网服务。

0306　古浪县文化馆

地　　址：古浪县城昌松路宣传文化中心大楼
隶属关系：古浪县文化体育局
人　员　数：7人
观　众　数：5万人
开展活动情况：宣传党的路线、方针、政策，引导社区文化、乡镇文化等群众文化的健康发展；对乡镇农村文化服务中心、社区文化室进行业务指导和辅导；策划组织群众文化活动，举办群众性文艺比赛、文艺演出和各类展览；面向社会开展少儿艺术培训和艺术教育、辅导、指导社会文艺团体的活动；组织和开展群众性的文学、文艺作品的创作及群众文化的调查、研究；搜集、整理、开发民族民间优秀文化，挖掘和保护民间文化遗产。

场地面积：1415.15 平方米

文艺创作作品：无

简　　介：古浪县文化馆成立于 20 世纪 40 年代，前身为古浪县民众教育馆，1990 年 4 月，县政府下文批准为隶属于古浪县文化体育局的科级事业单位，财政全额供给。古浪县文化馆、博物馆和图书馆于 2013 年 10 月分设，给县文化馆核定全额拨款事业编制 7 人，有副馆长 1 人、职工 6 人，其中，高级职称 1 人，中级职称 3 人，初级职称 2 人。文化馆占地面积 3887 平方米（其中建筑用地 1415.15 平方米），书画展厅 1 个，地方文献陈列室 1 间，资料室 1 间，会议室 2 间，办公室 8 间。

0307　古浪县博物馆

地　　址：古浪县昌松路宣传文化中心大楼
隶属关系：古浪县文化体育局
人　员　数：6 人
观　众　数：13.8 万人
开展活动情况：无
场地面积：500 平方米
文艺创作作品：无

简　　介：古浪县博物馆成立于 20 世纪 40 年代，前身为古浪县民众教育馆。1990 年 4 月，县政府下文批准为科级事业单位，财政全额供给。古浪县文化馆、博物馆和图书馆于 2013 年 10 月分设，配备馆长 1 名，隶属于古浪县文化体育局。博物馆占地面积 500 平方米，展厅面积 350 平方米，文物库房 80 平方米，值班室 15 平方米。博物馆现有馆藏文物 1208 件，其中，一级文物 5 件，二级文物 59 件，三级文物 84 件，一般文物 1060 件。藏品数量和品位在武威地区仅次于市博物馆。藏文物特色以新石器时代彩陶和石器、汉代青铜器、西夏瓷器、明清书画、红四方面军革命宣传册（一级文物）为馆藏特色。马家窑文化彩陶，齐家文化石器、玉器、陶器，沙井文化彩陶数量可观，品种齐全，而且器形完美、保存完好；汉唐青铜器造型优美，精致独特；西夏和元的瓷器造型精美，内容丰富，具有民族特色；明代水陆画 42 幅，质地优良，工笔重彩，锦裱绫装，竖式卷轴，属于水陆画中的精品，具有较高的史料价值和文物价值。近年来县博物馆全面落实博物馆免费开放政策，免费开放工作成效明显，累计接待观众 13.8 万人次，受到社会的一致好评。

0308 古浪县档案馆

地　　址：古浪县旧政府院内

隶属关系：中共古浪县委

人 员 数：9人

观 众 数：3000人

开展活动情况：无

场地面积：1262平方米

文艺创作作品：无

简　　介：古浪县档案馆成立于1958年11月，是集中统一管理古浪县机关、团体、企事业单位、乡镇、街道办事处档案资料的国家综合性档案馆，是市委、市政府确定的政务信息公开场所。因工作成绩突出，1982年受到省委、省政府的表彰奖励。1996年11月晋升为省一级档案馆。古浪县档案馆有三层带帽档案楼1幢，总建筑面积1262平方米，库房面积603平方米。现有馆藏档案资料40270卷（册），其中馆藏档案33081卷（册），照片档案399张，各种资料6790卷。保管年代最早的是民国档案和资料，比较齐全完整的是中华人民共和国成立以后的档案。馆藏档案以纸质为主，还包括录音、录像、照片等载体的档案。近年来，古浪县档案馆加大县直机关企事业单位和乡镇档案移交进馆力度，馆藏档案以每年750卷速度递增，不断加快对破损档案的抢救速度，使馆藏档案日益丰富，馆藏结构不断优化。古浪县档案馆拥有铁皮五节档案柜57套，微机11台，档案软件2套，配置了防盗、防火监控设备、消防应急照明灯、干粉灭火器等现代化设备，对馆藏档案进行科学管理，对重点档案加强保护和抢救。馆藏档案检索体系比较完善，非常便于查阅利用。目前已建成馆藏档案目录数据库，采集文件级目录32万多条，为馆藏档案信息化管理打下了良好的基础。

0309 黄羊川镇文化服务站

地　　址：古浪县黄羊川镇

隶属关系：黄羊川镇人民政府

人 员 数：4人

观 众 数：4500人

开展活动情况：开展文化体育活动。

场地面积：300平方米

文艺创作作品：无

简　　介：黄羊川镇加强全镇公共文化服务体系建设，坚持政府主导，社会参与，全民共建，有效推动文化建设。建成建筑面积300平方米的文化服务站，有站长1名，文化专干3名。站内有教育培训室、图书阅览室、演出排练室、电子阅览室、民俗风俗展厅等。硬件软件设施基本配齐。近年来开展健身操表演、法制教育、书法绘画展、民间艺术展等活动，大力营造了良好文化氛围，彰显了团结进取的精神风貌和以文聚力推动文化发展的愿景。

0310 古丰乡文化服务站

地　　址：古浪县古丰乡

隶属关系：古浪县古丰乡人民政府

人　员　数：3 人

观　众　数：1000 人

开展活动情况：2011 年举办乒乓球、象棋比赛；2013 年举办中学生文艺比赛；2014 年举办知识竞赛；每年春节举办社火、秧歌表演。

场地面积：320 平方米

文艺创作作品：无

简　　介：古丰县在 2010 年 9 月修建文化服务站，占地面积 810 平方米。其中，室外活动场地 1 处，面积 490 平方米，室内建筑面积 320 平方米。站内设阅览室、电脑室、文化活动室。文化服务站辐射人口 12000 人，2012 年 5 月开始免费开放，年接待群众 1000 人次。自文化站建成以来，经常性开展各种文化培训和文化活动。每年常规性开展的文化活动有春节社火、秧歌等，临时性开展的文化活动有乒乓球、象棋、知识竞赛等。

0311 泗水镇文化服务站

地　　址：古浪县泗水镇政府内

隶属关系：泗水镇人民政府

人　员　数：8 人

观　众　数：500 人

开展活动情况：开展文化体育活动。

场地面积：150 平方米

文艺创作作品：无

简　　介：泗水镇文化服务站位于泗水镇人民政府，隶属于泗水镇人民政府管理，现有事业编制 8 名。自文化服务站建立以来，以镇党委、政府工作为中心，结合本镇实际，以节日为契机，经常性组织开展丰富多彩的节日文艺活动和群众喜闻乐见的体育活动，进一步繁荣乡村文化，提升了农民群众的道德品质和科学文化素质，增强了镇域经济社会发展的活力，全镇上下形成了文化大发展、农民群众共享大和谐的良好局面。

0312 大靖镇文化服务站

地　　址：古浪县大靖镇新城区

隶属关系：大靖镇人民政府

人　员　数：10 人

观　众　数：2800 人

开展活动情况：在各个重大节日期间开展各种各样、群众喜闻乐见的文化体育活动，如：广场舞比赛、拔河比赛、篮球赛、秧歌舞表演、大合唱、卡拉 OK 赛等。

场地面积：50 平方米

文艺创作作品：无

简　　介：大靖镇文化服务站自投入使用以来，经常性的组织群众学习党的方针政策、法律法规、农业科技知识、卫生保健知识等，在重大节日组织开展舞蹈、合唱、体育比赛等文体活动，做到大型文化活动常年搞，小型文体活动月月抓，阵地活动周周有。展现了广大干部群众凝心聚力、昂扬向上的精神风貌，为经济社会发展发挥了重要作用，全镇文化建设实现了新的突破，上了一个全新的台阶。

0313 定宁镇文化站

地　　址：古浪县定宁镇定宁村

隶属关系：定宁镇人民政府

人　员　数：6人

观　众　数：8000人

开展活动情况：开展文化体育活动。

场地面积：401平方米

文艺创作作品：无

简　　介：定宁镇文化站位于定宁镇定宁村，成立于2007年5月1日，现有事业编制6名，实有人数4人。2009年3月10日，修建文化站站室，占地面积401平方米。其中室外活动场地1处，面积341平方米。站内设阅览室、棋牌室等3个活动室，辐射人口2万人，2010年4月1日开始免费开放。自文化站建成以来，经常性开展各种文化培训和文体活动，每年常规性开展的文化活动有乒乓球、篮球比赛等，临时性开展的文化活动有象棋、拔河比赛、广场舞等。文化站在培养文化人才，丰富辖区内群众文化生活，推动当地经济发展等方面发挥了积极作用。

0314 民权乡文化服务站

地　　址：古浪县民权乡金星村

隶属关系：民权乡人民政府

人　员　数：9人

观　众　数：2万人

开展活动情况：开展娱乐活动及阅读、科技、党的政策和法律知识讲座。

场地面积：250平方米

文艺创作作品：无

简　　介：民权乡文化服务站位于古浪县民权乡金星村，成立于2002年5月20日，现有事业编制9名，实有人数9人。2011年5月20日，修建文化站站室，占地面积500平方米。其中，室外活动场地1处，面积250平方米；室内建筑面积250平方米。站内设阅览室、棋牌室、乒乓球室，2011年5月20日开始免费开放。自文化服务站建成以来，在乡党委、政府的精心指导下，经常开展广场舞、太极剑比赛、乒乓球赛、象棋赛、篮球友谊赛等文体活动。2012年，全年电影放映23多场，乡镇组织各类文化活动20次，参与群众2万人次。

0315 西靖乡文化服务站

地　　址：古浪县西靖乡张家湾

隶属关系：西靖乡人民政府

人　员　数：5人

观　众　数：8000人

开展活动情况：每年组织全乡范围内的歌咏、美术、摄影、棋类、武术、书法比赛等活动；每年宣传农村科普知识4~5次。

场地面积：300平方米

文艺创作作品：无

简　　介：西靖乡文化服务站位于张家湾，

成立于2010年9月1日。现有事业编制5名，实有人数5人。文化服务站室外活动场地1处，面积600平方米；室内建筑面积300平方米，有阅览室、棋牌室、乒乓球室，辐射人口0.8万人，2012年6月1日开始免费开放。文化站开展送科技、送知识、送节目、送电影等文化惠民活动，丰富了乡域群众文化生活，推动了当地经济发展。

0316 横梁乡文化服务站

地　　址：古浪县横梁乡团庄村

隶属关系：横梁乡人民政府

人　员　数：1人

观　众　数：4000人

开展活动情况：开展免费阅读、文体娱乐活动和农业科普知识讲座等活动。

场地面积：300平方米

文艺创作作品：无

简　　介：横梁乡文化服务站位于横梁乡团庄村二郎庙街，成立于2009年10月，现有事业编制1名，实有人数1人。2010年7月1日，修建文化站站室，占地面积300平方米。争取多方资金配备图书报刊、文艺体育器材和硬件设施。文化服务站辐射人口1万人，常年免费开放。自文化服务站建成以来，定期向村民宣传精神文明创建、社会主义核心价值观、家庭教育、社会公德、健康知识等相关知识，积极组建文艺团体，在文艺团体的带动下组织健身操舞、秧歌舞的晨练和晚上练习。在节假日组织社火表演、专场文艺晚会、大型运动会等文体活动，通过创造性地开展一系列群众文化活动，极大地激发了群众热爱农村的情感，增进了群众之间的感情，提高了群众的思想素质和文化修养。

0317 海子滩镇文化服务站

地　　址：古浪县海子滩镇政府内

隶属关系：海子滩镇人民政府

人　员　数：3人

观　众　数：3200人

开展活动情况：开展歌唱比赛、广场舞表演、篮球比赛、拔河比赛等文体活动。

场地面积：380平方米

文艺创作作品：无

简　　介：古浪县海子滩镇文化服务站位于古浪县海子滩镇人民政府院内，成立于2010年10月1日，现有事业编制6名，实有人数4人。文化站占地面积400平方米，其中，室外活动场地2处，面积200平方米；室内建筑面积380平方米。室内设阅览室、多功能厅、文化资源共享室3个功能室，2011年5月1日开始免费开放，辐射人口2.8万人。文化站因地制宜，积极引导群众开展包括唱歌、舞蹈、戏剧、书法、美术、摄影、棋类、秧歌舞、健身操等各种形式的群众性文体活动，极大满足了当地群众多方面的文化需求。

0318 裴家营镇文化服务站

地　　址：古浪县裴家营镇政府内
隶属关系：裴家营镇人民政府
人　员　数：4人
观　众　数：5000人
开展活动情况：开展社火、秧歌、舞蹈、下棋、篮球比赛等各类文体活动。
场地面积：120平方米
文艺创作作品：无
简　　介：裴家营镇文化服务站，位于古浪县裴家营镇人民政府，成立于1976年10月25日，现有事业编制4名。自文化服务站建成以来，在镇党委、镇政府的正确领导下，按照不断满足广大农村群众对文化生活需求的工作思路，因地制宜，精心组织，扎实工作，大力开展社火、秧歌、舞蹈、象棋、拔河比赛、乒乓球赛等全乡性文体活动。

0319 黄花滩乡文化服务站

地　　址：古浪县黄花滩乡政府内
隶属关系：黄花滩乡人民政府
人　员　数：4人
观　众　数：3000人
开展活动情况：开展唱歌、社火、秧歌、舞蹈、篮球比赛等文体活动。
场地面积：300平方米
文艺创作作品：无
简　　介：黄花滩乡农村文化服务站位于黄花滩乡人民政府大院，成立于2010年，现有事业编制4名，实有人数4人。文化站占地面积600平方米，室内建筑面积300平方米。站内设阅览室、棋牌室、多功能活动室、老年活动室，辐射人口2万人，2010年开始免费开放。文化站以"贴近实际、贴近生活、贴近群众"为原则，经常开展文化活动，扎实推进黄花滩乡文化事业发展的进程。

0320 十八里堡乡文化服务站

地　　址：古浪县十八里堡乡十八里堡街
隶属关系：十八里堡乡人民政府
人　员　数：5人
观　众　数：2000人
开展活动情况：举办大型文艺活动，定期宣传党的政策、文化科技知识、卫生保健知识、法律知识等，引导群众自发开展各种文化活动。
场地面积：300平方米
文艺创作作品：有文学作品、摄影、音乐、舞蹈、小品、相声等。
简　　介：十八里堡乡文化服务站位于十八里堡乡十八里堡街，成立于1985年5月13日，现有事业编制5名，实有人数5人。2009年5月14日，修建文化站站室，占地面积600平方米。其中，室外活动场地1处，面积300平方米；室内建筑面积300平方米。站内设阅览室、棋牌室、乒乓球室3个活动室，辐射人口0.8万人，2010年5月1日开始免费开放。文化服务站充分发动群众，调动各村文化能人组织群众开展群众喜闻乐见、形式多样的文化活动，使十八里堡乡文化建设呈现出生机勃勃的繁荣景象。

0321 新堡乡文化服务站

地　　址：古浪县新堡乡新堡街1号
隶属关系：古浪县新堡乡人民政府
人 员 数：1人
观 众 数：3000人
开展活动情况：开展唱歌、舞蹈、篮球比赛等文体活动。
场地面积：360平方米
文艺创作作品：无
简　　介：新堡乡文化服务站位于新堡乡新堡街1号，现有事业编制1名，实有人数1人。2011年9月1日开始修建文化服务站，占地面积360平方米。其中室外活动场地1处，面积720平方米；室内建筑面积280平方米。站内设电子阅览室、棋牌室、乒乓球室、图书室。图书室有图书1千多册，电子阅览室有电脑6台，棋牌室有象棋、围棋、电子跳棋、纸牌等，乒乓球室有一副球台、若干球拍。辐射人口0.5万人，2013年11月1日开始免费开放。文化服务站积极发挥本地精神文明建设的主阵地作用，成立健美操队、秧歌队、乒乓球队、篮球队，经常性地开展文体活动，有力推动了新堡乡文化建设的发展，极大满足了不同群众的文化需求。

0322 永丰滩乡文化服务站

地　　址：古浪县永丰滩乡政府院内
隶属关系：永丰滩乡人民政府
人 员 数：5人
观 众 数：5000人
开展活动情况：根据群众的需求经常性地开展文艺活动，宣传党的方针政策、农业科技知识、法律常识，定期给当地群众放映电影。
场地面积：200平方米
文艺创作作品：无
简　　介：永丰滩乡文化服务站位于永丰滩乡政府院内南侧，成立于2008年1月1日，现有事业编制5名，实有人数5人。2010年5月25日，修建文化服务站，占地面积700平方米。其中室外活动场地2处，面积500平方米；室内建筑面积200平方米。乡党委、政府十分重视乡村文化事业的发展，以满足农村群众文化需求为目标，在活动经费、人员安排上给予极大的支持，文化服务站内设的阅览室、棋牌室、活动室中所需硬件设施基本配齐，有专人管理，使本乡的文化建设有了很好的物质基础和良好的环境，基本满足了当地群众文化活动的需求。

0323 干城乡文化服务站

地　　址：古浪县干城乡
隶属关系：干城乡人民政府
人 员 数：6人
观 众 数：3000人
开展活动情况：每年定期开展各村棋类、球类比赛；举行各种民间乐器演奏会，组织各村有相关爱好的村民举行书画诗词展览展示会；年头节下组织各村积极开展文艺演出。
场地面积：300平方米
文艺创作作品：无
简　　介：甘肃省古浪县干城乡文化服务站，位于古浪县干城乡，成立于1984年5月10日，现有事业编制6名，实有人数3人。2000年6月20日，修建文化服务站，占地面积800平方米。其中室外活动场地1处，面积500平方米；室内建筑面积300平方米。站内设阅览室、棋牌室2个活动室，辐射人口2万人，

2005年1月1日开始免费开放。乡党委、政府坚持文化建设与社会主义新农村建设相结合，与农民急需相结合，与农村精神文明建设相结合，健全管用机制，充分发挥资源作用，经常开展多彩的文化艺术活动，极大地丰富了农民群众的文化生活，提升了当地群众的道德水准和文化品位。

0324 直滩乡文化服务站

地　　址：古浪县直滩乡政府内
隶属关系：直滩乡人民政府
人 员 数：6人
观 众 数：3000人
开展活动情况：举办元旦晚会、"三八"妇女节庆祝文艺晚会、庆"七一"球赛等。
场地面积：260平方米
文艺创作作品：无
简　　介：直滩乡文化服务站位于直滩乡人民政府大院内，成立于1989年9月1日，现有事业编制6名，实有人数6人。2011年9月1日，修建文化站，占地面积300平方米。其中，室外活动场地1处，面积800平方米；室内建筑面积260平方米。站内设阅览室、多媒体室2个活动室，辐射人口5000万人，2011年9月10日开始免费开放。自文化服务站建成以来，经常性开展各种文化培训和文体活动，每年常规性开展的文化活动有元旦晚会、庆"七一"球赛等，临时性开展的文化活动有干部培训、就业培训、文化下乡汇演活动等。

0325 土门镇文化站服务中心

地　　址：古浪县土门镇计生站南
隶属关系：土门镇人民政府
人 员 数：13人
观 众 数：3000人
开展活动情况：开展戏剧表演、广场舞表演、乒乓球比赛等文体活动。
场地面积：360平方米
文艺创作作品：无
简　　介：土门镇文化站服务中心位于古浪县土门镇计生站南，成立于2011年9月1日，现有事业编制12名，实有人数13人。文化站服务中心占地面积360平方米。其中多功能教室（电影放映室）60平方米，电子阅览室20平方米，文化活动室60平方米，户外篮球场220平方米，辐射人口2.6万人。文化站紧紧围绕党委政府的中心工作，对电子阅览室、文化活动室免费开放。全镇行政村农家书屋实现了全覆盖。文化站利用元旦、春节、三八、五一、国庆等重大节日积极组织开展群众喜欢的文体活动。文化站不定期的对农家书屋、健身运动、娱乐活动进行辅导。通过开展活动满足了人民群众日益增长的文化需求，使辖区的文化事业与经济同步协调发展。

0326 黑松驿镇文化服务站

地　　址：古浪县黑松驿镇
隶属关系：古浪县黑松驿镇人民政府
人 员 数：4人
观 众 数：3000人
开展活动情况：定期聘请专业人士开展法律法规知识、政策形势、农业科技知识问答活动；在春节、元旦、国庆节等节庆时间，组织有一定能力的文艺演出人员为当地群众举办文艺联欢会。
场地面积：300平方米
文艺创作作品：无
简　　介：黑松驿镇文化服务站位于黑松驿镇南面，距镇政府700多米，成立于1998年7月6日，现有事业编制4名，实有人数4人。2008年8月12日，修建文化服务站，占地面积800多平方米。其中室外活动场地1处，面积500平方米；室内建筑面积300平方米。站内设阅览室、乒乓球室、棋牌室等功能活动室，辐射人口1.2万人，2008年9月开始免费开放。镇党委、政府为丰富和活跃农村群众业余文化生活，提升他们的文化素质和道德品质，树立适应社会主义新农村建设的思想观念和文明意识，以勤劳致富、助人为乐、孝老爱亲等为题材组织乡村文化能人自编自导了一批农民群众喜闻乐见的文艺精品节目，在全镇各个行政村巡回演出；定期聘请专业人士开展知识问答；在春节、元旦、国庆等节庆时间，组织文艺联欢会，为黑松驿镇营造了人人参与文艺、热爱文艺、人人崇尚文艺的社会氛围。

0327 古浪镇文化服务站

地　　址：古浪县古浪镇政府内
隶属关系：古浪镇人民政府
人 员 数：11人
观 众 数：4000人
开展活动情况："五一"期间举行全镇大型的体育运动会；春节期间，各村群众组织社火表演；元宵节期间，开展了灯节汇演活动；定期组织全镇文艺人才培训活动。
场地面积：120平方米
文艺创作作品：无
简　　介：古浪镇文化服务站位于古浪镇政府院内，成立于2007年9月1日，现有事业编制7名，实有人数11人。文化服务站占地面积120平方米。其中室外活动场地1处，面积80平方米；室内建筑面积40平方米。站内设阅览室、文体活动室，辐射人口2000人。古浪镇有文化广场、文化大院、文化表演队，各村有农家书屋。文化服务站积极组织农民运动会、农民歌手大赛、健身操比赛等文化活动，通过全乡文化阵地建设、农家书屋工程建设、开展群众喜欢的活动，使镇域内文化事业逐步发展起来，不断推动了乡风文明。

（二十四）武威市民勤县

0328 民勤县图书馆

地　　址：民勤县城文化广场西侧
隶属关系：民勤县文化广播影视新闻出版局
人 员 数：9人
观 众 数：4万人
开展活动情况：一是把实施文化信息资源共享工程与开展群众文化活动相结合，充分发挥共享工程信息量大、传播便捷的优势，把信息资源开发和利用与群众文化活动紧密结合起来，制作一些能够辅导群众开展文化活动的课件，进行网上辅导。把共享工程与广场文化、村镇文化、社区文化、家庭文化、文化下乡活动及老年、青少年文化活动等紧密结合起来，充分发挥工程的效能和作用。二是把实施文化信息资源共享工程与促进群众致富相结合。以县图书馆公共文化设施为依托，围绕我县"设施农牧业+特色林果业"主题生产模式，下载、整理、配送了一批农民群众急需的种养殖技术等方面的信息资源。县支中心每周开放60小时，全年服务人次达到2.6万人，开展活动36次，对基层服务点上门服务36次。三是把实施文化信息资源共享工程与农村党员教育相结合。以各服务站点为主要阵地，建立起了组织有序、活动经常、富有生机和活力的培训机制，组织农村党员干部学理论、学政策、学知识、学技术，不断提高自身素质，使一部分农村党员干部成为了带头致富和带领群众共同致富能力强的"双强"党员。

场地面积：1190平方米
文艺创作作品：无
简　　介：民勤县图书馆原来与文化馆合署办公，2010年11月与文化馆分设。图书馆现有工作人员9人，党员9人，平均年龄49岁。图书馆现有馆藏图书80592册，开设了新书阅览室、少儿阅览室、电子阅览室、多媒体活动室、文献资料室等，向社会免费开放。2011年4月县财政拨付共享工程运行资金10万元，架设了10兆光纤，共享工程电子阅览室以及多媒体活动室得以正常运转，为广大读者免费上网提供了便利条件。办理阅览卡的读者有500多人，全年接待上网阅览者1万余人次。充分利用文化共享工程多媒体室为城乡广大居民播放电影、戏剧和优秀节目。针对近年经费短缺、少儿读物匮乏的实际，为解决城乡孩子看书难的问题，图书馆克服各种困难，积极争取项目，于2011年购置价值12万元新书5000余册，购置价值8万元书架110米，阅览桌椅36套，三人镀锌沙发2个。少儿阅览室于2011年11月20日向社会免费开放，解决了城乡少儿读者看书难的问题，对提高青少年的道德素养和积累文化知识、提升写作水平搭建了学习平台，起到了文化知识共享的目的。民勤县图书馆积极发挥窗口服务行业的特殊功能，按照读者至上、服务第一的服务宗旨，全馆人员内练素质，外树形象，进一步提升服务水平和服务质量，给广大读者营造环境优美、卫生整洁、语言文明、礼貌待人的良好环境。坚持双休日正常上班，全年共接待阅览者达4万人次以上，收到了良好效果。

0329 民勤县文化馆

地　　址：民勤县三雷镇文化广场西侧

隶属关系：民勤县文化广播影视新闻出版局

人 员 数：13人

观 众 数：2万人

开展活动情况：开展春节戏曲大奖赛；开展元宵节大型灯展活动；开展元宵灯谜晚会；开展夏日广场周周乐活动；开展庆"七一"大型文艺演出；开展庆国庆文艺演出；开展喜迎十八大生态摄影展；开展学习宣传贯彻党的十八大精神专场文艺演出等。

场地面积：1200平方米

文艺创作作品：无

简　　介：民勤县文化馆成立于1950年，2009年由县城南大街迁至县城文化广场文化中心大楼，2010年10月与图书馆分设，现有馆舍建筑面积1200平方米，有工作人员13名，科级领导干部2名，业务人员11名。馆内设有办公室、美术辅导、戏曲音乐辅导、摄影辅导、后勤管理等5个组室。文化馆始终坚持文艺"双百"方针，按照文化宣传、艺术创作、群众辅导、非遗保护等工作任务，积极开展群众文化辅导活动。业务人员经常深入社区、校园、乡镇、家庭等进行文艺辅导，经常组织开展书画、摄影、民俗文化各类展览活动，完成县委、县政府安排的各类大型活动和节庆活动，加大文艺人才资源开发，推出了一大批优秀专业人才。近年来，根据中央、省、市的精神，县委、县政府重视文化事业发展，加强了对文化工作的领导，实现了文化馆免费开放，积极申报非遗项目，激发了广大文化爱好者的热情，使具有本土特色的文化得以传承发展。

0330 民勤县博物馆

地　　址：民勤县城文化广场西侧

隶属关系：民勤县文化广播影视新闻出版局

人 员 数：9人

观 众 数：4万人

开展活动情况：历史文物图片展览、民勤人书画陈列、文物收藏等。

场地面积：6250平方米

文艺创作作品：编印有《民勤县博物馆简介》《镇国塔简介》《瑞安堡简介》《王庆云其人》《民勤历史演变讲解词》等。

简　　介：民勤县博物馆，所在圣容寺（大寺庙），位于民勤县城西南隅，始建于明洪武初年，成化初年由县城东北隅移建今址。整个寺院坐北向南，东西宽50米，南北长125米，占地面积6250平方米，1981年9

月10日公布为省级文物保护单位。1987年5月县政府批准成立民勤县博物馆。博物馆成立后，接受了原文物管理办公室文物177件，以陶器为主。后又收藏出土文物，征集流散文物共361件。1981年9月省政府公布了县内县级文物保护单位5处。1983年8月县政府公布县级文物保护单位19处。1990年5月再次公布县级文物保护单位17处。

0331 红沙梁乡综合文化站

地　　址：民勤县红沙梁乡政府内

隶属关系：红沙梁乡政府

人　员　数：3人

观　众　数：1600人

开展活动情况：组织开展文化体育活动5次，观众达1600人次；开展小曲戏、秧歌社火、书法绘画、篮球比赛、乒乓球比赛等文体活动。

场地面积：300平方米

文艺创作作品：无

简　　介：红沙梁乡综合文化站建筑面积300平方米。文化站内设辅导培训室、图书阅览室、文体娱乐室、书画创作展览室、文化信息资源共享服务室、多功能厅"五室一厅"，全年免费开放。文体娱乐室，用于开展科普宣传、文化艺术培训、科普培训、知识讲座等。图书阅览室提供多种务农书籍和报刊、杂志，供干部群众阅览学习。多功能厅放映各种科教影片和中外电影。文化站硬件设施较为齐全，文体活动室内有乒乓球案2台。图书阅览室内有阅览桌2张，读者阅览椅30个、书架5个、现有图书3000余册。多功能厅有多功能座椅30个、电脑1台、液晶电视1台、音响设备1套。文化站共有专职工作人员3人，全部是大专以上文化程度。文化站的全年免费开放，彻底改变了全乡农村文化阵地建设薄弱的落后局面，进一步加快了农村文化服务体系建设，缩小了城乡间文化公共服务差距，丰富了农民群众业余生活，有力推动了全乡农村精神文明建设。

0332 大滩乡综合文化站

地　　址：民勤县大滩乡政府内

隶属关系：大滩乡人民政府

人　员　数：2人

观　众　数：3100人

开展活动情况：在重大法定节日举办诗歌朗诵、拔河、篮球比赛、乒乓球比赛等文化体育活动，定期组织文化站工作人员、农家书屋及文化室专干进行业务学习；积极引导各村文化艺人组建文化团队，鼓励他们多排练积极健康的节目去各村巡回演出。

场地面积：486平方米

文艺创作作品：无

简　　介：大滩乡综合文化站建筑面积468平方米，共有大专以上文化程度专职工作人员2人，内设辅导培训室、图书阅览室、文体娱乐室、书画创作展览室、文化信息资源共享服务室、多功能厅，全年免费开放。图书阅览室内有阅览桌6张、读者阅览椅24把、书架3组，有图书1600余册，提供多种报刊、杂志，供干部群众阅览学习；多功能厅有多功能座椅24把、投影仪1套、影像台1张、电脑8台、液晶电视1台、音响设备1套，放映各种科教影片和中外电影。文化站积极组织群众读书看报、下棋，观看科普知识、影片等；进行科普宣传、文化艺术培训、科普培训、知识讲座等；同时，针对群众的热点、难点、焦点问题，组织专题讨论和评议活动，及时采取可行措施给予解决。2012年组织开展节日节庆和单项文化体育活动9次，极大地丰富了农民群众的文化生活，有力地推动了文化建设的发展。

0333 双茨科乡综合文化站

地　　址：民勤县双茨科乡政府内

隶属关系：双茨科乡人民政府

人 员 数：4人

观 众 数：1800人

开展活动情况：组织开展小曲戏、秧歌社火、书法绘画、篮球比赛、乒乓球比赛等文化体育活动6次，观众达1800人次。

场地面积：300平方米

文艺创作作品：无

简　　介：双茨科乡综合文化站在乡党委、乡政府正确领导下，上级有关部门亲切关怀下，于2010年建成并投入使用，建筑面积300平方米。站内设规范的图书室、阅览室、展览室、多功能厅。硬化体育场地300平方米，栽植风景树。文化站配备专职人员4名，列入正式事业编制，人员学历均在大专及以上，并按时、按要求参加上级各项业务培训。该站建成后，彻底解决了双茨科乡有史以来文化站办公、活动无场地的问题。文化站是农村重要的文化事业单位，肩负着组织和引导群众开展文化活动的作用，是推进新农村精神文明建设的重要力量。尽管文化站做出了一定的成绩，但是距离群众的要求和组织的期望还有很大的差距。下一步文化站决心在宣传、教育、展示、娱乐等方面再添措施、鼓干劲，力争把群众的各项文化事业推向新的高潮。

0334 西渠镇综合文化站

地　　址：民勤县西渠镇政府内

隶属关系：西渠镇人民政府

人 员 数：5人

观 众 数：3200人

开展活动情况：组织村民参加农业技能培训，邀请农业专家、法律专家给各村村民讲解科普知识、法律常识；在重大节日开展书画展览、红歌比赛、秦腔表演等文化活动。

场地面积：200平方米

文艺创作作品：无

简　　介：西渠镇综合文化站站房总面积200平方米。现有在编人员5人，都是大专以上文化程度。文化站包括多功能文娱活动室、图书阅览室、信息资源共享教室和培训教室、棋牌室、特色文化展示室和根据需要建设的室外活动场地、宣传栏、黑板报等配套设施，并配备价值10万余元的电脑、投影仪、锣鼓、音响、演出服等文体活动器材设备。为群众文艺辅导、书报刊借阅、文艺演出活动、数字文化信息服务、公共文化资源配送和流动服务、体育健身和青少年校外活动等基层文化工作的开展创造了良好的条件。

0335 薛百乡综合文化站

地　　址：民勤县薛百乡五星村

隶属关系：薛百乡人民政府

人 员 数：3人

观 众 数：2600人

开展活动情况：组织开展秧歌社火、书法绘画、小曲戏、乒乓球、篮球比赛等文化体育活动7次，观众达2600人次。

场地面积：440平方米

文艺创作作品：无

简　　介：2008年6月，在距离乡政府较近、人口密集、文化基础较好的五星村，多方筹集资金，投资60万元，启动乡综合文化站的建设项目，于2009开始新建，年底完工，2010年正式投入使用。文化站占地面积440平方米，内设书画创作室、农家书屋、培训教室等功能室；室外为乡体育活动中心，开辟娱乐健身路径、篮球场等综合性文体活动基地。文化站硬件设施较为齐全，文体活动室内有乒乓球案2台；图书阅览室有阅览桌2张、读者阅览椅24个、书架5个、有图书3000余册；多功能厅有多功能座椅48个、电脑1台、液晶电视1台、音响设备1套。文化站共有专职工作人员3人，全部是大专以上文化程度。乡综合文化站建成后，为使文化站阵地"硬"起来、特色"亮"起来、人气"旺"起来、机制"活"起来，按照省文化出版局下发的《乡镇综合文化站工作规范》，先后制订了乡综合文化站管理办法、图书室管理制度、群众文体娱乐活动办法等10项制度，有效整合现有资源、搭建教育培训、文化活动和宣传平台，使用好、管理好文化基础设施，积极调动全乡人民开展科技文化学习、健身娱乐活动，极大地丰富群众文化生活，薛百乡农村文化事业取得了长足的进步。

0336 东坝镇综合文化站

地　　址：民勤县东坝镇政府内

隶属关系：东坝镇人民政府

人 员 数：2人

观 众 数：1800人

开展活动情况：组织开展丰富多彩的文化体育活动8次，观众数达1800人次。

场地面积：300平方米

文艺创作作品：无

简　　介：近年来，东坝镇综合文化站充分结合自身实际，积极开展文化知识宣传、举办农业科技技术培训会、组织元旦象棋比赛、职工篮球赛、拔河比赛等各类文体活动，极大地丰富了全镇干部群众的文化生活。今后，东坝镇综合文化站将以"美丽乡村"建设为契机，不断丰富和创新农村文化娱乐活动，提高农村公共文化服务水平，最大化地满足广大群众的精神文化需求，以此提高群众生活幸福度。

0337 蔡旗乡综合文化站

地　　址：民勤县蔡旗乡政府内

隶属关系：蔡旗乡人民政府

人 员 数：5人

观 众 数：2100人

开展活动情况：组织开展文化体育活动6次，观众达2100人次。

场地面积：600平方米

文艺创作作品：无

简　　介：蔡旗乡综合文化站建于2009年，总投资16万元，占地面积600平方米。站内设有书刊阅览室、文化信息资源共享服务室、文体娱乐室、办公室，藏书2500多册，年订报刊杂志10种，设备总值10万元，专职工作人员5名。文化站已于2009年8月1日对外免费开放，成为我乡集文化、娱乐、图书阅览、政策宣传为一体的多功能文化宣传中心。近年来，文化站积极努力开展一系列群众喜闻乐见的文化体育活动，如元旦、春节期间的传统社火表演活动、戏剧小曲及广场舞文艺演出活动、篮球、象棋等体育比赛活动，丰富了群众的业余文化生活，展现了农民群众昂扬向上的精神风貌，为推进全乡社会主义新农村建设，培育社会主义新型农民做出了积极的贡献。

0338　三雷镇综合文化站

地　　址：民勤县三雷镇中陶村
隶属关系：三雷镇人民政府
人 员 数：2人
观 众 数：3300人
开展活动情况：在"五一"劳动节组织举办篮球、乒乓球、羽毛球比赛；在"七一"建党日组织唱红歌大合唱、诗歌朗诵比赛；春节举办社火表演。每年年底表彰好媳妇、好婆婆、乡村致富带头人等活动。
场地面积：2000平方米

文艺创作作品：无

简　　介：三雷镇综合文化站位于民勤县城南6公里处中陶村。文化站以提高图书利用率为目标，以方便群众阅读为原则，结合实际，对农家书屋的建设、管理、维护和使用四个方面进行了科学的规划和安排。按照"建设好是前提、管理好是关键、维护好是重点、使用好是目的"这个思路，镇的农家书屋在各项工作中，注重细节，力求创新，科学管理，追求实效。近年来，三雷镇切实把加强社会文化建设作为贯彻落实科学发展观和加快全镇经济又好又快发展的重要举措抓在手上，逐步加大对文化事业的经费投入。2009年，采取镇村合建的方式投资100余万元，建成了占地2000平方米的镇级文化站，设有文体活动室、图书阅览室、展览室、广播录像室、媒体阅览室等，配置电脑4台、图书2000册以及投影仪等设施。室外新建标准化篮球场1处，门球场1处，有健身活动器材10余种，绿化树木60余株。文化站建成后，我们安排专人进行负责管理。每天对群众开放，并在节庆日组织开展了文艺汇演、门球、羽毛球比赛等多种丰富多彩的活动项目，活跃了农民的业余文化生活。同时我们还定期聘请专业老师对各村的健身舞、秧歌、腰鼓等文化团队进行培训辅导，提高了群众的文化素养和文明素质。

0339 泉山镇综合文化站

地　　址：民勤县泉山镇政府内
隶属关系：泉山镇人民政府
人 员 数：3人
观 众 数：2000人
开展活动情况：组织开展各种文化体育活动6次，观众达2000人次。2014年组织开展节日节庆和单项文化体育活动3次，如：元旦期间组织了象棋比赛；春节期间开展迎新春节目汇演，有扭秧歌、唱小曲、广场舞、唱歌等活动；组织"三八"妇女节文艺联欢会，参加联欢会的包括我镇30名女干部、各村妇女主任，先进代表等。
场地面积：489平方米
文艺创作作品：无
简　　介：泉山镇综合文化站建筑面积489平方米。文化站内设辅导培训室、图书阅览室、文体娱乐室、书画创作展览室、文化信息资源共享服务室、多功能厅，全年免费开放。文体娱乐室用于镇开展科普宣传、文化艺术培训、知识讲座等；图书阅览室提供多种务农书籍和报刊、杂志，供干部群众阅览学习；多功能厅放映各种科教影片和中外电影。文体活动室内有乒乓球案2台；图书阅览室内有阅览桌2张、读者阅览椅30个、书架5个、图书3000余册；多功能厅有多功能座椅30个、电脑1台、液晶电视1台、音响设备1套。文化站共有专职工作人员3人，全部是大专以上文化程度。文化站全年免费开放，彻底改变了全镇农村文化阵地建设薄弱的落后局面，进一步加快了农村文化服务体系建设，缩小了城乡间文化公共服务差距，丰富了农民群众业余生活，有力推动了全镇农村精神文明建设。

0340 重兴乡综合文化站

地　　址：民勤县重兴乡政府内
隶属关系：重兴乡人民政府
人 员 数：3人
观 众 数：2800人
开展活动情况：组织开展文化体育活动7次，观众达2800人次，开展的活动项目有小曲戏、秧歌社火、书法绘画、篮球比赛、乒乓球比赛等。
场地面积：300平方米
文艺创作作品：无
简　　介：重兴乡综合文化站建于2009年，占地面积1300平方米，建筑面积300平方米，设有"五室一厅"（图书阅览室、辅导培训室、文体娱乐室、书画创作展览室、文化信息资源共享服务室、多功能活动厅）。2011年，省文化厅为文化站配备了各种文化器材（其中有培训桌椅、电脑、音箱、投影仪、绘画桌、图书架）等常用设备。文化站有专兼职工作人员3人，全乡共有农家书屋9个。文化站在乡党委、政府的领导下，在上级文化业务部门的大力支持和精心指导下，党的惠民政策、法律法规、文化科技等知识能快速传递到千家万户，人人皆知。群众喜闻乐见的各种娱乐活动、文化资源共享、图书免费开放，都能够保持经常性开展，基层文化各项工作始终走在全县前列，深受上级领导和广大群众、职工的好评。

0341 大坝乡综合文化站

地　　址：民勤县大坝乡政府内

隶属关系：大坝乡人民政府

人　员　数：6人

观　众　数：3000人

开展活动情况：开展小曲戏、秧歌社火、书法绘画、篮球比赛、乒乓球比赛等文化体育活动8次。

场地面积：500平方米

文艺创作作品：无

简　　介：大坝乡综合文化站目前有专用办公楼一幢（三层），占地面积500平方米，8间办公室，"五室一厅"（图书阅览室、辅导培训室、文体娱乐室、书画创作展览室、文化信息资源共享服务室、多功能活动厅）设施齐全。文化体育岗工作人员6人，农家书屋13间，拥有图书共计1万多册。自2010年以来，文化站依托县文体局、乡党委、政府，认真完成上级单位和相关部门安排的各项工作任务，并利用自身资源优势，免费开放"五室一厅"，为群众提供各种政策信息、图书借阅、浏览网站等服务，积极配合乡政府组织乡干部、农民技术员、群众培训劳动技能、特色林果业抚育管理技术，进行农牧业技术要点、时事政治、法律法规等专题讲座和普法宣传。以乡青年干部为主，带动各村开展篮球、拔河、乒乓球、象棋等体育活动。组织成立民间文化社团4个，其中以文一村组建的大坝阳光家园文艺队和城西村曲艺队为主，充分利用节假日、农闲时节举办群众喜闻乐见的秧歌、社火、舞蹈、民勤小曲等节目。文化活动的开展不仅丰富了群众的业余文化活动，陶冶了群众的情操，也带动了大坝乡文化事业的发展。

0342 红沙岗镇综合文化站

地　　址：民勤县红沙岗镇政府内

隶属关系：红沙岗镇政府

人　员　数：3人

观　众　数：1000人

开展活动情况：开展文化体育活动，举办大型文艺演出，开展文化、科技、健身、法律、卫生等知识的宣传普及活动。2012年7月开展迎"七一"诗歌朗诵、党章知识竞赛活动，2012年9月开展红沙岗镇"迎国庆"首届运动会，2012年12月举办象棋比赛，2013年1月组织"迎新春"文体活动、送文化下乡活动等。

场地面积：762平方米

文艺创作作品：无

简　　介：红沙岗镇综合文化站有文化专干2名，花儿园社区居民文化活动中心2名，村级文化室村干部3名。文化站建有两层，共计762平方米，有文体活动室、综合培训室、辅导排练室、图书室、乒乓球室、老年和少儿活动厅等文化活动场所，多媒体设备齐全。2013年新建8360平方米文化体育健身广场，建有2个篮球场、1个排球场、3个羽毛球场，完善健身器材等配套设施16组24个。优化配置适合镇村牧民实际的"三合一"农家书屋，图书种类更加齐全，2012年借阅书籍达400余册。

0343 南湖乡综合文化站

地　　址：民勤县南湖乡政府内

隶属关系：南湖乡人民政府

人 员 数：3人

观 众 数：800人

开展活动情况：开展小曲戏、秧歌社火、书法绘画、篮球比赛、乒乓球比赛等文体活动。

场地面积：300平方米

文艺创作作品：无

简　　介：在乡党委、政府的正确领导下，在有关部门及社会各界的关心支持下，南湖乡综合文化站始终坚持科学发展观，不断加强公共文化服务体系建设，坚持公益性、便利性等原则，把握文化发展方向，确立了围绕阵地活动促发展的理念。近几年组建文艺自乐班3个，5个村建有农家书屋。农家书屋藏书达6千多册，书籍种类齐全，报刊杂志25种，实行微机化管理。文化站免费开放活动项目5个，主要有报刊阅览、图书借阅、共享工程电子阅览等。文化站注重以文艺活动促繁荣的理念，常年举办"送文化下乡"活动。

0344 收成乡综合文化站

地　　址：民勤县收成乡政府内

隶属关系：收成乡人民政府

人 员 数：3人

观 众 数：2000人

开展活动情况：积极开展秦腔、健身操、小曲戏、秧歌社火、书法绘画、篮球比赛、乒乓球比赛等文化体育活动。

场地面积：416平方米

文艺创作作品：无

简　　介：收成乡综合文化站位于通村油路东侧，交通便利，分室内和户外活动场所。其中室内建筑面积约416平方米，户外活动场所约800平方米，于2010年底竣工。文化站设有图书阅览室、书画创作展览室、多功能厅、文化信息资源共享服务室、辅导培训室及文体娱乐室，活动阵地常年免费对群众开放。综合文化站现有在编工作人员3人，其中设站长1名，工作人员2名，其工资是财政全额供给，文化站每年活动经费由上级财政统一拨给。文化站利用文化阵地，运用各种文化手段，积极举办了各类文化艺术培训班，辅导和培养了文艺骨干，免费开放了图书室、电子阅览室，组织群众开展读书活动，指导和辅导村文化室、农家书屋和农民文化户开展多种业务活动，积极与民间文化艺人沟通交流，创办了成明娱乐部、姊妹秧歌队2支文艺团队，促进乡村特色文化的发展。

0345 昌宁乡综合文化站

地　　址：民勤县昌宁乡政府内

隶属关系：昌宁乡人民政府

人 员 数：3人

观 众 数：3000人

开展活动情况：积极引导村民去农家书屋、

文化活动室、信息资源共享室看书、打球、上网、查阅信息等；在农闲时间或重大节日期间开展小曲戏、秦腔、合唱比赛；开展党的政策、科普知识、卫生保健知识、农业技术教育培训等活动。

场地面积：1900平方米

文艺创作作品：出版《昌宁乡志》。

简　　介：昌宁乡综合文化站建于2009年，占地面积1800平方米，文化广场900平方米。文化站设有图书室、阅览室、展览室、文化广场、室外健身场地，配备专职文化干部3名。文化站自建成以来，连续被评为县级先进性文化站。近年来，该站充分发挥自身优势，积极开展阵地宣传、科技培训和各类文化活动，主要有元旦乡上组织举办的象棋比赛、"三八"妇女节广场舞表演、春节十二个行政村的群众进行秧歌比赛。文化站组建了蓝月亮和红太阳2个乐队，3个村级秧歌队，全乡村村建起了各自的广场舞队伍，极大地丰富了村民的业余文化生活，年均举办科技培训30余次，举办各类群众性民间文化活动30多场（次），农民书法家邱震海的作品多次参加县级比赛并取得较好成绩。本站积极参与《昌宁乡志》的改稿、采集照片等工作，并在"十一"完成了乡志的出版，得到了当地群众和社会上的广大好评，为全乡基层文化事业发展起到了表率和促进作用。

0346　夹河乡综合文化站

地　　址：民勤县夹河乡政府内

隶属关系：夹河乡人民政府

人　员　数：4人

观　众　数：1400人

开展活动情况：组织开展文化体育活动4次，观众达1400多人次。

场地面积：300平方米

文艺创作作品：无

简　　介：夹河乡在2010年建成300多平方米的综合文化站，内设有图书室、阅览室、乒乓球室、文化信息共享点等。图书室藏书达2000多册。2012年文化站举办了"迎新春大型文艺晚会""端午节赛诗会""象棋比赛""乒乓球比赛""拔河比赛"等活动，为乡村的文化体育活动增添光彩。

0347　苏武乡综合文化站

地　　址：民勤县苏武乡政府内

隶属关系：苏武乡人民政府

人　员　数：4人

观　众　数：3500人

开展活动情况：组织开展文化体育活动8次，观众达3500人次。开展的活动项目有小曲戏、秧歌社火、书法绘画、篮球比赛、乒乓球比赛等。

场地面积：300平方米

文艺创作作品：无

简　　介：苏武乡综合文化站主要设有图书阅览室、体育活动室、教育培训、综合展示室、电脑培训室5个功能室，总面积2000平方米。其中图书阅览室80平方米，可为群众提供图书阅览服务。体育活动室70平方米，为群众提供乒乓球、台球等体育活动服务。教育培训室70平方米，为群众提供农业技术培训、农产品购销等信息服务。综合展室40平方米，展示苏武文化传统、建设成果等。电脑培训室40平方米，为群众提供计算机技术培训等服务。文化广场1700平方米，配备专职文化干部 4 名。近年来，苏武乡文化站充分发挥自身优势，积极开展阵地宣传、科技培训和各类文化活动，主要有元旦乡上组织举办的象棋比赛，春节期间 3 个行政村的群众进行社火演出，极大的丰富了村民的业余文化生活。文化站充分发挥辐射带动作用，结合本地民俗文化传承特点，创造性和选择性地重点培育文艺人才和文艺骨干队伍，并在传统节庆期间组织主题突出、具有一定规模、广大农民喜闻乐见的主题文化活动，丰富和满足农民群众的精神文化生活，同时充分发挥宣传教育功能，凝聚人心，提高素质，为石羊河流域重点治理和社会主义新农村建设提供智力支持和文化保障。

0348 东湖镇综合文化站

地　　址：民勤县东湖镇政府内
隶属关系：东湖镇人民政府
人　员　数：3 人
观　众　数：2800 人
开展活动情况：组织开展文化体育活动 6 次，观众达 2800 人次；开展小曲戏、秧歌社火、书法绘画、诗歌朗诵、篮球比赛、乒乓球比赛等文体活动。
场地面积：525 平方米
文艺创作作品：无
简　　介：2010 年新建东湖镇综合文化站，占地总面积 525 平方米，现有在编人员 3 人。文化站近几年组建文艺自乐班 9 个，21 个村建有农家书屋，藏书达 3.4 万册，书籍种类齐全，报刊杂志 25 种，图书室实行微机化管理。文化站免费开放活动项目 5 个，主要有报刊阅览、图书借阅、共享工程电子阅览等。文化站注重以文艺活动促繁荣的理念，常年举办送文化下乡活动。

（二十五）武威市天祝藏族自治县

0349 天祝藏族自治县图书馆

地　　址：天祝县华藏寺镇团结路 25 号
隶属关系：天祝县文化体育局
人 员 数：11 人
观 众 数：4.5 万人
开展活动情况：2012 年 4 月活动期间，根据不同读者需求，免费播放优秀电影、音频电影等，向广大读者及视障、听障读者提供零障碍服务，播放公益视频讲座，接待读者 580 余人次；2013 年服务宣传周期间，为了让读者进一步了解和享受到图书馆的良好服务，根据不同的读者，精选百种优秀图书，进行推介，引导读者读优秀图书，共接待读者 600 余人次；2014 年 4 月，为进一步培养青少年多读书、读好书的良好习惯，有组织有计划地开展了"读书宣传月"活动，从定制读者爱读的期刊、杂志着手，举办了天祝县图书馆少年儿童读书月、优秀读者评选、好书推荐、好书互换等活动，期间参与读者达 725 人次。
场地面积：840 平方米
文艺创作作品：无
简　　介：天祝藏族自治县图书馆自 1984 年成立以来，与县文化馆、博物馆合署办公。1984 年以前天祝无图书馆，图书阅览由县文化馆承担。1956 年前藏书 2000 余册，1966 年达 2 万余册，"文化大革命"期间只剩 200 余册，1973 年增至 5000 余册，1984 年县图书馆成立后购置图书 2000 余册，至 1988 年共有图书 7844 册，分为政治、哲学、经济、文学、科技、艺术等类。有报刊杂志 936 种、3681 册，有阅览桌 40 套，书架 20 个。订报刊 19 种，杂志 32 种。2009 年 7 月由县政府批准，图书馆正式分设，成为科级建制事业单位。图书馆现有工作人员 11 名，其中管理人员 2 名，专业技术人员 7 名，高级工 1 名，技师 1 名。图书馆内设办公室、图书流通部、阅览部、共享工程部 4 个职能部室。建筑面积 840 平方米。其中，报刊阅览室 60 平方米，图书流通部 90 平方米，藏书室 30 平方米，共享工程办公室（机房）30 平方米，电子阅览室 90 平方米，采编室 30 平方米，办公室 60 平方米。藏书室有图书陈列架 12 组、24 个，采编室有报刊杂志陈列架 13 组、26 个，阅览室设阅览座位 40 个（其中少儿座位 20 个）。电子阅览室有计算机 36 台，并接通互联网，向社会免费开放。2011 年底，图书馆图书 70762 册，报刊合订 5000 册，相比"十五"期末净增藏书 56449 册，每年征订报纸、期刊百余种，年接待读者 6100 人次，年外借图书、报刊、杂志 8500 册次，年开展读者服务宣传活动 5 次以上。

0350 天祝县文化馆

地　　址：天祝县华藏寺镇天堂路25号
隶属关系：天祝县文化体育局
人 员 数：12人
观 众 数：2600人
开展活动情况：举办了元宵节灯展、谜语竞猜活动；组织美术、书法、摄影展共3次；2013年12月份举办了"第二届两省三地四县（区）书画交流展"；组织开展书画文学艺术交流活动10次；组织开展各类游艺比赛活动5次；组织开展"送文化下乡""送文化进军营""送文化进警营"活动；2014年9月文化馆与省文化馆积极协调联系，由省文化馆和县委宣传部主办，县文化馆与炭山岭镇人民政府承办的大型文艺演出在炭山岭镇天乐广场举行；组织群众演员积极参加第三届武威市民间文艺汇演。
场地面积：2600平方米
文艺创作作品：向市书协举办的"江南地产——武威扇面书画作品展"选送扇面书画作品33幅；向省书协举办的"双联"展选送书画作品7幅；向"鱼水情——甘肃省第三届双拥书画艺术展"选送优秀书画作品26幅。应天祝一中的邀请，文化馆和天祝书画院、县书画家协会推荐了17名书画家为天祝一中兼职教师，并向学校赠送书画作品28幅；为《天祝年鉴》杂志选送优秀书画作品30幅。另外李生云同志的国画作品登载《星星》诗刊，12月份出版了个人书画集《奥登的画》，国画作品在"'鱼水情'甘肃省第二届双拥书画艺术展"中荣获二等奖；蒲江同志的书法作品入展"中书协西部教育基地成立十周年师生书画展"；刘万成同志的5首诗和李发花同志的书法作品1幅登载《乌鞘岭》杂志。
简　　介：天祝县文化馆于1953年建馆，为科级事业单位。1997年9月开工建设文化大厦，2000年10月建成并投入使用。大楼总建筑面积2657平方米。在活动功能上设置有多功能厅、展览厅、宣传廊、辅导培训室、独立学习室、录音室等公共空间设施场地，为广大市民参与群众文化活动提供了良好的文化场所。

0351 天祝县档案馆

地　　址：天祝县滨河东路
隶属关系：天祝县文化体育局
人 员 数：8人
观 众 数：1300人
开展活动情况：无
场地面积：2206平方米
文艺创作作品：无
简　　介：天祝县档案馆成立于1958年12月，是集中统一保管县级机关、团体、企事业单位档案资料的地方综合性档案馆。内设办公室、档案业务指导股、档案管理股、档案信息化股和档案编纂股。天祝县档案新馆位于滨河东路南段，总建筑面积2206平方米，为四层框架结构，新馆于2010年底立项下达，2011年7月13日开工，2012年7月16日竣工，2012年7月迁入并投入使用。现有档案自动密集架16列、128组，手动密集架19列、152组，铁皮柜12组、60节。馆内安装有安全保护智能化综合管理系统，该系统可24小时不间断对档案馆区域内安全进行全方位、立体化、智能化监控。截至 2012 年底，馆藏 74 个全宗 53675 卷册档案资料。其中档案 41064 卷（件），资料 12611 册（包括文书、科技、会计、照片、声像等档案）。现保存最早的档案有清雍正二年（公元 1724 年）四川提督奋威将军岳钟琪给天祝藏区用藏汉两种文字书写的文书，有清道光三年（公元 1823 年）至民国三十八年（公元 1949 年）间关于天祝区域划分、边界纠纷的执照、地契、字据、合同书、分界图、函件等。馆藏档案资料历史悠久，内容丰富，这些珍贵的历史档案，真实地反映了我县各族人民政治、经济、法律、宗教、文化和社会发展情况。

0352 天祝县博物馆

地　　址：天祝县滨河东路
隶属关系：天祝县文化体育局
人 员 数：6 人
观 众 数：6 万人
开展活动情况：文物收藏、整理、编制、陈列展览、科学研究及考古发掘工作。
文艺创作作品：无
简　　介：天祝县博物馆成立于 1991 年。该馆以收藏天祝县藏、土等少数民族的服饰、宗教器物、生活用品、生产用具为主要特色。馆藏各类文物 863 件（套），其中一级文物 5 件、二级文物 28 件、三级文物 55 件。馆藏文物精品有元代铜牦牛、马家窑文化和马厂类型彩陶、西夏褐釉剔花瓷瓶、清宗教故事绢本绘画、藏族服饰、土族服饰、康熙帝御赐鎏金马鞍、绿度母铜像等。2008 年 5 月，天祝县博物馆向社会免费开放。目前，天祝县博物馆有"天祝县文物精品展厅""国宝铜牦牛展厅""华锐民族服饰展厅"三个主题陈列展厅。年接待观众 6 万人次。

0353 赛什斯镇综合文化站

地　　址：天祝县赛什斯镇人民政府
隶属关系：赛什斯镇人民政府
人 员 数：1 人
观 众 数：7200 人
开展活动情况：举办全镇各项文化活动，如庆"七一"演讲比赛、拔河比赛；协助举办古城村社火表演；举办全镇农牧民运动会；开放阅览室，为群众借阅图书；联合教育辅导站举办文化艺术节。
场地面积：300 平方米
文艺创作作品：无
简　　介：2010 年，赛什斯镇综合文化站立项建设，总投资 24 万元，建设封闭式砖混结构 11 间功能活动室，建筑面积 300 平方米，已全部完工，2013 年 10 月底投入使用。文化站有专职人员负责，设有文化站长。文化站设立了办公室、多功能活动厅、图书阅览室、健身器材区为群众服务。文化站年度业务经费在 4 万元左右。

0354 大红沟乡文化站

地　　址：大红沟乡政府
隶属关系：天祝县大红沟乡政府
人 员 数：3 人
观 众 数：1640 人
开展活动情况：2012 年 4 月由大红沟乡党委主办、文化站和教育辅导站承办了机关文化体育运动会；2013 年 9 月由大红沟乡政府主办、文化站承办了"庆国庆"首届农民文化体育运动会。

场地面积：300平方米

文艺创作作品：无

简　　介：大红沟乡文化站位于大红沟乡政府院内，占地300平方米，配有专职人员3人，有图书阅览室、电子阅览室、乒乓球室、棋牌室、多媒体活动室。文化站现有书架4个，配置电脑5台、投映设备1台，并购置有象棋、扑克、跳棋等文化娱乐器材，站外现有羽毛球场地2块。站内有科技、经济、法律、卫生、文学艺术、文化教育、少儿类等图书24种、1558册，年订阅报刊6种。

0355 华藏寺镇文化站

地　　址：华藏寺镇岔口驿村村委会大院

隶属关系：天祝县华藏寺镇人民政府

人 员 数：3人

观 众 数：2000人

开展活动情况：充分发挥民间自乐班子、乡村舞台等优势资源，在传统文化、节庆文化的基础上打造特色文化，打破传统方式实行村组社区联谊大联欢。春节期间，以岔口驿、中庄为代表的社火阵容大、编排新颖，舞龙队、旱船、秧歌、太平鼓等最为壮观，为镇春节期间的欢庆活动献上一道丰盛的艺术大餐。同时，各社区精心策划的老年秧歌、棋牌联谊会、关爱老年爱心帮助等文体活动，既丰富了群众文化生活，又传承了民族文化。旅游节期间，优美的锅庄、悠扬的酒曲、雄壮的赛马活动，为雪域高原平添许多精彩。其他传统节日、节会期间，民族歌舞、诗歌朗诵、器乐演奏、服饰表演、体育运动等精彩纷呈，既传承了传统文化，又丰富了居民生活。

场地面积：990平方米

文艺创作作品：无

简　　介：华藏寺镇文化站位于岔口驿村312沿线，交通便利，具有得天独厚的优势，文化站占地990平方米，设有图书阅览室、电子阅览室、文化长廊、露天舞台等。文化站旁修建有1500平方米文化广场，其中文化戏台180平方米，篮球场地512平方米，乒乓球活动场地130平方米，室外健身场地678平方米，并配套健身器材。站内藏书8000多册，年订阅报刊杂志14种，有各种文艺体育器材、音响设备、投影仪、演出服装等。文化站配备专职文化专干3名。文化站紧紧围绕镇党委、政府和县文化体育局的年度工作目标，形成了主要领导负总责，分管领导亲自抓，职能站所具体抓，一级抓一级，层层抓落实的工作格局。文化中心阵地作用得到进一步加强，文体活动建设得到进一步提升。文化站充分发挥民间自乐班子、乡村舞台等优势资源，在传统文化、节庆文化的基础上打造特色文化，打破传统方式实行村组社区联谊大联欢。

0356 炭山岭镇综合文化站

地　　址：天祝县炭山岭镇北街

隶属关系：炭山岭镇人民政府

人员数：5人
观众数：6000人
开展活动情况：结合本土传统体育和资源优势，积极组织举办了运动会、登天池、文物展览、文艺表演比赛等活动，并组织和指导开展社火、眉户剧和酒曲等村级传统文化活动。以安全生产宣传月、民族团结宣传月等为契机，积极组织宣传法律知识、计生条例和政策、惠民政策、减灾防灾等相关日常知识。组织开展各种培训，如旱作农业科技培训、獭兔养殖科技培训、农家书屋管理员培训、计生专干培训、村干部及青年致富带头人电脑培训和歌舞表演培训等活动。大力加强规范村级文化活动室、图书阅览室的管理并发挥应有的作用，开展"读书交流会""赠书画"和摄影采风等活动。极大地丰富了广大农民的文化需求，并给农民带来了良好的经济效益和社会效果。
场地面积：300平方米
文艺创作作品：无
简　　介：炭山岭镇自建镇以来，镇党委、政府高度重视群众性文化体育事业，始终将其作为精神文明建设的重要内容来抓，2012年新建成并投入使用300平方米的文化站，内设有图书室、阅览室、棋牌室、乒乓球室、文化信息共享点、老年青年活动室、教育培训室、综合展示厅、多功能活动厅等。图书室藏书达3000多册。另室外活动场地面积3000多平方米，设有露天篮球场、乡村舞台、文化广场等。炭山岭镇综合文化站人员配备有5人，文化站长1人，具备演出、比赛、娱乐、建设、展览、科普等综合服务功能。炭山岭镇综合文化站的建成将进一步完善镇基础设施，促进全镇体育事业的发展，大大改善全镇的文化娱乐环境，进一步加快城乡文化服务体系建设，丰富农民群众的业余生活，有力推动全镇精神文明建设。

0357 松山镇文化站

地　　址：天祝县松山镇政府内
隶属关系：松山镇人民政府
人员数：1人
观众数：1500人
开展活动情况：松山镇文化站每年举办"三八"妇女节文艺活动和民族团结进步月活动。每年在镇党委、政府的大力支持下，成功举办了各村的赛马大会和篮球比赛。
场地面积：300平方米
文艺创作作品：无
简　　介：松山镇文化站位于镇政府大院内，现在编人员共5人，其中专职1人，另外有4人在编不在文化岗。近几年在县文体局和镇党委、政府的正确领导下，松山镇的文化站日新月异，群众的整体文化水平也日益凸显，特别是2010年县文体局和镇党委、政府为了改善镇文化站的办公和居住条件，为了让群众能更好地接受新知识和新信息，共出资43万元新建了占地面积300平方米的文化站。文化站设有活动室、图书室、办公室，能较好地满足全镇人民群众的文化活动需求。松山镇文化站积极开展丰富多彩的文体活动，丰富了群众的文化生活。

0358 祁连乡文化站

地　　址：天祝县祁连乡政府内
隶属关系：祁连乡人民政府

人 员 数：3 人
观 众 数：800 人
开展活动情况：积极响应乡党委、政府下达的文艺体育活动，每年春节举行社火表演，参加社火表演人员 80 人，表演 10 场次。每年"五一"举行全乡篮球运动会，5 个行政村积极参加，运动会加强了村与村、乡政府与群众之间的关系，同时丰富了群众的业余生活。
场地面积：910 平方米
文艺创作作品：无
简　　介：2011 年投资 180 万元，新建 910 平方米的乡文化站综合楼，楼内设有图书阅览室、文体办公室等功能室，图书室藏书达 1 万多册。以文化站为平台，我站积极组织开展高尚健康、丰富多彩、群众喜闻乐见的文体活动，充实了群众文化生活。站内的图书室、游艺室全天候向群众开放，邀请县科技、农业等部门，定期举办科技文化知识讲座。充分利用各种纪念节日，积极开展各种有益的群众性文体活动，举办全乡性的趣味运动会、秧歌表演等活动。同时，全乡组建 1 支秧歌队，每逢节庆，秧歌队登台演出。文化站通过开展各项群众性文化体育活动，营造了团结向上、健康进取的良好文化生活氛围，大大提升了群众的道德素养和文化素质。

0359 旦马乡综合文化站
地　　址：天祝县旦马乡大台子河 1 号
隶属关系：旦马乡人民政府

人 员 数：2 人
观 众 数：400 人
开展活动情况：每年举办综合性大型文化活动 1 次，举办单项性文化活动 3 次，举办科普、法制、农技、卫生等讲座、培训 3 次以上。
场地面积：300 平方米
文艺创作作品：无
简　　介：旦马乡综合文化站自 2011 年投资 29.8 万元建成以来，正常投入运行，每年组织举办综合性大型文化活动 1 次。旦马乡综合文化站以提高全乡文化实力为目标，按照"贴近生活、贴近实际、贴近群众"的要求，为全乡人民保持昂扬向上、奋发有为的精神状态，实现全乡经济快速良好发展，认真组织开展了丰富多彩的文体活动。文化站在各村放映电影 10 余场，在文化广场组织春节大型文艺汇演，组织了文化下乡活动到各村组慰问演出，组建了一支文艺骨干宣传队伍，各村的农家书屋免费向村民开放。

0360 石门镇文体综合站
地　　址：天祝县石门镇
隶属关系：石门镇人民政府
人 员 数：3 人
观 众 数：2000 人
开展活动情况：近年来，我们充分发挥自身优势，结合农家书屋建设，积极开展阵地宣传、科技培训和各类文化体育活动。参加了在石门村拍摄原汁原味的"土族婚礼"专题片，并成功申报了省级非物质文化遗产。参与了在石门沟拍摄的电影《华锐嘎布》《拆弹英雄》。每年"五一""五四"期间，组织群众参加由镇上牵头举办的篮球、排球、乒乓球、拔河、象棋等文化体育活动；"三八"妇女节期间由镇上牵头，各村推荐，举办文艺汇演与体育项目竞赛；"七一"建党节举办爱党爱国主题演讲比赛；每年定期举办的传统赛马会，使少数民族传统文化和体育事业不断得到弘扬、传承和发展；积极组织群众参与观看县上组织的"千台大戏送农村"，邀请陕西省书画家开展书画交流，开展十八大精神主题宣传"三下乡"等活动。

场地面积：306 平方米

文艺创作作品：参与电影《华锐嘎布》《拆弹英雄》拍摄。

简　　介：石门镇在自筹资金的基础上，积极争取国家扩大内需项目资金 20 多万元，建成面积 306 平方米的文体综合站，并争取省文化厅资金 10 万元，为文体综合站配备了电脑、音响、文化资源共享工程等办公设施及体育器材。争取县上项目资金 60 多万元，建成 2600 平方米的文化广场 1 处。2011 年，镇主要领导在县财政争取资金 5 万元，购置了文体综合站办公设施。同时，镇政府在办公经费紧缺的情况下，设法筹措资金 5 万元，建成面积 1000 多平方米的高标准灯光球场 1 处，现已成功举办篮球比赛 20 多场次。综合文站投入使用以来，坚持实行专人管理、免费开放，吸引了村民劳作之余走进活动室，群众文化活动在这里演绎得有声有色。近年来，文体综合站充分发挥自身优势，积极开展阵地宣传、科技培训和各类文化体育活动，进一步丰富了群众的精神生活，受到了群众一致好评。

0361　东大滩乡文化站

地　　址：天祝县东大滩乡

隶属关系：东大滩乡人民政府

人 员 数：1 人

观 众 数：450 人

开展活动情况：举办农业技能培训，并颁发证书；每年在节日期间开展大型文艺汇演；组织各村建立文艺自乐班，鼓励他们自编积极健康向上的文艺节目，并在各村巡回义演。

场地面积：307.8 平方米

文艺创作作品：无

简　　介：东大滩乡文化站现有工作人员 1 名，占地面积约 500 平方米，建筑面积 307.8 平方米，并配备有文化资源共享工程设备，图书 3450 册。东大滩乡文化站以提高全乡文化实力为目标，按照"贴近生活、贴近实际、贴近群众"的要求，认真组织开展各项文体活动，受到了当地群众的极大赞誉，为全乡经济快速发展提供精神动力和文化支持。

0362 抓喜秀龙乡文化站

地　　址：天祝县抓喜秀龙乡南泥沟村
隶属关系：抓喜秀龙乡人民政府
人　员　数：2人
观　众　数：800人
开展活动情况：开展"三下乡"集中服务活动，活动内容包括政策宣传、科技入户、卫生咨询、计生宣传、反邪教宣传、文化娱乐等；以元旦、春节、元宵节、国庆节等重大传统节日为契机，举办了乒乓球、篮球、跳棋、拔牛毛等文体活动，以倡导积极健康的生活方式；开办书画、手工艺品制作免费培训班和举办书画展览、手工艺品展览、原生态歌唱比赛，为广大农牧民群众拓展文化活动空间，方便人民群众在家门上学习，丰富文化娱乐活动，使其在社会主义新农村建设中真正发挥村级文化活动室的职能作用，为农村经济社会发展营造一个良好的氛围；大力推进文化遗产保护工作，进一步提高广大农牧民群众对文化遗产的保护意识；积极参与全国文物普查活动，申报非物质文化遗产3项。
场地面积：320平方米
文艺创作作品：烙画《醉》《藏地谣》《在艰苦的岁月里》，唐卡《释迦牟尼》。
简　　介：2009年在县文化局支持下新建了抓喜秀龙乡文化站，建成1800平方米文化广场。其中篮球场、羽毛球场各1个，安置了体育运动器材。文化站设有图书室、多媒体活动室等功能用房11间、320平方米，图书室藏书3000余册，总投资达24万多元。专职管理人员有2人，配备的各种文化器材有投影仪、桌子、凳椅、电脑讲桌、书柜、音响设备、电脑4台。

0363 赛拉隆乡综合文化站

地　　址：天祝县赛拉隆乡吐鲁村
隶属关系：赛拉隆乡人民政府
人　员　数：1人
观　众　数：5100人
开展活动情况：每年春节、"三八"妇女节、"五四"青年节、"六一"儿童节、国庆、元旦等节假日都组织开展文体活动，在夏季举办农牧民运动会。
场地面积：300平方米
文艺创作作品：歌曲《唱酒曲》。
简　　介：赛拉隆乡综合文化站坐落于吐鲁村盆子沟组，建于2011年，共新修房屋15间，均为砖混结构平房，建筑面积300平方米，室外活动场地面积200平方米。文化站设有多功能厅、图书阅览室、文体活动室、电子阅览室等。站内藏书200余册，各类DVD光盘有50余张。文化站配备兼职人员1名，能积极参加上级组织的各种培训，事业心强，有较强的专业能力和组织管理能力。文化站定期开展活动，进一步丰富广大群众的精神文化生活，树立强身、健身新观念。文体活动做到有方案、有计划、有安排、早落实，确保活动顺利开展。

0364 打柴沟镇文化站

地　　址：天祝县打柴沟镇政府内
隶属关系：打柴沟镇人民政府

人员数：1人

观众数：2000人

开展活动情况：近年来，举办了"双联"文艺汇演、"正昱"杯篮球赛、迎"八一"双拥文艺汇演、社区家庭趣味比赛、党的十八大知识竞赛、"为民务实清廉"主题演讲比赛、科技宣传周等活动。

场地面积：300平方米

文艺创作作品：无

简　　介：打柴沟镇文化站于2009年建成，占地面积1200平方米，使用面积300平方米，两层藏式风格建筑，有多媒体室、阅览室、活动娱乐室等。配备了10多万元的设施，包括电脑、操作控制台、调音台、音响桌椅、书柜等设备。打柴沟镇文化站是党和政府开展农村文化工作的基本阵地，是公共文化服务体系的重要组成部分，是维护广大人民群众基本文化权益的有力保证。

0365　毛藏乡综合文化站

地　　址：天祝县毛藏乡毛藏村

隶属关系：毛藏乡人民政府

人员数：1人

观众数：3400人

开展活动情况：利用元旦、春节、"三八"妇女节、"七一"建党节等节日为契机，开展群众参与的文艺活动。主要有各村歌咏比赛、各学校书画展览、演讲比赛、妇女才艺大展演、"五四"青年节纪念文艺演出等活动。在全乡组织群众开展了篮球、乒乓球、象棋、拔河等体育比赛活动。全乡文化活动日趋活跃，极大地丰富了广大农牧民群众的文化生活。

场地面积：120平方米

文艺创作作品：无

简　　介：毛藏乡综合文化站是一所以互联网、政务外网、有线电视（数字电视）为特点的综合文化站，场所建筑面积120平方米，内设培训教室、电子阅览室（配备了4台电脑）、图书室（藏书2400余册），外设多种健身器材及篮球场，惠及全乡327户、1287人。毛藏乡综合文化站把涉农政策、农情资讯、农牧业技术、致富方略等广大群众看得懂、用得上的文件、报刊书籍"上架"，同时定期到村组织开展丰富多彩的、喜闻乐见的文体活动，还积极举办培训班指导村文化室的建设，辅导和培训群众文艺骨干。毛藏乡综合文站通过开展丰富多彩的活动，在营造新农村文化氛围，满足农民精神文化需求，培育农村文化骨干队伍，创建农村精神文明和谐音符等方面起到了重要作用。

0366　天堂镇文体活动中心

地　　址：天祝县天堂镇天堂村蝴蝶滩

隶属关系：天堂镇人民政府

人员数：2人

观众数：2万人

开展活动情况：开展土族舞蹈"安召""花儿"和民间说唱、社火等活动。

场地面积：798.6平方米

文艺创作作品：花儿、土族民歌、藏族民歌。

简　　介：天堂镇文体活动中心位于天堂村地处甘青两省交界地带的蝴蝶滩，是全县主要的旅游胜地。这里村民民风淳朴，能歌善舞，保留了藏族"酒曲"、土族舞蹈"安召"、民间社火等非物质文化遗产。项目建设总面积4300平方米，其中建筑面积为798.6平方米，主要包括多功能活动厅、大型文艺演出戏台、展览厅、老人儿童活动室、管理用房、露天篮球场、停车场、观众看台和行政办公用房及配套附属设施。项目总投资376万元，其中"两个共同"专项资金250万元，村级一事一议财政奖补资金96万元，文化惠民工程30万元。工程于2012年9月开始实施，于 2013 年 8 月完工。天堂镇文体活动中心具备演出、比赛、娱乐、健身、展览、科普等综合服务功能。今后将进一步完善镇基础设施，促进全镇文化建设事业发展，大大改善全村的文化娱乐环境，改善群众生活质量，更好地举办承接大型节会，对宣传天祝推介天堂旅游和带动镇域经济发挥更大的作用。

0367 西大滩乡综合文化站

地　　址：天祝县西大滩乡千户滩 1 号
隶属关系：西大滩乡人民政府
人 员 数：2 人
观 众 数：3600 人
开展活动情况：文化站注重以文艺活动促繁荣的理念，充分调动基层文化骨干的积极性，常年开展内容丰富、形式多样、特色鲜明的群众文化活动，如球类、棋类、拔河、演讲比赛、广播体操等，同时也组织群众开展自娱自乐的花儿演唱、摔跤、锅庄、剪纸、笛子、赛马、写春联等具有民族文化特色的活动。活动内容注重节日特点，体现民族特色，突出群众性、思想性、娱乐性。
场地面积：308 平方米
文艺创作作品：无
简　　介：西大滩乡综合文化站于 2012 年 6 月建成，占地面积共 308 平方米，现有 100 平方米的综合活动室 1 间、配备电脑 6 台、服务器 1 台、投影仪 1 套、音响设备 1 套、篮球架 1 幅、乒乓球拍 2 幅、羽毛球拍 2 副。100 平方米的图书阅览室 1 间，配备桌椅 30 套、图书 4000 多册、书架 10 个、报架 6 个。20 平方米的乒乓球室、培训室、老年活动中心各 1 间。文化站在编文化专干 1 人，成立业余文艺团队 3 个。针对农牧民群众的不同文化需求，文化站提供内容丰富、形式多样、健康有益的教育、学习娱乐健身等活动，不断满足了全乡农牧民群众的精神文化需求。

0368 哈溪镇文化站

地　　址：天祝县哈溪镇哈溪街
隶属关系：哈溪镇人民政府
人 员 数：3 人
观 众 数：3600 人
开展活动情况：在节庆日组织开展文艺汇演、羽毛球比赛等多种丰富多彩的活动项目，活跃了农民的业余文化生活。定期聘请专业老师对各村的健身舞、秧歌等文化团队进行培训辅导，提高了群众的文化素养。
场地面积：300 平方米
文艺创作作品：无
简　　介：近年来，哈溪镇切实把加强文化建设作为贯彻落实科学发展观和加快全镇经济又好又快发展的重要举措抓在手上，逐步加大对文化事业的经费投入。2010 年，采取镇村合建的方式投资 100 余万元，建成了占地 300 平方米的镇级文化站，设有文体活动室、图书阅览室、展览室、广播录像室、媒体阅览室等，配置电脑 10 台，图书 3000 册以及投影仪等设施。室外新建标准化篮球场 1 处，有健身活动器材 10 余种，绿化树木 60 余株。镇文化站建成后，安排专人进行负责管理，每天对群众开放。

（二十六）张掖市甘州区

0369 张掖市文化馆

地　　址：甘州区县府街文化大厦
隶属关系：张掖市文化广播影视新闻出版局
人 员 数：24人
开展活动情况：举办各类知识性、技能性培训活动，组织全市公共文化干部培训班和各类艺术培训。
观 众 数：3.6万人
文艺创作作品：无
简　　介：张掖市文化馆是国家设立的公益性文化事业单位。文化馆主要职能职责：贯彻执行党和国家有关文化工作的方针政策，做好文化示范区的创建及免费开放工作；组织开展群众文化理论研究、学术讨论和文艺创作；承办演出、展览和群众性文化活动，开展对外文化交流；搜集、整理、开发、保护、传承民族民间文化资源及非物质文化遗产；收藏优秀美术、书法、摄影作品；指导县区文化馆工作，指导群众业余文艺创作及欣赏普及全民审美教育，传播科学文化知识；提供群众文化娱乐服务。本单位事业编制24名，其中副高职称9人、中级职称9人、初级4人、技师1人、中级工1人。内设机构7个，分别是办公室、财务室、业务部、创研部、辅导部（音乐、舞蹈、美术、摄影、书法、故事、曲艺、非遗保护等文艺门类的创作、演出、展览进行辅导）、美术书法摄影部、非物质文化遗产保护部。

0370 安阳乡文化站

地　　址：甘州区安阳乡政府
隶属关系：甘州区安阳乡政府
人 员 数：3人
观 众 数：2000人
开展活动情况：积极组织农民群众参加各种文体活动，图书室、阅览室、展览室、活动室和文化信息资源共享培训室向当地群众免费开放，举办文化科技、法律常识、卫生保健等知识的讲座。
场地面积：320平方米
文艺创作作品：无
简　　介：安阳乡综合文化办公楼建筑面积320平方米，工程总投资35.5万元。其中，上级投资20万元，乡政府自筹15.5万元。新建成的文化站设有图书室、阅览室、展览室、活动室和文化信息资源共享服务室等，配备了电脑、投影、远程接受设备以及棋牌桌、乒乓球桌、健身器材等设备，有专职人员3名，坚持每天开放6小时，每月的开放时间不少于20天。安阳乡文化站的建成，为广大干部群众搭建了健康向上的文娱平台，推动了文化设施的建设和文化娱乐活动的开展，极大丰富活跃了干部群众文化生活，全面提高了干部群众精神文明水平，加快了和谐社会的构建和社会主义新农村的建设步伐。

（二十七）张掖市山丹县

0371 山丹培黎图书馆

地　　址：山丹县文化街3号
隶属关系：山丹县文化广播新闻出版局
人 员 数：8人
观 众 数：3.6万人
开展活动情况：发放传单，大力宣传读书有益。开展有奖征文活动，送图书下乡活动。
场地面积：1600平方米
文艺创作作品：无
简　　介：山丹县图书馆初建于1950年。20世纪80年代初，在中国人民的老朋友、新西兰著名社会活动家路易·艾黎的倡导和县委、县政府积极努力下，由甘肃省人民政府拨付专款修建，新的图书馆于1984年9月落成开馆。86岁高龄的路易·艾黎专程前来参加剪彩庆典活动。原中共中央政治局委员王震同志为馆题词："学习何克先生的国际主义献身精神，发扬培黎学校的优良传统。"原中国人民对外友协协会副会长周而复同志亲笔题写了"山丹县培黎图书馆"馆名。培黎图书馆座落在山丹县文化街，现有干部职工10人。2009年被国家文化部评估定级为"三级图书馆"。现全馆占地面积为3580平方米，其中建筑面积为1600平方米。馆内设有借书处、资料室、期刊报纸阅览室、儿童阅览室、采编室、电子阅览室、资源共享支中心等7个对外服务窗口。盲人阅览室正在筹建中。馆藏图书有艾黎捐赠图书2400册，古籍书1600册，地方文献250多册，工具资料书8000册，文学艺术类图书4.1万多册，期刊资料单本5.1万多册（合订本8700册），报纸合订本2500多册，儿童读物8100多册，计算机70台。图书馆全年开馆，节假日正常借阅，每周开馆时间为56个小时，年外借书籍8.3万册以上，为满足全县人民精神文化需求发挥了积极的作用。

0372 山丹县档案馆

地　　址：山丹县城关镇北大街3号
隶属关系：山丹县文化广播新闻出版局
人 员 数：7人
观 众 数：1000人
开展活动情况：档案整理、编制、查询、保管。
场地面积：1214平方米
文艺创作作品：无
简　　介：档案馆成立于1958年10月，是集中统一保管山丹县县级机关、团体、企事业单位档案资料的国家综合性档案馆。1996年12月18日和2002年7月机构改革中"档案局与档案馆合并,一个机构两块牌子,为县委的直属事业机构"。县档案馆核定编制人数8名,现有在编人员7名。保存着全县解放后党政群机关、区乡、人民公社、乡镇和撤销单位及破产企业68个全宗、17个门类(主要有文书、会计、科技、教学、音像、婚姻、工业普查、人口普查、荣誉、谱牒、艺术、个人、英烈、违纪、死亡、名人、印章)档案资料共44591卷(册)。其中档案34498卷,资料14445册(主要有哲学、史志、工具书、政法、文件汇编、统计资料、区划资料、档案资料、综合资料、文艺、图集、报纸、民国资料、商业资料等16类),编制有案卷目录等4种检索工具,共编撰编研成果53种。

0373 山丹县博物馆

地　　　址：山丹县城文化街

隶属关系：山丹县文化广播新闻出版局

人　员　数：7人

观　众　数：5万人

开展活动情况：文物整理、编制、展览,对青少年禁毒、违法犯罪教育。

场地面积：1434平方米

文艺创作作品：无

简　　　介：山丹县博物馆即艾黎捐赠文物陈列馆,位于山丹县城文化街,是为了纪念国际友人路易·艾黎捐赠历史文物的突出贡献和陈列捐赠的场所。山丹县博物馆与艾黎捐赠文物陈列馆名称并列,挂两个馆名牌子,设一套机构,隶属县文化局。这座具有民族建筑风格的新建文物陈列馆是砖与钢筋混凝土结构,主楼两层,硬山单檐,第二层置前后外廊,主楼两侧展厅对称,平面布局呈四合院式。博物馆占地面积4600平方米,建筑面积1434平方米。山丹县博物馆馆内珍藏着5000余件文物,其中,新西兰著名社会活动家、中国人民的老朋友、伟大的国际主义战士路易·艾黎生前捐赠的文物近4000件。在全部馆藏文物中,一级27件、二级215件、三级1117件。目前共有6个展厅,5个基本陈列展厅,1个临时陈列展厅。为了集中体现路易·艾黎光辉的一生和崇高的品德,用了265帧艾黎各个时期的珍贵照片和艾黎捐赠的800多件珍贵文物,推出了"艾黎精神永放光芒——路易·艾黎生平事迹展"和"馆藏文物精品陈列"两大主题展览。陈列展览向人们展示了中华民族优秀灿烂的文明史,也昭示了艾黎这位国际友人对中国人民的深情厚谊,在国内外享有很高声誉。1995年被中共甘肃省委命名为省级爱国主义教育基地,2005年被评为市级青少年德育教育先进集体,2006年被文化部命名为文化基础设施管理先进集体。博物馆现为市级文明单位、国防教育基地、青少年禁毒教育基地和预防青少年违法犯罪教育基地。

0374 东乐乡综合文化站

地　　　址：山丹县东乐乡城西村

隶属关系：东乐乡人民政府

人　员　数：5人

观　众　数：6000人

场地面积：400平方米

简　　　介：东乐乡综合文化站位于山丹县东乐乡城西村,该站现有工作人员5名,占地面积400平方米,有文体广场600平方米(含有大舞台),内设有教育培训室、棋牌室、电子阅览室、图书阅览室、文化信息资源共享室等,文体广场体育设施配备齐全,东乐乡文化站利用农闲时节组织开展绘画、书法刺绣等手工艺品展,丰富了群众文化生活。

0375 大马营镇文化站

地　　址：山丹县大马营镇花寨村

人 员 数：3 人

隶属关系：大马营镇人民政府

观 众 数：2000 人

场地面积：400 平方米

简　　介：大马营镇文化站位于大马营镇花寨村，占地面积400平方米，室内设有书刊阅览室、办公室、多功能服务厅，室外有健身场地、篮球场、乒乓球室等，站藏书3000多册。工作人员3名，站内功能室免费开放。文化站利用文化阵地平台组织开展广场舞比赛、诗朗诵、群口夹板、书画展等活动，全镇文化活动呈现出欣欣向荣的景象。

（二十八）张掖市临泽县

0376 临泽县文化馆

地　　址：临泽县城

隶属关系：临泽县文化广播影视新闻出版局

人 员 数：9人

观 众 数：1万人

开展活动情况：每年举办文化活动30多场次。

场地面积：1011平方米

文艺创作作品：无

简　　介：临泽县文化馆始建于1956年，建筑面积1011平方米，编制6名，工作人员9人，中级职称3人，占总人数的33%。文化站设有办公室、书画创作室、档案资料室、资源加工室、非物质文化遗产办公室、财务室、多功能厅、展览厅、书法美术学习室、音乐戏曲学习室、老年人活动室、宣传长廊等群众文化艺术培训、辅导、创作、宣传阵地。干部队伍素质好、业务水平高、工作能力强、具有一定的开展群众文化活动和组织辅导培训的能力。临泽县文化馆始终坚持"双百"方针，充分发挥社会宣传教育、公益文化服务、文化艺术普及、非物质文化遗产保护的社会职能作用，努力为社会主义精神文明建设做贡献。2004年文化馆被国家文化部命名为国家三级文化馆，2007年8月经国家文化部委托省专家组复评，保持国家三级文化馆荣誉。

0377 板桥镇文化服务中心

地　　址：临泽县板桥镇

隶属关系：板桥镇人民政府

人 员 数：3人

观 众 数：2000人

开展活动情况：鼓励农民群众多去阅览室、农家书屋看书，积极调动农民群众参与广场舞、健身操活动，经常性地举办文化、科技、卫生等知识的讲座，在重大节日期间举办大型文艺演出和运动会。

场地面积：300平方米

文艺创作作品：无

简　　介：板桥镇文化服务中心占地面积300多平方米，内设有站长室，电子阅览室（为群众提供电子资源）、展览室（展出各类字画、图片、手工制品等）、图书室（现有书柜4个、书架8个、桌椅20套、报架4个、电视1台、音响2个），基础设施完善。书屋藏书册8000余册，涉及政治、历史、科普、法律、文学、教育、医学等内容，征订报刊18种。文化中心积极组织农民群众参与各种文体活动，极大地活跃了全镇群众文化舞台，丰富了群众文化生活，增长了群众致富技能、强化了群众的道德素养。

0378 鸭暖乡文化服务中心

地　　址：临泽县鸭暖乡
隶属关系：鸭暖乡人民政府
人 员 数：3人
观 众 数：3000人
开展活动情况：每年组织全乡开展文体活动达12次，各种文化知识和劳动技能培训10次。
场地面积：377.5平方米
文艺创作作品：无
简　　介：鸭暖乡文化服务中心于2008年建成投入使用，占地面积377.5平方米，内设办公室、图书室、电子阅览室、文体活动室、多功能厅，设施齐全，现有工作人员3名。文化站积极调动群众开展丰富多彩的文化体育活动，有效地提高了群众的文化水平、道德品质、身体素质和生活质量。

0379 平川镇文化室

地　　址：临泽县平川镇
隶属关系：平川镇人民政府
人 员 数：10人
观 众 数：5500人
开展活动情况：利用农闲时节，组织农民群众开展体育健身、看报读书、文艺演出等活动。
场地面积：400平方米
文艺创作作品：无
简　　介：平川镇文化室积极为群众提供优质、便利、快捷服务，使村党组织结合产业发展，引导致富能力强的党员、村民作"科技指导员"，为群众提供技术指导、产品信息、务工信息等服务，努力提高农民进入市场的组织化程度。

0380 新华镇文化服务中心

地　　址：临泽县新华镇
隶属关系：新华镇人民政府
人 员 数：3人
观 众 数：3000人
开展活动情况：新华镇文化服务中心自建成以来积极推进"组织千名群众走进乡镇综合文化站"活动；结合党员"冬训"活动，充分利用农闲时节，组织开展书画作品展览活动和"喜爱书目抢先读"读书心得交流会，推进镇文化服务中心免费开放；充分发挥村级自娱自乐班子建设，组织开展以"讲道德、树新风、促和谐"主题的城乡对接"六进农村"文艺节目表演，扶持向前、明泉村文艺班子队伍建设，促进农村文化活动经常化；充分调动群众积极性和创造性，大力发展十字绣、丝网花、刺绣、民间艺术节目表演等，带动临泽文化产业发展；充分利用农闲时节和茶余饭后空闲时节，发展广场文化，村村建设文化广场，开展农民健身文化体育活动，提高了农民群众文化生活。

场地面积：2000 平方米

文艺创作作品：无

简　　介：新华镇文化服务中心配备了大屏幕电视机、电脑投影仪、卡拉 OK 音响等电教设备，购置桌椅 80 套、书架 3 组、象棋、兵乓球、篮球等设施，藏书 2000 余册，各类音像制品 60 套，订阅各类报刊杂志 20 种，配备了专职文化干部 3 名，制订完善宣传文化服务中心职能职责、图书管理制度，软硬件设施配备齐全。同时，调查了解了全镇各类文化产业团体和文化人才基本情况，建立健全了全镇各类文化产业及乡土文化人才档案。2013 年，镇上积极筹措资金 20 万元，对文化体育广场进行了改造，翻修了舞台，硬化地坪 2000 平方米，设置篮球场 2 个、羽毛球场 2 个。新华镇文化服务中心自建成以来为群众提供免费开放图书借阅、阅览、文艺作品展览、上网查阅资料、书法创作、文化人才及文艺骨干培训等服务，做到了管理规范化、文化活动经常化，有效提高农民群众文化生活水平。

（二十九）张掖市肃南裕固族自治县

0381　肃南县图书馆

地　　址：肃南县红湾寺镇
隶属关系：肃南县文化广播影视新闻出版局
人 员 数：8人
观 众 数：2.2万人
开展活动情况：全民阅读，图书借阅，资料查阅。
场地面积：1565平方米
文艺创作作品：无
简　　介：肃南县图书馆成立于1996年10月，现有干部职工6人，其中正副馆长2人，一般干部1人，工人3人。馆舍面积1565平方米，设有成人阅览室、少儿阅览室、电子阅览室、全国文化资源共享工程县级支中心多媒体室等服务窗口。藏书19.5万册（件），其中电子图书16.4万册（件）。年借、阅各类图书12000多册（次），接待读者2.2万人（次），新订阅期刊、报刊60多种，书刊宣传800种以上，设立了流动服务点16个，全年开馆天数达350天以上。在第三、四次全国公共图书馆评估定级中被国家文化部评定为三级图书馆。2009—2011年全民阅读活动中，被甘肃省图书馆学会评为省全民阅读"先进单位"，命名为"全民阅读基地"。2012年，图书馆电子阅览室被国家文化部评为全国文化信息资源共享工程公共电子阅览室示范点。

0382　肃南县文化馆

地　　址：肃南县红湾寺镇
隶属关系：肃南县文化广播影视新闻出版局
人 员 数：8人
观 众 数：8000人
开展活动情况：年累计开展各类文化活动120多次。
场地面积：467.24平方米
文艺创作作品：无
简　　介：肃南县文化馆位于甘肃张掖红湾寺镇，于1986年5月1日在张掖工商局登记注册挂牌成立。文化馆自成立以来组织开展了全县社会文化活动，有效地丰富和活跃了群众文化生活；开展了群众文化艺术培训和辅导，普及科学文化艺术知识，提高了群众文化素养；承办了全县性的大型群众文化活动，指导基层文化建设和各类文化活动，极大地提高了社会文化活动水平；指导乡镇文化站、村文化室业务工作；培训农村、社区等基层文化骨干，辅导群众文化艺术队伍；挖掘整理了非物质文化遗产资源。

0383 祁丰藏族乡社会文化服务中心

地　　址：肃南县祁丰藏族乡政府内
隶属关系：祁丰乡藏族人民政府
人 员 数：4人
观 众 数：1600人
开展活动情况：在全乡范围内组织、开展各类群众文化活动，配合县文化馆做好辅导、培训等工作。
场地面积：320平方米
文艺创作作品：无
简　　介：祁丰藏族乡社会文化服务中心建设工程于2009年3月20日开工，2009年7月20日竣工。主体工程为框架二层，建筑面积320平方米。社会文化服务中心建成后，在积极开展"送文化""文化走亲"和"我们的节日"等活动的基础上，大力开展"种文化"活动，并通过加强文化产品供给文化阵地建设，把"送文化"与"种文化"、育文明紧密结合起来，不断满足了农牧民群众的精神文化生活。

0384 明花乡社会文化服务中心

地　　址：肃南县明花乡政府内
隶属关系：明花乡人民政府
人 员 数：5人
观 众 数：1000人
开展活动情况：开展文化培训，举办各种文艺演出，组织农民运动会。
场地面积：300平方米
文艺创作作品：无
简　　介：明花乡大力实施文化惠民工程，加大对文化建设的投入，建成300平方米的社会文化服务中心，文化专干充分利用乡村两级文化广场、"农家书屋"、乡文化中心等公共文化服务阵地，开展了主题鲜明、形式新颖、内容丰富的群众文化活动。群众文化活动推动了全乡旅游业的发展，让农牧民在文化活动中绽放幸福笑脸，在旅游发展中得到实实在在的利益。

0385 白银蒙古族乡社会文化服务中心

地　　址：肃南县白银蒙古族乡政府内
隶属关系：白银蒙古族乡人民政府
人 员 数：2人
观 众 数：600人
开展活动情况：举办文化、科技、法制、健身讲座4次，免费开放阅览室、活动室、信息资源共享室，开展各类群众文体活动。
场地面积：300平方米
文艺创作作品：无

简　　介：白银蒙古族乡社会文化服务中心建筑面积300平方米，内设有电子阅览室、办公室、棋牌室、教育培训室、多功能展厅等，各功能室设备、器材及书籍等文化资源配置齐全。外有健身广场、乒乓球台、篮球场、宣传栏。文化服务中心打造文化强乡为目的，以满足牧民群众的精神文化生活为诉求，积极开展文化管理干部和文化能人培训，文化专干通过广播、网络等媒体，宣传党的群众路线教育活动，引导村民做到多看书、少打牌；多学习、少扯皮；多实干、少空谈；多争先、少计较；多感激、少抱怨。组织开展"科技下乡、服务三农"活动，"双学双比"评选活动等，文化中心充分发挥了文化主阵地作用。

0386 大河乡社会文化服务中心

地　　址：肃南县大河乡政府

隶属关系：大河乡人民政府

人 员 数：5人

观 众 数：1200人

开展活动情况：在全乡范围内组织、开展各类群众文化活动，配合县文化馆做好辅导、培训等工作。

场地面积：350平方米

文艺创作作品：无

简　　介：大河乡社会文化服务中心场地总面积350平方米，硬化院落50平方米。大河乡党委、政府积极实施文化建设，将党员活动、计生宣传、图书借阅、群众文化活动归属于文化服务中心组织管理，在该乡实施了文化资源共享工程，配发了投影仪设备1套、电脑4台，利用该设备开展对农民群众的法律、法规和农业技术培训10余场，使全乡的农民素质得到了提高。阅览室有图书11种，共有2022册，阅览室开放以来，借阅图书1000多人次。在农闲时，农民群众自发组织舞蹈队，开展健康有益的文体活动，群众的文体活动红红火火，真正提高了农民的精神文化水平。

0387 马蹄乡社会文化服务中心

地　　址：肃南县马蹄乡

隶属关系：马蹄乡人民政府

人 员 数：2人

观 众 数：1500人

开展活动情况：在全乡范围内组织、开展如书画比赛、乒乓球比赛、篮球比赛、广场舞等群众文化活动，配合县文化馆做好辅导、培训等工作。同时在各村成立妇女舞蹈队，组织农牧村妇女利用节假日举行各种文艺会演、民族服饰表演、民歌大赛、传统体育等活动，丰富农牧民群众业余生活。

场地面积：545平方米

文艺创作作品：无

简　　介：马蹄乡社会文化服务中心建筑面积545平方米，内设棋牌室、阅览室、微机室、培训教室等功能室，藏书3000多册，并规范配置书柜、阅览桌和电视机、电脑、投影仪等播放设备，阅览室积极开展全民阅读活动，为农牧民群众提供图书借阅、报刊杂志阅读等服务。室外为乡体育活动中心，开辟娱乐健身路径、灯光篮球场、羽毛球场、排球场、乒乓球台等综合性文体活动区域。自建文化中心以来，着力发挥综合文化中心的功能，举办各类农业科技讲座，普及科学文化知识。马蹄乡党委、政府按照"五位一体"要求，把村文化广场和"农家书屋"建设作为文化惠民的重要抓手，积极落实"一村一室一广场"工程，把公共文化服务体系的"神经末梢"延伸到农村的每个角落，实现了文化阵地、文化设施全覆盖。

0388 皇城镇文化站

地　　址：肃南县皇城镇政府内

隶属关系：皇城镇人民政府

人　员　数：3人

观　众　数：1500人

开展活动情况：加强文化、体育阵地建设，多形式开展文体活动；配合县文化馆做好辅导、培训等工作；充分利用村级广播站，及时将党和国家的方针政策、道德模范典型事迹、涉农法律法规知识、卫生防病知识、农业科技等传达到群众中去。

场地面积：350平方米

文艺创作作品：无

简　　介：皇城镇在县委、县政府的正确领导下，以科学发展观为统领，大力抓文化建设，投资建成总面积350平方米的文化站，加大投入，全面完善文化基础设施，以文化站为文化活动平台，以建设和谐文化、培育文明风尚为目标，在全乡范围内组织、开展各类群众文化活动，配合县文化馆做好辅导、培训等工作，用先进文化占领农村文化阵地，推动全镇经济社会各项事业又好又快发展。

0389 康乐乡社会文化服务中心

地　　址：肃南县康乐乡政府内

隶属关系：康乐乡人民政府

人　员　数：4人

观　众　数：600人

开展活动情况：组织开展民间剪纸、民族刺绣、民族工艺品制作等技能培训活动22场次，每年推荐和培养文化传承人20人。全乡在13个村中聘请民间裕固族文化传承人、文化骨干、文艺能人共130人，建立基本信息数据库并成立传统文化建设委员会。

场地面积：300平方米

文艺创作作品：无

简　　介：康乐乡在县委、县政府的正确指导下，坚持以科学发展观为指导，以经济转型跨越发展为主线，大力进行文化发展，建成总面积约300平方米的社会文化服务中心，加大投资，完善各种文化服务硬件，多方合作培养文化人才，在全乡范围内培育出一批农牧村文化战线主力军，打造了5支牧区文化队伍，这5支队伍丰富了农牧民的精神文化生活，同时也推动了全乡文化发展。

0390 红湾寺镇社会文化服务中心

地　　址：肃南县红湾寺镇政府内

隶属关系：红湾寺镇人民政府

人　员　数：3人

观　众　数：2800人

开展活动情况：文化室、阅览室、信息资源

共享室等功能活动室免费开放，组织各种活动年累计20多次。

场地面积：320平方米

文艺创作作品：无

简　　介：红湾寺镇社会文化服务中心总面积320平方米，中心有从业人员3人，内设图书室、培训教室、电子阅览室，外设多种健身器材、篮球场、羽毛球场地，阅览室配置各类书籍2000余册，书籍内容涵盖政治、法律、经济、养生等多个方面。近年来红湾寺镇社会文化服务中心以"政府倡导、社会参与、农民管理、务求实效"为建设思路，让文化服务中心真正发挥作用。文化服务中心开展了一系列的"进农家书屋读好书""军民共建读好书""留守儿童之家"等系列读书活动，积极营造读书用书的氛围，引导更多的居民走进书屋，还针对有创业意愿的群众通过农家书屋进行专业技术指导，有效解决群众买书难、借书难、看书难的问题，现今文化服务中心阅览室、农家书屋真正成了群众致富的"黄金屋"和汲取知识的"加油站"。文化服务中心利用文化广场积极组织农民群众举办各类广场舞大赛、农民运动会、秧歌表演等，各种活动年累计20多次，极大地活跃了农民群众的文化氛围，提升了农民群众之间的凝聚力，为本地区社会和谐稳定发展做出了极大的贡献。

（三十）白银市白银区

0391 白银市图书馆

地　　址：白银区王岘东路 15 号

隶属关系：白银市文化广播影视新闻出版局

人 员 数：41 人

观 众 数：36.2 万人

开展活动情况：积极开展阅读推广工作，引导全民读书学习，开展经典图书、电影"五进"活动，举办"书香白银"全民阅读活动启动仪式，组织精品图书展等；充分发挥公共图书馆的社会教育功能，着力打造服务品牌，形成了"温馨读书过大年""迎春有奖猜谜""少儿读书有奖比赛""读者座谈会""读者沙龙""凤凰大讲台"等相对固定的读者活动，并逐渐成为一种品牌；注重馆校合作，与市区 43 所中小学、4.18 万名中小学生建立了密切联系，开展"中小学生走进图书馆、利用图书馆阅读"活动，创办"红领巾读书基地""金钥匙读书基地""青少年法制教育基地"和"未成年人思想道德建设读书示范基地"等 5 个未成年人教育基地。

场地面积：4600 平方米

文艺创作作品：无

简　　介：白银市图书馆筹建于 1994 年，1995 年 11 月正式成立。1997 动工修建图书馆大楼，1998 年 10 月落成，1999 年 9 月全面向读者开放，是一座综合性市（地）级公共图书馆，现为国家一级图书馆。目前，拥有藏书 37.4 万册（件），阅览座席 600 个，电脑 100 台，相对稳定读者 1.1 万人。年征订报刊 600 余种（份），年接待读者达 30 万人次，书刊流通阅览 100 多万册次，成为保障市民享有公共文化权益的主要阵地，收到了良好的社会效果。白银市图书馆目前已建成"红军会宁会师暨长征途经白银史料专题馆藏""资源枯竭城市转型""白银旅游文化"等自建数据库。正在建设"全国黄河沿岸城市信息数据库""丝绸之路沿线省市信息数据库""循环经济信息数据库""华夏文明创新示范区成果信息数据库"。同时，积极推进数字图书馆推广工程建设，全面开通图书馆自动化管理系统，实现了办公、采编、流通、检索自动化，"白银市科技数字图书馆"初步建成。目前数字资源容量达到 10TB，开通运行了手机移动图书馆业务和"一证通"易瑞授权访问系统，数字资源年访问量突破 17 万人次。白银市图书馆先后被文化部、共青团中央、全国妇联、甘肃省文化厅、中共白银市委、市政府授予"读者喜爱的图书馆""全国优秀青年学习组织""全国巾帼文明岗""甘肃省文明图书馆""市级文明单位"等荣誉称号。

0392 白银市白银区少儿图书馆

地　　址：白银区文化路 40 号

隶属关系：白银区文化广播影视新闻出版局
人　员　数：6人
观　众　数：2万人
开展活动情况：每年正月十五元宵节大型群众灯谜竞猜活动（品牌活动）；"世界读书日"白银区图书周活动；"图书服务宣传周"系列活动；"六一"儿童节系列服务活动；开展图书馆"志愿者服务活动"；国学经典诵读周活动（此项活动每周六、日上午开展，参加人员200余人，已经成为图书馆的品牌活动）；古典文学赏析系列讲座（红楼梦系列）；开展全市"我最喜爱的一本书"中小学演讲比赛活动；中秋节大型群众灯谜竞猜活动；每年开展"农家书屋"管理员业务培训和业务辅导；开展"全民读书月"活动；2013年度被国家文化部评为"国家三级图书馆"。
场地面积：1600平方米
文艺创作作品：无
简　　介：白银市白银区少儿图书馆新馆五层大楼位于白银市中心的金鱼公园西门左侧，馆舍面积1600平方米，每周开馆六天（星期一闭馆），节假日全天开放。新馆馆藏图书达到20万余册，年征订各类报刊杂志200余种，新馆设有少儿图书阅览室、报刊室、期刊室、电子阅览室、多媒体室、"文化资源共享工程"办公室、采编制作室。白银区少儿图书馆将以全新的环境迎接广大读者朋友。图书馆在社区、乡村、学校建有流动图书室13个，充分发挥阵地作用，努力延伸服务范围，使图书馆有限的资源得到最大化利用。白银区少儿图书馆以优质服务取得了显著的社会效益，2005年、2009年被两次评为国家三级图书馆。白银区少儿图书馆属正科级建制事业单位，编制7人，是迄今为止，甘肃省第一家县（区）级公共少儿图书馆。自建馆以来，白银区少儿图书馆始终坚持"读者至上、文明服务"的宗旨，配合"知识工程"的全面实施，通过开展一系列丰富多彩的特色读书活动，在青少年中掀起一轮又一轮读书热潮，丰富了青少年的业余文化生活，成为打造"书香白银"的亮点。

0393　白银市美术馆

地　　址：白银市文化中心三楼
隶属关系：白银区文化广播影视新闻出版局
人员数：6人
观　众　数：2万人
开展活动情况：负责规划、引导、开展全市性书画艺术活动。
场地面积：700平方米
文艺创作作品：无
简　　介：2012年2月，经白银市机构编制委员会会议研究，同意成立黄河石林书画院，加挂白银画院牌子，科级建制，暂归市政协管理，核定事业编制3名，其中科级领导1名。2013年5月，经市机构编制委员会办公室主任会议研究，同意在黄河石林书画院（白银画院）基础上，组建成立白银市美术馆，加挂黄河石林书画院和白银画院牌子，隶属关系由市政协办公室管理调整为归市文化广播影视新闻出版局管理，单位性质、级别建制、人员编制、经费来源不变。经过积累和发展，美术馆现有资产总值870多万元。其中办公用固定资产650多万元，书画作品210多万元，办公用固定资产中黄河石林写生基地建设资产为610多万元。馆藏各类书画作品近千件。现在白银市文化中心三楼办公。白银市美术馆的主要职责：组织开展专业性书画创作、展览、交流；培养、建设全市书画创作人才队伍；开展书画艺术研究；收集积累、储藏保护、管理利用书画艺术作品，丰富馆藏作品；美术馆馆藏作品将实现长期免费向公众开放参观；对基层画院、书画艺术活动和全市书画艺术市场进行业务指导。

0394 白银区文化馆

地　　址：白银区文化路40号
隶属关系：白银区文化广播影视新闻出版局
人 员 数：17人
观 众 数：18.3万人
开展活动情况：开展的文化艺术培训项目有手风琴、电子琴、钢琴、萨克斯、声乐、舞蹈、书法、绘画等，每年培训学员600多人次。精心组织和承办了在全市有较大影响的第一、二、三、四届"金凤凰"少儿艺术大赛；全国乡洽会开幕式团体操表演；全市第一、二届运动会开幕式团体操表演；区第九次党代会"祝福新白银"文艺晚会；第四、五届"星星火炬"全国青少年艺术英才选拔活动甘肃分赛区的比赛；第一、二、三、四届"白银四龙剪金山民俗文化旅游节"开幕式的文艺演出；白银市纪念改革开放30周年文艺晚会等重大活动以及市、区组织的各类大、中、小型文艺演出活动。
场地面积：4500平方米
文艺创作作品：无
简　　介：白银区文化馆现有正式职工17人，其中管理人员6人，副研究馆员（副高级职称）1人，馆员（中级职称）6人，助理馆员（初级职称）3人，工勤人员1人。1990年我馆被文化部授予"全国先进文化馆"；1992年荣获文化部、财政部"全国以文补文"先进单位；2003年荣获"甘肃省发展文化产业先进单位"；2006年被文化部评定为"全国三级文化馆"；2008年被文化部评定为"全国二级文化馆"。白银区文化馆认真贯彻"双百"方针，以围绕全区经济社会发展的总体目标为中心，以满足群众日益增长的文化需求为宗旨，以组织开展群众文化活动和文艺培训为重点，充分发挥阵地和人才优势，精心组织了各种活动。

0395 白银市群众艺术馆

地　　址：白银区长安路16号
隶属关系：白银市文化广播影视新闻出版局
人 员 数：25人
观 众 数：10万人
开展活动情况：推出了示范性服务品牌项目和志愿者团队，包含艺术培训辅导、艺术演出、艺术讲座、笔会、大型活动保障、展览展示、民族民间文化遗产保护等门类。由文化志愿者所组建的"群星艺术团"，多年来坚持"五进"活动（即"五一"进工地、"六一"进校园、"七一"进社区、"八一"进军营、"十一"进广场活动），下基层送文化慰问演出累计达百余场。成功举办了全国及省、市各类大型活动的开、闭幕式文艺演出等活动，得到了社会各界的好评。在全省率先推出了"少儿文艺课堂"，自推出以来，已举办免费培训2000余次，白银市的弱势群体和困难家庭子女，尤其是下岗工人的孩子成为此项文化特惠政策的受益者。创编的舞蹈

"背鼓子"等一批少儿节目获得国内及国际大奖。推出了"公众艺术展厅"全年免费对外开放。已成功举办各类展览200多期，观众达数万人，同时在馆内专门设置非遗专区，举办了"我们的家园——白银市非物质文化遗产普查成果展"常年免费向公众开放。

场地面积：6569.3平方米

文艺创作作品：白银市群众艺术馆十分注重文艺作品的创作，多次选派优秀团队和选手参加国内及国际的展演和赛事活动并摘金夺银，先后在甘肃省第三、四届"群星奖"评奖活动中，美术作品获得二等奖3项、三等奖5项。在白银市第一、二、三届"凤凰文艺奖"作品评选中，获得一等奖4个、二等奖6个。2010年7月，馆办团队爱乐合唱团在全省第二届"七月放歌"合唱比赛中，获得特等奖。在全国"中华红歌会"比赛中荣获"中华杯"奖（最高奖）；在甘肃省庆祝建党90周年"红旗飘飘"合唱比赛中获一等奖。2012年7月，在第十一届中国国际合唱节比赛中荣获银奖，并代表甘肃省赴维也纳金色大厅参加"唱响五洲"合唱节比赛荣获最高奖。在文化部举办的全国群文系统文艺作品征集评选中，我馆杨耀中同志创作的歌曲《我的青春从这里起步》《黄河水车》荣获优秀作品奖（最高奖），并在《文化大视野》第12卷刊发。有100多件美术、书法、剪纸等作品在省内外展出、发表。

简　　介：白银市群众艺术馆于1986年建馆，2011年被文化部评为国家一级文化馆，馆舍建筑面积达6569.3平方米。其中群众文化活动用房建筑面积达5950.3平方米，设有文化活动厅室14间、多功能厅1间、演出厅1间、非遗展示厅1间。2010年3月已正式对公众实现免费开放。现有人员25人，其中专业技术人员21人（副研究馆员3人、馆员12人、助理馆员6人），管理人员1人，公勤人员3人。白银市群众艺术馆先后被白银区委、区政府评为"精神文明单位"；2007年被全国妇联、国家体育总局授予"巾帼文明健身队"；2013年被甘肃省文化厅授予甘肃省非物质文化遗产保护传承工作"先进集体"；连续5年被全国青少年艺术英才选拔赛活动甘肃赛区比赛组委会评为"优秀组织奖""特别贡献奖"等。

（三十一）白银市平川区

0396 平川区图书馆

地　　址：平川区会展中心一楼
隶属关系：平川区文化局
人　员　数：16人
观　众　数：2600人
开展活动情况：开展外借、阅览、咨询、视听、讲座、培训等服务活动。
场地面积：2051平方米
文艺创作作品：无
简　　介：平川区图书馆机构成立于1993年，副科级建制。1999年9月16日借用文化馆场地正式开馆运行面向社会开放，2009年10月搬入与区会展中心统一设计、统一建成建筑面积2051平方米的新馆并全面开馆服务广大读者。2010年被文化部评为"国家三级馆"。平川区图书馆依托全国文化信息资源共享工程平台，以建设复合型图书馆为基本定位，不断拓展文献保存、资讯服务、社会教育、终身学习及休闲娱乐等多元功能，秉承"以人为本，服务至上"的宗旨，不断创新服务模式，向社会提供全面、优质、快捷的服务，把图书馆建成全区资源中心、信息服务中心、社会教育中心和图书馆事业中心，为促进平川区经济社会文化加快发展，为构建和谐平川做出更大的贡献。平川区图书馆现有馆藏总计20000余册、件，其中电子文献242种，年订报刊126种。为读者提供240个阅览席位，其中少儿阅览席位40个。网络结点50个，设有借阅室、报刊阅览室、少儿阅览室、资料室、特藏室、多媒体室、电子阅览室7个服务窗口和办公室、主控机房、资源制作室3个业务工作室。全馆拥有计算机40台，可供读者使用的30台，接入电信互联网10兆光纤，专用存储容量达到4TB，运用文件自动化管理系统，2011年全面实现业务管理自动化。图书馆每周一至周日开放。从2011年12月起落实《文化部、财政部关于推进全国美术馆、公共图书馆、文化馆（站）免费开放工作的意见》精神，全面面向社会公众免费开放，平川区图书馆逐渐成为全区人民"没有围墙的学校"。

0397 平川区档案局

地　　址：平川区长征东路106号
隶属关系：平川区文化局
人　员　数：11人

观 众 数：1500 人

开展活动情况：无

场地面积：962 平方米

文艺创作作品：无

简　　介：平川区档案局成立于1987年，是区委、区政府参照公务员管理的直属事业单位，履行全区档案行政管理和保管利用等职能。档案局内设三股一室一中心，即办公室、指导股、编纂股、管理股和现行文件阅览中心。现有工作人员11名。1998年晋升为省一级档案馆，是平川区综合保管档案资源地，现行文件资料服务中心。

0398　平川区文化馆

地　　址：平川区长征东路108号

隶属关系：平川区文化局

人　员　数：17人

观　众　数：50万人

开展活动情况：2005年6月2日平川区人民广场落成典礼文艺晚会；2010年6月19日"春茂杯"2010年中央电视台《曲苑杂坛》走进平川大型综艺晚会；2011年6月29日"颂歌飞扬·共谱和谐"建党九十周年红歌演唱会；2011年7月21日平川区建设系统庆祝建党九十周年暨第二届平川陶瓷文化节文艺晚会；2011年8月19日第二届中国西部（白银平川）陶瓷峰会暨平川陶瓷文化节；2012年1月16日白银市平川区首届春节联欢晚会——龙腾平川；2012年6月28白银市平川区庆祝建党91周年大合唱；2012年7月31日"红双喜春茂向阳杯"全国少儿乒乓球比赛开幕式文艺演出；2013年2月3日"金蛇迎春·和谐平川"白银市平川区迎春演出；2013年2月16日—24日"忠恒杯·迎新春"平川区首届油画展；2013年平川区首届青年歌手电视大奖赛；2014年平川区首届少儿艺术大赛。

场地面积：2671平方米

文艺创作作品：青年书画创作不断有作品参加省市展览并获奖，仅2008年就有3人加入省书协和美协，全区现有中国书协会员4名，省书协会员34名，省美协会员3名；有3人的艺术作品（双钩书法、烙画艺术、铜雕艺术）代表我区文化产品参加了深圳文博会，吸引了众多文化企业的关注。2008年，我区部分文学、书法和美术作品先后获得省黄河文学奖、市"五个一"工程奖、市"凤凰文艺奖"。

简　　介：近年来，在区委、区政府、区文体局和市文化部门的重视和领导下，平川区文化馆以党的十八大精神为指导，全面贯彻落实科学发展观，以实践"三贴近"，为群众提供良好文化服务，构建"和谐平川"为目的，以丰富广大群众精神生活为职能，广泛开展了丰富多彩的群众文化活动。区文化馆组建了中老年业余文艺表演队，文艺辅导培训小组，各乡镇成立了业余剧团。各界群众纷纷成立老年健身舞协会、象棋协会、乒乓球协会、音乐协会等组织，各种文艺团体百花齐放，使广大群众都能参与到健康有益的文化活动中来。在2005年平川人民广场建成以后，大胆创新，打响了平川"广场文化活动"品牌的工作思路，充分调动乡镇、街道、区直各单位、学校、驻平和企事业单位共同参与活动的积极性，广泛吸纳区内外的文艺英才加入演出行列，广场文化活动主题鲜明，大大提高了广场文化活动的品味。

0399 种田乡综合文化站

地　　址：白银市平川区种田乡
隶属关系：种田乡人民政府
人 员 数：5 人
观 众 数：2800 人
开展活动情况：自文化站建设以来，在乡党委、乡政府的正确指导下，成功举办了民间民俗社火表演、农民运动会、文化下乡、知识竞赛等大小型文体活动，极大地丰富了广大农民群众的精神生活。
场地面积：357 平方米
文艺创作作品：无
简　　介：种田乡综合文化站工程于2011年8月底开工建设，2012年6月底竣工，建筑面积357平方米，共投资53.8万元。文化站内设五室一厅（图书阅览室、器材室、活动室、办公室、展览室和影视厅）。该站现有工作人员5名（农业文化服务中心主任、文化站站长、文化干事）。目前，该站规章制度已健全，配套设备基本齐全。文化体育广场于2012年6月开工，项目总投资23万元。其中争取甘肃体育惠民工程项目20万元，建设有2个篮球场（其中一个带看台的塑胶球场）、2个羽毛球场、4个乒乓球台、500平方米健身区。文化体育硬化场地2446平方米，是种田乡及周边群众活动健身的中心场地。文化站和体育广场项目是集文体活动、大型会议、文艺演出、科技培训、宣传教育、群众健身娱乐等功能于一体的活动中心。

0400 黄峤乡综合文化站

地　　址：平川区黄峤乡政府内
隶属关系：黄峤乡人民政府
人 员 数：6 人
观 众 数：2600 人
开展活动情况：春节期间，组织各村邀请秦腔戏剧团为村民唱戏，神木头村、焦口村组织社火队参加区上春节文化活动表演。组织黄峤乡第一届农民运动会，共有9支队伍参赛。其中，各村代表队5个，各单位代表队3个，开展了篮球、跳绳、乒乓球、搬粮食、袋鼠跳等比赛项目。此次运动会农民参加热情高，为下一次的举办奠定了良好基础。积极参加上级和区有关部门举办的各种大型文体活动，认真完成上级交办的各项工作。参加全省农家书屋管理员竞赛活动。加强阵地建设，在乡党委的大力支持下，完成了黄峤乡文体活动中心建设，设立了活动室、图书阅览室，丰富了百姓的文化生活。在乡党委和玉湾村的大力支持下，建成玉湾村文化活动广场，为老百姓日常文体活动提供场所。在区委、乡党委、多个民营企业的大力帮助下，对王将军墓进行抢救性保护工作，建成王将军墓旅游景点。为焦口村、牛拜村、玉湾村、马饮水村申请篮球场地建设所需的篮球架等设施。

场地面积：500 平方米

文艺创作作品：无

简　　介：黄峤乡综合文化站占地 500 平方米，坐落在黄峤乡政府院内。文化站目前设置有图书阅览室、文化共享室。站内有电脑 1 台、椅子 30 把、长桌 10 张、办公桌 1 张、办公椅 1 把、书橱 7 架、电视 1 台、音响 2 个、设备总值合计约 5 万元。文化站有图书 2000 余册，图书阅览室整洁美观且有文化气息。黄峤乡综合文化站人员有 6 名，专职人员 3 名享受当地政府同级人员同等福利待遇。自文化站成立以来，积极开展群众体育文化活动。多功能厅、图书阅览室等空间设施免费开放。文化站主要活动有：春节期间组织各村邀请秦腔戏剧团为村民唱戏，组织黄峤乡第一届农民运动会，参加全省农家书屋管理员竞赛活动等。

0401　王家山镇综合文化站

地　　址：平川区王家山镇万庙村

隶属关系：王家山镇人民政府

人 员 数：5 人

观 众 数：280 人

开展活动情况：近两年来，开展了多项文化活动，例如：庆"七一"知识竞赛，庆"七一"文艺汇演，第一届广场舞大赛，第一、二届"开拓杯"篮球赛，"三下乡"文艺汇演等。

场地面积：420 平方米

文艺创作作品：无

简　　介：王家山镇综合文化站位于万庙村中心，在国道 109 线以北——武家拐武隆山庙前，总占地面积 20000 平方米，初步规划建设面积 8000 平方米。其中，篮球场地 800 平方米，排球场地 800 平方米，羽毛球场地 600 平方米，乒乓球场地 500 平方米，配备广场铺地砖及室外健身场地 4000 平方米，文化活动室占地 420 平方米，戏楼 300 平方米，绿化面积 600 平方米，围墙 500 米，广场灯 20 盏、石桌石椅 10 套、健身器材 20 余件、其他体育器材及文艺器材逐步增加。设有图书室、阅览室、活动室、电影放映室等。其中图书室藏书 3000 余册，各活动室硬件配套设施配备完善。综合文化站现有人员 5 人，其中站长 1 人，干事 4 人，属于文化事业编制。有 2 人已有超过 2 年的工作经验，业务精通，能够很好地服务群众。还有 3 人进入文化站工作时间不久，对业务还不够熟悉，但他们努力认真学习各项业务及各项政策，以便更好地服务群众。

0402　红会路街道文化中心

地　　址：平川区红会路

隶属关系：平川区人民政府

人 员 数：2 人

观 众 数：300 人

开展活动情况：负责组织和开展各项文化活动，每年组织开展大型活动 4 次，一般活动 12 次。

场地面积：400 平方米

文艺创作作品：无

简　　介：红会路街道文化中心在红会路中心街，拥有室内面积400多平方米，设有图书阅览室、信息共享室、录音室、老年活动室、书画展览厅、多功能教室等活动阵地。辖区内设有群众文化广场2000多平方米，广场内有健身器材60余件，健身俱乐部占地约600平方米，设有健身房、乒乓球室、羽毛球场地。红会路街道文化中心活动阵地全年365天全部免费对外开放，每天开放时间达12小时以上，深受居民喜爱。

0403　水泉镇综合文化站

地　　址：平川区水泉镇

隶属关系：水泉镇人民政府

人　员　数：5人

观　众　数：400人

开展活动情况：在每年正月组织"新春舞蹈、社火、腰鼓表演"，表演者皆是水泉镇各村自发组建的舞蹈队。在"三八"妇女节组织拔河、篮球、跳远、跳绳、夹气球等比赛。在元旦期间，组织水泉镇农民书画家为大家现场泼墨，书写春联。"九九"重阳节在武当山下办了一场"大枣文化旅游节"，现场人头攒动，品枣、交流枣树种植经验，让致富信息来到农民身边。

场地面积：360 平方米

文艺创作作品：无

简　　介：水泉镇综合文化站成立于1984年，占地面积1000平方米，建设有一幢两层镇综合文化楼，占地面积360平方米，内设有图书阅览室、文化信息共享室、办公室及乒乓球、象棋、围棋活动场所。文化站外设有1座戏楼、1个老年活动室、1个农民书画院及文化活动广场。同时为方便群众健身娱乐，配备10件健身器材和标准篮球场1个。文化中心现有5名文化专干，其中专职1名。为了满足人民群众日益增长的文化需求，活跃群众文化活动，综合文化站在节假日组织各种文化活动。

0404　宝积乡综合文化站

地　　址：平川区宝积乡周家地村

隶属关系：宝积乡人民政府

人　员　数：11人

观　众　数：200人

开展活动情况：2010年以来乡工会、妇联举办体育活动3次，举办两届乡农民运动会，参加人数达200人左右。参赛内容有篮球、乒乓球、拔河、象棋等各类体育比赛活动。连续两年组织文化"三下乡"活动，取得了较好的成绩，起到了良好的文化宣传及传播作用，受到了群众的普遍好评。

场地面积：440 平方米

文艺创作作品：无

简　　介：宝积乡综合文化站现有工作人员11名，其中站长1名，设图书管理员、文化专干、文体专干、宣传报道员、微机操作员、音响师、多功能厅管理员、后勤服务、打字员各1名。宝积乡综合文化站位于周家地村，于2008年动工建设，总占地面积达3000平方米，总投资50余万元，2009年完成建筑面积440平方米的主体工程，设置了图书室、阅览室、办公室、多功能室、书画室、娱乐室等功能室。2010年正式投入使用。本乡

12个村分别建成农家书屋1个，并全部正常运行。配合各级文化部门实施文化资源共享工程，在每个村都配齐了村级文化资源共享工程设备1套，有微机、VCD机、音响等。在贺家川村、周家地村、吊沟村分别建成标准化篮球场1座并配齐相关设施，同时各村配备乒乓球桌两套，这些基础设施的建设极大地丰富了本乡群众的文化体育生活，受到群众的普遍欢迎。宝积乡综合文化站自建成以来，向农村群众广泛传播党的路线、方针、政策以及科学文化知识，使之成为宝积乡农村思想道德教育以及先进文化传播的阵地，推动和促进了所辖区域三个文明建设协调发展。

0405 兴平路街道文化中心

地　　址：平川区兴平路
隶属关系：平川区人民政府
人　员　数：10人
观　众　数：5000人
开展活动情况：街道共举办各类综合性大型文化活动18次，举办单项性文体活动24次，举办法制宣传16次，科普知识讲座12次，道德讲堂12次，举办各种技能培训班8次。免费开放电子阅览室、图书室、健身器材、老年活动中心等公共文化资源。在育才社区创建了全省青少年思想道德教育示范基地和全省科普示范基地，开设阳光学堂，在广场社区开展了"七彩文化广场"活动（组织文化、广场文化、主题文化、书香文化、庭院文化、邻里文化、休闲养生文化）。由文化中心组建的秦腔自乐班子每周周五、周六定期在汽车站的梨园厅、尚文坊文化街进行娱乐演出，成为辖区民间文化艺术一道亮丽的风景。

场地面积：667平方米
文艺创作作品：无
简　　介：兴平路街道文化中心面积667平方米，室外活动场地面积1000平方米，内设电子阅览室、借阅室、留守儿童之家、妇女之家、青少年之家、台球室、健身房、棋牌室、乒乓球室、活动室、培训室等11个功能室，并设有60米的文化走廊。文化中心配有音响灯光设备2套、文化信息资源共享设备4套、桌椅100套、书柜12个、藏书和音像制品1万余册、演出服装207套、乐器10余件、室内和室外各种健身器材20件，价值40余万元。街道文化中心有工作人员10人，街道办副主任任中心主任，专职副主任1名，专职工作人员9人，聘请兼职文化辅导员3名。文化中心成立了综合文化演出团，下设太极剑、秦剧团、合唱团8支演出队伍，人员460人。街道文化中心积极组织开展各项群众性的文化活动，极大地丰富了人民群众的文化生活，有效的提升了群众的文化素质和生活品味。

0406 共和镇综合文化站

地　　址：平川区共和镇
隶属关系：平川区共和镇人民政府
人 员 数：7人
观 众 数：3500人
开展活动情况：组织综合性大型文化活动每年2次，分别在春节期间、"七一"建党节举办大型文体活动。年举办单项性文体活动包括书画展、篮球赛、广场舞比赛、合唱表演等。
场地面积：360平方米
文艺创作作品：无
简　　介：随着群众物质生活水平的不断提高，对精神文化需求越来越迫切，为满足群众对精神的文化需求，共和镇党委、政府高度重视文化事业的建设和发展，于2008年投资新建占地面积180平方米，建筑面积360平方米独立两层楼的文化站。文化站设有多功能厅、文体活动室、图书阅览室、辅导培训和电子阅览场所。上级部门配备了全国文化信息共享工程电脑设备服务器1台、电脑4台、彩电、音响、投影仪等演出设备。文化广场占地5000平方米，设有1个篮球场、2对篮球架、4张乒乓球案、17件体育健身器材。文化广场西面墙以及南面围栏设有宣传橱窗和文化墙210平方米，广场周围绿化环境较好。文化站现有站长1名，有编制专职人员2名，考取文化站专业人员4名。文化站定期开展文体活动，丰富了广大群众精神文化生活，使村民树立了强身健身新观念。

0407 长征街道文化中心

地　　址：平川区长征街道
隶属关系：平川区人民政府
人 员 数：2人
观 众 数：3500人
开展活动情况：依托该文化中心，长征街道组织辖区居民举办了春节社火汇演、"学雷锋、树新风、争当文明使者"、职工运动会、"长征街道第一、二、三届先进文化宣传季"、长征街道秦剧团成立两周年秦腔文艺晚会和"十大文明现象和十大不文明现象"评选等多项活动。各社区先后开展了"重阳节"老年文艺汇演、社企篮球联赛、残疾人趣味运动会等文化活动。
场地面积：300平方米
文艺创作作品：无
简　　介：街道文化中心定编2人，设中心主任1人，专干1人，下设8个社区文化活动站，有文化骨干8人，农家书屋3个。文化中心总面积达到300平方米，设有多功能厅、文体活动室、图书阅览室、辅导培训和电子阅览场所、老年活动室和少儿活动室场所，并配备了乒乓球案、棋牌、图书、健身器材等。近年来，依托该文化中心，长征街道组织辖区居民开展了形式多样的文体活动。街道与各社区相继成立"道德讲堂"，开讲20余次。街道积极开展对外宣传报道，全年在省市区各级报刊网站上发表稿件170余篇。文化活动开展进一步丰富了居民文化生活，营造了崇尚文明、和谐友爱的社会氛围。

0408 复兴乡综合文化站

地　　址：平川区复兴乡
隶属关系：平川区复兴乡人民政府
人 员 数：5 人
观 众 数：3000 人
开展活动情况：文化站对公众开放提供服务时间每周达 42 小时，设有免费活动项目。组织综合性大型文化活动 2 次、单项性文体活动 4 次。定时更新宣传橱窗内容 6 期，举办科普、法制、农村讲座 4 次。认真组织汉口村、李沟村、川口村文化大院开展文体活动，举办文艺培训班 2 期。利用共享工程开展活动 2 次，开展信息服务 2 次。搜集、整理民间文化遗产并建立完整的民间艺术、非物质文化遗产档案。积极宣传国家文物保护法规、方针政策，配合相关部门做好乡文物保护工作。
场地面积：360 平方米
文艺创作作品：无
简　　介：复兴乡综合文化站新建于 2012 年，总投资 85 万元，按照"五室一场一台一墙"标准建设，总占地面积 1100 平方米。其中站舍建筑面积 360 平方米，室外活动场地 740 平方米。文化站内设有图书阅览室、多功能厅、辅导培训厅、文化活动室、信息资源共享服务室，设有宣传橱窗、板报栏及文化走廊。文化站有文化站站长 1 名，配备专职人员 4 名，列入正式事业编制，并按时、按要求参加上级部门安排的各项业务培训。文化站组织各种文化活动，认真做好文化市场管理、监督工作。

0409 电力路街道文化中心

地　　址：平川区电力路
隶属关系：平川区人民政府
人 员 数：2 人
观 众 数：3200 人
开展活动情况：在群众文化活动开展中，业已打造和形成了"社区书法家进社区写春联""梨园情"戏曲汇演等品牌群众文化项目。街道与各社区相继成立"道德讲堂"，开讲 12 次，进一步丰富了居民文化生活。在中秋节、重阳节来临之际开展"我们的节日"主题活动，弘扬中华传统美德敬老爱亲，营造家庭幸福、社会和谐的浓厚氛围。春节期间通过"唱秦腔"大拜年活动，以大戏台形式，用阵阵锣鼓声敲出了春节的喜庆，丰富和充实了节庆期间社区居民的文化生活，增强了街道文化的凝聚力、向心力和感召力，为广大居民群众提供了强大的精神动力和文化支撑。
场地面积：318 平方米
文艺创作作品：无
简　　介：电力路街道文化中心成立于 2013 年 4 月，建筑面积为 318 平方米，设有图书报刊阅览室、教育培训室、体育健身室、阅览室，藏书 2000 余册，征订报刊 43 种，免费向社区居民开放。街道文化中心定编 2 人，设中心副主任 1 人，专干 1 人，下设 5 个社区文化活动站，共有文化骨干 7 人，农家书屋 6 个。组建了社区舞蹈、健身、太极拳、合唱队、秧歌队等文体队伍十余支，极大丰富了居民群众业余文化生活。

（三十二）白银市会宁县

0410 会宁县图书馆

地　　址：会宁县会师镇北大街 4 号
隶属关系：会宁县文化体育和广播影视局
人　员　数：7 人
观　众　数：5 万人
开展活动情况：无
场地面积：1070 平方米
文艺创作作品：《雨中国庆》摄影获甘肃省文化资源共享工程摄影比赛二等奖
简　　介：会宁县图书馆设有 10 个服务窗口：图书借阅室、图书外借室、期刊阅览室、少儿阅览室、少儿活动室、全国文化信息资源共享工程电子阅览室、古籍特藏室、多媒体室、学术交流报告厅、自学室。一直以来，图书馆秉承"读者至上，服务第一"的办馆宗旨，肩负文献收藏和社会教育的双重职能，成为县区精神文明建设的重要窗口，为县域经济社会的发展发挥了不可替代的作用。2009 年，"全国文化信息资源共享工程会宁县支中心"成立，会宁县图书馆电子阅览室向读者免费开放，图书馆业务自动化管理系统启动运行，图书馆的基础业务和读者服务工作全面进入了网络化信息化时代。在第五次全国公共图书馆达标定级活动中，被文化部评为"三级图书馆"。2011 年，会宁县图书馆全面实现免费开放。

0411 会宁县文化馆

地　　址：会宁县延安路 1 号
隶属关系：会宁县文化体育和广播影视局
人　员　数：10 人
观　众　数：2000 人
开展活动情况：组织开展健康有益、积极向上、丰富多彩的群众文化表演系列活动及举办各类艺术展览活动和文化下乡活动；繁荣群众业余文化艺术活动，培训各种文化艺术人才；建立、健全群众文化艺术档案；组织全县业余文艺爱好者积极开展社区、广场、企业、校园、乡村等各种群众文艺演出活动；组织音乐、舞蹈、美术、书法、小品、摄影等各种群众文化艺术门类的创作；表彰奖励贴近实际、贴近群众、贴近生活的优秀文艺作品，使文化馆成为吸引并满足群众求知、求乐、求美的文化艺术活动中心。
场地面积：2480 平方米
文艺创作作品：我馆职工雷国强同志的论文《书法与画法》在湖北省文学艺术联合会主管的《书法报》2014 第七期上发表；作品《夏塘》入选 2014 年中国生态环境白银市美术书法摄影展；李发旺同志的国画《秋韵》获白银市第三届凤凰文艺奖，并于 2014 年 5 月在《白银日报》发表；李发旺、闫宗仁两位同志的国画作品《紫气东来》《奔马》应邀参加了首届"会师杯"全国书画展；张会强同志的油画作品《静物》参加了首届"会师杯"全国书画大赛，并荣获三等奖；马旭明同志的诗歌《静夜思》在2014年4月29日版的《甘肃日报》百花艺苑上发表。

简　　介：会宁县文化馆成立于1951年，前身为1951年3月成立的教育馆，馆址在山陕会馆（今会宁县公安局院内）。1952年3月迁至会宁县东大街1号。2000年文化馆大楼建成投入使用。文化馆建筑面积1800平方米，设有多功能活动大厅、舞蹈排练厅、展览展示室、多媒体室、全国百家期刊阅览室、书画展览、装裱及修复室、美术室等。馆内机构设置馆长1名，副馆长1名，下设非物质文化遗产保护中心、全国百家期刊阅览室、少儿艺校、《会宁文化》编辑部和办公室5个部门。文化馆在职人员10名，他们业务水平高、工作能力强、具有一定的开展群众文化活动组织辅导培训的能力。文化馆连续10年被县委、县政府授予"文明单位"，2011年2月，被市委、市政府授予"文明单位"。

0412 会宁县博物馆

地　　址：会宁县会师镇会师路

隶属关系：会宁县文化体育和广播影视局

人员数：18人

观众数：30万人

开展活动情况：每年国际博物馆日前后，围绕活动主题开展相关系列活动；每月开展两次送流动展板进乡镇、进村社、进学校、进文保单位宣传活动；每年中国文化遗产日联合文化馆开展相关系列活动；每年定期组织开展"博物馆之友"活动；每年定期邀请相关文物专家在博物馆举办讲座及文物鉴定活动；联合周边学校开展艺术课堂走进博物馆活动等。

场地面积：1300平方米

文艺创作作品：出版有《甘肃省博物馆巡礼——会宁县博物馆》《会宁县历史文化丛书——会宁文物》《会宁县博物馆馆藏书画精品图集》等。

简　　介：会宁县博物馆始成立于1990年10月，为副科级建制财政全额拨款事业单位。馆址位于全国重点文物保护单位——红军会宁会师旧址东北角，博物馆内设办公室、保卫部、业务部、宣教部、后勤部5个职能部门。现有职工18人，其中有中级职称1人，初级职称3人。会宁县博物馆是集收藏、教育、研究为一体的综合性县级博物馆，占地面积2000平方米，为三层框架结构，建筑面积1300平方米。其中一、二楼为展厅，面积840平方米，三层为文物库房和办公区。现馆藏有陶器、石器、玉器、瓷器、铜器、书画、化石等各类文物11007件（套）。其中，一级文物12件（套），二级文物73件（套），三级文物678件（套）。在众多的馆藏文物中，以马家窑文化的彩陶、清代宫廷和地方名人书画最具特色。馆藏的早期猛犸象头骨化石，距今约300多万年，是国内第一具完整的猛犸象头骨化石，具有非常重要的科学研究价值，特别是为研究猛犸象类群在欧亚大陆的起源和演化提供了最好的材料，被评为"第三次全国文物普查百大新发现"。2007年，被财政部、国家文物局确定为县级博物馆展示提升服务项目实施单位。自开馆以来，设有"会宁县博物馆馆藏书画精品展""会宁史前文物精品展""会宁泉坪猛犸象化石展""会宁县不可移动文物展""毛泽东诗词展""会宁县第三次不可移动文物普查成果展""会宁县国保省保文物单位展"等多项展览。

0413 会宁县档案馆

地　　址：会宁县会师镇东山根

隶属关系：会宁县文化广播影视新闻出版局

人 员 数：10人

观 众 数：3000人

开展活动情况：无

场地面积：2920平方米

文艺创作作品：无

简　　介：会宁县档案馆成立于1963年8月，几经周折，到目前现有工作人员10名，其中馆长1名，副馆长2名，工作人员7名。馆藏自中华人民共和国成立以来的各个时期的政治、经济、文化、教育、医疗、军事、党建等各类档案82313卷（册）。据不完全统计，在新馆建成之前，分散保管在全县各级各单位的到进馆期的各类档案10万卷急需接收进馆。会宁县综合档案馆新馆是按照国家发改委、住建部发布的《档案馆建设标准》设计建造的，是一个功能齐全、信息化程度高，并能够充分发挥档案安全保管基地、爱国主义教育基地、档案利用中心、政府信息查阅中心、电子文件管理中心等"五位一体"功能的新型档案馆。馆内分办公区、库房区、技术处理区和社会服务区4大块，5层框架结构，建筑面积3080平方米。其中库房面积为1070平方米。馆内配备全封闭双面高质量档案密集架400组、6层钢木书柜架20组、底图柜10组、防磁柜2台、10层钢木报刊架8组等档案资料装具。安装32个摄像头组成的自动监控系统、防盗报警系统和无管网气体灭火系统，能满足未来50年全县档案事业的发展需求。会宁新馆的建成，彻底解决了会宁档案工作有馆无库、20年不能接收档案、60万人档案无处保存历史的局面。

0414 甘沟驿镇文化综合服务中心

地　　址：会宁县甘沟驿镇甘沟村

隶属关系：甘沟驿镇人民政府

人 员 数：3人

观 众 数：1000人

开展活动情况：组织全镇开展大型文化活动；组织所辖村、社区开展文体活动。

场地面积：300平方米

文艺创作作品：河西坡剪纸屡次获奖。

简　　介：乡镇文化综合服务中心是农村文化活动的前沿阵地，农村精神文明建设的重要窗口。它肩负着农村群众文化活动的示范和导向作用，是政府和农村群众感情联络的桥梁和纽带。甘沟驿镇镇党委、政府高度重视群众性文化体育事业，始终将其作为精神文明建设的重要内容来抓，建成并投入使用300多平方米的文化综合服务中心，内设有图书室、阅览室、棋牌室、乒乓球室、文化信息共享点、老年青年活动室、教育培训室、体育健身室、综合展示厅、多功能活动厅等。图书室藏书达3000多册。

0415 丁家沟乡文化站

地　　址：会宁县丁家沟乡

隶属关系：会宁县丁家沟乡人民政府

人　员　数：4 人

观　众　数：1000 人

开展活动情况：每年举办综合性大型文化活动 2 次，举办单向性文化活动 6 次，举办科普、法制、农技、卫生等讲座、培训 3 次，年编办文化走廊、宣传橱窗、板报 6 期。举办活动公众受益率 80%。

场地面积：300 平方米

文艺创作作品：无

简　　　介：丁家沟乡文化站建筑面积为 300 平方米，处于丁沟乡中心区。其中室外活动场地面积 800 平方米，站内设有多功能厅、文体活动室、图书阅览室、电子阅览室、接待室、老年活动和少儿活动场所。演出、阅览、培训、展览、体育健身等设备齐全，信息网络传输和数字化服务设备 10 台。站办图书室藏书 2000 册，图书室订阅杂志 4 种。文化站工作人员有 4 人，其中专职所长 1 名，享受副科级待遇。

0416　土门岘乡综合文化站

地　　　址：土门岘乡土木村土门街

隶属关系：会宁县土门岘乡人民政府

人　员　数：4 人

观　众　数：1500 人

开展活动情况：在平时为广大农民朋友提供图书阅读机会，农闲时节组织大家开展文体活动，如举行篮球比赛、象棋比赛、乒乓球比赛、羽毛球比赛等；鼓励秦腔爱好者组建自乐班。充分调动广大群众文化活动的积极性，每天早晚在文化广场参加健身活动的人越来越多。

场地面积：302 平方米

文艺创作作品：无

简　　　介：会宁县土门岘乡综合文化站位于土门岘乡土木村土门街，建成于 2011 年 5 月并投入使用，建筑面积 302 平方米，占地面积 500 平方米，包括图书阅读室、多媒体共享室、文体活动室、教育培训室等。文化站自建成以来为当地群众的精神文化生活注入了新的活力。

0417　新庄乡综合文化服务中心

地　　　址：会宁县新庄乡新庄村

隶属关系：会宁县新庄乡人民政府

人　员　数：5 人

观　众　数：4000 人

开展活动情况：每年春节组织农民开展社火、秦腔表演；在"六一"儿童节组织举办儿童文艺表演；定期向群众播放电影；农闲时间举办农民运动会，如爬山、篮球赛、乒乓球比赛、象棋比赛、广场舞表演、羽毛球比赛、拔河比赛等活动。

场地面积：220 平方米

文艺创作作品：各种书法作品。

简　　　介：新庄乡综合文化服务中心建于 1997 年，占地面积 220 平方米，站内设有培训教室、文体活动室等，配置电脑 4 台、音响设备 1 套及投影仪等设施。在乡党委乡政府的领导下，筹建了新庄村戏台 1 座，文化广场 1 处，占地面积 5450 平方米。新庄乡有 8 个行政村，每个村建有农家书屋，藏书 9500 余册，书籍包含政治法律类、文学生活、畜禽养殖等各方面，老百姓免费借阅图书。综合文化服务中心自开放以来，组织开展了多次文艺大合唱，农民篮球比赛等丰富多彩的活动，同时定期到各村组织开展群众喜闻乐见的活动和电影放映活动，极大地活跃农民群众的业余文化生活，提高了他们的文化素质，增强了他们的体质，较好地满足了全乡群众日益增长的精神文化生活需要。

0418 党家岘乡文化站

地　　址：会宁县党家岘乡人民政府内

隶属关系：党家岘乡人民政府

人 员 数：3 人

观 众 数：1000 人

开展活动情况：2014 年 5 月举办全乡农民运动会；2014 年 7 月举办职业技能培训。

场地面积：320 平方米

文艺创作作品：无

简　　介：党家岘乡文化站是一所通过文化共享工程服务网络，以互联网、政务外网、光盘、移动存储为特点的新型综合文化站。场所建筑面积320平方米，培训教室设在二楼，电子阅览室配备了5台电脑，图书室藏书已达1600余册，文体活动室和多功能活动厅内设多种健身器材，外设露天篮球场。有文化站长1名，文化专干2名。乡综合文化站自开放以来以开展书报刊借阅、时政法制科普教育、文艺演出、数字文化信息服务、公共文化资源配送和流动服务、体育健身和青少年校外活动为主要服务内容，把涉农政策、农情资讯、农业技术、致富方略等广大群众看得懂、用得上的文件、报刊书籍"上架"，同时定期到村组织开展丰富多彩的、喜闻乐见的文体活动和广播、电影放映活动。同时，积极举办培训班指导各村文化室的文化建设工作，辅导和培训群众文艺骨干，使各村文艺骨干的文化才能有了进一步的提高，在文艺骨干的带动下各村文化活动开展的有声有色。根据新型知识农民需求，组织建立农村戏曲艺术团、培植农民乐队等，形成村村都有业余文艺社团服务于农民群众。农闲时节几乎"周周有活动"。文化站通过开展丰富多彩的活动，在营造新农村文化氛围、满足农民精神文化需求、培育农村文化骨干队伍、创建农村精神文明和谐音符等方面起到了重要作用。

0419 大沟乡农村文化服务中心

地　　址：会宁县大沟乡大沟街

隶属关系：大沟乡人民政府

人 员 数：4 人

观 众 数：1300 人

开展活动情况：2014 年共组织开展文艺演出活动 5 次，举办 230 人次的培训班 8 次，举办大型展览 2 次。

场地面积：300 平方米

文艺创作作品：农民书法比赛优秀作品 15 件。

简　　介：大沟乡农村文化服务中心位于大沟村西街社，建筑面积300平方米，总投资96万元，于2010年建成并投入使用。文化服务中心有工作人员4名、农村文化服务中心主任1名、文化站站长1名、文化专干2名。文化服务中心软硬件设施配备基本齐全，各种文化活动现已全面开展。文化服务中心建有文体活动室、图书阅览室、老年人活动室、少年儿童活动室，有集休闲、娱乐、健身为一体的文化广场，并建有供舞台演出的剧院。

文化服务中心是基层文化传播的前沿阵地，中心的建设为乡村开展综合性群众文化宣传娱乐活动、普及科学文化知识和组织辅导群众学习提供了活动场所，极大地活跃了群众的文化生活，愉悦了群众的身心健康，为打造"文明大沟、和谐大沟"营造了良好的文化氛围，为弘扬社会主义核心价值体系以及社会主义精神文明建设做出了积极的贡献。

0420 刘家寨子乡文化站

地　　址：会宁县刘家寨子乡政府

隶属关系：刘家寨子乡人民政府

人 员 数：3 人

观 众 数：3000 人

开展活动情况：乡文化站自开放以来，组织开展了多次文艺活动，举行了农民篮球比赛、乒乓球赛、羽毛球赛等体育活动，同时定期到村开展科普知识、卫生知识、法律常识、党的政策宣讲活动和电影放映活动。

场地面积：320 平方米

文艺创作作品：书法《沁园春·雪》，国画《斜沟印象》。

简　　介：刘家寨子乡文化站占地面积 320 平方米，站内设有培训教室、多功能服务厅、文体活动室等，配置电脑 4 台、音响设备 1 套及投影仪等设施。全乡有 12 个行政村，均建有农家书屋，藏书 1500 余册，书籍包含政治法律、哲学经济、文学生活、畜禽养殖、科学种植等各方面。文化站每周定期开放 3 天，方便老百姓借阅图书。乡文化站自开放以来，组织开展了全乡性的文艺汇演、健身操比赛、农民篮球比赛等丰富多彩的文体活动，同时定期到各村开展群众喜闻乐见的文体活动和电影放映活动，活跃了农民的业余文化生活，营造了新农村文化氛围。文化站现有工作人员 3 名，其中文化中心主任 1 名，文化专干 2 名。在乡文化站组织的各项文娱活动中，各层次群众参与活动率达 60% 以上，有力地促进了全乡精神文明与物质文明的和谐发展。今后，以乡综合文化站为基地，集合群众对文化生活的新要求，进一步加强文化资源建设，规范文化资源运行和管理，充分发挥文化站的积极作用，努力将综合文化站办成群众学习科技、理解政策、掌握技能的重要基地。

0421 老君坡乡文化站

地　　址：会宁县老君坡乡老君村

隶属关系：老君坡乡人民政府

人 员 数：3 人

观 众 数：2000 人

开展活动情况：举办篮球比赛、乒乓球比赛、拔河比赛、秦腔表演等文体活动。

场地面积：200 平方米

文艺创作作品：无

简　　介：老君坡乡文化站设有图书室、体育游艺室、展览室、录像室、农民技术学校、露天舞台等。站内藏书 6000 多册，年订报刊杂志 15 种、1150 多册，有各类文艺体育器材 30 件，电影箱具、扩音设备、录像机各 1

套，配备专职文化干部3名。近年来，文化站充分发挥自身优势，积极开展阵地宣传、科技培训和各类文化活动，组建了有多人参加的秦腔自乐班和7个社火队、1个篮球团队和2个秧歌队。各村建起了农家书屋，藏书1000多册，极大地丰富了老百姓的精神生活。

0422 河畔镇农村文化服务中心

地　　址：会宁县河畔镇河畔中街
隶属关系：河畔镇人民政府
人 员 数：4人
观 众 数：6000人
开展活动情况：2012年组织农村文化艺术团在各村演出；2013年成功举办古镇河畔首届农民文化艺术节。
场地面积：350平方米
文艺创作作品：指导古镇河畔仁和艺术团创作"乡村风景这边好"舞蹈。
简　　介：河畔镇农村文化服务中心成立于2006年9月，面积350平方米，设有图书室、展览室、宣传栏、教育培训室、电子阅览室等。站内藏书3000册，有各类文艺体育器材10件，音箱、功放、调音台、话筒、影碟机各1套。镇各村和社区也配备农家书屋，藏书量达8万册，含政治、法律、文艺、种植、医疗、科普等书籍。农村文化中心担负着全镇农村文艺的传播、文艺活动的组织开展及国家方针、政策、法律、法规的宣传和文化市场的管理、文艺创作、民间文化遗产的收集整理等工作，为全镇的农村文化事业发展起到了积极作用。镇文化服务中心现有在编人员4人。近年来，结合镇区位优势和社团优势，发挥文化服务中心自身优势，积极开展先进文化宣传、科技培训和各类文艺活动演出，组建了秦腔自乐班和社火队，举办科技培训和各类群众性民间文化活动。

0423 太平店镇文化站

地　　址：会宁县太平店镇兴平社区中街
隶属关系：太平店镇人民政府
人 员 数：3人
观 众 数：2万人
开展活动情况：组织节庆文艺汇演、文体比赛、书画剪纸展览、文艺培训、科技培训等。
场地面积：1707.2平方米
文艺创作作品：书画、剪纸作品，小品，舞蹈。
简　　介：太平店镇文化站于2011年9月建成并投入使用，累计投资100万元。文化站占地1707.2平方米，有文化站、文化书屋、文化广场、戏楼等，文化广场占地1406平方米。下设村（社区）13个农家书屋，配备13名村干部兼任农家书屋管理员，共有文化室17间、644.2平方米，共藏书19477册，配备电脑及办公设施20台，1村1社区建成2060平方米文化大院，其中大川村文化广场配备全套文体设施。

0424 新塬乡文化综合服务中心

地　　址：会宁县新塬乡街道

隶属关系：新塬乡人民政府

人　员　数：3人

观　众　数：10000人

开展活动情况：组织全乡开展大型文化活动，如：广场舞比赛、健身操表演、篮球比赛、大合唱文艺演出等；送文化下乡活动；组织所辖村组开展文化活动。

场地面积：500平方米

文艺创作作品：书法、绘画、刺绣作品。

简　　　介：新塬乡乡党委、政府高度重视群众性文化体育事业，始终将其作为精神文明建设的重要内容来抓，建成并投入使用500多平方米的文化综合服务中心。文化综合服务中心内设有图书室、阅览室、棋牌室、乒乓球室、文化信息共享服务室、老年青年活动室、教育培训室、体育健身室、综合展示厅、多功能活动力厅等。图书室藏书3000多册。每逢节庆开展各种活动。

0425　柴家门乡文体中心

地　　　址：会宁县柴家门乡鸡儿咀村

隶属关系：柴家门乡人民政府

人　员　数：2人

观　众　数：20000人

开展活动情况：每天免费开放文化活动室、图书室、多媒体室等功能室达8小时，年接待群众达20000人次。在重大法定节日开展农民运动会、农民大合唱表演、秦腔演唱、农民健身操比赛等。

场地面积：500平方米

文艺创作作品：无

简　　　介：为营造新农村文化氛围，满足农民精神文化需求，进一步推动"全国文化信息资源共享工程"深入开展，在乡政府的支持下建设了乡文体中心，于2011年10月30日竣工并投入使用。柴家门乡文体中心场地及建筑面积共1000平方米，文体中心内配置了多功能厅、文体活动室、图书阅览室。图书室藏书3000余册，多功能活动厅设多种健身器材，文体中心外设露天篮球场。文体中心通过开展丰富多彩的文体活动，营造了新农村文化氛围，满足了农民精神文化需求，培育了农村文化骨干队伍，加快了新农村建设的步伐。

0426　韩家集乡综合文化中心

地　　　址：会宁县韩家集乡韩家集街道

隶属关系：韩家集乡人民政府

人　员　数：4人

观　众　数：2000人

开展活动情况：在春节、清明节、端午节、国庆节、重阳节等重大节日组织综合性文化活动；农闲时节举办科普、法制、农技、医疗卫生等知识讲座。

场地面积：300平方米

文艺创作作品：无

简　　　介：韩家集乡为进一步营造新农村文化氛围、满足农民精神文化需求，于2010年建成了乡综合文化中心。文化中心建筑面积300平方米，有阅览室、展览室、录像室、多功能活动厅等，配备了图书、报刊等阅读刊物，各功能室设备配置齐全，配备文化专职人员3人，文化中心主任1人。

0427 草滩乡农村文化服务中心

地　　址：会宁县草滩乡孔寨村
隶属关系：草滩乡人民政府
人 员 数：3人
观 众 数：6000人
开展活动情况：2012年11月邀请县秦剧团、县文工团举行文化广场落成典礼演出；2014年7月举办了草滩乡农民运动会。
场地面积：485平方米
文艺创作作品：无
简　　介：草滩乡农村文化服务中心现有会议室、值班室、文化活动室、电子阅览室、多功能活动室、图书阅览室等功能室；音像设备、文艺演唱、乒乓球案、篮球架、棋牌活动设备齐全。文化服务中心工作日免费开放，为当地群众提供了文体活动的场所，极大丰富了群众的业余生活，使全乡文化建设得到了空前的发展。

0428 侯家川乡文化站

地　　址：会宁县侯家川乡侯家川村
隶属关系：侯家川乡人民政府
人 员 数：5人
观 众 数：1000人
开展活动情况：积极开展阵地宣传、科技培训和各类文化活动，组建了侯家川乡民间演出队，经常义务巡回演出。对齐靳自然、传统、民俗文化进行了挖掘整理，拍摄了齐靳田园风光旅游文化专题片，制作了"魅力侯川"宣传画册。
场地面积：350平方米
文艺创作作品：制作了《齐靳田园风光旅游文化专题片》。
简　　介：侯家川乡文化站建于2010年，总投资60万元（其中国家投资40万元，乡政府投资20万元），占地面积350平方米。站内设有多功能服务厅、书刊阅览室、文化科技培训室、文化信息资源共享服务室、办公室，室外建设有标准篮球场、健身场地等，健身场地内各种健身器械齐全。站内藏书2000多册，年订报刊杂志6种，全站事业编制5人，实有5人。文化站于2011年底对外免费开放，成为我乡集文化、娱乐、健身、图书阅览、政策宣传、整理挖掘传统群众文化为一体的多功能文化宣传中心。近年来，在侯家川乡党委、政府和县文体局的领导下，侯家川乡文化站坚持"生态立乡、文化活乡"的战略，以十八大、十八届三中全会为指导，坚持"双百方针"，以建设文化强乡、构建和谐侯川为目标，在文化工作上开拓创新，锐意进取，充分发挥文化站的文化主阵地作用，积极开展阵地宣传、科技培训和各类文化活动，组建了侯家川乡民间演出队，经常义务巡回演出，使侯家川乡人民群众的文化生活、文化品位、生活质量和文化素质有了很大的提升。侯家川乡文化站为把侯家川建设成为生态、人文、和谐、魅力的新家园做出了积极的贡献。

0429 郭城驿镇文化站

地　　址：会宁县郭城驿镇人民政府内
隶属关系：郭城驿镇人民政府
人 员 数：7人
观 众 数：5000人
开展活动情况：镇上2011年举办了"郭城驿镇首届农民书画展览"并出版了作品集，并多次在镇区和各村（社区）举办书画展览和音乐演出。近几年镇上的书画音乐爱好者参加国家级、省级、市级、县级的各种展览比赛活动，获奖入选达到300人次。多次组织书法家开展送春联活动。在每年春节、端午等重大节日期间，全镇都举办传统秦腔、社火、妇女威风锣鼓、篮球、拔河、象棋等多种演出活动和比赛项目。郭城、红堡子等村的社火队多次参加市县演出，受到社会各界的好评。郭城驿村村民宋有国参加陕西电视台举办的《秦之声》栏目电视大奖赛获奖。"会宁祥和艺术团"和"开门红歌舞团"在镇区内不定期进行演出，为推动地方精神文明建设做出了重要贡献。在全市开展的"白银市文化特色村"评选命名工作中，郭城驿村被命名为"白银市文化特色村"。
场地面积：386平方米
文艺创作作品：书画作品集。
简　　介：近年来，郭城驿镇从丰富群众文化生活，提高农民思想道德素质的角度出发，完备文化基础设施，普及科技知识和市场经济知识，活跃群众文化生活，倡导移风易俗，积极开展精神文明活动。全镇建成群众文化活动场所5处，老党员活动室12处，农家书屋11个，文化活动室12个，并多渠道筹措资金对文化活动室及办公活动场所配备微机、电话、电视机、VCD等多媒体设备。郭城驿镇大力发展群众体育活动场所硬件设施建设，2009年投资50万元建成镇文化体育广场2300平方米，硬化篮球场800平方米，安装乒乓球台2副，购置健身器材22套，建成羽毛球场2个。陆续建成八百户、大羊营、红堡子等文化广场。新堡子、红堡子、黑虎岔等村建设农民健身活动场所7个，安装篮球架7副。每年组织开展农民体育活动，包括篮球、乒乓球、象棋比赛，参与群众达6000多人。近年来，全镇群众体育事业蓬勃发展，受到了各级部门的表彰奖励。2007年，白银市第二届运动会上，女子排球队获得第二名，广播体操比赛第二名。2008年，获得白银市全运会女子排球比赛第二名。2009年，郭城驿镇被白银市体育局评为"白银市群众体育先进乡镇"，被国家体育总局评为"2005—2008年度全国群众体育先进单位"，2013年在会宁县第二届"丰收杯"农民运动会中获篮球比赛第一名。

0430 八里乡农村文化服务中心

地　　址：会宁县八里乡街道
隶属关系：八里乡人民政府
人 员 数：5人
观 众 数：2000人
开展活动情况：开展篮球比赛、乒乓球比赛、戏曲表演等各种文化艺术活动。
场地面积：500平方米
文艺创作作品：无
简　　介：八里乡农村文化服务中心建筑面积达到500平方米，设有图书阅览室、多功能厅、辅导培训和电子阅览场所、文体活动室、老年活动室和少儿活动室，并配备了棋牌、图书、健身器材、乒乓球案、羽毛球球拍等。文化服务中心自建立以来在重大节日期间组织社火表演、广场舞表演、大型演唱比赛、大型运动会等文体活动，积极组织村民参加各类文化培训，鼓励村民多到阅览室、农家书屋看书读报学习。随着各类活动的进一步开展，村民的文化素质、道德品质、生活质量等方面得到了极大提升。

0431 头寨子镇综合文化服务中心

地　　址：会宁县头寨子镇头寨子村

隶属关系：头寨子镇人民政府

人 员 数：3人

观 众 数：3000人

开展活动情况：每年为有技术需求的农民提供科技类的书籍和技术帮助；阅览室向中、小学生和村民免费开放，提供阅读借阅服务。

场地面积：540平方米

文艺创作作品：无

简　　介：头寨子镇综合文化服务中心坐落于头寨子镇头寨子村，与头寨子中心小学为邻，文化氛围浓厚。文化服务中心共有3名在职人员，占地面积540平方米，由图书阅览室和文体娱乐室组成。文化服务中心为全镇广大群众提供了许多方便，每年为有技术需求的农民提供科技类的图书，并提供技术上的指导帮助，同时也向头寨子镇的中、小学生免费开放，极大地丰富了孩子们的课余生活。

0432 中川乡农村文化服务中心

地　　址：会宁县中川乡中川街

隶属关系：中川乡人民政府

人 员 数：4人

观 众 数：1.5万人

开展活动情况：组织文艺演出团队赴甘沟乡钟岔村慰问演出；举办"全市'放心农资下乡进村宣传周活动'启动仪式暨现场咨询会"；在田坌社举行了热热闹闹的农耕文化活动；联合中川乡中心小学，举办了庆"六一"文艺演出活动；为庆祝中国共产党成立92周年，中川乡文化服务中心组织各基层党组织开展多种形式的主题实践活动；举办"千台大戏送农村"活动；在文化大院举行了以"放飞青春梦想，唱响青春旋律"为主题的"中川乡首届青年歌手大奖赛"；举行了丰富多彩的春节文化系列活动，6支文艺团队表演社火、戏曲、舞狮舞龙、秧歌等；组织全体乡干部、教师、部分学生、当地群众和双联联系单位会宁县交通局职工，到大墩梁革命烈士陵园开展每年一次的扫墓植树活动；举办了中川乡党的群众路线教育实践活动演讲比赛和知识竞赛；举办了第二届中川乡青年歌手大奖赛。

场地面积：310平方米

文艺创作作品：山水画作品，书法作品。

简　　介：在县文体影视局的统一安排下，投入26余万元，建成了建筑面积为310平方米文化服务中心，内设3间文体活动室、1间图书阅览室、1间多功能大厅。文化服务中心不断完善硬件设施，先后对多功能厅配备椅子160把，调音台、投影仪、音响等设施1套，为图书阅览室配备书架9组、报纸架5个、阅览桌6张、椅子24把、画桌1张及各类书籍2000余册。维修了文化舞台，硬化了篮球场地，埋设了排水管道；修建了2000平方米的休闲健身广场，配备了健身器材，为群众休闲娱乐提供了好去处。常年有群众参与广场舞、打蓝球、健身操等文体活动。为全乡10个村新建了农家书屋，配备了书柜、桌椅，并按照要求对设备器材、图书、报刊、音响制品进行编目、上架。中心有1名书屋管理员，管理员由村干部兼任。为保证农家书屋发挥应有的作用，制订了农家书屋图书借阅制度、农家书屋管理规定、农家书屋管理员岗位职责等一系列工作制度，对农家书屋进行规范管理。中川乡农村文化服务中心在乡党委、乡政府的正确领导下，圆满完成了上级交给的各项任务，也受到了上级以及乡主要领导的充分肯定。目前，中川乡逐步形成了文化组织领导加强、文化活动阵地保证、文化队伍建设完善、文化活动形式丰富、文化服务全面深入的良好局面。

0433 新添堡回族乡文化站

地　　址：会宁县新添堡回族乡新添村
隶属关系：新添堡回族乡人民政府
人　员　数：5人
观　众　数：3000人
开展活动情况：先后开展法规讲座、农村种养殖技术、农民工技能等各种培训；多方式开展送艺术节目下乡、送技能下乡、送知识下乡活动，受到群众的普遍欢迎；在重大节日组织开展大型文艺演出、大型运动会等文体活动。
场地面积：300平方米
文艺创作作品：无
简　　介：新添堡回族乡文化站是"十一五"期间，会宁县争取实施的国家确定重点支持甘肃省990个农村乡镇综合文化站建设项目之一，也是乡党委、乡政府为进一步促进全乡文化事业持续健康发展，加快社会主义新农村建设步伐，而实施的一项综合性文化建设工程。文化站建筑面积300平方米，现有工作人员5人，其中专职人员4名，列入正式事业编制。文化站内设置文体娱乐室、图书阅览室、办公室、多功能厅。各种制度健全，管理规范，实现了对外免费开放。文体娱乐室用于开展科普宣传、文化艺术培训、农民科技知识培训、政策法规知识讲座等。图书阅览室提供多种务农书籍和报刊杂志，供读者阅览和学习。多功能厅放映各种科教影片和中外电影。文化站内硬件设施较为齐全，文体活动室内有绘画写字桌案1张、兵乓球案3副；图书阅览室内有阅览桌6张、读者阅览椅24张、阅览室书架3组、期刊杂志陈列架5组、报架5个；办公室内有办公桌2张、办公椅2个、文件柜2组；多功能厅有多功能座椅60个、音响设备1套，共享工程基层服务点设备1套。室外建有标准化篮球场1个、体育健身器材1套。

0434 平头川乡文化站

地　　址：会宁县平头川乡马路街道
隶属关系：平头川乡人民政府
人　员　数：5人
观　众　数：3000人
开展活动情况：平头川乡文化站组织成立的青年志愿者艺术团经常深入各村巡回演出，

受到了广大农民朋友的广泛好评。文化站依托青年志愿者艺术团开展了具有民族文化特色的大型艺术表演，取得圆满成功，观众累计达 3000 人次，促进了农村文化的发展。

场地面积：300 平方米

文艺创作作品：创作弘扬中华民族尊老、敬老、爱老的优秀传统美德文艺节目。

简　　介：平头川乡文化站占地 300 平方米，坐落在当地人群密集处，位于平头川乡人民政府对面。文化站设置有图书阅览室、多功能厅、培训室、文化共享室、留守儿童活动室及办公室。站内有电脑 4 台，椅子 60 把，长桌 30 张，办公桌 4 张，办公椅 4 把，投影仪 1 部，音响 1 套，图书 3000 余册。文化站环境整洁美观，文化气息浓郁，各功能活动室常年免费开放。文化站在乡党委、政府的领导下，以"建设社会主义核心价值观"为根本，以满足本乡群众日益增长的精神文化需求为出发点和落脚点，筹集各方资金大力完善乡文化服务中心硬件和软件资源，为保障开展活动做了充分的工作，文化站硬件设施基本满足群众开展各项活动的需求。文化站全面落实文化活动室、阅览室、信息资源共享服务室等功能室的免费开放工作；大力开设书法、剪纸、声乐、舞蹈等指导培训班；在重大节日开展全乡文艺汇演、农民运动会、卡拉 OK 大赛等，通过经常性的文化活动，平头川乡呈现出朝气蓬勃的繁荣景象。

0435　汉家岔乡文化站

地　　址：会宁县汉家岔乡汉岔街道

隶属关系：汉家岔乡人民政府

人 员 数：4 人

观 众 数：1000 人

开展活动情况：举办科技推广、宣传教育和各类知识培训，依托重大节日开展文艺演出活动。

场地面积：840 平方米

文艺创作作品：无

简　　介：近年来，汉家岔乡以乡文化站为龙头，在重大节日期间举办社火、戏曲、文艺表演等，带动了民间文化的繁荣。全乡 12 个村各有文化宣传队一个，各村图书室书籍不断增多，图书室面积由原来的不足 50 平方米增加到现在的 100 平方米，文化活动广场面积不断扩大。在文化站的有效指导下，各村文体活动开展的红红火火，乡村文化氛围浓郁，社会秩序良好，出现一片祥和安定有序的欣欣向荣景象。

0436　翟家所乡综合文化站

地　　址：会宁县翟家所乡翟家所村

隶属关系：翟家所乡人民政府

人 员 数：5 人

观 众 数：4000 人

开展活动情况：宣传文化知识，开展丰富多彩的文化活动，开展健身娱乐活动。

场地面积：360 平方米

文艺创作作品：夏阳村皮影戏

简　　介：翟家所乡政府于 2011 年申报了乡综合文化站建设项目，2012 年 5 月全面竣工，建筑面积 360 平方米，设有图书报刊阅览室、办公室、文体活动室、多功能活动厅等，图书室藏书达 2000 多册。在重大节假日和农闲时间，文化站组织开展了群众喜闻乐见的文化活动，极大地丰富了农民群众文化生活。

甘肃省文化资源名录　第四十二卷　文化类高等教育、文化艺术机构团体 Ⅱ　群众文化艺术馆

0437 四房吴乡综合文化站

地　　址：会宁县四房吴乡四房街
隶属关系：四房吴乡人民政府
人 员 数：4人
观 众 数：1000人
开展活动情况：年均组织开展文艺活动5次，举办300人次的培训班10余次，举办800人参观的展览1次。
场地面积：300平方米
文艺创作作品：农民书法作品，秦腔作品。
简　　介：四房吴乡综合文化站位于四房吴村南张社，于2009年建成并投入使用，该站共有工作人员4名，文化站站长1名，文化专干3名。文化站建筑面积300平方米，总投资34万元，硬件设施配备基本齐全，各种文化活动现已全面开展。文化站建有文体活动室、图书阅览室、老年人活动室、少年儿童活动室，有集休闲、娱乐、健身为一体的文化广场，建有供舞台演出的剧院。乡镇综合文化站是基层文化传播的前沿阵地，该站的建设为本乡开展综合性群众文化宣传娱乐活动，普及科学文化知识和组织辅导群众学习提供了活动场所，极大地活跃了群众的文化生活，愉悦了群众的身心健康，为打造"文明四房、和谐四房"营造了良好的文化氛围，为弘扬社会主义核心价值体系以及社会主义精神文明建设做出了积极的贡献。今后，文化站将以更加饱满的热情，更加务实的态度全身心投入到基层文化工作中去，为有力地推动四房吴乡经济社会和谐发展做出新的更大的贡献。

0438 会师镇文化服务中心

地　　址：会宁县会师镇南十村
隶属关系：会师镇人民政府
人 员 数：4人
观 众 数：3000人
开展活动情况：充分发挥自身优势，积极开展阵地宣传、科技培训和各类文化活动。组建了有200多人参加的秦腔自乐班和6个社火队、1个业余架子鼓队。荷包、剪纸、刺绣等艺术盛行，年均举办科技培训4次，举办各类群众性民间文化活动10多场（次）。
场地面积：381.55平方米
文艺创作作品：荷包、剪纸、刺绣等艺术作品。
简　　介：会师镇文化服务中心设立在镇政府院内，基础设施有房屋5间，房屋建筑面积318平方米，设办公室、多功能厅、文化活动室、图书阅览室、信息资源共享服务室。年订报刊杂志12种、1200多册，有电影箱具、扩音设备、多媒体讲台、多功能放大器各1套，配备专职文化干部4名。近年来，文化服务中心组建了秦腔自乐班，社火队及业余架子鼓队，积极开展科技培训、卫生健康知识宣传、法律常识讲解、党的方针政策解读和各类文体活动。

（三十三）白银市靖远县

0439 靖远县图书馆

地　　址：靖远县城东大街13号
隶属关系：靖远县文化体育和广播影视局
人　员　数：11人
观　众　数：2.5万人
场地面积：997.3平方米
文艺创作作品：无
简　　介：靖远县图书馆始建于1978年8月，馆舍面积为997.3平方米，使用面积556.86平方米。馆内总藏书7.8万册，其中图书6.1万册，报刊15627件，古籍1373册（善本12种、232册），征集地方文献900册。图书馆编制11人，实际在职人员为11人，专业技术人员3人。1994年12月，在首次全国公共图书馆评估工作中，被文化部评定为"三级图书馆"。

0440 靖远县博物馆

地　　址：靖远县鹿鸣园西侧
隶属关系：靖远县文物局
人　员　数：13人
观　众　数：2.6万人
开展活动情况：在国际博物馆日期间，向当地群众阐释和宣传国际博物馆日主题活动，博物馆"流动展览"进社区，送进乡村；充分利用馆藏资源和重大节假日开展"乐知课堂""信语心愿、情寄母亲节"等活动。
场地面积：2000平方米
简　　介：靖远县博物馆成立于1978年，属综合性历史类博物馆，承担着全县历史、民俗文物的征集、保管修复、陈列展览、历史文化的科学研究和旅游接待等多项工作任务。靖远县博物馆现有在职职工13人（其中管理人员1人，专业技术人员5人，副高级职称的1人，中级以上职称的2人，高级文物考古技师1人，中级文物修复工2人），领导1人。馆内设机构有办公室、财务室、文物保管部、历史文化研究部、陈展宣传部、保卫科、接待服务部、文化旅游发展部。多年来，靖远县博物馆不断征集、充实馆藏，有馆藏文物12161件，其中珍贵文物222件（一级文物1件、二级文物12件、三级文物209件）。馆藏文物上迄中生代的古生物化石，下至近现代革命文物，其中珍贵文物222件。藏品包括石器、骨器、陶器、铜器、铁器、玉器、金银器、瓷器、书画、石雕砖刻、钱币和革命文物、民俗文物等。馆藏文物中宋、明时期所铸的高大铜佛造像和小巧玲珑的小型金铜造像，数量较多，种类齐全，做工精细，造型古朴，堪称全省文物中的精品。书画类藏品以著名书画家杨继盛、左宗棠、于右任、范振绪等省内外书画界巨擘的作品而独具特色。我馆基本陈列"靖远历史文物展"，共展出文物179件，分为陶艺彩韵、瓷玉辉映、佛宝遗珍、翰墨飘香4个单元，充分展示了靖远悠久灿烂的历史文明和深厚的文化底蕴，现面向社会全面免费开放。

0441 靖远县文化馆

地　　址：靖远县西城东大街

隶属关系：靖远县文化体育和广播影视局

人 员 数：14人

观 众 数：5000人

开展活动情况：每年举办、承办各类大中型群众性文艺演出，开设了舞蹈、书法、绘画、音乐、少儿美术培训班。

简　　介：靖远县文化馆位于县西城东大街，始建于1978年，负责组织本县群众文化活动，已建成文化站18个，配备了专职文化干部。多年来，文化馆积极开展群众性文化活动，每年举办、承办各类大中型群众性文艺演出，开设舞蹈、书法等培训班，每年培训文艺骨干40余人。近年来，文化馆十分重视挖掘整理民间传统文化，组织申报非物质文化遗产保护项目。文化馆面向社会免费开放。

0442 靖远县档案馆

地　　址：靖远县县城解放街47号

隶属关系：靖远县人民政府

人 员 数：10人

观 众 数：3000人

场地面积：810平方米

文艺创作作品：编写了《靖远县历届党代会简介》《靖远县历届人代会简介》《靖远县历届政协委员会简介》《靖远县历任正副书记、县长简介》《靖远县百年战争史》《靖远县行政区划》。

简　　介：靖远县档案馆于1960年2月正式成立，1962年4月撤销。1963年4月恢复，归县委办公室领导。1984年8月成立县档案局，局、馆一套人马，两个牌子，合署办公。1988年3月26日，档案局（馆）领导关系由县委办公室改归县人民政府。靖远县档案馆位于县城解放街47号，1937年由省、市、县三级投资建成一幢三层34间810平方米档案馆楼，有档案、资料装具78套，配备了复印机、装订机、裁切纸机、打字机、干湿温度计、清消装置、照相机、吸尘器、修裱器、灭火器具等。馆藏各类档案70个全宗，22610卷（册、袋、幅、枚），资料4226卷（册）。为了充分发挥实物档案特殊教育作用，真实地记载靖远县社会各项实践活动，并生动地反映出社会发展历史，进一步丰富馆藏档案，2015年，档案馆设立了实物档案珍藏室，为实物档案的存放、珍贵实物档案的寿命延长提供了物质保障。珍藏室内存有历年靖远县委、政府获得的 64 件荣誉档案。这些档案是 1993 年至 2014 年间获得的，内容主要包括中国绿色名县标志、科技进步先进县等，其中牌匾 50 块，证书 3 个，奖杯 1 个，锦旗 1 面，相册合影 9 张。这些荣誉不仅是靖远县开展各种社会活动的历史记录，也是宣传、展示靖远县城市形象的金字招牌。

0443 五合乡综合文化站

地　　址：靖远县五合乡白茨林村
隶属关系：五合乡人民政府
人 员 数：5 人
观 众 数：5600 人
开展活动情况：每年组织举办综合性大型文化活动 3 次，开展送戏下乡活动 20 场次。
场地面积：290 平方米
文艺创作作品：无
简　　介：五合乡综合文化站地处五合乡中部的白茨林村，属于五合乡的繁华地带，地理位置优越，交通方便，人口密集，2011 年 8 月建成，占地 1290 平方米，建筑面积 290 平方米，室外活动面积 1000 平方米。其中设有图书室、多功能厅、办公室、文体活动室。图书室藏书 1000 册，报刊柜窗 6 个。乡文化站实有工作人员 5 名，专职工作人员 2 名，兼职工作人员 3 名，站长 1 名。建立健全财务、安全保卫等各种规章制度，建立了门类齐全、管理规范的档案。文化站每年组织举办综合性大型文化活动，开展送戏下乡活动。

0444 东升乡综合文化站

地　　址：靖远县东升乡政府内
隶属关系：东升乡人民政府
人 员 数：3 人
观 众 数：2600 人
开展活动情况：开展文体活动和农业科技培训。
场地面积：445 平方米
文艺创作作品：无
简　　介：东升乡综合文化站 2011 年 8 月建成，建筑面积 445 平方米，投资 59 万元，设有图书阅览室、信息资源共享室、健身活动室、多功能活动厅、篮球场、羽毛球场、乒乓球场、健身器材场、文化走廊。文化站共有正式在编人员 3 人，专职图书管理员 1 人，是以活动开展为载体，集教育培训、信息共享、健身娱乐等功能为一体的综合文化活动中心。文化站认真秉承"服务三农、繁荣社会主义先进文化"的宗旨，大力抓全民教育，努力提高全民素质；抓文艺活动，营造文明向上的精神氛围；抓农村文化骨干队伍培训，提升他们的带动辐射作用，从而促进东升乡经济社会和谐发展。

0445 靖安乡综合文化站

地　　址：靖远县靖安乡新合村
隶属关系：靖安乡人民政府
人 员 数：4 人
观 众 数：2300 人
开展活动情况：每年举办综合性大型文化活

动 2 次，开展文化和培训活动 10 场次。

场地面积：321.3 平方米

文艺创作作品：无

简　　介：靖安乡综合文化站位于靖安乡新合村，成立于 2012 年 1 月，交通方便，设施齐全。文化站占地面积 450 平方米，建筑面积 321.3 平方米，室外活动广场面积 4000 平方米。文化站设多功能厅、电子阅览及信息资源共享室、图书阅览室、文体活动室、办公室。图书室藏书 1500 册，文体活动设施齐全。现有工作人员 4 名，其中专职工作人员 1 人，兼职工作人员 3 人。

0446　高湾乡综合文化站

地　　址：靖远县高湾乡三场村

隶属关系：高湾乡人民政府

人 员 数：3 人

观 众 数：1800 人

开展活动情况：利用元旦、春节、"三八"妇女节、"七一"建党节等重大节日，举办丰富多彩的体育健身、中老年广场舞蹈、秦腔等文化娱乐活动。

场地面积：596 平方米

文艺创作作品：无

简　　介：高湾乡综合文化站成立于 2011 年 9 月，占地 1800 平方米，建筑面积 596 平方米，室外活动场地面积 1200 平方米。站内设有多功能厅、图书阅览室、信息资源共享室、办公室、综合活动室。室外有标准篮球场、羽毛球场。图书室有各类图书报刊杂志 3000 多册。综合文化活动中心向公众免费开放。

0447　永新乡综合文化站

地　　址：靖远县永新乡永新村

隶属关系：永新乡人民政府

人 员 数：3 人

观 众 数：4200 人

开展活动情况：开展图书阅读活动，开展丰富多彩的文体活动，举办科技、文化、健身、法律、卫生等知识讲座。

场地面积：500 平方米

文艺创作作品：无

简　　介：永新乡综合文化站成立于 2010 年 7 月，占地 3000 平方米，建筑面积 500 多平方米，室外活动场地面积 800 平方米。文化站内设有多功能厅、图书阅览室、信息资源共享室、办公室、综合活动室。室外有标准篮球场、羽毛球场，新购买了篮球架、羽毛球网架等运动器材。图书室有各类图书报刊杂志 3000 多册。永新乡以文化站为文化建设的基地，在重大节假日、农闲时间开展丰富多彩的文体活动，使广大村民在文化活动中身心得到了极大愉悦，生活质量有了极大改善。

0448 东湾镇综合文化站

地　　址：靖远县东湾镇东湾村
隶属关系：东湾镇人民政府
人 员 数：2人
观 众 数：1000人
开展活动情况：文化站每周对公众开放提供服务35小时，每年组织大型文化活动2次，举办单项性文体活动2次，各种培训活动2次，举办体育比赛活动1次。
场地面积：370平方米
文艺创作作品：无
简　　介：东湾镇综合文化站位于东湾村，建于1998年，为两层楼房建筑，占地面积430平方米，建筑面积370平方米，室外活动场地190平方米。站内设图书阅览室、文体活动室、老年和少儿活动室、多功能厅、办公室共11间，藏图书2000余册，年定报刊3种，对外宣传栏20平方米。文化站有专职人员1人，站长1名。文化站每年能够组织各种文化活动及培训活动。平时能够督促各村农家书屋按时对外开放，在文物保护和文化市场监督工作方面也做出了不懈努力。

0449 北湾镇综合文化站

地　　址：靖远县北湾镇北湾村
隶属关系：北湾镇人民政府
人 员 数：3人
观 众 数：6500人
开展活动情况：自行创作了有浓郁地方特色和时代特色的文艺节目，内容涵盖了舞蹈、腰鼓、快板、秦腔等形式。
场地面积：1000平方米
文艺创作作品：无
简　　介：北湾镇综合文化站投资186万元，建成总建设面积1800平方米的科技文化活动中心，站内设多功能活动室、图书阅览室、培训教室，并配备10台电脑，藏书5000余册，配备专职文化干部3名。室外有标准篮球场1处、乒乓球台2副、羽毛球场1处，另有健身锻炼器材8件。全镇7个行政村均建有农家书屋，共藏书15000余册，免费向群众开放。

0450 糜滩乡综合文化站

地　　址：靖远县糜滩乡官路村
隶属关系：糜滩乡人民政府
人 员 数：2人
观 众 数：5600人
开展活动情况：组织体育健身和青少年校外活动，开展中老年广场舞蹈、秧歌、腰鼓、秦腔等活动；开展读书有奖活动；每年奖励各村表现出色的先进人物。
场地面积：308.8平方米
文艺创作作品：无
简　　介：糜滩乡综合文化站坐落在糜滩乡官路村，2011年8月建成，建筑面积308.80平方米，总投资52万元，其中项目支持20万元，其余资金自筹。文化站有多功能放映厅、电子阅览室、图书阅览室、办公室，室内功能完善，在编工作人员2名，各功能室免费开放。文化站开展了图书报刊杂志借阅，时政法制、科普教育、文艺表演培训交流，数字化信息共享服务，体育健身和青少年校外活动。

0451 刘川乡综合文化站

地　　址：靖远县刘川乡赵淌村

隶属关系：刘川乡人民政府

人 员 数：5 人

观 众 数：4300 人

开展活动情况：积极组织群众开展各种文化体育活动，进行党的政策、法律知识和农业科技宣传教育。

场地面积：750 平方米

文艺创作作品：无

简　　介：刘川乡综合文化站于 2011 年 8 月建成，建筑面积 750 平方米，分为"三室一场"（图书阅览室、文化活动室、文体活动室、文化体育场）。有办公楼 1 栋、调音台 2 台、中型室外音响 2 套、各类戏服 10 余套、电子琴 1 架、投影仪以及电脑等设施。刘川乡文化站坚持"双百"方针，坚持先进文化的前进方向，坚持寓教于文、寓教于艺、寓教于乐，丰富群众文化生活，满足人民群众日益增长的文化生活需要，提高全乡人民的道德素质和文化素质，积极组织群众开展各种喜闻乐见的文化活动。文化站正式在编人员 5 人，为全乡经济快速发展和社会全面进步提供强大的思想保障和精神动力。

0452 双龙乡综合文化站

地　　址：靖远县双龙乡永和村

隶属关系：双龙乡人民政府

人 员 数：3 人

观 众 数：2000 人

开展活动情况：每年在"五一"劳动节组织大型文化活动；在中秋节组织书画展、诗词朗诵、戏曲表演；在国庆节组织农民大合唱、篮球赛、羽毛球赛；定期对各村文艺骨干进行培训。

场地面积：300 平方米

文艺创作作品：无

简　　介：双龙乡综合文化站 2004 年 4 月 1 日成立，位于乡政府所在地永和村，邻近哈斯山原始森林，投资 50 余万元，一层设有多媒体室、活动展览室，二层设有图书室、电子阅览室、档案室、陈列馆、会议室。文化站正前方有投资 28.5 万元建成的文化健身广场，占地面积 3800 平方米，健身器材齐全。文化站正式在编人员 3 人，是集教育培训、信息共享、健身娱乐等功能为一体的综合文化活动中心。

0453 大芦乡综合文化站

地　　址：靖远县大芦乡大芦村

隶属关系：大芦乡人民政府

人 员 数：6 人

观 众 数：2300 人

开展活动情况：开展社会主义核心价值观、党的理论知识宣讲；利用元旦、春节、"三八"妇女节、"七一"建党节等节日举办丰富多彩的文化娱乐活动，定期送电影到各村放映。

场地面积：340 平方米

文艺创作作品：无

简　　介：大芦乡文化站成立于 1992 年，建筑面积 340 平方米，内设图书阅览室、信息资源共享室、健身活动室、多功能活动厅，建有篮球场、羽毛球场、乒乓球场、健身器材场、文化走廊。有正式在编人员 6 人。文化站以丰富广大人民群众的业余文化生活、提高人民群众的文化素养为宗旨，推进大芦乡文化发展为目标，利用元旦、春节等重大节日，开展丰富多彩的文化娱乐活动。

0454　平堡乡综合文化站

地　　址：靖远县平堡乡金峡村

隶属关系：平堡乡人民政府

人　员　数：5 人

观　众　数：5000 人

开展活动情况：每年举行大型广场舞表演赛 4 次，象棋比赛 1 次；利用文化站现有设备举办卡拉OK演唱会、健身操比赛、秦腔表演等群众文体活动。

场地面积：348.6 平方米

文艺创作作品：戏剧《父母情》《浪子回头》《存款的风波》。

简　　介：平堡乡综合文化站于 2011 年 8 月建成，占地面积 4000 平方米，建筑面积 348.6 平方米。文化站建成后，乡党委、乡政府高度重视思想文化工作并充分发挥文化站阵地作用，制订了我乡公共文化发展长远规划，建立健全管理、财务、安全保卫等各种规章制度，建立了门类齐全、管理规范的档案。文化站对管理人员学习培训时间每年都达到规定要求，做到学习有计划、工作有安排。站内设有多功能厅、文体活动室、图书阅览室、棋牌室、放映室等，室外有宽敞的广场，便于群众健身锻炼，按照"贴近实际、贴近生活、贴近群众"的要求，组织群众开展文体娱乐活动，使农民群众的文化生活有了很大改善。

0455　北滩乡综合文化站

地　　址：靖远县北滩乡政府南

隶属关系：北滩乡人民政府

人　员　数：3 人

观　众　数：2300 人

开展活动情况：开展数字电影放映 20 场，组织文化娱乐活动 8 次，举办各类文艺知识培训和实用科普讲座 12 次。

场地面积：326.8 平方米

文艺创作作品：无

简　　介：北滩乡综合文化站位于北滩乡政府办公楼南 200 米处，于 2011 年 8 月成立，总投资 41.16 万元，总建筑面积 326.8 平方米。站内设有多功能厅、图书阅览室、信息资源共享室、文艺体育娱乐室。综合文化站制订了文化站管理办法、图书室管理制度、信息资源共享室管理制度、免费开放制度等，做到了制度上墙公布。同时，调查了解全乡各类文化人才基本情况，建立全乡各类乡土文化人才档案。文化站各活动功能室向群众免费开放。

0456 若笠乡综合文化站

地　　址：靖远县若笠乡若笠村

隶属关系：若笠乡人民政府

人　员　数：3人

观　众　数：1200人

开展活动情况：每年积极组织群众举办广场舞2次，利用节庆举办篮球、羽毛球、乒乓球比赛各2次。

场地面积：408平方米

文艺创作作品：各种书画作品。

简　　介：若笠乡综合文化站建成于2011年10月，位于若笠乡乡政府所在地若笠村。文化站为一栋建筑面积为408平方米的二层楼房，内外共占地面积1200平方米。站外有文化广场1处、篮球场1处、全民健身场地1处。室内设有多功能1间、阅览室1间、娱乐室1间、电子阅览室1间、办公室2间。文化站现有3名工作人员，负责为若笠乡11个行政村、8000余群众提供文化服务。

0457 乌兰镇综合文化站

地　　址：靖远县乌兰镇政府内

隶属关系：乌兰镇人民政府

人　员　数：5人

观　众　数：3600人

开展活动情况：积极组织开展丰富多彩的文体娱乐活动，利用全国文化信息资源共享工程举办各类文化艺术培训班、科普讲座、农业科技知识讲座等，辅导和培养文艺骨干；组织群众开展读书活动；搜集、整理民族民间文化艺术遗产，促进乡村特色文化的发展。

场地面积：498平方米

文艺创作作品：无

简　　介：乌兰镇2011年新建文化站，总建筑面积498平方米，设立图书阅览室、书画室、文体活动室、多功能活动厅、篮球场、羽毛球场，有正式在编人员5人。文化站是以活动开展为载体，集教育培训、信息共享、健身娱乐等功能为一体的综合文化活动中心。文化站以"服务三农、繁荣社会主义先进文化"为宗旨，以树立形象为目标，以落实工作为载体，以群众满意为标准，抓全民教育，提高群众素质；抓文化建设，营造文明向上的精神氛围；抓文明创建，提高群众良好的道德风尚；抓和谐发展，促进各项社会事业全面发展。

0458 石门乡文化站

地　　址：靖远县石门乡三社

隶属关系：石门乡人民政府

人　员　数：3人

观　众　数：8000人

开展活动情况：每逢过年过节，县、乡组织大型文体活动。

场地面积：337.7平方米

文艺创作作品：无

简　　介：石门乡文化站建成于2011年9月，

占地面积 1485 平方米，建筑面积 337.7 平方米，有占地 800 平方米的活动广场 1 处，各类文化活动设施基本齐全。

0459 三滩乡综合文化站

地　　址：靖远县三滩乡朝阳村
隶属关系：三滩乡人民政府
人 员 数：1 人
观 众 数：3000 人
开展活动情况：在元旦、春节、"三八"妇女节、"七一"建党节等重大节日举办社火、秦腔、广场舞等丰富多彩的文化娱乐活动。
场地面积：200 平方米
文艺创作作品：无
简　　介：三滩乡综合文化站成立于 1984 年，位于三滩乡朝阳村，建筑面积 200 平方米，内设图书阅览室、信息资源共享室、健身活动室、多功能活动厅。文化站共有正式在编人员 1 名。文化站以丰富广大人民群众的业余文化生活，提高人民群众的文化素养为中心，推进三滩乡文化发展为宗旨，利用元旦、春节等重大节日，举办了丰富多彩的文化娱乐活动，得到了农民群众的好评。

0460 兴隆乡综合文化站

地　　址：靖远县兴隆乡腰站村
隶属关系：兴隆乡人民政府
人 员 数：2 人
观 众 数：2200 人
开展活动情况：举办专题节目，负责自办节目的内容搜集、编辑、整理、播放工作；开展面向群众性的科普教育活动和文化体育活动。
场地面积：321.3 平方米
文艺创作作品：无
简　　介：兴隆乡综合文化站建成于 2011 年 8 月，占地面积 675 平方米，建筑面积 321.3 平方米，站设有图书报刊室、电子阅览室、科技培训室、文艺活动室等，建立了农村远程信息服务终端，成为全乡科普宣传、农技培训、群众娱乐的活动阵地。文化站现有在编人员 2 名，主要开展的工作有举办专题节目，在本乡开展面向群众性的科普教育活动和文化体育活动及各种文化娱乐活动，给当地群众普及科学文化知识，传递经济信息。

（三十四）白银市景泰县

0461 景泰县图书馆

地　　址：景泰县一条山镇西街 32 号
隶属关系：景泰县文化体育和广播影视局
人 员 数：5 人
观 众 数：3.2 万人
开展活动情况：图书馆常年组织开展全县农家书屋联谊、图书借阅宣传、读者座谈会、流动图书馆等活动，免费为读者办理借书证，做好图书管理和借阅工作。图书馆年均开展流动图书馆活动 4 次，图书宣传活动 5 次，读者交流座谈会 2 次，新书推介活动 2 次，电脑基础操作知识培训 4 次，指导各乡镇农家书屋工作 4 次以上。
场地面积：1500 平方米
文艺创作作品：图书馆为编写地方志书《景泰文史》《永泰城与寿鹿山》《景泰民俗》等书提供了大量的文献资料；与五佛乡人民政府合作，组织开展《五佛地方志》编纂工作，共搜集整理历史人物、地理环境、水利工程、民俗风情、民间传说等方面文献资料 120 多份。
简　　介：景泰县图书馆是以报刊杂志阅览和图书借阅为主的公益性文化服务机构，为国家三级公共图书馆、全国文化信息资源共享工程景泰县支中心，现有职工 5 人。馆内藏有各种图书、报刊杂志等 8 万余册，其他影像制品千余件。图书馆占地面积 1500 平方米，开辟了图书室、阅览室、自学读书室、少儿阅览室等，设阅读席位 100 多个，年图书流通量 1 万余册次，年接待读者 3 万多人次。图书馆免费为读者和广大人民群众提供便民服务，认真做好新书预告、阅览导读工作。为了更好地开展免费开放工作，图书馆在全面整理图书资料、开展新书上架和图书编目、文化资源共享工作之外，现已完成了图书数字化管理系统，完善了电子图书免费阅览及文化资源免费下载阅览等工作，极大地方便了读者的借阅活动。图书馆常年组织图书借阅宣传、读者座谈会等活动，这些活动的开展，极大地改善了公共图书馆服务，增强了社会效益，充分发挥了公共图书馆服务职能。

0462 景泰县文化馆

地　　址：景泰县一条山镇西街 32 号
隶属关系：景泰县文化体育和广播影视局
人 员 数：6 人

观 众 数：3万人

开展活动情况：文化馆常年开展群众性文化活动和艺术辅导培训活动。年均开展乡镇艺术人才免费辅导培训、农村业余艺术人才免费辅导培训4次，培训人员120人次。成立城乡少儿暑期艺术（书法、美术、舞蹈、音乐、电脑基础知识等）免费培训班和成人舞蹈、电脑操作等免费培训班8个，培训学员300余人。年均举办全县春节戏曲演出、节庆文艺汇演、城乡文艺表演等40场，送文化下乡文艺演出10场，服务群众3万多人次。年均组织团体、个人书画、摄影作品展8次，服务群众8000人次以上。

场地面积：3600平方米

文艺创作作品：文化馆设立群众文艺创作室，常年组织、辅导、研究群众文艺创作，年均创作文学作品6篇（本），剧作4本。近年来，文化馆组织人员编写出版了《景泰文史》《歌出黄河》《培福与景电》《西路军与景泰》《百年人物史话》《永泰城与寿鹿山》《景泰民俗》等著作；参与编写了《景泰与丝绸之路》《景泰文学》等书籍；组织文艺创作人员编写了《抓阄》《电话保密》《匿名信》《夸景泰》《幸福小俩口》等小品、快板；与甘肃省影像公司合作出版发行了《映像甘肃》第一集，《映像甘肃·景泰》1万套。

简　　介：景泰县文化馆成立于1952年，馆舍坐落于一条山镇西街的繁华地段，交通便利，馆舍建筑面积3600多平方米，有舞蹈排练室、文化活动室、文学创作室、美术工作室、音乐辅导室、文化资源共享室、少儿舞蹈培训中心、展览室、多功能室、宣传橱窗、露天舞台和游艺室等。景泰县文化馆是组织指导群众文化活动、培训文艺人才、研究群众文化艺术的单位，也是群众进行文化艺术活动的场所。文化馆广泛参与和开展社区文化、广场文化、企业文化、校园文化等群众文化活动，承担着组织、协调、策划、实施景泰县县委、政府和上级主管部门交办的大型群众文化活动的职能。多年来，文化馆致力于群众戏剧、音乐、舞蹈、美术、摄影、书法、文学、曲艺等艺术门类的创作、演出、展览等工作，辅导和培训业余文艺人才，开展群众文化学术理论研究，收集整理了部分民间非物质文化遗产并对其进行了研究和保护。近年来，文化馆积极创造条件，成功承办了"甘肃省水墨漫画展""甘肃省第五届版画作品展"和"甘肃省著名书画家作品展"等大型展览活动，极大地丰富了人民群众的文化生活。

0463　景泰县博物馆

地　　址：景泰县一条山镇西街32号

隶属关系：景泰县文物局

人 员 数：5人

观 众 数：4.1万人

开展活动情况：博物馆常年免费对外开放，年均开放300天以上，常年展出固定陈列2个，展出精品文物300余件（套）。临时展览4个，展出文物收藏爱好者的文物藏品200件（套）以上。组织"流动博物馆"活动，年均举办送展览下基层活动6次；年举办历史文化研究交流研讨会2次，开展文物藏品交流会4次，邀请省内外知名专家学者来景泰县开展学术交流和考察活动1次；每年5月18日开展国际博物馆宣传日和文化遗产日等重大节日宣传活动4次，通过媒体进行宣传、临街挂横幅、贴标语、发传单等形式，开展文物保护与文化遗产传承宣传教育活动。

场地面积：1500 平方米

文艺创作作品：组织人员编写景泰文物宣传画册，撰写景泰与丝绸之路的文章发表于《景泰与丝绸之路》一书；挖掘地方历史文化，在保护和宣传国保单位永泰城址的基础上，参与编写了《永泰城与寿鹿山》一书；在多年文物研究和考察基础上，录制《石头天书》《熊妃疑云》《索桥渡口》等 10 余部景泰文物记录、宣传片，并在央视台、甘肃台等新闻媒体上播出。

简　　介：景泰县博物馆成立于 2009 年 9 月，有编制 5 人，现实有工作人员 7 人，其中文博专业技术人员 1 人，讲解人员 2 人，文物保管员 1 人，安保人员 1 人，临时聘用人员 2 人。博物馆是景泰县最重要的文物收藏、保护、研究和展示的机构，主要承担着全县文物的收藏、保管、保护、陈列展览、藏品研究、文物保护等工作。博物馆现藏有文物 1068 件，其中国家二级文物 5 件、三级文物 19 件，主要以彩陶、瓷器、铜器、古币为主，另藏有民俗物品 123 件。博物馆展厅现有专题展柜 14 个，独立展柜 6 个，省级文物保护单位崇华沟遗址沙盘模型 1 个，共展出景泰县境内发现的新石器时期、汉唐、宋元、明清时期的文物 380 件，以及野外文物保护单位图片 100 余幅，为人们了解景泰 5000 多年历史提供了直观的平台。博物馆要求全馆人员为老年人、残疾人、体弱、行动不便的特殊参观人员提供特别的人性化服务，主动引导参观和特别接待。对于未成年人除了爱国主义教育宣讲外，还注意培养他们在文明参观的同时，自觉维护地面清洁和参观秩序。博物馆展厅除每周一闭馆外，其他时间及节假日不休息，重大节日晚上也对外开放。特别是春节期间，博物馆以春节戏曲演出为契机，从正月初六开始到正月十八，坚持从上午 10 时至晚上 22 时不间断持续开放，日均参观人数超过 2000 人次。全馆人员坚守岗位，不但圆满完成了讲解任务，同时也确保了无安全事故，无文物、公共设施损坏现象发生。博物馆负责管理、协调和指导全县文物保护、管理、抢救、发掘、研究、出境、宣传等业务，承办县级文物保护单位的申报工作及市级以上文物保护单位的推荐和申报工作，组织落实县级以上文物保护单位的"四有"及其档案管理，举办文物展出，发挥宣传窗口作用，为县域经济发展服务。

0464 草窝滩镇综合文化站

地　　址：景泰县草窝滩镇西和村

隶属关系：草窝滩镇人民政府

人　员　数：4 人

观　众　数：5000 人

开展活动情况：开展春节社火汇演、"三八"妇女节文艺演出、计生大型活动演出、篮球比赛等文体活动。

场地面积：326 平方米

文艺创作作品：无

简　　介：草窝滩镇综合文化站占地 3200 平方米，其中房屋 326 平方米，设有活动室、培训室、电子阅览室、办公室。活动室有投影仪、音箱、电视、功放、调音台等设备，培训室有文化共享设备，电子阅览室有电脑 4 台。文化广场占地面积 2900 平方米，含有篮球场、羽毛球场、乒乓球场。综合文化站有主任 1 名，工作人员 3 人，每天有人值班，全天对外开放。每逢重大节日都要组织开展各项文体活动，每年至少开展 3 次以上活动。草窝滩镇有 18 个行政村，安装村村通、户户通共计 3600 套，活跃着 18 支文化队伍，每逢重要节日都开展活动，还有 18 家农家书屋，管理完善，大大丰富了草窝滩镇广大人民群众精神文化生活。

0465 芦阳镇综合文化站

地　　址：景泰县芦阳镇芦阳村
隶属关系：芦阳镇人民政府
人　员　数：3人
观　众　数：8000人
开展活动情况：组织芦阳镇广场舞汇演、芦阳镇"董扁杯"象棋比赛、芦阳镇"大漠方舟杯"书画艺术展、白银市书协送文化下乡活动、春节文艺汇演等。
场地面积：400平方米
文艺创作作品：无
简　　介：芦阳镇综合文化站始建于2010年，2011年8月投入使用，建筑面积400平方米。室内设有图书阅览室、电子阅览室、办公室、会议室、活动中心，内部设施完善。同时硬化了1200平方米的文化广场，并在文化广场内安置了篮球架2个、乒乓球案2副、健身器材10套。目前综合文化站编制3人，在编在岗3人，具备较强的业务能力和管理水平，并能积极参加市县各级举办的文化业务知识培训。今后文化站将强化文化建设活动，进一步推动镇文化事业向深层次、高水平发展。

0466 中泉乡综合文化站

地　　址：景泰县中泉乡脑泉村
隶属关系：中泉乡人民政府
人　员　数：4人
观　众　数：9000人
开展活动情况：举办庆"三八"、庆"五四"、庆"国庆"等专题文艺演出。
场地面积：800平方米
文艺创作作品：无
简　　介：中泉乡综合文化站总面积800平方米，现有在编人员6人。中泉乡有12个村文化室，图书借阅量逐年攀升，文化室社会效应日益彰显。文化站免费开放活动项目11个，主要有报刊阅览、图书借阅、打乒乓球、共享工程电子阅览等。文化站注重以文艺活动促繁荣的理念，每年举办"送文化下村"、庆"三八"、庆"五四"、庆"六一"等专题文艺庆祝演出。建立了围绕节日搞活动的长效机制，群众文化呈现出蒸蒸日上的崭新局面。文化站全体职工在各级领导的关心和支持下，不断进取，开拓创新，继续推进全乡群众文化事业向前发展。

0467 寺滩乡综合文化站

地　　址：景泰县寺滩乡九支村

隶属关系：寺滩乡人民政府

人 员 数：3 人

观 众 数：6000 人

开展活动情况：春节开展送春联活动、社火表演，"五一"劳动节举办农民运动会。每年组织综合性大型文化活动 4 次、单项性文体活动 5 次。定时更新宣传橱窗内容 8 期，举办科普、法制、农村讲座 4 次，认真组织永安、刘庄、东梁等村枸杞栽植技术培训班 3 次，举办文艺培训班 2 期。

场地面积：330 平方米

文艺创作作品：无

简　　介：寺滩乡综合文化站于 2008 年修建完工，使用面积 330 平方米，室外活动场地面积 3000 平方米。文化站内有图书阅览室、多功能厅、文体室、培训室和电子阅览室。活动场地有宣传橱窗、板报栏、篮球场、乒乓球台、健身器材等。文化站配备专职人员 3 名，列入正式事业编制，并按时、按要求参加上级各项业务培训。乡文化站对公众开放提供服务时间每周达 35 小时，设有免费活动项目。

0468 上沙沃镇文化服务中心

地　　址：景泰县上沙沃镇上沙沃村

隶属关系：上沙沃镇人民政府

人 员 数：1 人

观 众 数：7000 人

开展活动情况：服务中心年均组织文艺活动 8 次，举办文艺训练班 10 次，举办展览 2 次。组织各村文艺团体排练舞蹈、合唱小品等文艺节目，定期到各村巡回演出。定期组织召开村文化工作会议，协调推动各村社会文化事业的建设和发展。

场地面积：321 平方米

文艺创作作品：编写《景泰民俗》一书。

简　　介：上沙沃镇文化服务中心负责在全镇组织开展各种形式的文化娱乐活动，搞好阵地宣传活动，充分利用墙报、VCD 光盘、广播、标语等形式，大力宣传党和国家的路线、方针、政策、法律、法规及镇党委、政府发展经济的各项重大举措，广泛宣传两个文明建设；搞好三级文化网点建设，负责管理上沙沃镇图书室、农家书屋及文化娱乐场所，指导各村文化大院开展文化演出工作；配合有关部门开展好重大节假日的宣传娱乐活动；搜集整理与保护本镇民间文化艺术遗产，禁绝黄、赌、毒、封建迷信、法轮功等精神垃圾在辖区内传播，大力宣传和提倡社会主义新道德、新风尚，提高全镇人民的整体素质。文化服务中心致力于宣传党的路线、方针、政策，在管理本镇有线电视网络的同时，保证本镇广播电视信号的高质量传输，勤检修，发现隐患及时排除，确保有线电视网络畅通。服务中心配合镇党委和政府的中心工作，做好本镇的政策宣传和对外新闻报道，积极向市、县新闻媒体投送新闻稿件，每年不少于 30 次。认真做好管理各村文艺团体工作，定期组织召开文艺工作会议，协调推动各村社会文化事业的建设和发展。

0469 喜泉镇综合文化站

地　　址：景泰县喜泉镇兴泉村

隶属关系：喜泉镇人民政府

人 员 数：6 人

观 众 数：7000 人

开展活动情况：春节社火汇演，"三八"妇女节文艺演出，"五一"劳动节大型运动会，中秋节秦腔汇演，国庆节党的知识竞赛、社会主义核心价值观宣讲、家中好媳妇评选系列活动。

场地面积：330平方米

文艺创作作品：无

简　　介：喜泉镇综合文化站位于喜泉镇兴泉村，占地面积5600平方米，建筑面积330平方米。文化站设有电子综合阅览室，内有电视、电脑、投影仪、VCD、音箱、调音台等电子设备。文化站西侧设有兴泉剧院，剧院两侧是老年人活动中心和文化活动室。院内是文化广场，设有6组健身器材。喜泉镇依托文化站开展各类丰富多彩的文化活动，如"五四"青年节甘肃政法学院大学生下乡实践文艺汇演、正月十五元宵晚会等。目前，喜泉综合文化站下设众星文艺队、兴泉老年团等17个文艺队，这些文艺队经常在全县各地进行各类演出，赢得了老百姓的好评。

0470　正路乡综合文化站

地　　址：景泰县正路乡正路村

隶属关系：正路乡人民政府

人　员　数：2人

观　众　数：5000人

开展活动情况：每年开展春节社火汇演、送春节到农家活动，举办"三八"妇女节文艺演出、举办"五一"劳动节正路乡广场舞大赛，举办送文化下各村活动，定期在各村放映电影。

场地面积：320平方米

文艺创作作品：无

简　　介：正路乡综合文化站位于乡政府南约100米处，于2009年年底建成并投入使用，配套设备资金10余万元，是集群众休闲、娱乐、健身和学习科技文化知识为一体的综合性活动场所，建筑面积320平方米，露天活动场地2000平方米。文化站内设有多功能放映厅、文化活动室、办公室、电子阅览室和图书阅览室，文化活动室适合小型文艺节目的排练和演出。阅览室内共储备图书3000余册，主要包括各类政治、经济、艺术、农技类培训等，并于周二、周三定期向外开放。图书阅览室、电子阅览室、多功能活动室的设施配套以及制度正在积极的建设和完善中。正路乡综合文化站的建设，对丰富群众文化生活，加快全乡精神文明建设，培育新型农民，推进社会主义新农村建设起到了十分重要的作用。

0471　五佛乡综合文化站

地　　址：景泰县五佛乡兴水村

隶属关系：五佛乡人民政府

人　员　数：5人

观　众　数：6000人

开展活动情况：组织文艺汇演、大型计生政策文艺宣传活动、知识竞赛、精神文明建设摄影作品展览、春节社火表演汇演；结合农历四月初八庙会开展计生、法律、禁毒防邪宣传等活动。

场地面积：321.3平方米

文艺创作作品：制作宣传五佛乡的电视专题片6部。

简　介：五佛乡综合文化站建于2009年，有工作人员5名，占地面积2750平方米、建筑面积321.3平方米。站内设多功能厅（农民文化技术学校、道德讲堂、文化资源共享工程服务点）、阅览室、文体活动室、人民代表之家、办公室等活动场地；室外安装篮球架1副，乒乓球台2个，健身路径1套、20件。外有占地6000平方米的黄河文化广场1个，业余秦剧团1个，社火队6个，农家书屋6个。有各类民间艺人45人。乡综合文化站开展宣传、学习辅导、培训等文化活动，整理编印了《甘肃·景泰五佛游图册》，加大了五佛和五佛沿寺石窟对外宣传力度。近三年来，共被省市级报刊、网站、电视台采用宣传五佛的稿件688篇（条），制作宣传五佛的电视专题片6部。组织文艺汇演、大型计生政策文艺宣传活动等，为实现五佛乡经济跨越式发展提供了强有力的精神文化保障。

0472 红水镇文化服务中心

地　址：景泰县红水镇泰安村

隶属关系：景泰县红水镇

人 员 数：1人

观 众 数：6000人

开展活动情况：红水镇文化服务中心常年开展文化宣传活动，年均组织文艺活动8次，举办文艺人才训练班4次，举办展览2次；深入农村，指导农家书屋和文化大院建设12次以上。

场地面积：300平方米

文艺创作作品：服务中心搜集整理红水镇的历史文献资料，为人们研究红水镇历史提供了翔实可靠的文字材料；参与了《景泰民俗》一书的编写工作，提供了《滚灯》《红水千层饼》等民俗资料。

简　介：红水镇文化服务中心在镇党委、政府的大力支持下，建成建筑面积300平方米的平板房，站内设施按标准化要求配置，有工作人员1人。红水镇文化服务中心的主要职责是运用媒体及时传达政令，疏通信息，做好导向服务；通过图书、报刊、电影电视、图片展览、讲座、报告会、业余学校、培训班等形式，对广大群众进行三个文明建设的宣传教育，服务党委、政府的中心工作；组织开展丰富多彩的群众性文化、艺术、体育活动，丰富人民群众的精神文化生活；举办各类文化艺术讲习班，辅导和培训群众文艺骨干；搜集、整理、保护民族和民间文化遗产；做好文物古迹的宣传和保护工作；指导各村文化室工作。在传达政令、疏通信息、做好导向服务的同时，文化服务中心积极组织文艺活动，主动联系景泰县农牧局，举办科学种植和家庭养殖技术讲座；举办文艺讲习班，开展农村业余文艺人才培训；与县文化馆密切联系，积极做好红水镇的非遗保护和文物保护工作。

0473 一条山镇文化综合服务中心

地　址：景泰县一条山镇水源村

隶属关系：一条山镇人民政府

人 员 数：4人

观 众 数：5000 人
开展活动情况：开展农民农业技术培训；举行群众文化健身活动；配合文化馆开展文物普查等相关工作。
场地面积：200 平方米
文艺创作作品：无
简　　介：一条山镇文化综合服务中心位于水源村，于 2010 年建成并投入使用，配套设备资金达 10 余万元。文化服务中心建筑占地面积 200 多平方米，露天活动场地面积 2000 平方米。一楼设有多功能厅、文化活动室，主要是各类艺术、农技类培训及群众休闲娱乐场所。二楼是图书阅览室，现储备图书 2000 余册，音像制品 46 种、900 张，阅览室集中在周二、周五开放。综合服务中心现有编制 4 人，在编 2 人，下设的 7 个社区、2 个村，各有图书管理员 1 名。辖区现有形成规模的艺术团队 15 支，群众自行组建的健身团队 26 支，艺术类培训学校 11 所。文化站旨在把基层文化大院与文化信息资源共享、农村党员远程教育工程、农村电影放映工程、农家书屋及广播电视"户户通"工程、群众体育健身工程等有机结合起来，形成社会共建、资源共享、互动开放的良好态势。

0474 漫水滩乡综合文化站

地　　址：景泰县漫水滩乡漫水滩村
隶属关系：漫水滩乡人民政府
人 员 数：4 人
观 众 数：5000 人
开展活动情况：2012 年 6 月结合"双联"活动在漫水滩乡杨柳村举办计划生育文艺汇演，广大群众在喜闻乐见的节目中理解了计生政策，受到群众的好评；2013 年春节过后，为广大群众送上欢乐积极向上的文化大戏。常年举办"送文化下村"及庆"三八"妇女节、庆"五一"劳动节、庆"六一"儿童节等专题文艺庆祝演出，组织妇女、职工群众开展文化体育比赛和各种健身活动，受到村民的热烈欢迎。
场地面积：300 平方米
文艺创作作品：无
简　　介：漫水滩乡综合文化站总面积 300 平方米，现有在编人员 4 人。文化站注重以文艺活动促繁荣的理念，建立了围绕节日搞活动的长效机制。2013 年，在乡党委、政府的支持下，整合资源，合理利用，在文化站建成了乡廉政文化大厅和廉政大讲堂，把文化站建成了集宣传教育、图书阅览、广播影视、文艺演出、科技推广、科普培训等活动为一体的农村公益性文化基地，使有限的文化建设资源得到有机整合。文化站全体职工在各级领导的关心和支持下，不断进取，不断创新，开创我乡群众文化事业的新局面。

（三十五）平凉市崆峒区

0475 崆峒区文化馆

地　　址：崆峒区东大街 60 号
隶属关系：崆峒区文化体育局
观 众 数：5 万人
开展活动情况：节假日举办了"崆峒笑谈"及戏曲、小品等文艺演出；定期组织文化、科技、卫生"三下乡"集中示范活动；春节期间，组织区书协、美协、楹联家协会、民族文化研究会、民协书画家开展"迎新春送春联"等活动。
文艺创作作品：无
简　　介：崆峒区文化馆成立于 1950 年，地处城市中心地段，办公大楼修建于 1983 年。目前，全馆有干部职工 18 人，其中高级职称 2 人，中、初级职称 2 人，业务人员占全馆干部职工人数的 77%。馆内设办公室、社会文化部、培训部、文化产业开发部、非物质文化遗产保护中心。馆舍面积为 1620 平方米，设有书画展室、青少年活动室、书画活动室、吉它教室、古筝教室、声乐教室、舞蹈教室等 7 个活动厅室。室外有 680 平方米的小型文化广场，便于开展各种群众文化活动。多年来，区文化馆坚持"团结、奋进、求实、创新"的办馆宗旨，牢牢把握先进文化前进方向，坚持"双百"方针，高扬时代精神，弘扬主旋律，为活跃我区广大群众精神文化生活，促进社会主义精神文明建设和工贸经济旅游强区做出了贡献，连续多年被市、区授予文明单位，被主管部门评为文化先进单位，2007 年被评为国家三级文化馆。

0476 崆峒区博物馆

地　　址：崆峒区隍庙巷 5 号
隶属关系：崆峒区文化体育局
观 众 数：3 万人

文艺创作作品：无

简　　介：平凉市崆峒区博物馆位于平凉市隍庙巷5号，成立于1990年，为地方性历史博物馆。崆峒区博物馆馆藏文物共有1520件，其中，一级文物19件，二级文物120件，三级文物291件，道教造像、瓷器、书画为其馆藏特色。2015年，崆峒区积极争取国、省文物保护专项资金1200多万元，对原博物馆进行了整体搬迁，建成了地下文物库房，安装了防报警系统和中央空调，完成了文物展厅和书画展厅改造装修，实施了馆藏文物环境监测和青铜器修复项目，切实改善了文物保存条件，实现了安全有效保护。

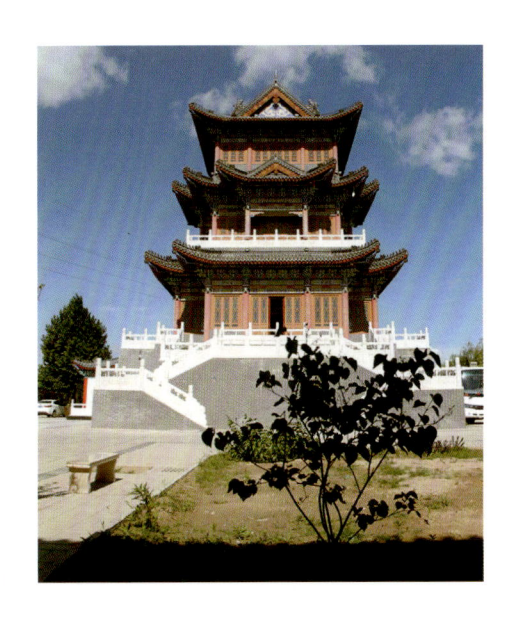

（三十六）平凉市泾川县

0477 泾川县图书馆
地　　址：泾川县安定街文化中心一楼
隶属关系：泾川县文体广电局
人 员 数：8人
观 众 数：3.6万人
开展活动情况：每年举办"世界读书日"宣传服务及全民阅读推广活动；在全国图书馆服务宣传周期间，图书馆通过出动流动图书车及其它各类读者服务车通过布设图文阅读牌、回答读者咨询、发放读者满意率调查表、捐赠少儿图书、赠送名人书画作品等方式开展宣传服务。
场地面积：330平方米
简　　介：泾川县图书馆成立于1950年，1984年和文化馆分割业务和人事，单独挂牌开放。1989年晋升副科级建制，当时核定事业编制7人，2003年省文化厅支持建成图书馆办公楼并投入使用。2008年搬迁至文化中心一、二楼。馆内设有11个工作室，开设有电子阅览室、流通站、地方文献室、借阅室等窗口，工作人员8名（4名已退休，现剩4名）。馆藏纸质图书2万册，流通站1万册，电子图书2万册。

0478 泾川县博物馆
地　　址：泾川县安定街5号
隶属关系：泾川县文体广电局
人 员 数：10人
观 众 数：2.8万人
开展活动情况：文物的展览、保护、宣传等活动。
场地面积：3000平方米
文艺创作作品：无
简　　介：泾川县博物馆成立于1984年，是隶属于泾川县文体广电局的副科级事业单位，是一座综合性历史博物馆，其前身为民国时期的古物陈列所，现馆址设在省级重点文物保护单位泾川城隍庙院内，居县城中心位置。为了改善展出条件，加强文物安全管理，充分发挥博物馆的社会作用，1989年甘肃省文物局拨款4万元，修建砖混结构文物库房。1999年县政府投资10万元，修建砖混结构文物展厅和博物馆大门。泾川县博物馆馆藏文物1600余件，按质地可分为金、银、铜、铁、陶、瓷、玉、木、骨、石、丝棉、字画等14类，其中一级文物31件、二级文物121件、三级文物494件，以"智人"头盖骨化石、新石器时代庙底沟类型的平折宽口沿彩陶罐、商代玉戈、西周铭文铜爵及铜觚、唐代金银棺、北周青石佛像、元代纪年瓦兽件为代表，类型丰富，种类齐全。

（三十七）平凉市华亭县

0479 华亭县文化馆

地　　址：华亭县人民广场
隶属关系：华亭县文广局与广播影视局
人 员 数：27人
观 众 数：1万人
开展活动情况：华亭县文化馆组织举办了大量的公益性群众文化活动，包括：组织文艺活动6次，举办培训班2期，组织和参加和谐文化"四进基层"活动和文化科技卫生"三下乡"活动3次，举办展览11次，组织公益性讲座2次，培训各类文化人才172人（次）。其中比较知名、影响较大的品牌性文化活动和文化惠民项目有：春节义写春联和义送书画活动，首届"文教杯"青年歌手电视大奖赛，全县庆"七·一"活动，"广场文化月"系列文化活动，"激情夏日"全民健排舞大赛，崆峒文化旅游节走进华亭书法美术作品巡回展，唱响华亭——全县第七届春节曲子戏调演活动，"迎新春、庆元宵"灯谜晚会和暑期青少年书画、音乐艺术培训等。
场地面积：3485平方米
文艺创作作品：无
简　　介：华亭县文化馆成立于1950年，公益性社会文化事业单位，正科级建制，是县委、县政府为了向全县广大人民群众进行宣传教育及组织、辅导群众开展文化活动而设置的综合性文化工作事业机构，具有综合性、群众性、教育性、娱乐性、服务性的基本特征。截至2013年5月，全馆实有干部职工27人，工作人员平均年龄35岁。其中：专业技术人员10名，中级职称以上专业技术人员4名，书法、美术类专业人员10名，文艺音乐类专业人员7名，摄影类人才3名，刊物采编人员4名。全馆共有办公用房和业务用房19间、塔楼展厅5层，使用面积共计3485平方米。馆内设备总值87.53万元，内设有书画部、文艺部、《汭水》编辑部、书画创作室、综合办、艺术展览中心、非遗保护中心和艺术培训中心等部室，能举办各类大型书画、摄影、文艺与其他主题文化展演赛活动。

0480 砚峡乡文化中心

地　　址：华亭县砚峡乡
隶属关系：砚峡乡人民政府
人 员 数：2人
观 众 数：2000人
开展活动情况：社区组建了健身队和文化活动队。2012年，在传统节日组织广大群众开展文艺汇演、曲子戏汇演、演讲比赛、篮球运动会等文体活动35次。
场地面积：1300平方米
文艺创作作品：无

简　　介：砚峡乡文体中心是砚峡乡为了进一步丰富群众精神生活，更好地为搬迁群众提供公共文化服务，于2011年9月依托国家信息资源共享工程而兴建。砚峡乡文体中心投资80万元，整合文化共享、广播通村、农家书屋等物力、人力等资源，建成占地1300平方米的文化广场。文体中心内设图书室、阅览室、文体活动室、多功能厅等功能区。购置图书2437册、VCD光盘189张、配套图书架5个，购置各类健身器材13件，投资18万元安装LED全彩电子屏1个、音响1套、电脑5台、投影仪1台。

0481　河西乡文化中心

地　　址：华亭县河西乡

隶属关系：河西乡人民政府

人　员　数：2人

观　众　数：3000人

开展活动情况：文化中心在春节、元旦、国庆节等重大节庆日，积极组织全乡广大干部、群众开展体育比赛、歌咏比赛、广场舞等趣味文体活动。

场地面积：900平方米

文艺创作作品：无

简　　介：2010年抢抓国家扩大内需和灾后重建项目机遇，河西乡协调上级部门整体扩建，建成集文化、体育、健身、休闲为一体的群众性综合性文化中心。文化中心总投资164万元（其中上级基建拨款16万元，自筹资金拨款148万元），总占地面积2001平方米（其中综合文化站占地面积900平方米，内设便民大厅、图书阅览室、文化信息资源共享服务室；外有文艺演出台、篮球场、健身场，占地面积626.72平方米；秦剧团业务用房占地面积474.28平方米）。文化中心通过活动的开展，既营造了深厚的节日氛围，又满足了不同群众的精神文化需求，促进了社会的和谐进步，从而彻底改善了乡文化阵地落后的现状，加快了河西乡文化事业的繁荣发展。

0482　马峡镇文化站

地　　址：华亭县马峡镇

隶属关系：马峡镇人民政府

人　员　数：4人

观　众　数：1万人

开展活动情况：文化中心组织了对农家书屋中的实用生产技术、养殖技术、农机维修技术等书籍的培训学习，成效显著，切实改变了以前落后的生产生活状态。

场地面积：310平方米

文艺创作作品：无

简　　介：马峡镇文化站是华亭县争取甘肃省990个农村乡镇综合文化站建设项目修建而成。该文化站建筑面积310平方米，投入资金35万元，镇政府自筹1.4万余元。2012年投入资金5万元用于免费开放使用。文化站目前专职从业人员4名，对站内图书室实行专人管理，并明确了1名书屋管理员，对藏书进行分类管理，对每本藏书明确书号并进行贴制标签，做到借出归还必记录，每周全天候实行开放，并为群众办理借阅手续，方便群众阅读。每日到书屋阅读的群众在70人次以上，半年来累计在全镇书屋阅读人数达10000人次，借出书籍累计7000余本，涉及法律法规、文学读物、农技科学等诸多种类。文化站的建立极大的扩展了农民获取知识的渠道，提高了群众的文化素养，丰富了他们精神文化追求。

0483　西华镇文化中心

地　　址：华亭县西华镇

隶属关系：西华镇人民政府

人　员　数：4人

观 众 数：2000 人

开展活动情况：利用重大节庆活动开展篮球比赛、拔河比赛，举办曲子戏表演、广场舞调演等文体活动。

场地面积：4000 平方米

文艺创作作品：无

简　　介：西华镇文化中心占地 4000 多平方米，安装广场灯饰 18 盏，修建篮球场 2 个，乒乓球桌 2 台，安装健身器材 20 套（件），图书室配置图书 4000 余册，舞台使用面积 200 平方米。文化中心开展各种文化活动，为丰富群众业余文化活动搭建了一个良好的平台。

0484　上关乡文化中心

地　　址：华亭县上关乡政府大道

隶属关系：上关乡人民政府

人 员 数：2 人

观 众 数：2000 人

开展活动情况：举办了"乡村舞台"文艺展演活动 24 场次；依托已建成的"乡村舞台"举办曲子戏、秦腔、健身操等活动 600 多场次；大力宣传社会主义核心价值观，深入实施"24 字人知人晓"宣传活动。

场地面积：360 平方米

文艺创作作品：无

简　　介：上关乡文化中心是国家扩大内需建设项目工程，于 2009 年 8 月开始施工建设，选址在我乡行政中心区域政府大道中段东侧，总投资 48 万元，占地面积 650 平方米，设计为一层框架结构平板房 6 间，360 平方米。文化中心按照功能分设图书阅览室、文化活动室、教育培训室、办公室及多功能大厅，配套大门、围墙等附属工程。现已储备图书 5000 册、书柜 20 套、电脑 3 台、音响设备 1 套、办公桌椅 4 套。

0485　东华镇文化中心

地　　址：华亭县东华镇

隶属关系：东华镇人民政府

人 员 数：3 人

观 众 数：3000 人

场地面积：300 平方米

简　　介：东华文化中心位于县城北部，建成占地 8000 平方米，是集休闲、健身、体育比赛于一体的文化活动广场，配齐健身器 6 组，篮球架 1 副，配套了绿化亮化工程。文化站严格按照《甘肃省乡镇文化站建设标准》建设，使用面积 300 平方米，主要设图书室、阅览室、活动室、宣教室、多功能厅"四室一厅"，配齐书柜、杂志架、报架 12 组，棋牌桌 2 副，椅子 8 个，安装投影设备 1 套。目前图书室藏书 3000 余册。

0486　安口镇文化中心

地　　址：华亭县安口广场

隶属关系：安口镇人民政府

人 员 数：3 人

观 众 数：2000 人

场地面积：2201.4 平方米

开展活动情况：利用节假日组织开展手工作品展、篮球运动会、庆元旦文艺联谊会、乡村春晚等一系列精彩的文娱活动。

文艺创作作品：无

简　　介：安口镇文化中心位于安口镇镇区中心。2010 年抢抓国家扩大内需和灾后重建项目机遇，安口镇协调上级部门整体搬迁原安口幼儿园，将国有资产无偿划拨，建成集文化、体育、健身、休闲为一体的群众性综合性文化娱乐阵地。文化中心总投资 278.46 万元，一次性建成总占地面积 2602.5 平方米，其中综合文化站占地面积 2201.4 平方米，内设便民大厅、惠农大厅、图书阅览室、文艺演出台、篮球场、健身场，秦剧团业务用房占地面积 401.1 平方米。

0487 神裕乡文化中心

地　　址：华亭县神裕乡
隶属关系：神裕乡人民政府
人 员 数：4 人
观 众 数：1000 人
开展活动情况：每年在召开文化物资交流大会期间举办戏剧、电影、杂耍等表演；图书室每天开放供乡村干部、群众借阅；每年按照培训计划定期培训党员干部 1021 人次，培训农民科技人员 1563 人次。
场地面积：300 平方米
简　　介：神峪乡文化中心于 2012 年投入 154.3 万建成并投入使用，建成展览室、图书阅览室、多功能厅等活动场所共计 300 平方米，并配套建成神峪剧场 188 平方米、文化广场 750 平方米。文化服务中心配备有 4 名专职人员，负责免费对外开放工作。

0488 山寨乡文化中心

地　　址：华亭县山寨乡
隶属关系：山寨乡人民政府
人 员 数：3 人
观 众 数：1000 人
场地面积：210 平方米
简　　介：山寨乡 2011 年投资 320 万元，建成占地 2520 平方米，集休闲、健身、体育比赛于一体的文化活动广场，配齐健身器 3 组、篮球架 3 副、配套了绿化亮化工程。文化站严格按照《甘肃省乡镇文化站建设标准》建设，使用面积 210 平方米，主要设有图书室、器材室、阅览室、活动室、电教培训室、文化艺术团办公室。文化中心安装投影设备 1 套，图书室藏书 8000 余册。为了加强山寨乡文化中心规范化建设，乡政府专门安排 1 名科级干部负责文化活动中心工作。并确定 2 名文化专职干事搞好日常服务工作，完善了文化专干工作职责、图书借阅制度、图书阅览制度、活动室管理制度、图书管理员工作职责等管理制度。

（三十八）平凉市静宁县

0489 静宁县图书馆

地　　址：静宁县成纪文化城院内
隶属关系：静宁县人民政府
人　员　数：10人
观　众　数：4万人

开展活动情况：春节期间组织全体职工举办了丰富多采的春节群众文化活动。设立了播放爱国主义教育影片的活动现场，连续播放群众喜闻乐见的内容涉及爱国主义教育、少儿动漫、生活常识讲座的影片。积极开展"世界读书日"宣传活动。围绕"阅读，请到图书馆"的活动主题，通过悬挂横幅、张贴宣传标语、发放倡议书等宣传手段，引导群众走进图书馆，读好书，用好书。同时，对优秀读者进行了表彰奖励。邀请少儿读者来图书馆，为他们推荐优秀儿童读物和科普图书。在电子阅览室，专业人员引导少儿读者正确上网，有效利用共享工程资源。举办了以"图书馆——传承优秀传统文化，建设民族精神家园"为主题的第二十六届图书馆服务宣传周活动，宣传周期间，通过悬挂横幅、发放传单、举办专题讲座、上网培训、专题图片展等方式，向社会公众倡导文明读书、健康上网，充分发挥了公共图书馆保障公民基本文化权益的阵地作用。

场地面积：1665平方米
文艺创作作品：无
简　　介：静宁县图书馆成立于1982年10月，新馆于1999年11月建成并投入使用，建筑面积1665平方米，共三层。馆址在静宁县文化城内，馆内设有图书室、文学类图书室、资料室、报刊阅览室、少儿阅览室、电子阅览室、多功能报告厅、文献编辑室、采编室、古籍收藏室和办公室。该馆分别于2005年、2009年被文化部命名为国家"三级图书馆"。2013年5月，通过全国公共图书馆第五次评估定级，于2013年10月被文化部评为国家"二级图书馆"。2009年建成全国文化共享工程静宁县支中心，支中心配有服务器1组、电脑30台，同时配有磁盘阵列、交换机等设备。静宁县图书馆实行财政全额拨款，馆内共有藏书6万余册。其中图书4.5万余册，报刊杂志1.5万余册，地方文献670册，电子文献2500册，视听文献500余种，古籍86册。自2012年1月1日起全面实施免费开放。

0490 静宁县文化馆

地　　址：静宁县成纪文化城院内
隶属关系：静宁县人民政府
人 员 数：14 人
观 众 数：3.5 万人
开展活动情况：辅导全县大型文艺活动，重要节日和重大庆典活动策划、组织；组织开展全县多层次、多形式、丰富多彩的文化活动；培训辅导全县业余文艺骨干，不断发展壮大文艺创作、文艺演出、美术摄影等文艺队伍；辅导乡（镇）文化站人员的指导和培训；积极挖掘和整理民间文化遗产。
场地面积：2100 平方米
文艺创作作品：张志全创作歌曲《金果飘香的地方》《甜梦中沸腾着黄土高原》《山里汉》《腾飞的西部》《阿阳花儿香》《烛光颂》《党旗颂》等；邵宏中创作戏剧《好人米祥仁》《山魂》《烛光吟》《心雨》《探家底》等。
简　　介：静宁县文化馆成立于 1949 年，馆址位于静宁县成纪文化城内。文化馆占地面积 3471 平方米，建筑面积 2100 平方米。馆内现有干部职工 14 人，其中专业技术 11 人（副研究馆员 1 人，馆员 4 人，助理馆员 6 人），管理 1 人，工勤技能 2 人。文化馆设有办公室、音乐辅导室、戏剧辅导室、剧目创作室、书画辅导室、摄影辅导室、非物质文化遗产保护室、创作辅导室、舞蹈辅导室、书画展览厅、多功能厅、民俗展览馆等文化活动室（厅）12 个。2010 年设立了老年大学，为老年人和退休人员提供了很好的娱乐场所。投入资金 10 万元对民俗展馆进行了装修，面积达到了 200 平方米，配有灯光、图片说明，陈列物品 400 多件。文化馆自建立以来，不断提高文艺创作和馆办活动的质量、挖掘和整理民族文化遗产，积极组织和开展各种群众文化活动，有力地促进了全县文化事业的健康发展。2008 年被文化部评为三级文化馆。

0491 静宁县博物馆

地　　址：静宁县城关镇人民巷 5 号
隶属关系：静宁县人民政府
人 员 数：9 人
观 众 数：10 万人
开展活动情况：一是结合免费开放工作，坚持"三贴近"原则，增加向观众开放的时间，做到时间保证、安全保证、服务保证。在观众参观过程中通过讲解员讲解、观看专题片、发放宣传资料等形式，使观众耳濡目染受到爱国主义教育。二是结合国际博物馆日、世界文化遗产日等纪念活动组织流动展览进农村、进学校、进社区，把专题讲座与展板展示、影像播放结合起来，已展览 10 次。三是通过发放宣传资料和开展宣传活动进行宣传。已印制宣传资料 3 万套，免费向观众发放，张贴标语、悬挂横幅 8 条（幅）。四是开展形式多样的未成年人专题教育活动。与团县委及城乡各学校加强合作，充分利用重大节日、纪念日期间，组织中小学生分批次进馆参观，开展爱祖国、爱家乡教育，并对学生进行文物法规及文物知识宣讲。举办形式多样的讨论会、演讲会、报告会、辩论赛，联合教育局举办"我爱文博"征文等各种活动，以强化未成年人教育活动效果。五是流动展览进校园，博物馆组织了一系列的流动展板，宣传书籍进校园，及时给中小学生带去最新、最快的文博知识。六是举办"中国古代钱币展"和"名人书画展"等临时展览，丰富馆内展览的内容，为观众提供多元化的知识服务。

场地面积：1585 平方米

文艺创作作品：无

简　　介：静宁县博物馆位于城关镇人民巷5号、成纪文化城整体建筑群东侧，成立于1984年，是目前甘肃省现代化设施较为齐全的县级博物馆之一。馆址占地面积2685平方米，建筑面积1585平方米。馆藏珍贵文物2325件，其中国家一级文物24件、二级191件、三级792件。藏品以陶器、玉器、瓷器为馆藏主要特色。其中以齐家文化玉器——静宁七宝最为驰名，在全国享有较高的知名度，仰韶文化时期的彩陶也是我馆的一大主要特色。目前馆内开设有两个基本陈列展，一是"陇风长歌——静宁历史文物展"，展览主要包括5方面的内容：文明肇始——史前时期；华戎交融——西周、春秋、战国时期；秦汉流韵——秦代、汉代、魏晋时期；唐宋风情——唐宋时期；明清遗珍——元、明、清时期。二是"瑰宝天珍——静宁古代精品玉器展"，荟萃了静宁县博物馆珍藏的齐家玉器和汉代玉器精品。累计接待观众60余万人次，观众数量呈逐年递增态势，年接待量均在10万人次以上，2012年接待人次比2011年增长10.5%，达到11.03万人。2013年3月1日我馆被平凉市委宣传部确定为"平凉市爱国主义教育基地"；同年5月，博物馆被国家文物评定为"国家三级博物馆"。

0492 三合乡综合文化站

地　　址：静宁县三合乡政府

隶属关系：三合乡人民政府

人　员　数：4人

观　众　数：3万人

开展活动情况：在光华村文化活动中心成功举办了广大干部、乡直单位、各村群众参与的篮球、羽毛球、乒乓球及象棋类运动会，极大地丰富了群众文化生活。每天晚饭后由群众自发组织跳舞、乒乓球、篮球等活动。

场地面积：600 平方米

文艺创作作品：无

简　　介：三合乡综合文化站于2013年完工，其总投资60多万元，占地面积3000平方米，建筑面积600平方米。分上下两层，内设多功能厅、办公室、图书阅览室、培训室、文化活动室。2013年投入10万元，配备了电视、电脑、音响、多媒体、图书、办公桌椅等硬件设施。2014年多方筹资资金40多万元，完成了文化活动中心的基础设施建设，对文化站进行绿化、亮化、美化、修建凉亭、硬化道路、篮球场，增添图书和健身器材，极大地改善了基础设备条件，提高了文化站的服务能力。为了充分发挥文化站的基层作用，带动全乡文化发展，在具体的工作中注重以下两个方面：一、我乡党委、政府高度重视和支持群众的文化生活，以光华村文化活动中心建设为依托，辐射带动各村文化事业的发展。二、实行有序管理制度，确立了专人负责，落实环境卫生责任制，针对居民群众的不同需求，制定了每天早上6:30开门，晚上10:30关门的制度，提供学习、娱乐等场所，激发了广大群众参与文化活动的热情，营造了良好的气氛，群众文化呈现出蒸蒸日上的崭新局面，不断满足社会各界群众的精神文化需求。

0493 细巷乡综合文化站

地　　址：静宁县细巷乡政府
隶属关系：细巷乡人民政府
人 员 数：7人
观 众 数：4万人
开展活动情况：组织举办综合性大型文化活动4次，及庆"六一"文艺汇演、自乐班民间大赛、庆春节文艺汇演、皮影戏；举办篮球赛、乒乓球赛等单项性文化活动8次；举办科普、法制、农技、卫生等讲座、培训6次；编办文化走廊、宣传橱窗、板报12期；举办活动公众受益率为85%。业务人员年人均下基层辅导65天；指导建立全乡性文体社团6个；建立文化示范点4个。
场地面积：306平方米
文艺创作作品：无
简　　介：细巷乡文化广场占地面积为2500平方米，总投资130万元，于2012年7月份开工建设，11月份建成。主要是在广场内建成了乡综合文化站、敞开式舞台、140米铁栏杆围墙，2100平方米的硬化篮球场及广场，公厕四周彩砖铺设，配套体育器材及文化墙。乡综合文化站建筑面积306.08平方米，总投资46.8万元。其中国家投资24万元，自筹资金22.8万元。文化站为主体框架二层结构，内设有多功能活动厅、书刊阅览室、培训教室、信息资源共享服务室、"两委"办公室、惠农服务大厅、农家书屋、计生办公室、计生服务室。已为"四室一厅"购置了桌椅、多媒体投影设备、电脑和电脑桌椅等设备150台（件）。专门配备了文化站管理人员，便于群众开展各项文化活动。细巷乡综合文化站暨文化广场的建设为乡镇和村民开展文化娱乐活动提供了阵地，创造了条件，有力地促进了细巷乡文化建设和文化事业的发展。

0494 古城乡综合文化站

地　　址：静宁县古城乡政府内
隶属关系：古城乡人民政府
人 员 数：5人
观 众 数：3.6万人
开展活动情况：文化站注重以文艺活动促繁荣的理念，每年举办"戏曲下乡"活动，举办大型篮球比赛、元宵灯会等活动，丰富了广大群众的文化生活。
场地面积：300平方米
文艺创作作品：无
简　　介：古城乡综合文化站有着深厚的文化底蕴和人文优势，占地面积300平方米，现有在编人员5人。文化站免费开放活动项目9个，主要有报刊阅览、图书借阅、乒乓球、电子阅览、展览、健身、培训、排练、篮球等，日接待读者和体育爱好者100余人次，文化站注重以文艺活动促繁荣的理念，每年举办各种活动，丰富广大群众的文化生活。近年来，文化站不断开拓创新，为古城乡文化事业的发展提供了有力保障。

0495 威戎镇综合文化站

地　　址：静宁县威戎镇

隶属关系：威戎镇人民政府

人 员 数：4人

观 众 数：3万人

开展活动情况：利用节假日和农闲时间，组织村民开展篮球、羽毛球、乒乓球、拔河比赛，丰富群众文化生活，凝聚民心，增强村民之间团结协作互帮互助的合力。定期定时开放文化室，增加科普图书册数，订阅《农民日报》等报刊，提高农民科技知识，倡导科技致富新理念，让农民学到最新的种、养植技术。

场地面积：1000平方米

文艺创作作品：无

简　　介：威戎镇综合文化站占地面积1000平方米，以"一场一部二廊二楼"为建设主体：一场即文体活动广场，占地面积800平方米，一部即北关村村部，建筑面积120平方米，包括综合办公室和党支部办公室，达到有规范的村级组织牌子、有健全的村级组织制度、有必备的办公和培训设备；二廊即娱乐长廊和文化走廊，娱乐走廊以综合文化楼一楼走廊为主体，用于最新文化动态报道和政策宣传。文化长廊以二楼走廊为一体；综合文化楼总建筑面积120平方米，建有培训室1处，书report借阅室1处，现有图书3000册，报刊杂志10余种，涵盖了社会、政治、经济、文学、少儿等各个方面。镇文化活动站的建成填补了镇文化活动场所的空白，为群众提供了一处服务功能齐全的文化活动场所，进一步提升了精神文明建设层次，有力地推动了全镇社会主义新农村建设和文化事业的发展。

0496 甘沟乡综合文化站

地　　址：静宁县甘沟乡政府内

隶属关系：甘沟乡人民政府

人 员 数：5人

观 众 数：3.6万人

开展活动情况：结合区位优势，积极打造生态农业，开展"平凉金果"创建活动，为农产品增加文化内涵，贴上文化标签，远近闻名。扩大本土文化影响力，积极开展"五月五""二月二"文化活动，形成了具有本土特色的文化品牌。因地制宜地建设了文化小院、文化墙，绘制了文化长廊，为农村村容村貌提档升级和美丽乡村建设增添了文化品位，营造了良好的文化氛围。

场地面积：330平方米

文艺创作作品：无

简　　介：甘沟乡综合文化站阵地免费开放活动项目9个，主要有报刊阅览、图书借阅、乒乓球、电子阅览、展览、健身、培训、排练、

甘肃省文化资源名录 第四十三卷 文化类高等教育、文化艺术机构团体 Ⅱ

群众文化艺术馆

篮球场等，日接待读者和体育爱好者100余人次，文化站注重以文艺活动促繁荣的理念，每年举办"戏曲下乡"活动、举办大型篮球比赛、元宵灯会等活动，丰富广大群众的文化生活。近年来，文化站不断开拓创新，群众文化事业成绩喜人，先后被市委妇联授予"巾帼示范村""远程教育五星级示范点""静宁县十佳乡镇文化站"，文化站各方面的工作得到县委的高度肯定。

（三十九）庆阳市西峰区

0497 庆阳市图书馆

地　　址：西峰区长庆大道68号
隶属关系：文化广播影视新闻出版局
人　员　数：31人
观　众　数：2.6万人
开展活动情况：2012年12月，面向基层图书馆业务培训；2013年6月，"志愿者行动——基层图书馆员培训活动"庆阳站；2014年4月"我阅读，我精彩"征文比赛；每年还举办读书月、全民阅读宣传周等活动。
场地面积：1600平方米
文艺创作作品：无
简　　介：庆阳市图书馆是面向广大群众开放的综合性图书馆，是我市唯一一所市级公共图书馆，由民国时期以来的民众阅报所、民众图书馆、图书室、阅览室演变而来。1979年9月5日成立了庆阳地区图书馆，2002年更名为庆阳市图书馆。现有各类藏书14万余册，年征订杂志300多种，报纸60多种。有过刊合订本2.1万多册，报纸合订本7000多册，电子读物、音像制品2600多种。馆藏珍贵古籍图书1800多种，特藏图书影印本《四库全书》《永乐大典》《古今图书集成》《二十四史》《汉语大字典》《良友画报》等。目前在职职工31名。专业技术人员22名，其中6名获得图书资料副研究馆员资格，7名图书资料馆员，9名助理馆员。馆内设流通部、阅览部、采编部、辅导部、地方文献部、数字图书馆、技术部、电子阅览室、报告厅、共享工程办、农书办、办公室12个部门，承担图书期刊和过刊借阅、地方文献征集、资料查询、参考咨询、电子阅览、讲座、展览、培训、共享工程和农家书屋建设等工作。年订购杂志300余种、报纸60多种、采编图书1万余册，所有功能厅室均面向社会免费开放。图书馆已收藏地方文献3000余种，内容包括庆阳地方史志、地方资料、作者著述、革命文献、部门志、家谱族谱、古籍图书、非图书资料及具有保存价值的正式或非正式出版物。

0498 庆阳市西峰区档案局

地　　址：西峰区九龙路28号
隶属关系：庆阳市文化广播影视新闻出版局
人员数：4人
观　众　数：1000人
场地面积：504平方米

简　　介：西峰区档案局成立于1986年3月，同年10月，西峰区档案馆成立，局、馆合署办公，为科级事业单位。2004年6月，区委批准成立了西峰区现行文件阅览中心，隶属于区档案局管理。现有工作人员12人，其中局长1名、书记（副局长）1名、副局长（馆长）1名、现行文件中心副主任1名、纪检组长1名、副馆长1名、副主任科员1名、科员4名、司机1名。西峰区档案局面积为504平方米，内设有密集架18列（54组）、档案柜50栋、目录柜6栋。馆库分为两个库区：一库区主要存放西峰建市设区以来所形成的82个全宗的文书档案、人事档案、会计档案及专业档案共55709卷（件）；二库区主要存放改制企业档案9267卷、图书资料3572册，奖牌、奖杯、荣誉证书等实物档案556个（件）。西峰区档案馆始终坚持为民服务的宗旨，把档案工作服务民生作为自己的神圣职责。西峰区档案馆还拓宽了查档范围，所有馆藏档案除了涉密档案外，凡是能够向群众提供利用的，只要具备单位介绍信、本人身份证等合法证件即向群众提供利用，充分发挥了档案工作为全区经济和社会发展服务、为解决人民群众实际困难服务的作用。西峰区档案馆全力协助西峰区地方志编纂工作，及时提供档案史料。西峰区档案局认真开展档案资源体系建设活动，在继续做好机关单位档案接收工作的同时，通过多种渠道，上门征集，向社会广泛宣传，收到了良好的效果。另外，还征集到区宣传部发行报刊《今日西峰》（合订本）、区文联书画作品集《陇东书画》等，共征集了3380本。这些档案资料征集进馆，不仅丰富了馆藏档案资源，也为创建西峰区中小学档案教育社会实践基地奠定了坚实的基础。

0499 庆阳馨华园美术馆

地　　址：西峰区朔州西路交警大厦
隶属关系：庆阳市文化广播影视新闻出版局
人员数：33人
开展活动情况：参与由中外文化交流中心、中国书画博览杂志社联合举办的当代书法二十家展览。
场地面积：1200平方米
简　　介：馨华园美术馆坐落于甘肃省庆阳市西峰区诚鑫国际三楼，占地1200平方米，展馆面积1100平方米。馨华园美术馆于2014年11月8日举行开馆仪式，面向广大美术爱好者以及专业人士提供书画作品展览平台，这是一座陶冶情操、净化心灵的艺术殿堂。装饰一新的馨华园美术馆拥有3个大型标准展厅、小展厅、画家工作室、多功能厅、茶室等，一应俱全，设施完善，展厅宽敞，赏心悦目，简洁典雅，并与园区绿化美景相映成趣融为一体，成为书画家和艺术爱好者观摩、交流、创作的平台和广大市民共享的艺术空间。美术馆作为我国公共文化体系的重要载体，发挥着越来越重要的作用。在民营美术馆如雨后春笋出现的今天，馨华园美术馆坚持自己的定位与经营理念，面向大众，服务社会，展示当代优秀的艺术作品。作为民营的馨华园美术馆，做好自身经营的同时，定期组织承接公益性展览活动，开展美术作品的收集与交流工作，在传承发扬祖国优秀文化和普及美术知识方面贡献力量。馨华园美术馆各项改革工作也在进行中，正通过自己不懈的努力，使馨华园文化走出庆阳，面向全国。

0500 西峰区文化馆

地　　址：西峰区南大街合水巷21号
隶属关系：西峰区文化广播影视局
人 员 数：22人
观 众 数：2万人
开展活动情况：西峰区文化馆积极响应国家免费开放政策，依托本馆专业人才资源，积极开展以书画交流、文学辅导、群文培训、民俗文化产业开发指导、非遗保护开展等开放项目，每周为公众提供服务的开馆时间累计56小时以上。从满足不同层次市民群众的文化需求为出发点，开展具有针对性的文化服务。其中主办的"和谐西峰大舞台"广场民间艺术团体优秀节目展演、民歌大赛、戏曲演唱、书画展览等活动成了群众喜闻乐见的经常性活动。近年来共组织实施了正月十五社火踩街大拜年及元宵节灯谜灯展，庆阳端午香包民俗文化节西峰区香包民俗产品展销，和谐西峰大舞台系列群众文化展演，全区香包民俗文化产品制作人员培训，全区文艺活动骨干培训，国家、省市、区级非遗项目的普查、申报和保护，"文化遗产日"非遗宣传及组织民间艺术家参加全区"三下乡"活动。
场地面积：795.96平方米
文艺创作作品：近年来文化馆整理出版了和谐西峰大舞台资料汇编《盛世欢歌》，非物质文化遗产保护丛书——《庆阳唢呐艺术》，西峰区文史资料《万紫千红》《陇上奇葩》，侯永刚小说集《柳絮飞》《足音》，黄风贤《黄风贤书法作品集》《痴石轩篆刻选集》《焦宏泽书法集》及贺俊英秦腔影像专辑《艺海声情胜须眉》光盘。

0501 庆阳市西峰区少儿图书馆

地　　址：西峰区南大街合水巷21号
隶属关系：西峰区文化广播影视局
人 员 数：17人
观 众 数：1.9万人
开展活动情况：庆阳市西峰区少儿图书馆常年举办少图剧场、征文、农家书屋管理员培训和公益性阅读实践系列活动；并创新举办"少儿亲子互动"系列益智活动、"英雄联盟——棋艺对决"和"故事会——我们一起讲故事"等活动，实现图书馆与读者互动，为读者提供锻炼和展示的舞台；通过组织"阅读中华经典、抒写人生感言"等阅读征文活动，鼓励少年儿童多读书、读好书。
场地面积：650平方米
文艺创作作品：无
简　　介：庆阳市西峰区少儿图书馆成立于1986年4月，位于南大街合水巷21号，占地面积约650平方米。作为庆阳市目前唯一一家独立的专门为少年儿童和家长服务的文献信息中心，西峰区少儿图书馆设施齐全，功能完备。图书馆根据不同的服务对象与文献特征开展全方位、立体化服务，开放外借区、报刊阅览区、网络学习区等多个阅览区域。同时设有多媒体报告大厅。现有馆藏文献21545册，期刊报纸38种，培训席位50个、阅览席位40个。庆阳市西峰区少儿图书馆为广大读者提供简便、快捷的服务，星期一至星期五每天开放时间上午8：30—12：00，下午14：30—18：00，周末10：00—16：00，面向市民连续开放，每周服务56小时。在服务方式上，实行全免费服务。西峰区少年图书馆将继续强化公共文化服务，推动未成年人思想道德建设，成为全市少年儿童快乐阅读乐园，并为家长、少儿教育工作者提供文献保障和信息服务。

0502 温泉乡综合文化站

地　　址：西峰区公刘路1号

隶属关系：温泉乡人民政府

人 员 数：9人

观 众 数：2000人

开展活动情况：送春联，送文化下乡活动，社火汇演；"三八"妇女节趣味运动会；华夏公刘第一庙庙会；"展现古典魅力，畅想诗词新乡"诗歌朗诵；庆"六一"演出慰问；中国庆阳名俗文化节；中国农耕文化香包展销；青少年书画培训活动；迎国庆健美操汇演。

场地面积：120平方米

文艺创作作品：文秀银《马尾花篮》、李翠珍《百子葵》、李小妮的《三寸金莲》、齐巧燕《虎头包》香包作品。

简　　介：温泉乡综合文化站建于2008年，总面积120平方米，设有图书室（现藏图书700册）、活动室和工作室。在文化站努力下，现有群众文化业余骨干300余人，其中自乐班8个，舞龙社火队100多人，唢呐艺术表演队80多人。文化站以"文化依托经济、文化服务经济、文化服务群众"为目标，以弘扬民俗传统文化、宣传积极向上的优秀作品、组织和举办各种文体活动为途径，全面增强群众的文化修养、道德观念，丰富广大群众的业余文体生活。

0503 董志镇文化服务中心

地　　址：西峰区董志镇街道1号

隶属关系：董志镇人民政府

人 员 数：10人

观 众 数：3000人

开展活动情况：文化服务中心承担了全镇的文化工作活动的指导、组织、协调工作。每年组织举办春节社火汇演、职工趣味运动会、室内健身比赛、男子篮球邀请赛等各类综合性文体活动8次以上；举办科普、法制、农技等各类讲座和香包、剪纸、刺绣等业务培训16场次以上；指导镇村新建文化走廊、宣传橱窗24期；积极开展文物保护宣传，指导农家书屋各项活动，并搜集、整理、辅导民俗民间文化艺术。

场地面积：305平方米

文艺创作作品：《千蝶图》《庆阳针扎》《金狗送福》《戏剧脸谱白谱图》《招财进宝》《龙凤呈祥》。

简　　介：董志镇文化服务中心成立于1980年，现有工作人员10名，股级站长1人。室内活动场所305平方米，设有多功能厅、图书室、电子阅览室等，配备了电脑4台、电视机1台、音响器材1套、摄像机1台、照相机1个，有各类藏书3000余册。室外活动场地900平方米，有健身长廊、室内健身室，配有健身器材8台。文化服务中心承担了全镇的文化工作活动的指导、组织、协调工作。每年组织举办春节社火汇演、职工趣味运动会等各类综合性文体活动8次以上；举办科普、法制等各类讲座和香包、剪纸等业务培训；指导镇村新建文化走廊、宣传橱窗；积极开展文物保护宣传，指导农家书屋各项活动；鼓励和扶持香包、刺绣、剪纸等户注册香包公司。

0504　肖金镇综合文化站

地　　址：西峰区肖金镇
隶属关系：肖金镇人民政府
人　员　数：6人
观　众　数：5000人
开展活动情况：常年开展图书借阅、少儿书法培训、文化产业开发、歌曲大赛、农民运动会、书画及民俗艺术品展、文化交流会、各类特定节庆活动、篮球赛、趣味运动会、社火汇演等活动。

场地面积：675平方米
文艺创作作品：无

简　　介：肖金镇综合文化站建于1972年，占地面积969.75平方米，建标准舞台一座。1982年在老城东门口北侧修建电影院一处，内有座位888个，建筑面积675平方米，是庆阳地区有史以来乡镇唯一的一座电影院。肖金镇综合文化站建在肖金剧场内，建平房18间，设有图书阅览室、电子阅览室、中老年文体活动室、展览室、少儿书法培训室、多功能大厅。藏书5000多册，年订报刊30种。该站的建设为本镇开展综合性群众文化活动提供了活动场所。肖金镇作为文化古镇，历史悠久，文化底蕴深厚。1978年全省农村文化座谈会在西峰召开，肖金镇曾被作为观摩点，1984年被评为甘肃省农村文化先进单位，并再次召开现场会。肖金镇综合文化站在镇党委、政府的大力支持下，不断壮大队伍，配主任1名（副科级），副主任1名，专职文化干部4名。在文化站的组织下，成立了"金梦"健身队、肖金村中老年活动队等文体社团，定期开展各类活动。近年来，肖金镇综合文化站多次被市、区评为文化工作先进单位。文化活动的开展有力地促进了全镇精神文明与物质文明的和谐发展。

0505　西峰区西街办事处文化站

地　　址：西峰区安定西路23号
隶属关系：西街办事处

人员数：9人

观众数：1000人

开展活动情况：举行了节前送春联和"迎新春·闹元霄"文艺演出。

文艺创作作品：无

简　　介：庆阳市西峰区西街办事处文化站坚持以民为主，大力促进该区域内文化发展，积极启动社区文化节系列活动，引导群众积极参与。组织文化骨干培训，努力提高他们的文化素养和业务素质。实现企业文化、广场文化、社区文化共融，让居民共享文化活动成果，让文化活动成为城市文明的一张靓丽名片。

0506　显胜乡文化中心

地　　址：西峰区显胜乡政府内

隶属关系：显胜乡人民政府

人员数：8人

观众数：1000人

开展活动情况：开展了图书阅览借阅；举办书画展和书画笔会；举办乡村机关运动会；开展乡村广场舞、太极拳、自乐班的常规化活动。

场地面积：310平方米

文艺创作作品：全乡创作书画作品100多幅

简　　介：显胜乡文化中心前身是显胜乡文化站。1979年5月由庆阳县教育局建办，工作人员是从教师里选配，设施由乡政配备。文化中心每年都组织力所能及的文体活动。组建了具有地方特色自乐班，人数最多达80多人。文化中心开展活动常规化，被省市媒体多次报道，受到省文化厅的表彰，并命为文化艺术之乡。接受过兰州市、张掖、武威、定西、敦煌等7个市级单位光临交流等。目前文化中心有活动房面积310平方米，按要求各室齐全，工作人员8人，各村均有文化广场和各类活动室，每天都有文化活动。

0507　彭原乡综合文化站

地　　址：西峰区彭原乡政府内

隶属关系：彭原乡人民政府

人员数：5人

观众数：1200人

开展活动情况：每年开展文化产业培训10期，开展文体活动3次（篮球、乒乓球、拔河、演讲等比赛）。

场地面积：300平方米

文艺创作作品：无

简　　介：彭原乡综合文化站于2008年投入使用，占地面积1000多平方米，建筑面积300多平方米。文化站设有图书阅览室、文体活动室、电子阅览室、农民技术培训学校、体育健身活动场等。图书室藏书2000多册，年订报刊杂志10多种，有各类文艺体育器材30多件，音响、扩音设备、录像机各1套。在市、区组织的大型文体活动中，文化站组织的参赛队多次取得前三名的好成绩，连续被评为区级先进文化站。

（四十）庆阳市华池县

0508 华池县图书馆

地　　址：华池县东山文化大楼

隶属关系：华池县文化广播影视局

人　员　数：8人

观　众　数：1000人

开展活动情况：开展地方文献展、电影展播等多项活动。

场地面积：520.52平方米

文艺创作作品：无

简　　介：华池县图书馆成立于1985年10月，2003年9月迁入现馆址，2013年10月被文化部评为三级图书馆，现有馆舍面积520.52平方米，设有图书室、阅览室、电子阅览室、多媒体室、资料室、少儿阅览室。每周免费开放时间56小时。图书室现有面积101.9平方米，馆藏图书29629册。自2001年至2008年，送书下乡工程、北京文明办、知识共享工程共赠书9000余册。2011年至2013年用免费开放资金购书3000余册，涵盖文学、历史、艺术、哲学等，种类齐全。阅览室面积48.7平方米，有报刊22种、杂志47种，为读者提供阅览坐席40个。少儿阅览室面积31.6平方米，现有少儿图书578本，阅览坐席40个。资料室存放报刊合订本5758册，杂志合订本3179册，地方文献237册，可供读者查阅资料。图书馆电子阅览室建于2009年，由省文化信息资源共享工程投资建设，面积66.6平方米，有可供读者使用的计算机30台，宽带接入为20 M。由于馆址偏远，本馆注重馆外服务活动的开展，把"走出去"与"请进来"相结合。在机关单位设置流动图书点8个，各流动点共发放图书1800余册，每季度流通一次。

0509 华池县档案馆

地　　址：华池县柔远镇中街8号

隶属关系：华池县文化广播影视局

人　员　数：11人

观　众　数：2000人

开展活动情况：华池县档案局历时两个多月拍摄完成了题为《巧儿岁月》的专题片；对档案局帮扶的12户困难群众进行了慰问；定期开展县级档案馆建设项目专项督查和检查指导。

场地面积：830平方米

文艺创作作品：无

简　　介：华池县档案局成立于1980年1月，档案馆成立于1963年4月，局、馆合署办公，为科级事业单位。目前，局、馆共有工作人员11人，其中科级干部4名，科员6名，工勤人员1名。档案馆楼建于1985年，总建筑面积830平方米，库房使用面积432平方米，馆藏档案113个全宗、7万多卷（册）。档案馆配备密集架115组、铁柜40栋、目录柜10栋、底图柜1栋、防磁柜

2 栋、计算机 12 台、档案管理软件 2 套以及打印机、高速扫描仪、数码相机、吸尘器、监控设施、温湿度记录仪等设施设备。

0510　华池县博物馆

地　　址：华池县东山文化大楼
隶属关系：华池县文化广播影视局
人　员　数：13 人
观　众　数：1.7 万人
开展活动情况：开展文物展览、征集、保护活动。
场地面积：860 平方米
文艺创作作品：无
简　　介：华池县博物馆成立于 1992 年 12 月，2003 年 9 月迁入现馆址县城东山双塔森林公园。核定编制 5 人，现有正副馆长各 1 名，工作人员 12 名，馆舍面积约 860 平方米。博物馆内设展厅、文物库房、办公室、保管室和保卫室。博物馆有馆藏文物 1670 件。其中珍贵文物 490 件（一级文物 7 件、二级文物 20 件、三级文物 463 件），一般及未定级文物 1180 件，另有境内双塔寺搬迁时考古发掘出土文物 140 多件，各类文物标本 500 多件。文物中有陶器 196 件、瓷器 267 件、铜器 198 件、铁器 256 件、石器 37 件、玉器 25 件、骨器 6 件、化石 28 件、货币 59 件（种）。华池作为陕甘边革命根据地之一，前辈们在艰苦的岁月里留下了大量遗物，县博物馆把征集这些文物也作为一项重要工作，共征集革命文物 57 件。

0511　华池县文化馆

地　　址：华池县东山文化大楼
隶属关系：华池县文化广播影视局
人　员　数：17 人
观　众　数：1.7 万人
开展活动情况：每年节庆活动期间开展群众性文化活动。
场地面积：502.56 平方米
文艺创作作品：杨立刚中国画作品，南梁红色剪纸系列作品。
简　　介：华池县文化馆自成立以来，较好地履行了国家赋予的组织、辅导、培训、创作等职能。以公益性群众文化为龙头，内强素质、外树形象，作为先进文化的传播者和实践者，充分发挥了公益性文化事业单位的示范、培训和辅导作用。近年来，组织策划了一系列大中型群众文化活动，多次参加"中国·庆阳香包节""农耕文化节"的展厅设计布展工作，参展的民俗艺术作品多次荣获金奖。组织策划的历届书画摄影展也在我市产生一定影响，受到群众好评。目前，文化馆从事专业人员有中国民俗协会会员 2 人，中国民俗摄影家协会会员 1 人，甘肃省美术家协会会员 1 人，创作的艺术作品多次在国家、省市级展览中入选并获奖。同时，有 2 人荣获"华池县十大杰出青年"称号，1 人荣获庆阳市"三八红旗手"，1 人荣获庆阳市精神文明建设"五个一工程奖"，1 人被评为庆阳市"文化产业领军人物"，3 人被评为"华池县领军人才"。

（四十一）庆阳市合水县

0512　合水县图书馆

地　　址：合水县西华北街31号

隶属关系：合水县文化广播影视局

人 员 数：13人

观 众 数：2.8万人

开展活动情况：举办消防安全知识专题讲座，开展"博览伴我同行，经典助我成长"为主题的系列活动。

场地面积：750平方米

文艺创作作品：无

简　　介：合水县图书馆创建于1978年，有图书室、阅览室、资料室、地方文献室等服务窗口。2009年建成全国文化信息资源共享工程合水县支中心，2011年实行全方位免费开放。经过多年积累，馆藏图书5.91万册，年借阅2.8万册（次），流通3.2万人次。

0513　陇东古石刻艺术博物馆

地　　址：合水县西华北街乐蟠西路01号

隶属关系：合水县文化广播影视局

人 员 数：34人

观 众 数：3.2万人

开展活动情况：平均每年开展石刻文物展出14次以上。

场地面积：4611平方米

文艺创作作品：无

简　　介：陇东古石刻艺术博物馆是甘肃省首家以古石刻展览为主题的特色博物馆，成立于1988年8月，财政全额拨款单位，现共有干部职工33人。博物馆位于县城北区乐蟠广场西侧，总占地48亩，建筑面积4611平方米，展厅面积3458.2平方米，馆藏各类文物3291件。其中各类石刻总数510多件，古石刻艺术珍品具有时代久、数量多、种类全、品味高四大特点，展示了陇东地区历朝历代的石刻艺术精华。

0514　合水县档案馆

地　　址：合水县解放东路

隶属关系：合水县文化广播影视局

人 员 数：10 人

观 众 数：1200 人

场地面积：902 平方米

简　　介：合水县档案局（馆）成立于 1980 年 7 月，馆舍建设面积 902 平方米。其中馆库面积 484 平方米，内设办公室、档案查阅室、信息化建设室、档案库房、图书室等。

0515 合水县文化馆

地　　址：合水县西华北街 31 号

隶属关系：合水文化广播影视局

人 员 数：12 人

观 众 数：3.5 万人

开展活动情况：每年开展文艺创作、文艺培训、基层辅导等文化活动 15 次。

场地面积：2000 平方米

文艺创作作品：出版《合水面塑风俗》一书。

简　　介：合水县文化馆目前有干部职工 12 名。馆内设群文辅导股、非遗保护股、办公室和文化产业股，建立了文化信息室、地方文献阅览室、书画工作室、多功能厅、根雕展室、香包刺绣展室、民俗文化新产品展室和非物质文化遗产实物展厅。合水县文化馆是县政府向广大群众进行宣传教育、组织辅导群众开展文化活动而设立的群众文化事业机构，是群众文化艺术活动的窗口。近年来，文化馆以文艺创作、组织活动、文艺培训、基层辅导为主，丰富了群众文化生活。

0516 太莪乡文化站

地　　址：合水县太莪乡

隶属关系：太莪乡人民政府

人 员 数：4 人

观 众 数：6000 人

开展活动情况：全年举办活动、演出 5 次以上，举办农民培训班 2 期；年图书借阅累计达 2000 多册，新农村建设文化宣传墙 100 米；举办两届农民文化交流会。

场地面积：303 平方米

文艺创作作品：无

简　　介：太莪乡文化站建于 2011 年，建筑面积 303 平方米，现有工作人员 4 名。文化站内设职工娱乐活动室、图书室、体育活动室、民俗文化展览室。图书室共有图书两千余册，并配有电脑 6 台，电视、扩音设备、投影仪各 1 套。站外活动面积 1500 多平方米，各种配套文体设施齐备，同时还建有露天舞台 300 多平方米，能够满足农民群众的闲余文化体育活动。自 2011 年文化站建成运行以来，在乡政府的大力支持下，本乡文化事业快速发展，全乡各村建起了村农家书屋和两个民间文化艺术协会。香包、剪纸等艺术在农村盛行，全年举办各种活动，举办农民培训班，极大地丰富了群众的文化生活，并为农民送去了科学技术等知识技能。成功举办两届农民文化交流会，请来了国家一级演员窦凤琴等著名艺术家，为群众送来异彩纷呈的节目。

0517 板桥镇文化站

地　　址：合水县板桥镇文化广场
隶属关系：板桥镇人民政府
人 员 数：4人
观 众 数：600人
开展活动情况：每年利用元宵、"七一"建党节、国庆节等节日开展丰富多彩的文艺活动，并组织群众开展篮球、乒乓球等体育比赛，开展庙会及读书学习活动。
场地面积：303平方米
文艺创作作品：无
简　　介：板桥镇文化站建于2008年，位于镇文化中心广场，建筑面积303平方米。文化站内设图书室、阅览室、多媒体等功能室。配备图书2000余册、投影仪2台、多媒体点歌系统1套、电脑4台、音响设备1套。有篮球场地1处、乒乓球台2副、建休闲亭台1处，配备漫步机、秋千、背腰器等健身器材。目前，有专职干部4名、兼职干部1名。为丰富干部群众文化生活，以文化站为依托，每年利用节日开展丰富多彩的文艺活动，并组织群众开展各种体育比赛。

0518 西华池镇文化服务中心

地　　址：合水县西华池镇政府内
隶属关系：西华池镇人民政府
人 员 数：9人
观 众 数：25000人
开展活动情况：全年举办文艺活动20次以上，举办农民培训班2期，年借阅图书2000册（次）。
场地面积：480平方米
文艺创作作品：无
简　　介：西华池镇文化服务中心始建于2009年，现有工作人员9名，建有文体活动室、多功能厅等6个室内活动场所，室外建有广场和体育健身器材。文化服务中心有图书2100册，借阅人数1500人。在政府的大力支持下，文化事业快速发展，全镇各村建起了农家书屋和两个民间文化艺术协会。香包、剪纸等艺术在农村盛行，全年举办春节社火表演、大型文艺汇演、大型运动会等文体活动，举办党的政策、法律常识、卫生健康、农业科技培训班，极大地丰富了群众文化生活。

0519 段家集乡文化站

地　　址：合水县段家集乡政府旁边

隶属关系：段家集乡人民政府

人 员 数：5人

观 众 数：5000人

开展活动情况：积极指导干部群众开展丰富多彩的文艺活动、体育赛事、农业科技知识讲座、党的政策宣传、致富信息传达等，累计开展28次。

场地面积：303平方米

文艺创作作品：无

简　　介：段家集乡有文化站1处，村文化活动室6处，配备图书1万多册。文化站位于乡政府旁边，占地面积1200平方米（其中硬化800平方米），建筑面积303平方米。站内设图书室、阅览室、多媒体等科室。配备投影仪2台、多媒体点歌系统1套、电脑4台、音响设备1套。有篮球场地1处、乒乓球台2副、建休闲亭台1处，配备跑步机、秋千、背腰器等健身器材。文化站有专职干部4名、兼职干部1名。段家集乡充分利用文化站各种文化设施积极指导干部群众开展丰富多彩的文艺活动、知识讲座及党的政策宣传等，辖区内文化建设蒸蒸日上。

0520 吉岘乡文化站

地　　址：合水县吉岘乡文化广场

隶属关系：吉岘乡人民政府

人 员 数：7人

观 众 数：3000人

开展活动情况：每年开展文体活动8次。

场地面积：303平方米

文艺创作作品：无

简　　介：吉岘乡文化站建于2009年，建筑面积303平方米，现有工作人员7名。文化站内设娱乐活动室、图书室、体育活动室、民俗文化展览室。图书室共有图书1000余册，并配有电脑、电视、扩音设备、投影仪各1套。站外活动面积1500多平方米，各种配套文体设施齐备，同时还建有露天舞台200多平方米，能够满足农民群众的文化体育活动。文化站自2009年建成运行以来，在乡政府的大力支持下，本乡文化事业快速发展，全乡各村建起了农家书屋和2个民间文化艺术协会。全年举办活动、演出5次以上，举办农民培训班2期。年图书借阅累计达1000多册次，新农村建设文化宣传墙180米，成功举办2届农民文化交流会，同时还单独举办了全乡篮球、乒乓球、羽毛球、拔河和象棋等比赛，使全乡农民的闲暇文化生活丰富而有意义。

0521 蒿咀铺乡文化站

地　　址：合水县蒿咀铺乡内

隶属关系：蒿咀铺乡人民政府

人 员 数：6人

观 众 数：2700人

开展活动情况：依托重大节日举办大型文艺

演出，每年定期举办全乡运动会，定期放映电影，开展党的政策、法律常识、农业种植技术培训。

场地面积：100 平方米

文艺创作作品：无

简　　介：蒿咀铺乡文化站建于 2009 年，面积 100 平方米，有图书 3000 册，设图书管理员 1 名。文化站内设职工娱乐活动室、图书室、体育活动室、民俗文化展览室、多媒体功能室，并配有电脑 6 台，电视、扩音设备、投影仪各 1 套。站外活动面积 1500 多平方米，各种配套文体设施齐备，同时还建有露天舞台 300 多平方米，能够满足农民群众的闲余文化体育活动。目前，该文化站配有 4 名专职文化工作人员。全乡各村建起了农家书屋和两个民间文化艺术协会。全年举办活动、演出 5 次以上，举办农民培训班 2 期，极大地丰富了群众文化生活。

0522 固城乡文化站

地　　址：合水县固城乡文化广场

隶属关系：固城乡人民政府

人　员　数：7 人

观　众　数：5000 人

开展活动情况：每年开展全乡农民运动会，在重大节日时间开展文艺演唱会、诗歌朗诵会、健身操表演，定期培训农村文艺骨干。

场地面积：303.7 平方米

文艺创作作品：无

简　　介：固城乡文化站 2008 年建成，面积 303.7 平方米，有专职工作人员 7 名。文化站内设职工娱乐活动室、图书室、体育活动室、民俗文化展览室。图书室现有图书 1200 册，年图书借阅累计达 1000 多册次。各功能室年接待群众 5000 人以上。文化站外有 200 米新农村建设文化宣传墙。

0523 何家畔乡文化服务中心

地　　址：合水县何家畔乡文化广场

隶属关系：何家畔乡人民政府

人　员　数：6 人

观　众　数：1.1 万人

开展活动情况：平均年开展综合性群众文化宣传娱乐活动、普及文化科学知识的辅导等活动 20 次。

场地面积：303 平方米

文艺创作作品：无

简　　介：何家畔乡文化服务中心是基层的群众文化事业单位，是农村社会主义精神文明建设的重要窗口，主要开展综合性群众文化宣传娱乐活动、普及文化科学知识的培训辅导。该中心建于 2010 年，现有工作人员 6 名，配有室内健身室及室外体育健身器材。文化站带领广大群众积极开展文艺演出、广场舞比赛、农民运动会、文化科技知识的培训辅导，有力地推动了何家畔乡文化建设的进展步伐。

0524 肖咀乡文化服务中心

地　　址：合水县肖咀乡政府
隶属关系：肖咀乡人民政府
人 员 数：8人
观 众 数：3.6万人
开展活动情况：举办各类群众性民间文化活动18场（次），培养艺术能人34人。
场地面积：300平方米
文艺创作作品：无
简　　介：肖咀乡文化服务中心建于2008年，现有工作人员8名，配有室内健身室及室外体育健身器材，总投资100多万元，建筑面积300平方米。文化服务中心内设娱乐活动室、图书室、体育活动室、民俗文化展览室。图书室共有图书200余册，并配有电脑6台，电视、扩音设备、投影仪各1套。文化服务中心外文化广场占地面积1500多平方米，各种文体设施齐备，露天舞台占地面积300多平方米，能够满足农民群众的文体活动需求。文化服务中心举办各类群众性民间文化活动，培养艺术能人，收藏民间刺绣、雕刻、剪纸、书画等作品80件，年图书借阅达4000多次。这些活动的开展，丰富了乡干部及各村村民的文化生活，推动了乡域内文化事业的蓬勃发展。

0525 太白镇文化服务中心

地　　址：合水县太白镇文化中心广场
隶属关系：太白镇人民政府
人 员 数：5人
观 众 数：1.2万人
开展活动情况：举办了全乡篮球、乒乓球、羽毛球、拔河、象棋等比赛，组织农业科学技术、法律法规等知识讲座，组织文艺演出。
场地面积：295平方米
文艺创作作品：无
简　　介：太白镇文化服务中心建成于2008年4月，有工作人员5名，配有室内健身室及室外体育健身器材。文化服务中心存图书1875册，设图书管理员一名。自2008年建成运行以来，在镇政府的大力支持下，本镇文化事业快速发展，全镇各村建起了农家书屋和两个民间文化艺术协会。全年举办演出18次以上，举办农民培训班2期。图书借阅累计6000多人次，成功举办多届农民文化交流会，同时还举办了全乡篮球、乒乓球、象棋等比赛，使我镇农民的业余文化生活丰富而有意义。

0526 店子乡文化站

地　　址：合水县店子乡文化广场
隶属关系：店子乡人民政府
人 员 数：5人
观 众 数：5000人
开展活动情况：每年平均办科技培训30余次，举办各类群众性民间文化活动30多场

（次），培养艺术能人21人。

场地面积：303平方米

文艺创作作品：无

简　　介：店子乡文化站建于2008年，总投资100多万元，建筑面积303平方米。文化站内设职工娱乐活动室、图书室、体育活动室、民俗文化展览室。图书室共有图书2500余册，并配有电脑6台、电视、扩音设备、投影仪各1套。站外有活动面积2000多平方米的文化艺术广场，各种文体设施齐全，同时还建有露天舞台300多平方米，能够满足农民群众的闲余文化体育活动。目前，文化站配有5名专职文化工作人员。自2008年文化站建成运行以来，在乡政府的大力支持下，店子乡文化事业快速发展，全乡各村建起了村文化活动室、农家书屋，还成立了2个民间文化艺术协会。每年举办科技培训和各类群众性民间文化活动，收藏民间刺绣、雕刻、剪纸、书画等作品40件，年图书借阅达3000余册（次）。同时，举办拔河比赛、羽毛球比赛、篮球比赛、卡拉OK大奖赛，使我乡农民的业余文化体育生活开展得红红火火。

（四十二）庆阳市宁县

0527 新宁镇综合文化站

地　　址：宁县新宁镇金钟村
隶属关系：新宁镇人民政府
人 员 数：8人
观 众 数：3500人
开展活动情况：开展科技、法律、医疗卫生、艺术培训及书画展览活动。
场地面积：311平方米
文艺创作作品：文学、影视、书法、绘画、香包刺绣等作品。
简　　介：新宁镇综合文化站经发改委、文化部门批准，2012年投资新建成311.6平方米文化站综合办公楼，处于新宁镇金钟村，文化氛围浓厚。室外活动广场面积1200平方米，站舍内部办公用房面积100多平方米，设有多功能厅、文体活动室、图书阅览室、文化走廊、接待室等多个功能室，配备各类办公设备11套、书架4个。文化站订阅报刊杂志4种，设有文化走廊12米。目前新宁镇综合文化站有工作人员7名。通过招商引资，建成北京古街书画院陇东分院1处，该园集文化、旅游、餐饮为一体，占地3.84亩，现有从业人员45名，收藏书画500余幅。2013年成立宁县艺香苑刺绣农民专业合作社，注册资金430万元，从业人员5人，经济效益良好，带动了镇香包刺绣产业全面发展。综合文化站的建成与投用，极大地改善了新宁镇文化基础设施条件，很好地发挥辐射带动作用，为群众提供文化、科技、休闲、娱乐等多样化的文化服务，使各时期的宣传思想文化工作任务得以落实，使基层文化队伍的作用得以发挥，使群众的素质得以提高，文化惠民政策真正彰显作用。

0528 湘乐镇综合文化站

地　　址：宁县湘乐镇湘乐街
隶属关系：湘乐镇人民政府
人 员 数：5人
观 众 数：3000人
开展活动情况：组织湘乐镇樊湾村"和谐计生·幸福家庭"文艺演出暨表彰大会，并邀请县上领导出席；举办樊湾村迎中秋文艺演出活动；组织宇村、北仓村举办庙会2次；利用元旦、"三八"妇女节、"五四"青年节、"六一"儿童节、国庆节等节日，配合学区、三中开展丰富多彩的文化生活。
场地面积：305平方米
文艺创作作品：无

简　　介：湘乐镇综合文化站建成于2009年10月，总投资396.6万元，使用面积305.95平方米，室外活动场地面积500平方米。文化站内设电子图书阅览室、文体活动室、多功能厅、文化展室等功能厅室。现配备图书1700多册、报刊杂志4种；音响设备1套、投影机1台、文化信息资源共享工程设备1套、电脑4台、电脑桌4张、读者阅览桌椅4套、多功能厅座椅60把等。湘乐镇综合文化站工作人员5名，其中站长1名，文化骨干4名，管辖14个行政村，116个村民小组，现有5280个农户，总人口24320口人，其中农业人口23791人。在文化局和镇政府的支持和指导下，完成文化产业从业人员培训3000人（次），主要以石雕、刺绣、肚兜、剪纸、香包、蛋雕等综合类民俗文化产品的生产为重点，突出民间民俗文化产业特色，发展壮大了专业人才队伍，为推进新农村建设提供了文化人才保障。

0529　和盛镇综合文化站

地　　址：宁县和盛镇民乐东街3号
隶属关系：和盛镇人民政府
人 员 数：7人
观 众 数：4500人
开展活动情况：组织文艺演出、体育比赛、书画展出和香包刺绣等活动。
场地面积：1522平方米
文艺创作作品：文学、影视、书法、绘画、香包刺绣等作品。
简　　介：和盛镇综合文化站总投资210万元（国家投资24万元、自筹186万元），重建于2010年3月，同年10月全面竣工，2011年5月竣工验收，建筑面积1522平方米，为四层单面框架结构。目前，和盛镇综合文化站有工作人员8名，功能科室6个（文体活动室96平方米、图示阅览室96平方米、多功能厅225平方米、书画展厅96平方米、香包刺绣展厅96平方米、办公室32平方米）。综合文化站作为乡镇文化建设的前沿阵地，集文化娱乐、体育比赛、书画展览、香包刺绣于一体，其工作重点在农村。文化站大力宣传社会主义先进文化及党的政策、方针，通过文艺演出、体育比赛、书画展出和香包刺绣等活动，不断满足人民群众的文化精神需求。多年来，文化站始终坚持文艺工作"双百"方针，积极开展了农村文化、校园文化、社区文化、企业文化等丰富多彩的文化活动。同时利用闲暇时间，大力发挥康宁、昌盛社区文艺自乐班的作用，以文化快餐的形式，满足不同人群的文化需求，使之很快成为和盛街区一道亮丽的文化娱乐风景线。在节假日，在文化站开展乒乓球、象棋、跳棋、五子棋等文体活动，使干部职工文化生活日趋丰富多彩。在文化产业上，积极帮助宁县盛泰香包刺绣有限责任公司、宁县盛达书画艺术传媒农民专业合作社注册，申请成立九龙书画院和盛分院及晚阳书社，指导公曹村首届村民书画作品展览成功举办等。同时帮助秀云香包刺绣公司、仁和轩书画装裱部、卓艺轩书画装裱部、和盛古玩店等文化企业扩大经营，提供技术、信息和销售等全方位的服务，并通过对文化产业从业人员的培训进一步增强其专业技术水平，使文化产业从业人员得到了实惠，走上了致富路。

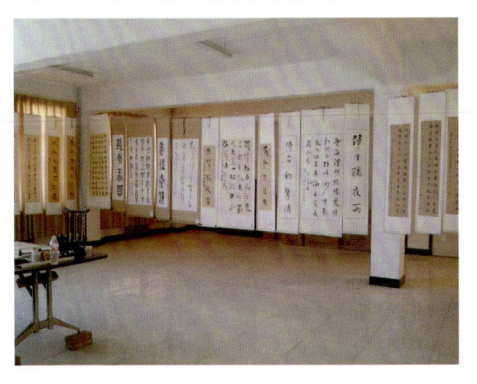

0530 良平乡综合文化站

地　　址：宁县良平乡东街
隶属关系：良平乡人民政府
人 员 数：6人
观 众 数：890人
开展活动情况：组织各类文艺节目下乡演出21场次，新增刺绣作坊5家，演出班社2家，销售门店3家，创作作品156部（件）。
场地面积：311.6平方米
文艺创作作品：无
简　　介：良平乡综合文化站位于良平乡东街剧院内，二层砖混结构，建筑面积311.6平方米，一楼为多功能活动室和文体活动室，二楼为图书室和阅览室，总预算投资64万元，其中国投资金24万元，省投资4万元，乡上筹资36万元，是2010年省发改委下达的扩大内需国投项目之一，2011年4月动工建设，现已竣工投入使用。近年以来，良平乡将文化事业发展、文化产业培育作为一项重点工作对待，组织各类文艺节目下乡演出21场次，新增刺绣作坊5家，演出班社2家，销售门店3家，创作作品156部（件）。通过组织各类文化活动，全力推动农村文化事业发展，丰富群众精神文化生活，鼓舞全乡人民的信心，凝聚全乡人民的力量。积极将文化产业发展作为新的经济增长点、经济结构调整的支点、转变经济发展方式的着力点培育。

0531 中村镇综合文化站

地　　址：宁县中村镇中村街
隶属关系：中村镇人民政府
人 员 数：5人
观 众 数：3000人
开展活动情况：自乐班文化活动、广场舞、图书阅览、体育活动、民间书画展览、民俗文化活动。
场地面积：311.25平方米
文艺创作作品：无
简　　介：中村镇综合文化站面积311.25平方米，分为文体活动室、多功能厅和图书阅览室。音响设备、投影仪、电脑、办公桌椅等基础设备配备齐全。镇政府自筹资金4000余元添置锣、鼓等乐器15件。文化站在编人员5人，其中事业编制4人，招聘1人。文化站自启用以来，运转正常，作用明显，尤其自中村镇文化广场建成后，各类文化活动络绎不绝。每天下午有上百人集体跳广场舞；曹家村自乐班每周星期一、星期四下午演出经典秦腔剧目；农村流动电影放映车定期放映电影；镇政府收集本土文化名人的各类文化作品以及香包、刺绣等民俗作品开设展室，进行展览。形式多样的文化活动极大地丰富了农民群众的文化生活，满足了各类人群的文化需求，有效地促进了镇文化事业的发展。

0532 焦村乡综合文化站

地　　址：宁县焦村乡焦村街16号
隶属关系：焦村乡人民政府

人　员　数：7 人

观　众　数：1500 人

开展活动情况：组织文化、科技、法律、艺术培训及书画展览活动。

场地面积：280 平方米

文艺创作作品：文学、影视、书法、绘画、香包刺绣等作品。

简　　介：焦村乡综合文化站建筑面积 280 平方米，两层砖混结构，共 6 间，内设站长室、站干室、图书阅览室、电子阅览室、文体活动室、多功能室。多功能室配备了音响、功放、投影仪、幕布等配套设备。室外为文体活动广场，广场面积 1500 平方米，开辟娱乐健身、篮球场、乒乓球等综合性文体活动区域，为全镇人民提供了一个科技学习、健身娱乐的综合休闲活动基地。综合文化站的建成与投用，极大地改善了乡文化基础设施条件，很好地发挥了辐射带动作用，为群众提供文化、科技、休闲、娱乐等多样化的文化服务，落实了宣传思想文化工作任务，发挥了基层文化队伍的带动作用，提高了广大群众的科学文化素质和道德水平，真正彰显了文化惠民政策给群众带来的好处。

0533　瓦斜乡综合文化站

地　　址：瓦斜乡瓦斜街道 1 号

隶属关系：瓦斜乡人民政府

人　员　数：5 人

观　众　数：2000 人

开展活动情况：利用瓦斜乡区位资源优势，文化站每年都组织农民社火汇演、书画下乡、皮影剪纸展演、农民运动会、昔家花园情系牡丹文人笔会等大型活动。

场地面积：311.6 平方米

文艺创作作品：无

简　　介：瓦斜乡综合文化站建成于 2011 年 10 月，总投资 46.5 万元，使用面积 311.6 平方米，室外活动场地面积 500 平方米。文化站内设电子图书阅览室、文体活动室、多功能厅、文化展室等功能厅室。现配备图书 1400 多册、报刊杂志 4 种、音响设备 1 套、投影机 1 台、文化信息资源共享工程设备 1 套、绘画书写架 1 张、读者阅览桌椅 6 套、多功能厅座椅 60 把等。文化站工作人员 5 名，其中站长 1 名，文化站专干 4 名，管辖 8 个行政村，34 个村民小组，总人口 13796 人。文化站先后多次邀请市、县文化局的领导和专业技术人员前来我乡办班授课培训，培训技术骨干 68 名。全乡皮影、剪纸、香包、刺绣等产品作业人员 500 人以上，成立了 3 个文化产业开发协会。

0534　新庄镇综合文化站

地　　址：宁县新庄镇新庄街

隶属关系：新庄镇人民政府

人　员　数：5 人

观　众　数：3800 人

开展活动情况：开展新庄镇商贸物资交流暨戏曲文化演唱活动。

场地面积：311.6 平方米

文艺创作作品：无

简　　介：新庄镇位于宁县西南部，为解决全镇人民群众迫切的文化生活需求与镇上落后的文化设施条件的矛盾，于2010年底启动了新庄镇综合文化站建设项目。2011年6月全面开工建设，历时一年，总投资79万元，建成占地311.6平方米、共14间的二层结构的楼房。站内设多功能厅、图书阅览室、文体活动室、站长室及站干室，并配齐了电脑、音响、图书、桌凳、档案柜等设备。文化站于2012年7月底正式投入使用并开展工作。文化站设站长1名，由分管文化工作的副镇长担任，选调5名业务水平较高、热爱文化工作的人员担任干事。同时，依据本镇文化工作实际情况，研究制订了《新庄镇综合文化站工作制度》《新庄镇综合文化站站长（法人）工作制度》《新庄镇综合文化站图书阅览室管理制度》《新庄镇综合文化站内配设备管理制度》，确保我镇文化站工作顺利、有序开展。

0535 九岘乡综合文化站

地　　址：宁县九岘乡人民政府内
隶属关系：九岘乡人民政府
人　员　数：6人
观　众　数：4000人
开展活动情况：开展广场舞、篮球、棋牌等文体活动。
场地面积：300平方米
文艺创作作品：无

简　　介：为了带动全乡经济发展，九岘乡党委、政府根据文化站地形以及丈量面积，采用承包的办法，由工程队统一筹资、施工建设，然后出租，承包年限为50年（只限房屋的拥有权，产权仍归文化站，不得擅自买卖）的商品房26间。乡党委、政府还通过多方争取，获得上级帮扶款50万元，自筹资金60万元，并根据社会主义新农村建设总体要求，纳入小城镇建设规划范围，同时综合考虑方便群众就近、经常性参与以及交通便利等因素，规划施工建筑面积300平方米、统一标识、统一功能的乡综合文化站1座，并规划建成满足群众娱乐、提供文艺节目演出的标准化露天舞台1处。2015年5月底此工程已全面完成。九岘乡建成6个农家书屋，有3个文化资源信息共享工程和4个文化活动室，1个农民文艺专业合作社和多个社团，文化站5名工作者在不同场合积极开展文化活动，适应了当前社会文化发展的需求。

0536 金村乡综合文化站

地　　址：金村乡金村街道10号
隶属关系：金村乡人民政府
人　员　数：5人
观　众　数：2600人
开展活动情况：广场舞活动、戏曲表演、秦腔汇演。
场地面积：805.2平方米
文艺创作作品：无

简　　介：金村乡综合文化站经县发改委、文化部门批准，于2011年7月开工建设，2012年5月竣工，共投资83.6万元，建成砖混结构房24间、公共厕所一处，维修旧戏楼一座，院内设置剧场、篮球场和文体活动室、多功能室、自娱活动室、KTV、专干室等文化服务科室。配置专职工作人员5人，其中站长、副站长各1名，文化站文化骨干3名。近年来，金村乡先后组织开展文艺活动8场（次），组织外出演出4场（次），组织传统古庙会3场；乡文化站工作人员下村组织指导村级文化活动20余次；培养各类村级文艺爱好者24人，召开文化培训会12场（次），培训人员280余人；发放各类文化宣传资料4000余份。

0537　南义乡综合文化站

地　　址：宁县南义街

隶属关系：南义乡人民政府

人 员 数：4人

观 众 数：5000人

开展活动情况：开展了各种类型的科技培训、南义物资交流会等活动，年均举办科技培训3次，书画展览2次，群众秧歌舞、快板舞表演10余次，涉及1500多人。

场地面积：126平方米

文艺创作作品：无

简　　介：南义乡政府地处宁县县城北18公里，辖行政村11个，人口21521人。为适应我乡经济建设的发展，满足人民日益增长的精神文化需求，在县文化部门的支持下，乡政府筹资建成了高标准的南义综合文化站。文化站于2012年3月建成并投入使用，该站现有工作人员4名，占地面积676平方米，室内面积126平方米。图书室占地面积25.2平方米，内藏书6000多册。文体活动室占地面积75.6平方米，内有各类文艺体育器材。多功能厅占地面积25.2平方米，内有扩音设备一套、调音台、功率放大器、定压功率放大器、音箱、防震机、高音喇叭、话筒及桌椅等，可以进行科技知识讲座和培训。近年来，文化站结合本乡实际组织开展了各种类型的科技培训，举办各种娱乐文化活动，较好地满足了农民群众的文化需求。

0538　春荣乡综合文化站

地　　址：宁县春荣乡街道西侧

隶属关系：春荣乡人民政府

人 员 数：5人

观 众 数：2100人

开展活动情况：2013年举办了宁县首届"十八乡农民书画联谊会"等大型文化活动。组织大型文化活动32余次，举办单项文体活动40余次，举办文化讲座32余次。

场地面积：311.25平方米

文艺创作作品：无

简　　介：春荣乡综合文化站位于春荣乡街道西侧，建筑面积311.25平方米。内设阅览室、活动室、图书室、展览室、办公室等场所，配有专职文化中心主任1名、文化专干4名。文化站配备进口音响设备1套、投影机1台、计算机4台，藏有图书3400余册，订阅报刊杂志22种，设备齐全，配置合理。自建站以来，在乡党委、政府的正确领导和县文化局、有关部门及社会各界的关心支持下，春荣乡文化站努力加强公共文化服务体系建设。2013年注册成立了文化艺术类农民专业合作社 8 个，其中，厚生德书画专业合作社和北京古街书画院联合举办书画艺术交流活动，并成功举办了宁县首届"十八乡农民书画联谊会"等大型文化活动。文化活动的有序开展极大地丰富了人民群众的业余生活。

0539 米桥乡综合文化站

地　　址：宁县米桥乡米桥街
隶属关系：米桥乡人民政府
人　员　数：5 人
观　众　数：5000 人
开展活动情况：举办党的政策、科普知识、卫生知识讲座、培训。每月定期、不定期举办蔬菜、养殖、种植、法律、刺绣等培训讲座，累计举办各类培训、讲座 17 期，受训人数 700 余人。
场地面积：580 平方米
文艺创作作品：无
简　　介：米桥乡综合文化站于 2012 年 10 月建成，占地面积 580 平方米，总投资 91 万元（其中国家财政投资 20 万元，乡自筹 71 万元）。该站内设多功能活动室、文体活动室、香包刺绣展厅、香包制作车间、办公室、管理室、图书阅览室等 7 个功能科室。配备绘画写字书案 1 张、阅览桌 6 张、读者阅览椅 24 个、书架 3 个、期刊杂志陈列架 5 个、报架 5 个、文件柜 2 个、多功能座椅 60 个，音响、投影机、功放机等各类电子设备齐全。每月定期、不定期举办各种培训讲座，

0540 盘克镇综合文化站

地　　址：宁县盘克镇街道
隶属关系：盘克镇人民政府
人　员　数：5 人
观　众　数：2880 人
开展活动情况：每月定期、不定期举办农业技术、法律、刺绣、医疗卫生等培训讲座，在重大节日举办各类大型文艺演出，定期放映电影。
场地面积：336 平方米
文艺创作作品：无
简　　介：盘克镇综合文化站于 2011 年 7 月建成并投入使用，它是一所通过文化共享工程服务网络，以互联网、政务外网、有线电视/数字电视、光盘、移动存储为特点的新型综合文化站。场所建筑面积 336 平方米，先后共投入 72 余万元，站内配置了"四室一厅一场"。图书室阅览藏书 2600 余册，文体活动室、多功能厅内设多种文化娱乐器材，外设露天健身场和篮球场。

（四十三）庆阳市庆城县

0541　庆城县图书馆

地　　址：庆城县北大街184号
隶属关系：庆城县文化广播影视局
人 员 数：15人
观 众 数：2.2万人

开展活动情况：开展了"元宵图书展"活动；参展图书、期刊216种，400多册；发放《农技快讯》《图书馆简介》《图书馆服务指南》共5000份；开展了"三下乡"活动，每次接待读者3000多人次；开展了"图书服务宣传周"和"全民读书月"活动；开展业务咨询、现场办理借书证、阅览证；为老年读者发放图书100本，赠送光碟100张，发放养生指南500份；在中街广场和北区广场播放"雷锋之歌"等教育光盘4场次；开展了"六一"少儿专场阅读活动，为小读者提供阅览席座60个，书目58种、200册，吸引了近670名小读者前来阅读；给庆华小学图书室送少儿图书100册，英雄人物传记光盘50张，利用学校多媒体室播放"雷锋的故事"专题片。

场地面积：1250.5平方米
文艺创作作品：无

简　　介：庆城县图书馆成立于1978年8月，现有图书大楼两幢，面积1250.5平方米，占地615.7平方米，每年县财政补助专项经费18.72万元。馆内有藏书15.397万册，综合性图书和文学图书6.4713万册，报刊8.925万册，有古籍线装书87种、763册。地方文献194种、536册，视听文献781件，设有阅览席座160个，网络接点35个。图书馆设有文化信息资源共享工程庆城县支中心、采编室、成人阅览室、少儿阅览室、检索室、图书借阅室、电子阅览室、多媒体室、资源制作室、办公室、资料室、3个书库等工作室。每周开放56小时，开展外借、阅览、参考咨询电子信息、视听等服务，举办讲座、培训等服务。在县委、县政府的正确领导下，在省、市业务部门的具体领导和大力支持下，经过多年的努力，在2009年11月"全国公共图书馆第四次评估"达标中，图书馆被文化部评为国家"三级图书馆"。2010年3月，被县委评为"十佳文明服务窗口单位"。

0542　庆城县档案馆

地　　址：庆城县庆阳路2号
隶属关系：庆城县人民政府
人 员 数：17人

观 众 数：1500 人

开展活动情况：开展档案整理、保管、查阅等活动。

场地面积：2008 平方米

文艺创作作品：无

简　　介：庆阳县档案馆坚持档案管理对历史负责、为现实服务、替未来着想的原则，一切从实际情况出发，从基础工作抓起，重视档案资料的征集和接收工作。特别是近年来，不断加大档案指导管理、业务培训，到期档案接收和征集力度，馆藏陆续增加，门类逐步齐全，内容逐渐丰富。1959 年馆藏档案 3 个全宗，860 卷。1971 年 12 个全宗，2068 卷。1985 年 60 个全宗，14068 卷。现馆藏 142 个全宗，共 89306 卷。其中文书档案 64212 卷，专业档案 8089 卷，企业档案 9828 卷，档案资料 7177 份。2010 年底前的档案大部分接收进馆。这些档案反映了庆城县党群、政府、企事业单位在庆城建设时期政治、经济、文化、科教、工业、交通等重要方面的历史情况和工作经验，对庆城发展的历史研究具有特定的作用，也是再创庆城繁荣的重要信息资源。

0543　庆城县文化馆

地　　址：庆城县东大街 4 号

隶属关系：庆城县人民政府

人 员 数：23 人

观 众 数：8 万人

开展活动情况：每逢节假日都精心组织一些大型群众文化活动，引导广大群众积极参与，活跃群众的节日文化生活；坚持送文化下乡；每年开展大规模的群众文化活动 10 次以上，举办展览 4 次以上，挖掘非物质文化遗产市级保护项目 7 项；积极开展社区文化活动。

场地面积：534 平方米

文艺创作作品：歌曲《青青草地放风筝》《孩子的祝福》《阿瓦姑娘采春茶》在国家级刊物发表；小品《公公、媳妇、拖拉机》《危险行动》等在全省戏曲调演中获一等奖；戏剧小品《东门行》在甘肃省戏剧舞蹈小品电视大奖赛中获三等奖；《扭秧歌》获戏剧创作贡献奖；舞美设计《高山情》在庆阳地区建国五十周年献礼演出及第四届新创剧目调演中获二等奖。

简　　介：庆城县文化馆现有干部职工 23 名，其中，党员 5 名，初级职称 5 名，中级 7 名；馆里设有办公室、非遗办公室、文学创作辅导组、音乐器乐辅导组、戏剧舞蹈辅导组及美术摄影辅导组 6 个股室。全县共设有 3 个群众文化活动点和 5 个自乐班，常年活跃在机关社区。1985 年文化馆被中国文化部评为先进单位；1991 年被省文化厅评为先进文化馆；2004 年为二级达标文化馆。文化馆现有办公、活动场地 534 平方米，90 年代借助省财政投资，地方配套，建成了 17 个乡镇文化站，经省、地验收全部达标。文化馆始终把基础设施建设同组织开展活动有机地结合起来，把重点放在各项阵地、载体和手段的作用发挥上，长期坚持在引导群众开展丰富多彩、健康向上的活动上下功夫。在组织开展传统文化活动的同时，着力注意总结和推广富有时代特点的群众文化活动，依靠社会力量积极开展广场文化、社区文化、乡镇文化、企业文化、校园文化建设，把各项活动落实到基层，丰富和活跃了群众文化生活。文化馆举办各种展览 6 期，展出作品 200 多件（幅）；举办各类培训班 8 期，参加人员 3000 多人次；举办农民运动会 2 次，参加人员 200 多人次；邀请接待外地文艺演出团体 10 多场次，观众达数万人次。

0544 庆城县博物馆

地　　址：庆城县普照寺巷 1 号
隶属关系：庆城县文化广播影视局
人　员　数：29 人
观　众　数：10 万人
开展活动情况：庆城县博物馆自免费开放以来，接待观众 60 多万人（年接待观众 10 万人以上），受到社会各界的一致好评。
场地面积：4276 平方米
文艺创作作品：《走进庆城博物馆》《庆城县田野瑰宝》《魅力庆城》《千古遗珍》《庆城县博物馆精品图集》《庆城风韵》。
简　　介：庆城县博物馆始建于 1984 年，是一座综合型博物馆。新馆展览大楼建设工程于 2007 年建成，占地 3960 平方米，建筑面积 4276 平方米。馆内设庆城历史沿革、石雕石刻、古生物史前史、岐黄文化、周祖农耕文化、历代文物精华、唐代彩绘陶俑、革命烽火、书画、经济社会发展 10 个展室和 1 个多媒体学术交流厅。截至目前收藏各类文物 4816 件、名人书法作品 1200 多幅，其中珍贵文物 327 件、一级文物 24 件、二级文物 53 件、三级文物 250 件。陶器、瓷器、青铜器、石器、钱币等为大综藏品。陈列内容上从远古下至当代，或为历代名作和精品，或为珍贵的历史资料和化石标本。唐代彩绘陶俑是藏品中的精华，具有极高的历史价值、艺术价值和科学研究价值。博物馆自免费开放以来，接待观众 60 多万人（年接待观众 10 万人以上），受到社会各界的一致好评。2010 年被庆阳市委评为"精神文明建设先进单位"；2011 年被省委宣传部评为"甘肃省爱国主义教育基地"；被省人社厅、省文物局先后授予"全省文博系统文化遗产工作先进集体"和"甘肃省第三次全国文物普查先进集体"荣誉称号；2012 年 7 月被国家人社部、国家文物局授予"全国文物系统先进集体"；被中共庆阳市纪委、庆阳市监察局评为"庆阳市廉政教育基地"；2013 年 4 月被甘肃省总工会授予"甘肃省五一劳动奖状"。

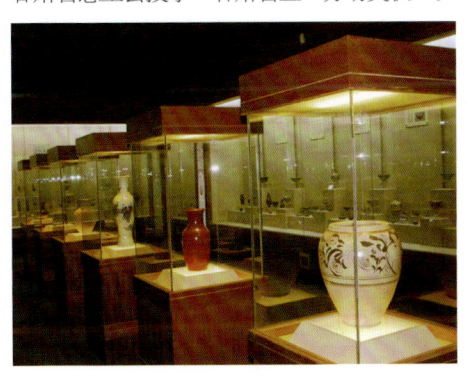

0545 南庄乡综合文化站

地　　址：庆城县南庄乡东塬村
隶属关系：南庄乡人民政府
人　员　数：4 人
观　众　数：3500 人
开展活动情况：每年组织为期一周的大型物资交流会，开展戏曲演唱会、果园管理、香包刺绣等各类技能培训数次，举办乒乓球、篮球、卡拉 OK 等单项文体活动数次等。
场地面积：300 平方米
文艺创作作品：有《咏庆阳》刺绣一幅。

简　　介：南庄乡综合文化站总投入近80万元，新建于2010年10月，2011年通过验收并投入使用。文化站位于南庄乡人民政府向南100米处，场地面积700多平方米，建筑面积300多平方米，内设有多功能厅、文体活动室、图书阅览室、电子阅览室以及办公室2间，办公及活动设施配备齐全，可同时容纳300多人，站外建有文化广场1处。目前，文化站配有站长1名，专职文化干事1名，兼职文化干事2名。自建站以来，该站每年组织举办综合性大型文化活动，并充分利用农闲时节及节假日期间广泛开展各种文体活动以及法制宣传、食品药品卫生宣传等各类知识讲座和技能培训活动。近年来在南庄乡人民政府的带领下，每年都举行一次大型物资交流暨戏曲演唱会，在充分发挥文化阵地资源优势的同时，满足了群众精神文化需求，促进了社会主义新农村建设。

0546　庆城县翟家河乡文化站

地　　址：庆城县翟家河乡程家河村
隶属关系：翟家河乡人民政府
人 员 数：2人
观 众 数：3000人
开展活动情况：自2013年文化剧院场地硬化后，召开了为期6天物资交流大会，该大会受到了远近群众的好评。
场地面积：1533平方米
文艺创作作品：无
简　　介：2013年本乡以"一事一议"财政奖补项目为锲机，总投资60万元，对本乡程家河村翟家河自然组废旧的文化剧场进行了翻修，该文化剧场占地2.3亩，其中群众自筹2万元，筹劳28万元，申请县上财政奖补30万元，经过一个多月的施工，完成了乡文化剧院及场地的建设。此次建设对原有剧场舞台进行全面翻修，硬化剧场院坪1500平方米左右，建有篮球场、羽毛球场，安装了多项体育健身器材。文化场地新建以后，乡党委乡政府决定于2013年6月举办为期6天的物资交流大会，此次物资交流大会特邀庆城县剧团来翟家河乡新建的舞台给群众进行了文艺汇演及秦腔演出。该物资交流大会的举办在一定程度上促进了翟家河乡经济的发展，同时也丰富了乡里群众的文娱生活。自2014年以来，每当茶余饭后，乡文化站院里来健身的群众络绎不绝。夕阳西下，健身群众的喝彩声、吆喝声、欢笑声一浪高过一浪。尤其是今年开始的广场舞，悦耳的音乐响起时，轻盈的舞步渲泄着青春的妩媚和对幸福生活的向往。

0547　玄马镇综合文化站

地　　址：庆城县玄马镇政府大院
隶属关系：玄马镇人民政府
人 员 数：3人
观 众 数：2000人
开展活动情况：举办玄马镇第一届农民运动会、物资交流大会、"转作风、比奉献、促发展"主题演讲比赛、2014年禁毒知识竞赛。

场 地 面 积：300平方米

文艺创作作品：主办玄马镇镇报《发展中的玄马》。

简　　介：玄马镇以科学发展观为指导，紧紧围绕经济建设和改革、发展、稳定的大局，坚持"双百"方针，积极探索和研究本镇文化活动特色，开脱创新，大力发展公益文化事业和文化产业。玄马镇综合文化站新建于2010年，建有文化活动室3间60平方米；科技图书室2间40平方米，内有图书4万册；宣传培训室6间120平方米；办公室2间40平方米。文化站是一个集书报阅读、宣传教育、文艺娱乐、科普培训、信息服务、体育健身等各类文化活动于一体，服务于当地农村群众的综合性公共文化机构。在文化站努力下，玄马镇共建成村级农家书屋10个、文化活动室10个。与此同时，玄马镇注重鼓励和扶持农民自办文化，全镇已兴办刺绣小作坊2个、民间唢呐队1个、文艺宣传队1个。玄马镇公共文化服务基本满足了人民群众日益增长的文化生活需要，提高了全镇人民的道德素质和文化素质，为全镇经济快速发展和社会全面进步提供了强大的思想保障和精神动力。

0548 白马铺乡综合文化站

地　　址：庆城县白马铺乡

隶属关系：白马铺乡人民政府

人 员 数：6人

观 众 数：1500人

开展活动情况：根据群众的实际需要，定期开展科普、法律、农技知识培训。阅览室年接待群众1200多人次。每年举办演讲比赛、读书比赛、农民运动会、民俗作品展、社火汇演等活动。

场 地 面 积：300平方米

文艺创作作品：无

简　　介：白马铺乡综合文化站始建于2010年7月，近年来在省、市、县文化部门的正确领导和大力支持下，不断加大投入，更新设备，完善队伍，丰富活动，文化站功能日臻完善。文化站占地3000平方米，建成标准化篮球场、羽毛球场、剧场各1处，建有图书阅览室、文体活动室、办公室以及多功能厅等室内办公场地15间300平方米，配齐了各种文化设施。确定了文化站站长、专职文化干事各1名，兼职文化干事4名，组织负责文化活动开展，办理站内业务，并制订了各项规章制度，为文化活动的有序开展提供了保障。根据群众的实际需要，定期开展舞蹈、广场舞、秦腔等培训。每年举办演讲比赛、读书比赛等活动。发展各村文艺团体，引导他们自编自演节目。外请各地的知名文艺剧团送节目到各村巡回演出。通过文化站工作人员的精心工作，有力地推动了乡域内文化事业的和谐发展。

0549 土桥乡文化站

地　　址：庆城县土桥乡
隶属关系：土桥乡人民政府
人　员　数：3 人
观　众　数：1200 人
开展活动情况：开展期刊阅览、图书借阅、乒乓球赛、展览、健身、培训、排练等活动。
场地面积：310.9 平方米
文艺创作作品：无
简　　介：2009 年土桥乡文化站开始选址建设，于 2010 年 2 月正式竣工，建筑面积 310.9 平方米，内设图书阅览室、文体活动室、办公室以及多功能活动厅等 5 间。图书室内配备书桌、书架、各类书籍、报刊杂志；活动室配备乒乓球台、各种棋牌、桌凳等配套设施；会议室配备信息资源共享卫星接受设备、中央控制台、专业音响、调音台、投影仪、电脑等设备。目前，文化站有专职工作人员 3 名。免费开放活动项目 9 个，主要有报刊阅览、图书借阅、乒乓球、展览、健身、培训、排练等活动。乡政府每年组织部分香包生产大户在西峰、庆城参加展销，推动全乡民俗文化发展。利用节假日和农闲时间组织篮球、乒乓球、象棋等比赛。在文化站努力下，截至 2014 年 8 月份，土桥乡建成文化广场 5 处，农家书屋 7 个，藏书 30000 余册，农家书屋年平均开放时间达 2000 小时，年平均借阅人次达 3200 人，年平均外借量达 1500 册，供群众在闲暇之际读书增长知识。

0550 卅铺镇综合文化站

地　　址：庆城县卅铺镇韩湾村
隶属关系：卅铺镇人民政府
人　员　数：4 人
观　众　数：2000 人
开展活动情况：围绕节日举办庆元旦、庆"七一"等文艺汇演活动、演讲比赛、物资交流大会等。
场地面积：331.5 平方米
文艺创作作品：无
简　　介：卅铺镇综合文化站于 2011 年搬迁至韩湾村原庆化厂驻地，2012 年又进行了扩建，站内建筑面积约 331.5 平方米，室外活动场地面积 3675 平方米，内外环境整洁优美，是全省示范文化站之一。站内设有多功能厅、文体活动室、图书阅览室、电子阅览区等功能场地。文化站配有专职领导 1 名、专职工作人员 2 名、文化志愿者 1 名，各项制度健全。近年来，文化站充分发挥自身优势，积极开展阵地宣传、科技培训和各类文化活动，注重鼓励和扶持农民自办文化，全镇共有民间自办广场健身舞蹈队 7 个、乐队 1 个，多次举办"送文化下乡"活动，建立了围绕节日搞活动的长效机制，群众文化呈现出蒸蒸日上的崭新局面。

0551 驿马镇文化站

地　　址：庆城县驿马镇
隶属关系：驿马镇人民政府
人　员　数：4 人
观　众　数：1900 人

开展活动情况：开展农业知识、农业科技、法律法规、健身常识、卫生保健等知识辅导讲座，开展象棋、五子棋、弹子跳棋、扑克牌比赛，举办文艺演出和篮球比赛。

场地面积：200平方米

文艺创作作品：无

简　　介：驿马镇文化站主要为全镇干部群众提供文化培训和传承的场所。人员配备有分管副镇长1名，文化站长1名，文化专干1名，文化兼职干部2名。站内设有多功能厅、文体活动室、图书阅览室、电子阅览区等功能活动室，各室内基本配置齐全。站外设有健身场地和篮球场地，安装了体育健身器材和两副篮球架，基本满足农民群众的健身需求。文化站深入各村调研，对各村文艺人才进行摸底、整合和认证，共组建3支比较成熟的文艺团队，对这几支文艺团队进行培训，让他们积极排练各类文艺节目，到各村巡回演出。对村农家书屋、文化室管理员定期培训，以便提高他们的工作能力和职业素养，更好地为村民服务。在重大节日举办体育运动会，在"三八"、重阳节、元宵节开展不同形式的文体活动。加强市场文化监管。

0552　熊家庙办事处文化服务中心

地　　址：庆城县熊家庙办事处

隶属关系：熊家庙办事处

人　员　数：15人

观　众　数：1000人

开展活动情况：每逢节假日都精心组织一些大型群众文化活动，引导广大群众积极参与，活跃了群众的节日文化生活；坚持送文化下乡；每年开展大规模的群众文化活动10次以上，举办展览4次以上，挖掘非物质文化遗产市级保护项目7项；积极开展社区文化活动。

场地面积：200平方米

文艺创作作品：无

简　　介：熊家庙办事处文化服务中心建立于2013年7月9日，目前会员人数达30余人，是群众生活交往的场所，也是社会成员直接参与社会事务的活动地方。通过基层组织定期举办乒乓球、羽毛球、跳棋、象棋比赛，开展各种社会活动、文化娱乐活动，促进人们相互交往与互动，提高了群众的参与意识，极大地丰富了群众的文化生活。

0553　蔡口集乡综合文化站

地　　址：庆城县蔡口集乡高塬村

隶属关系：蔡口集乡人民政府

人　员　数：3人

观　众　数：2100人

开展活动情况：2014年大力组织开展"六一"儿童节文艺汇演、庆祝教师节红歌演唱会等文化活动。积极组织香包刺绣能手在端午节期间参加庆城香包展销活动。结合上级部门开展各项文化活动，文化站工作人员组织各村广泛开展群众性的文化活动。

场地面积：356.68平方米

文艺创作作品：无

简　　介：蔡口集乡积极实施"文化惠民工程"，建成300平方米的综合文化站，一层内设文体活动室、办公室、多功能厅等，二层内设图书阅览室、文化信息资源共享服务室等。近年来，文化站组织开展了体育竞技、诗歌朗诵、文艺汇演、书画展览等一系列文体活动，通过开展形式多样的文体活动，进一步丰富了当地群众的文化生活，展现了全镇昂扬向上的精神风貌。

0554 太白梁乡综合文化站

地　　址：庆城县太白梁乡冰淋岔村
隶属关系：太白梁乡人民政府
人 员 数：1人
观 众 数：1500人
开展活动情况：每年开展大型文化活动1次，单项文化活动2次以上。
场地面积：300平方米
文艺创作作品：无
简　　介：太白梁乡综合文化站始建于2010年，占地面积600平方米，建筑面积300平方米。文化站设有图书室、展览室、电子阅览室、综合活动室等。站内藏书1500多本，配备专职文化干部1名。近年来，文化站充分发挥自身优势，积极开展阵地宣传、科技培训和各类文化活动，组建了文化专干参加2013年全市文化专干岗前培训，并顺利结业。全乡各村建起了农家书屋，培养艺术"能人"15人，收藏民间刺绣、雕刻、剪纸、书画等作品150件。2014年镇上投资1万元，建成宣传版面2个、新农村建设文化宣传墙20米，为全县基层文化事业发展起到了表率和促进作用。

0555 马岭镇综合文化站

地　　址：庆城县马岭镇政府北侧
隶属关系：马岭镇人民政府
人 员 数：5人
观 众 数：300人
开展活动情况：举办农民运动会、物资交流大会、演讲比赛等文体活动。举办以"立足基层、服务群众、实现梦想"等为主题的演讲活动多次；举办书画展和民俗刺绣作品展览；举办庆"三八"、庆"五四"、庆"六一"等专题文艺庆祝演出多次。
场地面积：472.63平方米
文艺创作作品：无
简　　介：马岭镇综合文化站始建于2006年5月，位于马岭镇政府大门北侧，占地面积1300平方米，建筑面积472.63平方米，工程总投资35万元，由18间二层楼房构成，是全省示范文化站之一。文化站设有多功能厅、文体活动室、图书阅览室、电子阅览室、老年活动和少儿活动场所。文化站有专职领导1名、专职管理员4名，各项制度健全。近年来，文化站充分发挥自身优势，积极开展阵地宣传、科技培训和各类文化活动。建立了围绕节日搞活动的长效机制，群众文化呈现出蒸蒸日上的可喜局面。

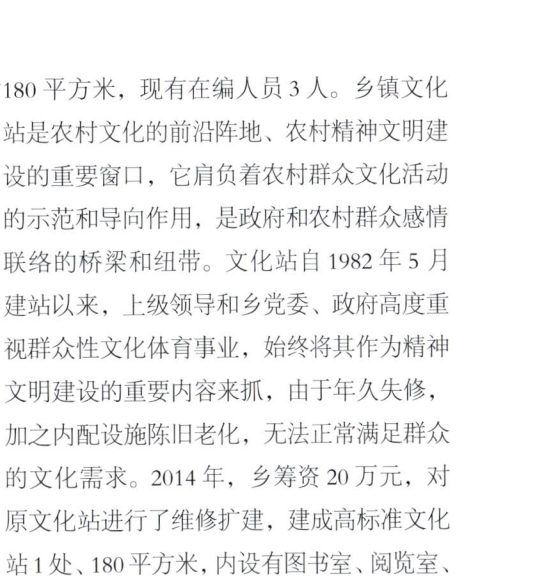

0556 桐川乡综合文化站

地　　址：庆城县桐川乡政府
隶属关系：桐川乡人民政府
人 员 数：3人
观 众 数：260人
开展活动情况：开展阅读、书法、培训、刺绣等文化活动。
场地面积：180平方米
文艺创作作品：无
简　　介：桐川乡综合文化站建筑总面积180平方米，现有在编人员3人。乡镇文化站是农村文化的前沿阵地、农村精神文明建设的重要窗口，它肩负着农村群众文化活动的示范和导向作用，是政府和农村群众感情联络的桥梁和纽带。文化站自1982年5月建站以来，上级领导和乡党委、政府高度重视群众性文化体育事业，始终将其作为精神文明建设的重要内容来抓，由于年久失修，加之内配设施陈旧老化，无法正常满足群众的文化需求。2014年，乡筹资20万元，对原文化站进行了维修扩建，建成高标准文化站1处、180平方米，内设有图书室、阅览室、棋牌室、乒乓球室、文化信息共享点、老年青年活动室、教育培训室、体育健身室、多功能活动力厅等。图书室藏书达3000多册。每逢节庆，街舞、广场健身舞夜夜欢鸣，情定奇缘演出社团的表演更是给乡村的节日夜晚增光添彩。

（四十四）庆阳市镇原县

0557 镇原县图书馆

地　　址：镇原县文化广场
隶属关系：镇原县人民政府
人 员 数：19人
观 众 数：30万人

开展活动情况：一是把馆收藏的1951年以来的各类期刊、画报和报纸，进行整理装订、分类编目免费对外开放，并把旧画报进行电子化转化，上传网络，让全国读者共享。二是征集镇原籍名人学者和有关部门编著的图书6大类430多种。收购古籍如《镇原县志》（清康熙版）、《孔子家语》（明朝版）等珍本75本，较好地抢救、保护了民间珍藏古籍。三是建立了镇原图书网站、镇原图书展室和主题图片展室。利用我馆珍藏的新华图片社发行的20世纪50年代至70年代末珍贵照片，先期简单布设，对青少年进行爱国主义教育。分设"光辉历程""艰苦岁月""英模人物""复兴之路""原州旧影"5个板块，供读者特别是青少年参观、阅览，打造爱国主义教育基地。

场地面积：2000平方米

文艺创作作品：馆长畅恒创作出版了个人专辑《杂花集》。影印古籍《甘宁青史略》380套、16000册，编印《梁希孔诗文选》200册。

简　　介：镇原县图书馆创建于1934年，馆址曾数次搬迁。目前馆内共有工作人员19名，其中党员5人。现有面积2000平方米，2009年建成了文化信息资源共享工程县级支中心。馆内设有少儿阅览室、成人阅览室、电子阅览室、多媒体室、资料室、古籍地方文献室等6个功能室。共有馆藏图书50187册，其中古籍4800册、地方文献1140册、珍贵画报2148册。近年来，图书馆坚持以"提高服务品质、拓宽服务领域、发挥自身优势、提高服务水平"为宗旨，充分发挥主阵地作用，积极开展借阅服务、延伸服务和各类图书宣传活动，对提高群众文化素质和丰富群众文化生活发挥了重要作用。

0558 镇原县文化馆

地　　址：镇原县文化广场东侧文化中心楼
隶属关系：镇原县文化广播影视局
人 员 数：19人
观 众 数：40万人

开展活动情况：一是组织文化"三下乡"活动中，书画小分队赴屯字、城关开展送书画下乡活动。参办全县"春官PK"大赛，举办镇原县第二十届元宵灯谜会。二是组织举办"庆盛世颂和谐"镇原——环县书画联展等书画展览活动10次，共展出作品8556幅，参观群众53200余人。三是举办庆"六一"镇原县首届少儿书画大奖赛。四是参加庆阳市农耕文化节暨第24届中国西交会，布置精品展厅1个，准备各类文化产品13.2万件，展出精品5000余件，参观群众3万余人。五是举办全市"弘扬传统文化展示大师风采"剪纸创作大奖赛，承办"学党章、忆党史、颂党恩"全县党员干部书画作品展和王鹏先生中国画展。六是对全县19个乡镇文化从业人员和文化产业队伍的从业人员展开巡回培训。此外还继续开展周末和学生假期书法、美术、音乐辅导活动，共培训学员170余人。

场地面积： 2000平方米

文艺创作作品： 搜集整理出版了《镇原民间文化集成》一书，该书每套包括《民间故事》（2册）和《民间谚语》《民间歌谣》三部分，共印刷2000套、8000册。与县地志办合著出版了《镇原民间文艺》，该书每套包括《镇原民歌》《镇原民间小戏》《镇原民间器乐曲》3本、2000套、6000册。

简　　介： 镇原县文化馆成立于1950年11月，现有工作人员19人，其中专科学历3人、专业技术人员7人、中级职称2人。馆舍面积2000平方米，设有书画、非遗、民俗、剪纸四个展厅及书画、歌舞、曲艺、民俗四个辅导室，主要以开展书画交流、文艺辅导和文艺骨干培训等活动。举办各类书画展览、文艺汇演，下基层组织培训辅导，指导全县文化产业发展，以公司为依托广泛开展技能培训活动，极大提高生产者的工艺创作水平。目前，累计有9人被评为国家级民间工艺美术大师，有17人评为省级民间艺术家，有2人评为高级农村实用文化艺术人才。2011年被评为国家三级馆。

0559 镇原县博物馆

地　　址： 镇原县文化广场东侧文化中心楼
隶属关系： 镇原县文化广播影视局
人　员　数： 21人
观　众　数： 48万人

开展活动情况： 一是在全县文化科技卫生"三下乡"活动中深入城关、屯字等乡镇进行文物知识宣传活动。二是开通了镇原县博物馆网站。三是完成了博物馆免费宣传资料的设计印制工作。四是设计制作了"茹水文明——镇原历史文物图片展"，制作流动展版58面，展出文物图片300多幅。五是继续做好"国际博物馆日"宣传工作。六是与陇东学院共同签订了"共建教育教学实践基地"的合作协议，结为馆校教育教学实践共建单位。七是继续做好免费开放工作。其中接待国家、省、市、县有关领导和社会团体80次，接待群众11400人次，接待中小学生7200多人次。八是积极开展爱国主义教育专题活动。

场地面积： 2000平方米

文艺创作作品： 共设计印制《镇原县文物概况》《文物保护法知识》《馆藏精品文物折页》《展览宣传折页》《文物基本知识》（包括历代陶器、铜器、瓷器、铜镜、玉器、佛教造像6类文物知识册页）和《镇原县博物馆免费参观券》《镇原文物画册》等12种宣传资料，共计10万多份。还精心设计制作了"茹水文明——镇原历史文物图片展"，制作流动展版58面，展出文物图片300多幅。

简　　介：镇原县博物馆位于镇原县城文化广场东侧，1986年经镇原县人民政府批准成立，是一座以收藏、宣传、科研、陈列历史文物为主的综合性县级博物馆。整个新馆建筑面积2000平方米，由办公室、文物展厅、文物库房组成。文物展厅面积580平方米，库房面积200平方米。1996年被列为全县爱国主义教育基地，2004年被确定为未成年人教育基地，2008年正式对外免费开放。目前馆藏文物门类齐全，内涵丰富，共有馆藏文物3474件，其中国家一级文物46件、二级文物52件、三级文物582件、一般文物2794件。在本地发现有"仰韶文化""常山下层文化""齐家文化"等古文化遗址417处，发现古墓葬152处、城址及古建筑79处、石窟6座。其中省级文物保护单位8处、市级文物保护单位5处、县级文物保护单位16处。引起学术界瞩目的有旧石器时代晚期的平泉镇黑土梁遗址、城关镇常山下层文化遗址。

0560 新集乡综合文化站

地　　址：镇原县新集乡剧院内
隶属关系：新集乡人民政府
人 员 数：5人
观 众 数：2万人

开展活动情况：举办书画展览活动2次，展出书画作品200幅，参观人1000次。排练秧歌、小品、广场舞等文艺节目10个，演出15次，观看群众2万余人；举办象棋赛、乒乓球赛、职工拔河比赛、农民篮球运动会等群众性文体活动，参与群众2.4万余人；举办农家书屋管理员培训班，指导全乡农家书屋开展全民借阅活动11次；举办农业科技培训活动3次，培训农民科技明白人1200人。

场地面积：306平方米

文艺创作作品：创作印刷发行内部期刊《今日新集》24期。《今日新集》主要反映该乡发生的重要事件，包括经济发展、文化事业建设、文化活动开展以及群众精神风貌等，每半月一期，很受群众欢迎。文化站还组织排练了广场舞《荷塘月色》、小品《过年》等文艺节目，巡回各村展演，群众反响很好。

简　　介：新集乡综合文化站建筑面积306平方米，设有专门的办公室、多功能厅、文体活动室、图书阅览室、室外配套文化活动场所。站舍内有省文化厅配备的办公、文化信息资源共享、电子音响等价值10万元的设备。文化站设站长1名，工作人员5名。目前文化站设备齐全，人员到位，免费开放活动开展正常。

0561 三岔镇综合文化站

地　　址：镇原县三岔镇剧院
隶属关系：三岔镇人民政府
人 员 数：5人

观 众 数：1.2万人

开展活动情况：以开展农家书屋管理员培训、农民科技明白人培训为主，开展各种培训活动8次，参与群众1000多人。组织开展书画展览2次，展出书画作品400幅，参观人800次。排练秧歌、小品等文艺节目3个，演出15次，观看群众1.2万余人。举办象棋赛、职工拔河比赛、乒乓球赛、农民篮球运动会等群众性文体活动各1次，参与群众1.5万余人。

场地面积：300平方米

文艺创作作品：编排文艺节目《幸福》、小品《三岔村官》在全镇文艺汇演中成功演出后，巡回各村展演，受到村民的好评。

简　　介：三岔镇综合文化站设有办公室、多功能厅、文体活动室、图书阅览室、培训中心。各室内有省文化厅统一配备的办公、文化信息资源共享、电子音响等价值10万元的设备。有工作人员5名，其中站长1名、工作人员4名，主要负责全镇文艺辅导、文艺展演指导、科技骨干培训工作，指导各村开展群众文化活动。2009年三岔镇多方筹资290万元建成文化广场，广场建成后，既为群众提供休闲、娱乐、健身的好场所，又充分发挥人文资源优势，开展广场展演、文化竞赛活动。文化站积极发挥文化引领和带动作用，走村串户开展调研，多方面了解农民群众对文化活动的需求，多形式开展农村文化体育活动，从而不断丰富了农村群众的文体生活，提升了群众的幸福指数和三岔镇的形象品味。

0562 武沟乡综合文化站

地　　址：镇原县武沟乡剧院
隶属关系：武沟乡人民政府
人 员 数：3人
观 众 数：2.6万人

开展活动情况：组织开展书画展览1次，展出书画作品200幅，参观人500次。排练秧歌、小品等文艺节目3个，演出10次，观看群众1.4万余人。举办象棋赛、乒乓球赛、职工拔河比赛、农民篮球运动会等群众性文体活动，参与群众8000余人。开展科技培训活动4次，参训群众1200人，免费开放正常开展。

场地面积：306平方米

文艺创作作品：春节期间，编排文艺小节目《社会主义好》、小品《过年》在各村巡回演出，同时伴有腰鼓、秧歌等曲艺节目。

简　　介：武沟乡乡党委、政府充分认识到农村文化建设的重要意义，把农村文化建设纳入党委和政府的重要议事日程，把开展文化活动同其他社会经济工作共同部署、共同推进。加大经费投入，建成建筑面积306平方米的武沟乡综合文化站，设有专门的办公室、多功能厅、文体活动室、图书阅览室、室外配套文化活动场所。站舍内有省文化厅配备办公、文化信息资源共享、电子音响等价值10万元的各种文化设备，配置基本齐全。设站长1名，工作人员2名。各个行政村设有农家书屋，有专人管理，文化站和农家书屋定时免费开放。2012年省拨付免费开放资金4.5万元。近年来，在武沟乡党委、政府和文化站的领导下开展农民趣味运动会、农民卡拉OK赛等多样的村民文化活动，极大地提高了农村基层组织的凝聚力和丰富了村民的文化生活，受到了当地群众的好评。

0563 临泾乡综合文化站

地　　址：镇原县临泾乡

隶属关系：临泾乡人民政府

人　员　数：4 人

观　众　数：2 万人

开展活动情况：排练秧歌、小品等文艺节目，组织开展书画展览活动，举办象棋赛、乒乓球赛、职工拔河比赛、农民篮球运动会等群众性文体活动，开展农家书屋管理员、农民科技培训，辅导少儿剪纸、书法、绘画培训。

场地面积：306 平方米

文艺创作作品：编排曲艺小节目《打靶归来》《苹果树下》，在全乡各村展演，群众反响很好。有刺绣、剪纸、书法、绘画作品。

简　　介：临泾乡地处王符故里，文化名人辈出不穷，《潜夫论》蜚声中外，北魏灵太后，治国清明，素有"书法艺术之乡"美称。临泾乡党委、政府充分发挥临泾乡文化优良传统，利用文化站大力开展写字、画画、剪纸人、贴对联、刺绣文化培训活动，妇女们农闲时绣香包、绣枕头、绣鞋垫等各式各样的文化艺术品日益活跃。文化站还在各重大节日开展举办各种群众性文体活动。临泾乡文化活动的开展极大地活跃了村民的文化生活，提升了他们的生活品味。

0564 新城乡综合文化站

地　　址：镇原县新城乡剧院

隶属关系：新城乡人民政府

人　员　数：4 人

观　众　数：3.4 万人

开展活动情况：排练秧歌、小品等文艺节目 3 个，演出 10 次，观看群众 1.6 万余人；组织开展书画展览 2 次，展出书画作品 400 幅，参观人达 1000 次；举办农民篮球运动会、象棋赛、乒乓球赛、职工拔河比赛等群众性文体活动各 1 次，参与群众 1.5 万余人。

场地面积：306 平方米

文艺创作作品：出版发行《孙志春书法集》，该书收集书法家孙志春先生隶书、楷书、篆刻等书法长卷及斗方作品 80 余幅。

简　　介：新城镇历史悠久，人杰地灵，沃土平畴，物华天宝，眉肖公路横穿其境，是庆平两市经济文化发展交流的交通要道。乡党委、政府因地制宜，积极培训乡村文化骨干人才，配置乡村公共文化场地和设施，开展各项文化体育活动，农民文化素质和道德品质提高明显，文化活动收效相当显著。新城乡建成建筑面积 306 平方米文化站，站内设有办公室、多功能厅、图书阅览室，室外配套文化活动场所、文体活动室。站舍内有省文化厅配备办公、文化信息资源共享、电子音响等价值 10 万元的设备。设站长 1 名，工作人员 3 名。文化站设备齐全，基本满足村民文化活动的需求。在文化站的带动下，大力开展农村文体活动和法制建设活动。持之以恒地搞好农民种植技术、劳务输出技能和维权培训，做好开展活动和培训统筹兼顾，全面加强农村精神文明建设，社会维稳治安综合治理，确保新城乡有序带领新城人民昂首阔步建设社会主义新农村的伟大征程。

0565 殷家城乡综合文化站

地　　址：镇原县殷家城乡街道

隶属关系：殷家城乡人民政府

人　员　数：3 人

观 众 数：2.5 万人

开展活动情况：文化站组织开展书画展览 1 次，展出书画作品 200 幅，参观群众 300 人次，排练秧歌、社火等文艺节目 2 个，演出 10 次，观看群众 1.2 万余人。举办象棋赛、乒乓球赛、职工拔河比赛、农民篮球运动会等群众性文体活动，参与群众 5000 余人。举办科技培训 3 次，参与群众 600 人次。

场地面积：306 平方米

文艺创作作品：编排眉户小戏《小放牛》在全乡各村巡回演出，深受群众欢迎。

简　　介：殷家城乡综合文化站建筑面积 306 平方米，设有专门的办公室、多功能厅、文体活动室、图书阅览室，室外配套文化活动场所。站舍内有省文化厅配备办公、文化信息资源共享、电子音响等价值 10 万元的设备。设站长 1 名，工作人员 2 名。目前该站设备齐全，人员到位，免费开放活动开展正常，2012 年省上拨付免费开放资金 4.5 万元。组织开展书画展览，排练秧歌、社火等文艺节目演出；举办象棋赛、乒乓球赛等群众性文体活动，举办科技培训。

0566 城关镇综合文化站

地　　址：城关镇政府内

隶属关系：城关镇人民政府

人　员　数：5 人

观　众　数：4 万人

开展活动情况：目前，组织开展书画展览 2 次，展出书画作品 200 幅，作品受到全镇群众的喜爱。排练秧歌、小品等文艺节目 3 个，演出 15 次，观看群众 2 万余人。举办象棋赛、乒乓球赛、职工拔河比赛、农民篮球运动会等群众性文体活动，参与群众 1.5 万余人。

场地面积：2400 平方米

文艺创作作品：编排小型舞蹈节目《迎春秧歌》，在各村巡回演出。

简　　介：城关镇综合文化站设有专门的办公室、多功能厅、文体活动室、图书阅览室、培训中心。各室内有省文化厅统一配备的办公、文化信息资源共享、电子音响等价值 10 万元的设备。文化站有工作人员 5 名，其中，站长 1 名、工作人员 4 名。近几年来，文化站将文化建设列入全镇重要经济社会工作议事日程，采用以点带面的文化发展战略，以重大节日开展文体活动为依托，制订城关镇文化活动年度发展计划，一节日一个主题，全力引导文体融合发展，激活了村民文体活动的热情，鼓励更多的村民参与表演，展现城关镇精神风貌。通过大型活动引领，该镇现在已形成干群共同参与，文化活动遍地开花的良好态势。组织开展书画展览，排练、演出秧歌、小品等文艺节目，举办象棋赛、乒乓球赛、职工拔河比赛、农民篮球运动会等群众性文体活动。

0567 太平镇综合文化站

地　　址：镇原县太平镇

隶属关系：太平镇人民政府

人　员　数：5 人

观　众　数：4.2 万人

开展活动情况：组织举办全镇少儿书画展览活动，举办象棋赛、乒乓球赛、职工拔河比赛、农民篮球运动会等群众性文体活动。图书阅览室、多功能室、文体活动室全面向社会免费开放。

场地面积：3000 平方米

文艺创作作品：编排小品《太平盛世》、文艺节目《致富路上的领头人》等。编撰出版两部《太平乡土情》新民俗丛书。

简　　介：太平镇牢牢把握先进文化引领方向，大力推进文化建设，文化发展呈现出新气象。建有太平镇综合文化站，内设有文化活动场所，多功能厅、文体活动室、图书阅览室、办公室、培训中心。各室内配置有统一的办公、文化信息资源共享、电子音响等设备。在完善文化公共产品硬件的同时，积极建立健全文化建设的规章制度，培养文化发展的骨干人才，激发村民参与文化活动的愿望，调动群众开展书画展览、秧歌小品表演、农民运动会等群众喜欢的文体活动。全镇有剪纸刺绣专业艺术人才400多人，个体刺绣公司5个，有书画人才200多人，国家、省、市级艺术大师30多人，率先在全县推进"婚事新办，丧事简办，寿事不办，神事禁办"的乡风民俗改革，基本形成了以先进文化发展为核心的社会主义新风尚。

0568 孟坝镇综合文化站

地　　址：镇原县孟坝镇剧院内
隶属关系：孟坝镇人民政府
人 员 数：5人
观 众 数：4.8万人
开展活动情况：组织举办全镇少儿音乐、书画大赛；举办全镇农民篮球运动会及全镇单位职工拔河比赛、象棋比赛、乒乓球赛；举办全镇文艺汇演；组织培训农家书屋管理员、农民科技致富带头人。
场地面积：306平方米
文艺创作作品：编排的小戏《过年》、舞蹈《耍社火》。
简　　介：孟坝镇突出文化站建设，配置有专门的办公室、多功能厅、文体活动室、图书阅览室，室外配套文化活动场所。各功能室设备齐全。设站长1名，工作人员4名。文化站经常组织培训农村文化人才、农民科技致富带头人，为农民提供致富、种植养殖信息；举办元旦、国庆文艺晚会，组织群众性文化体育活动，孟坝镇群众文化活动正在有声有色地开展。

0569 开边镇综合文化站

地　　址：镇原县开边镇剧院
隶属关系：开边镇人民政府
人 员 数：5人
观 众 数：2.5万人
开展活动情况：排练演出秧歌、小品等文艺节目；组织开展书画展览；举办象棋赛、乒乓球赛、职工拔河比赛、农民篮球运动会等群众性文体活动；经常举办养殖和果树修剪等培训活动。
场地面积：306平方米
文艺创作作品：编排历史秦腔剧《铡美案》《下河东》《周仁回府》等。
简　　介：近年来，开边镇在加快乡镇经济社会稳定和谐发展的同时，不断加强文化建设，把文化站建设纳入公共文化服务体系的重要组成部分，充分发挥其公共服务功能。开边镇综合文化站建筑面积306平方米，内设有专门多功能厅、文体活动室、图书阅览室，室外配套文化活动场所、办公室。有办公、文化信息资源共享、电子音响等价值10万元的设备。设站长 1 名，工作人员 4 名。文化站组织书画、民俗、剪纸展览，为群众提供书画、歌舞、曲艺、民俗培训，并建成巧媳妇民间工艺基层文化活动基地示范点，重大节日开展群众喜欢的文体活动。开边镇文化活动呈现出繁荣发展的景象。

0570 南川乡综合文化站

地　　址：镇原县南川乡街道

隶属关系：南川乡人民政府

人 员 数：3 人

观 众 数：1.8 万人

开展活动情况：文化站充分利用各个功能活动室排练秧歌、小品等文艺节目 2 个，演出 10 次，观看群众 1.8 万余人。举办职工拔河比赛、农民篮球运动会等群众性文体活动，参与群众 1.2 万余人。利用书画能人突出的优势积极开展书画培训，培养出了许多书画人才，组织开展书画展览 1 次，展出书画作品 80 幅，参观人 700 次。

场地面积：306 平方米

文艺创作作品：由文化站排练的《南川社火》，春节期间在各村巡回演出。《南川社火》演出队伍阵容强大，主题新颖，内容丰富，共有 200 多人参加演出，观看群众多达 20000 余人。

简　　介：南川乡党委、政府重视文化建设，积极弘扬南充乡文化发展优势，建成建筑面积 306 平方米文化站，设有专门的办公室、多功能厅、文体活动室、图书阅览室、室外配套文化活动场所。各室基本配置齐全，藏图书 1.2 万多册。有村级农家书屋 10 处。多年来，文化站组织文化专干宣传普及科学文化知识、党的方针政策、思想道德素养，指导群众练习健身操，鼓励有专长的群众建立艺术团体带领广大群众一起活动，做好各村农家书屋的阅览借阅工作，辅导村文化室、农民艺术团体开展各种文化活动，协助上级做好文化市场管理工作，通过活动提高了全乡群众的文化素质和道德品质，为全乡经济快速发展和社会全面进步注入了强大的活力。

0571 郭原乡综合文化站

地　　址：镇原县郭原乡街道

隶属关系：郭原乡人民政府

人 员 数：3 人

观 众 数：2.4 万人

开展活动情况：组织开展书画展览；排练、演出健身操、合唱、舞蹈等文艺节目 6 个，演出 13 次；举办象棋赛、乒乓球赛、职工拔河比赛、农民篮球运动会等群众性文体活动；举办各类培训班、辅导班。在每年春节期间，编排社火巡回各村演出，郭原社火演出阵容庞大，多以讴歌社会主义新农村建设取得的辉煌成就为题材，有秧歌、划旱船、文艺节目等。

场地面积：306 平方米

文艺创作作品：无

简　　介：郭原乡综合文化站建筑面积306平方米，内设有图书室、阅览室、活动室、器材室、体育场、文化活动中心，有藏书2万册，文化活动器材基本齐全。站舍内有省文化厅配备办公、文化信息资源共享、电子音响等价值10万元的设备。文化站设站长1名，工作人员2名。各村建成活动室、阅览室、图书室、会议室，共有藏书1500册，文化活动器材500件套。

0572 马渠乡综合文化站

地　　址：镇原县马渠乡剧院
隶属关系：马渠乡人民政府
人 员 数：3人
观 众 数：2.4万人
开展活动情况：举办象棋赛、篮球赛、乒乓球赛、职工拔河比赛等群众性文体活动；组织开展书画展览；排练秧歌、小品等文艺节目3个，演出15次。
场地面积：306平方米
文艺创作作品：王鹏创作的国画《牡丹》，在第十二届中国庆阳香包民俗文化节上展出。
简　　介：马渠乡领导充分认识到乡村文化建设对发展农村经济、提升村民生活质量起到重要作用，大力发展农村公共文化服务体系建设，建成面积306平方米的马渠乡综合文化站。这几年重在完善、补缺文化建设硬件设施，房屋建筑功能达到"五室一厅"的标准：专门的办公室、图书室、阅览室、活动室、多功能活动厅。室外配套文化活动场所，设施齐全，功能基本达到标准。文化站设站长1名，工作人员2名。在文化站的带领下举办各种活动。马渠乡文化服务能力和水平有大幅度的改善，群众基本文化需求得到有效保障，乡风文明水平明显提高，为全面建成小康社会发挥着积极作用。

0573 屯字镇综合文化站

地　　址：镇原县屯字镇
隶属关系：镇原县屯字镇人民政府
人 员 数：4人
观 众 数：5.4万人
开展活动情况：开展农家书屋管理员培训班2期，开展农业科技培训班4期；组织开展书画展览；排练秧歌、小品等文艺节目10个，演出20次；举办象棋赛、乒乓球赛和全镇职工拔河比赛。
场地面积：300平方米
文艺创作作品：编排的小戏《美丽的屯字》、相声《哥们》在全镇文艺汇演中获优秀节目奖。
简　　介：屯字镇党委、政府坚持以人民为中心的发展理念，从满足群众对文化的需求出发，建成屯字镇综合文化站，内设有专门的办公室、文化活动场所、多功能厅、文体活动室、图书阅览室、培训中心。室内有省文化厅统一配备的办公、文化信息资源共享、电子音响等价值10万元的设备。文化站有工作人员4名，其中，站长1名、工作人员3名。文化站积极开展书画展览、象棋赛等文体活动，充分挖掘文化资源，大力开发以香包、刺绣、剪纸为主的民俗文化产业。文化事业日益繁荣，民间从事香包、刺绣、剪纸、根雕、书画等艺术的人才层出不穷，每年送往香包节出售的香包刺绣作品2000多件，受到省内外客商的好评。

0574 上肖乡综合文化站

地　　址：镇原县上肖乡人民政府
隶属关系：上肖乡政府
人 员 数：4人
观 众 数：3.4万人
开展活动情况：组织开展书画展览；排练、

演出文艺节目；举办象棋赛、乒乓球赛、职工拔河比赛、农民篮球运动会等群众性文体活动；开展农家书屋管理员培训1次；聘请省农科院专家开展农业科技培训3次。

场地面积：306平方米

文艺创作作品：编排眉户小剧《上肖好》《社火》。

简 介：上肖乡综合文化站建筑面积306平方米，设有专门的办公室、多功能厅、文体活动室、图书阅览室及室外配套文化活动场所。站舍内有省文化厅配备的办公、文化信息资源共享平台及电子音响等价值10万元的设备。目前该站设备齐全，人员到位，免费开放活动开展正常。该站组织开展书画展览3次，展出书画作品600幅，参观人员1800人次；排练文艺节目10个，巡回村组演出25场次，观看群众24000余人；举办象棋赛、乒乓球赛、职工拔河比赛、农民篮球运动会等群众性文体活动4次，参与群众15000余人；开展农家书屋管理员培训1次，培训人员15人；聘请省农科院专家开展农业科技培训3次，培训农民"科技明白人"1000人次。

0575 方山乡综合文化站

地 址：镇原县方山乡剧院

隶属关系：镇原县方山乡人民政府

人 员 数：3人

观 众 数：2万人

开展活动情况：举办书画展览多次，展出书画作品300幅，参观人2000人次，农村书画人才新秀不断涌出；举办象棋赛、职工拔河比赛、乒乓球赛、农民篮球运动会等群众性文体活动各1次，参与群众12000余人，群众的身体素质得到有效的改善。

场地面积：306平方米

文艺创作作品：农民画家张建荣创作的《人物肖像》一书。

简 介：方山乡党委、政府清醒深刻认识到文化在促进农村生产发展、生活宽裕、乡风文明、村容整洁、管理民主等方面发挥的重要作用，坚持以乡镇为主导，以村为重点，以农户为对象，发展乡、村文化设施和文化活动场所，形成农村公共文化服务网络。方山乡建成建筑面积306平方米文化站，有专门的办公室、多功能厅、文体活动室、图书阅览室，室外配套文化活动场所。站舍内有省文化厅配备办公、文化信息资源共享、电子音响等价值10万元的设备。各村建有农家书屋。文化站的各功能室和各村的农家书屋免费开放。文化站开展农民科技和农村文化骨干人才培训，文化队伍不断壮大，农民自办文化更加活跃。文化站举办书画展览、象棋赛、乒乓球赛等群众性文体活动。通过文化活动，方山乡文明程度和村民整体素质有所提高，公共文化服务切实得到了加强。

0576 中原乡综合文化站

地 址：镇原县中原乡剧院

隶属关系：中原乡人民政府

人 员 数：3人

观 众 数：2.1万人

开展活动情况：组织排练舞蹈、演出舞蹈、合唱、诗词朗诵、小品表演等；举办象棋赛、乒乓球赛、职工拔河比赛、农民篮球运动会等群众性文体活动；举办农业科技培训活动。

场地面积：306平方米

文艺创作作品：利用冬季等农闲时间，排练文艺节目《故乡情》、戏剧《杜养富》，春节期间在全乡各村巡回演出拜年。

简 介：随着农村经济的发展，农村群众的文化生活需求日益增强，中原乡将农村文化建设纳入当地经济社会发展规划，加大农村文化建设资金的投入，逐步解决办公用房、活动场地、人员编制、文化设施等问题，建成乡镇文化站、行政村文化活动室、农村文化广场。文化站强化文化工作人员的专业培训，提高他们的业务素质和能力，使他们能胜任文化工作的任务。坚持文化活动常规化开展，在重大节日期间举办文艺演出、健身操比赛、农民运动会、社火表演等各种文化活动。通过文化活动，不仅让农民从中愉悦身心，而且用先进的文化占领农村文化阵地，促进广大村民思想和文化素质的提高。

0577 平泉镇综合文化站

地　　址：镇原县平泉镇街道
隶属关系：平泉镇人民政府
人 员 数：4人
观 众 数：2.4万人
开展活动情况：组织开展书画展览3次，展出书画作品800幅，参观人1600次。排练秧歌、小品等文艺节目3个，演出20次，观看群众2.4万余人。举办象棋赛、乒乓球赛、职工拔河比赛、农民篮球运动会等群众性文体活动各1次，参与群众1.8万余人。开展文艺辅导、科技培训等活动4次，参训人员2000人。
场地面积：306平方米
文艺创作作品：编排大型文艺节目《平泉社火》在春节期间巡回各村演出，深受群众喜爱。
简　　介：平泉镇党委、政府充分认识到发展农村文化对促进农村文化繁荣、建设社会主义新农村、满足广大农民群众文化需求、促进农村经济发展和社会进步的重大意义。平泉镇把文化建设作为"民心工程"认真落实，建成平泉镇综合文化站。文化站内设有专门的办公室、图书室、阅览室、多功能厅、文体活动室、室外配套文化活动场所。站舍内有各种办公用品、文化设施齐全，基本能满足村民多层次、多样化的文化需求。文化站充分发挥农村文化阵地为群众服务的作用，始终以广大群众文化需求为本，广泛开展农民群众喜闻乐见的文化活动，大力发展农村特色文化。加强农民科技知识和文化能人培训，平泉镇的剪纸、书法、秧歌、戏曲、摄影等迅速发展壮大起来。同时，积极探索农村文化建设的长效机制，切实为农村文化建设营造良好氛围，不断开拓农村文化建设的新途径，做到"重大节日有新主题、新内容"。平泉镇文化活动的开展充分调动了广大群众参与文化建设的积极性，文化建设取得显著成效。

0578 庙渠乡综合文化站

地　　址：镇原县庙渠乡剧院
隶属关系：庙渠乡人民政府
人 员 数：4人
观 众 数：1.2万人
开展活动情况：组织开展书画展览2次，展出书画作品400幅，参观人数1000人。排练秧歌、小品等文艺节目3个，演出11次，观看群众1.2万余人。举办象棋赛、乒乓球赛、职工拔河比赛、农民篮球运动会等群众性文体活动各1次，参与群众1.5万余人。开展农家书屋管理员培训和农业科技知识讲座各3次，参与群众1200余人。
场地面积：306平方米
文艺创作作品：编排的快板《夸庙渠》、小品《庙渠春官》在全乡各村巡回演出，反响很大。
简　　介：庙渠乡全面统筹各类资源，加大农村文化阵地建设投入力度，建成庙渠乡综合文化站，配备乒乓球台、篮球架及各类健身器材。9个行政村建有农家书屋，设立

"户户通"卫星设备。全方位加强文化人才培训,文化人才队伍建设得到有效发展。积极开展贴近实际、贴近生活、贴近农民的文化活动,如象棋赛、乒乓球赛、职工拔河比赛、农民篮球运动会等文化活动和书画展览。这些活动营造了农村经济与乡村文化建设共同发展的良好氛围,带动了广大群众道德水平和文明素质不断提升,促进了乡村文化的发展。

（四十五）庆阳市环县

0579 环县图书馆

地　　址：环县环江大道 102 号
隶属关系：环县文化广播影视局
人 员 数：8 人
观 众 数：1800 人
开展活动情况：图书馆在全民读书月和图书馆服务宣传周及节假日期间开展内容丰富、形式多样的读者活动（世界读书日活动、图书馆服务宣传周活动、"你选书、我购书"读者推荐活动、有奖征文活动、读者座谈会等）。
场地面积：1760 平方米
文艺创作作品：无
简　　介：环县图书馆是由民国中期的"曲子县鲁迅馆"和"民众教育馆"沿革而来。1950 年秋曲县、环县两县合并，于 1951 年成立环县人民文化教育馆，设立了图书阅览室。1979 年与县文化馆分设成立图书馆，为正科级事业单位。2013 年 10 月被文化部评为"二级公共图书馆"。2012 年 8 月挂牌成立了全国文化信息资源共享工程县级支中心。目前馆内设综合办公室、图书借阅室、藏书库、电子阅览室、综合阅览室、采编室、共享工程机房、地方文献书库、古籍书库、多功能报告厅、地方特色文化成果展厅等 11 个服务窗口。

0580 环县文化馆

地　　址：环县中环大道 102 号
隶属关系：环县文化影视广播局
人 员 数：8 人
观 众 数：3 万人
开展活动情况：主持成立环县书画艺术家、皮影艺术家、作家、音乐戏剧家、文化产业 5 个协会，发展文学书画等艺术界新人 800 名；主办庆阳市五届香包民俗文化节环县精品展厅布展、展销工作；每年平均组织常规节庆活动 20 余次，参与群众 50 万人次；组建曲子镇许明堂专业民间皮影戏班，承担对外交流演出活动。
场地面积：650 平方米
文艺创作作品：编印了《环县道情皮影艺术》画册和刻录 VCD 光盘；组织创作皮影剧本 6 本，收集整理传统皮影剧本 15 本；翻录环县道情皮影艺人老唱片 20 盘。
简　　介：环县文化馆创建于 1953 年，建馆以来不断创新发展，馆办活动异彩纷呈。2001 年被评为县级文明单位；2002—2006 年连续五年被评为全县新闻宣传先进单位；2004 年被评为甘肃省基层文化先进单位。文化馆原址县城中街，建筑面积 1000 平方米，现迁至环县环江新区中环大道道情皮影博物馆楼（文化综合办公楼），现有馆舍面积 650 平方米。馆内下设音乐美术室、摄影室、培训部、《环江之声》编辑部、文化产业研究所、办公室、后勤室。室外有文化广场一处400平方米，是县城群众开展文化活动的主要阵地。环县文化馆属独立正科级财政全额拨款单位。现有编制10名，有职工8名，其中助理馆员3名、管理员3名、未定级2名、正副馆长各1名。环县文化馆参与承办了第一、二届环县道情皮影文化艺术节；制订了环县道情皮影保护传承开发工作三年、五年规划；启动了道情皮影保护传承开发领导小组办公室的工作；全面组织道情皮影田野普查工作；配合中央、省、市媒体对环县道情皮影进行了主力宣传，在《甘肃风采》《陇东报》《兰州晨报》，中央电视台、甘肃电视台等媒体进行了宣传报道，并引起了《中国文化报》等的重视。

0581 环县档案馆

地　　址：环县环洲路41号

隶属关系：环县档案局

人 员 数：5人

观 众 数：1600人

开展活动情况：无

场地面积：1100平方米

文艺创作作品：编写《环洲藏墨》一书。

简　　介：环县档案馆始建于1958年8月，全称为"党政工团四合一档案馆"，隶属县委秘书室；1963年6月，环县档案馆升格为科级单位，配备了专职副馆长；1980年5月19日恢复档案馆，与档案局合署办公，两个牌子，一套人员；1988年划归政府序列；1997年政府机构改革时划属县委，事业单位。原档案馆楼始建于1985年，2008年3月鉴定成危楼，停止办公。2009年10月与县委合建的县委档案馆楼交付使用至今。新档案馆建筑面积1100平方米，设有档案库房、展览室、查阅室、办公室、会议室，配备了48列146组密集架，档案库房"九防"设备和措施落实到位。更新了部分办公设备，现累计拥有电脑9台、复印机1台、扫描仪3台、传真机1部。近年来，档案馆狠抓档案"三大体系"（资源、安全、利用）建设和信息化工程，目前馆藏120个全宗的档案资料，涵盖各门类和载体的档案共8大类20多种5.8万余卷（册），近1.6万余件，逐年进馆2600多卷（件），各类目录1300余本，抢救重点革命历史档案2700余卷。投资3万多元安装库房监控设施1套。县馆自编资料累计达100多本、400多万字，开放档案累计98个全宗，1.1万条目录，每年接待各行业、各方面的查档利用者1600多人（次），提供档案资料1800多卷（次），复制近3万页。创建档案数据库，现有机读文件目录19.3多万条，全文扫描2190多卷、25万多幅，DVD刻录30多张。

0582 环县博物馆

地　　址：环县环城镇环江大道102号

隶属关系：环县文化出版局

人 员 数：12人

观 众 数：5万人

开展活动情况：开展各种皮影展览。

场地面积：1360平方米

文艺创作作品：无

简　　介：环县博物馆始建于1952年，其前身为环县文化馆，1991年独立办公，正科级事业单位，隶属县文化出版局。馆址位于县城环江新区文化博览中心，馆舍总面积1360平方米。其中展厅面积1020平方米，库房面积140平方米，办公面积200平方米。馆内共有职工12人，其中馆长1名、副馆长3名、专业技术人员4名。馆内共有文物藏品4624件。其中，历史文物2197件（一级品17件、二级品有45件、三级品544件），革命文物127件，明、清时期皮影共2300件。历史文物中，以汉代的铁铜器、宋代的瓷器为特色，尤其是宋代的碗、碟均属陕西铜川耀州窑烧制，造型、绘画工艺、刻制的刀法都有相当高的研究价值和艺术价值。馆藏的明、清皮影，都是用牛皮雕刻而成，精致流畅，塑造独特，极具地域文化特色，是皮影中的精品。根据资料，我县共有各类不可移动文物保护单位356处。其中10处省级文物保护单位，4处为市级文物保护单位，56处县级文物保护单位。博物馆现有三个展厅：一是环县明清精品皮影展厅，主要展出的是我馆收藏的陇东民间戏班演出中的明清时期的精品皮影，共展出皮影500余件；二是全国皮影收藏展厅，主要展出全国13个省市各流派的代表性皮影，共展出皮影600多件；三是新布置的历史文物展厅，展出我县出土的历史文物168件。

0583 合道乡文化站

地　　址：环县合道乡政府内
隶属关系：环县合道乡人民政府
人 员 数：4人
观 众 数：3100人
开展活动情况：坚持长年开展晨练健身操、广场舞各类文化活动；每天分早中晚三次定期播放广播；每季度适时安排电影播放、皮影演出、香包刺绣展览等；长年开展图书借阅活动；每逢重大节日举办大型文艺演出活动。
场地面积：310平方米
文艺创作作品：无
简　　介：环县合道乡文化站建成于2010年，占地面积2660平方米，建筑面积310平方米，设乒乓球室、图书阅览室、香包刺绣展室等。文化广场有舞台1座、篮球场1个，各类健身器材、棋牌桌均安装到位。文化站现有工作人员4名，已实行全免费开放，并坚持长年开展各类文化活动，每天早7点到8点有晨练健身操，晚上7点到9点有广场舞，每天分早中晚三次定期放广播。每季度适时安排各种展览等，并长年开展图书借阅活动。在"三八"妇女节开展广场舞比赛，在"五一"劳动节开展拔河比赛、乒乓球赛、篮球赛，在中秋节组织文艺汇演，在春节期间举办社火表演，邀请省、市文艺剧团在镇文化广场演出。通过开展群众喜闻乐见的文化活动，不断提升群众的文化素养和生活品质。

0584 芦家湾乡文化站

地　　址：环县芦家湾乡中街
隶属关系：芦家湾乡人民政府
人 员 数：4人
观 众 数：3000人
开展活动情况：图书室、乒乓球活动室等功能室常年免费开放；定期举办农业科技、卫生知识等各类文化知识辅导讲座；重大节日举办大型文艺演出活动。
场地面积：393平方米
文艺创作作品：无

简　　介：在镇党委、政府的正确领导下，环县芦家湾乡文化站于2011年建成，建筑面积393平方米，包括办公室、图书室、电子阅览室、香包刺绣展室及棋牌乒乓室，配置电脑6台、图书3000册以及投影仪等设施。完成了辖区内各村的农家书屋创建达标工作，每个农家书屋都有1000册以上的图书，由专人负责，全天候对外开放，满足了广大村民的阅读需求。在重大节日积极开展广场舞表演活动、刺绣展览等，定期进行电影放映。

0585　洪德乡综合文化站

地　　址：环县洪德乡中街

隶属关系：洪德乡人民政府

人 员 数：4人

观 众 数：7200人

开展活动情况：坚持长年开展晨练健身操、晚上练广场舞活动；每天分早中晚三次定期播放广播；每季度适时安排电影播放、皮影演出、香包刺绣展览等；每逢重大节日，文化站都要举办大型文艺演出活动。

场地面积：410平方米

文艺创作作品：无

简　　介：洪德乡综合文化站建成于2008年，占地面积1000平方米，建筑面积410平方米，设乒乓球室、图书阅览室、香包刺绣展室等。文化广场有舞台、篮球场、各类室外健身器材。文化站有工作人员4名。在县政府文体局的支持下，按照"政府主导、社会参与、自主管理、村民共享"的要求，启动了"农家书屋"试点工程，各村配备1400余册图书，农民足不出村就能学习到经济、法律、农业科技等方面的知识。乡党委出台一整套文化站的管理措施，把文化站建成农民讲文明、树新风、移风易俗的精神家园，打造成一个学习知识、提高文明素质、改变自身命运的文化平台。文化站常年组织开展各类文化活动。每天早7点到8点有晨练健身操，晚上7点到9点有广场舞；每季度适时安排各种文化活动等。每逢重大节日，文化站都要举办大型包括合唱、小品、舞蹈、戏曲等形式的综合文艺演出活动。

0586　车道乡文化站

地　　址：环县车道乡中街

隶属关系：车道乡人民政府

人 员 数：4人

观 众 数：3700人

开展活动情况：每季度适时安排电影播放、皮影演出、香包刺绣展览；每逢重大节日都要举办大型文艺演出活动；长年开展图书借阅活动。

场地面积：310平方米

文艺创作作品：无

简　　介：车道乡文化站建成于2010年，建筑面积310平方米，站内有多功能展厅、乒乓球室、图书阅览室等功能室。文化站外设文化广场，包括舞台、篮球场、各类室外健身器材。文化站利用这些文化产品经常性的开展各类文体活动，图书室常年免费开放。农闲时节定期举办党的政策方针、科技文化知识、农业栽培技术、法律法规等讲座辅导。通过文化体育活动，农民群众的思想道德品质和文化水平有了提高，对新农村建设热情更高，农村社会出现祥和蒸蒸日上的良好局面。

0587　耿湾乡文化站

地　　址：环县耿湾乡中街

隶属关系：耿湾乡人民政府

人 员 数：4人

观 众 数：3.7万人

开展活动情况：每逢重大节日举办大型文艺

演出活动；定期宣传党的方针政策、农业科技知识、法律常识、卫生保健常识等；阅览室、活动室常年免费开放；定期开展农业技术人才、文艺骨干培训。

场地面积： 310平方米

文艺创作作品： 无

简　　介： 耿湾乡文化站建成于2010年，占地面积1260平方米，建筑面积310平方米，内设乒乓球室、图书阅览室、香包刺绣展室等。外设有文化广场，包括有篮球场、舞台和各类室外健身器材。文化站坚持贴近实际、贴近群众，组织各村文化专干创作和排练声乐、小品、戏曲、舞蹈节目，定期到各村演出；充分发挥和利用村民的特长和爱好，组建多支业余文艺团体，引导文艺团体积极开展各种文艺演出；组织书画、刺绣等艺术品展出。文化站从满足群众文化意愿出发，开展雅俗共赏的特色文化活动，丰富了辖区群众的精神生活。

0588 南湫乡文化站

地　　址： 环县南湫乡中街

隶属关系： 南湫乡人民政府

人 员 数： 4人

观 众 数： 2700人

开展活动情况： 坚持长年开展晨练健身操，晚上练广场舞，每天分早中晚三次定期播放广播；每季度适时安排电影播放、皮影演出、香包刺绣展览等；每逢重大节日，文化站都要举办大型文艺演出活动。"三八"妇女节开展广场舞、健身舞大赛；"五一"劳动节举办篮球比赛、拔河比赛、乒乓球比赛、象棋比赛等大型运动会；春节期间组织大型的社火表演，有扭秧歌、划龙船、舞狮子、踩高跷等文化项目。在文化站的带领下本乡文化活动开展得红红火火。

场地面积： 320平方米

文艺创作作品： 无

简　　介： 环县南湫乡文化站建成于2011年，建筑面积320平方米，设乒乓球室、图书阅览室、香包刺绣展室等。文化广场有舞台1座、篮球场2个，各类室外健身器材、棋牌桌均安装到位。文化站为了丰富当地群众的文化生活，增添生活的情趣，增强人民群众的凝聚力，利用法定节假日和农闲时节，组织人民群众开展体育健身、阅报读书、文艺演出等活动，不断满足人民群众对文化的需求，群众的幸福感有了大的提升。

0589 秦团庄乡文化站

地　　址： 环县秦团庄乡中街

隶属关系： 秦团庄乡人民政府

人 员 数： 4人

观 众 数： 3.7万人

开展活动情况： 文化站各功能室全年免费开放；坚持在重大节日举办大型文艺演出活动；长年开展晨练健身操，晚上7点到9点练广场舞，每天分早中晚三次定期播放广播；定期开展农村科技人员和文艺骨干培训。

场地面积： 310平方米

文艺创作作品： 无

简　　介： 环县秦团庄乡文化站建成于2011年，占地面积1000平方米，建筑面积310平方米，设乒乓球室、图书阅览室、香包刺绣展室等。文化站积极为群众提供优质、便利、快捷服务，使村党组织结合产业发展，引导致富能力强的党员、村民作"科技指导员"，为群众提供技术指导、产品信息、务工信息等服务，努力提高农民进入市场的组织化程度。在重大节日开展大型文艺演出和农民运动会，极大地丰富了村民的文化生活。村民的文化生活质量和文化素质有了大的改观。

0590 木钵镇综合文化站

地　　址：环县木钵镇中街

隶属关系：木钵镇人民政府

人 员 数：5人

观 众 数：2800人

开展活动情况：重大节日举办大型文艺演出活动；长年开展图书借阅活动；每季度适时安排电影播放、皮影演出、香包刺绣展览；农闲时节组织各种法律常识、农业栽培技术等的培训和辅导。

场地面积：400平方米

文艺创作作品：无

简　　介：木钵镇综合文化站建成于2011年，建筑面积400平方米，内设多功能展厅、乒乓球室、图书阅览室、文化资源共享室等。外设有文化广场，包括舞台、篮球场和各类室外健身器材。文化站有工作人员5名，实行全免费开放，并坚持长年开展各类文化活动。"三八"妇女节开展广场健身舞大赛；"五一"劳动节举办篮球比赛、拔河比赛；春节期间组织大型的社火表演，还有扭秧歌、划龙船、舞狮子、踩高跷等文化项目。在文化站的带领下木钵镇文化活动开展得红红火火。

0591 曲子镇文化站

地　　址：环县曲子镇北街

隶属关系：曲子镇人民政府

人 员 数：5人

观 众 数：2700人

开展活动情况：文化广场村民长年晨练健身操，晚上练广场舞；每季度适时安排电影播放、乒乓球赛、篮球赛等；长年开展图书借阅活动；重大节日举办大型文艺演出活动。曲子文化站已多次组织参加过全市的春节社火汇演和香包节等活动，并连续三年举办了三届全镇"万福杯"农民运动会。

场地面积：400平方米

文艺创作作品：无

简　　介：曲子镇文化站始建于1984年，占地面积1200平方米，建筑面积400平方米，现有单面二层楼1座，设乒乓球室、图书阅览室、香包刺绣展室等。文化广场有舞台1座、标准化塑胶篮球场2个，各类室外健身器材、棋牌桌均安装到位。文化站现有工作人员5名。曲子镇文化站坚持长年开展各类文化活动，文化氛围浓厚，民间艺人辈出。文化站利用这一优势，组织有文艺特长的群众筹建了"曲子镇万福农民自乐班"，固定成员有20多名，并收集整理了部分由自乐班艺人创作的各类歌舞、民间小曲和其他语言文字等作品，自编自演，自娱自乐，推陈出新，效果良好。

0592 八珠乡文化站

地　　址：环县八珠乡文化广场

隶属关系：八珠乡人民政府

人 员 数：4人

观 众 数：3.7万人

开展活动情况：长年开展晨练健身操，晚上练广场舞活动；每季度适时安排电影播放；每天分早中晚三次定期播放广播；长年开展图书借阅活动；重大节日举办大型文艺演出活动。

场地面积：310平方米

文艺创作作品：无

简　　介：八珠乡文化站建成于2008年，占地面积1300平方米，建筑面积310平方米，内设图书室、阅览室、乒乓球室、电视音乐室、科技培训室等。站外有文化广场，包括舞台、篮球场，各类室外健身器材均安装到位。八珠乡党委、政府以为民办实事和文化惠民工程为出发点和落脚点，以保障村民的基本文化权益为目标，积极开展各项文化调研摸底工作，组织各村文艺爱好者进行艺术培训，在各村进行党的政策、法律法规、科普知识宣讲活动，积极组建各村文艺自乐班，在法定节假日组织文艺汇演、农民运动会，在文化建设工作方面取得了良好的效果。

0593 环城镇文化站

地　　址：环县环城镇中街

隶属关系：环城镇人民政府

人 员 数：6 人

观 众 数：2000 人

开展活动情况：在春节期间组织社火表演、打篮球比赛；在"三八"妇女节组织大型文艺演出活动；在"六一"儿童节协助镇中心小学开展庆"六一"儿童文艺演出；在国庆节组织农民运动会；长期开展晨练健身操、晚上练广场舞；在农闲时节对农村科技人员进行农业种植技术、畜禽养殖技术等培训。

场地面积：450 平方米

文艺创作作品：无

简　　介：环城镇文化站建成于 2010 年，占地面积 1200 平方米，建筑面积 450 平方米，设文化信息资源共享室、图书报刊阅览室、乒乓球室、香包刺绣多功能展厅等。文化广场有舞台 1 座、篮球场 1 个，各类室外健身器材、棋牌桌均安装到位。站内设有文化站站长 1 名，有专职工作人员 6 人。文化站对公众开放提供服务时间每周达 42 小时，设有免费活动项目。每年组织综合性大型文化活动和单项性文体活动，举办科普、法制、农村讲座，定时更新宣传橱窗内容。辖区内各村建成了农家书屋，配置图书 1500 册。通过乡村公共文化设施设备的建设，群众文化生活得到了极大丰富，乡文化建设工作蓬勃发展。

0594 虎洞乡文化站

地　　址：环县虎洞乡贾驿村

隶属关系：虎洞乡人民政府

人 员 数：4 人

观 众 数：4600 人

开展活动情况：文化站图书室、乒乓球活动室、文化资源共享室实行全免费开放；长年开展晨练健身操、晚上练广场舞活动，每天分早中晚三次定期播放广播；每季度适时安排电影播放、皮影演出、香包刺绣展览等；每逢重大节日举办大型文体活动。

场地面积：310 平方米

文艺创作作品：无

简　　介：环县虎洞乡文化站建成于 2009 年，占地面积 1200 平方米，建筑面积 310 平方米，内设乒乓球室、图书阅览室、香包刺绣展室等。各功能室基本设施配备齐全。外设有文化广场，包括舞台、篮球场和各类室外健身器材、棋牌桌等。以文化站、文化广场和各村的农家书屋为文化活动开展载体，每逢重大节日举办大型文艺演出活动。文化站的建成，丰富了群众文化生活，为群众获得致富信息搭建了平台。

0595 毛井乡综合文化站

地　　址：环县毛井乡中街

隶属关系：毛井乡人民政府

人 员 数：4 人

观 众 数：3500 人

开展活动情况：坚持长年开展各类文体活动；农闲时间举办科技知识、农作物栽培技术、法律知识、卫生保健知识教育普及活动；定期开展文化人才队伍培训活动。

场地面积：310 平方米

文艺创作作品：无

简　　介：环县毛井乡综合文化站建成于 2011 年，占地面积 1200 平方米，建筑面积

310平方米，设乒乓球室、图书阅览室、多功能展室等。文化广场有舞台1座、篮球场2个，各类室外健身器材、棋牌桌均安装到位。文化站现有工作人员4名，多次参加培训，能很好地胜任文化管理工作。文化站各功能室免费开放，长年开展图书借阅活动。毛井乡依托文化站常年开展丰富多彩的文化体育活动，有力地推动了本区域内文化建设的步伐。

0596 小南沟乡文化站

地　　址：环县小南沟乡文化广场
隶属关系：小南沟乡人民政府
人　员　数：4人
观　众　数：2700人
开展活动情况：长年开展健身操、广场舞、戏曲、秧歌、乒乓球比赛、篮球赛、拔河比赛等各类文化活动；在重大节日举办大型文艺演出活动。
场地面积：310平方米
文艺创作作品：无
简　　介：在乡党委的大力支持下于2011年建成建筑面积310平方米小南沟乡文化站，馆设文体活动室、图书阅览室、多功能展室、文化信息资源共享室。外设有文化广场，包括舞台、篮球场和各类室外健身器材。辖区内各村都建有文化室、农家书屋，藏书2500册。文化站的阅览室、文体活动室，各村的文化室、农家书屋都免费开放。在文化站工作人员的指导下，小南沟乡坚持在重大节日组织广场舞比赛、诗歌朗诵、红色歌曲大合唱、秦腔汇演、体育赛事等文化体育活动，定期组织各村文化专干在政治素养、专业技能、职业道德方面进行培训，定期送电影下各村，小南沟乡的文化体育活动得到上级部门的充分肯定。

0597 甜水镇文化站

地　　址：环县甜水镇中街
隶属关系：甜水镇人民政府
人　员　数：5人
观　众　数：3800人
开展活动情况：坚持长年开展大小型演出；每天分早中晚三次定期播放广播；每季度适时安排电影播放；长年开展图书借阅活动；定期组织文化下乡活动。
场地面积：310平方米
文艺创作作品：无
简　　介：甜水镇高度重视公共文化场所建设，把乡镇文化站、农家书屋、文化集市等工作有机结合，在乡镇文化站建设上投入大量资金，建成建筑面积310平方米的甜水镇文化站，内设多功能展厅、乒乓球室、图书阅览室等。外建有文化广场，包括舞台、标准化塑胶篮球场、各类室外健身器材、棋牌桌。各村都建有文化室和农家书屋。文化站现有工作人员5名，常年带动各村在重大节日举办大型文艺演出活动，每季度适时安排电影播放，长年开展图书借阅活动，农闲时节组织村民学习党的方针政策、法律常识、文化知识、农业栽培技术、卫生保健常识，有效地丰富了辖区内群众的文化生活。

0598 天池乡文化站

地　　址：环县天池乡中街
隶属关系：天池乡人民政府
人　员　数：5人
观　众　数：4900人
开展活动情况：文化站阅览室、文体活动室、信息资源共享室实行全年免费开放；坚持每天晨练健身操，晚上跳广场舞，每天早中晚定时播放广播；每季度定时放映电影；长年开展图书借阅活动；在重大节日举办大型文艺演出活动。

场地面积：310平方米

文艺创作作品：无

简　　介：环县天池乡文化站建成于2011年，占地面积1334平方米，建筑面积310平方米，设乒乓球室、图书阅览室、香包刺绣展室等。文化广场有舞台1座、篮球场、各类室外健身器材。文化站现有工作人员5名，大专学历1名，高中学历4名，他们长年带动各村一起开展各类文化体育活动，天池乡文化活动给乡村带来了勃勃生机，极大地提升了农村群众的生活品质。

0599 罗山川乡文化站

地　　址：环县罗山川乡街道

隶属关系：罗山川乡人民政府

人　员　数：4人

观　众　数：4.2万人

开展活动情况：每逢重大节日都要举办大型文艺演出活动；文化站各功能室实行全免费开放；坚持晨练健身操，晚上跳广场舞；每季度适时安排电影播放；长年开展图书借阅活动；不定期开展送文化下乡活动。

场地面积：315平方米

文艺创作作品：无

简　　介：罗山川乡党委高度重视发展文化建设工作，投入大量资金，于2011年建成占地面积1200平方米、建筑面积315平方米环县罗山川乡文化站，站内有图书阅览室、乒乓球室、多功能展厅等。外建有文化广场，配有舞台1座、篮球场1个、各类室外健身器材、棋牌桌。文化站发展各村文艺团体，组织各类文化艺术培训，在重大法定节日开展文艺汇演、农民运动会，在中小学校成立少年艺术团，调动各村文艺团体自办文艺节目，强化文化市场监管，使本乡的文化活动健康有序开展。

0600 演武乡综合文化站

地　　址：环县演武乡文化广场

隶属关系：演武乡人民政府

人　员　数：4人

观　众　数：6500人

场地面积：330平方米

文艺创作作品：无

简　　介：文化站始建于1982年4月，现有正式编制人员5名，其中专职站长1名。2010年根据上级安排，严格按照批准项目建设内容和规模，建成了建筑面积330平方米的乡文化站。站内有图书室60平方米、文体活动室130平方米、多功能厅110平方米、办公室30平方米。室外活动场所800平方米，并安装篮球架1副、体育健身器材20副，场地全部水泥硬化。站内收藏图书520册（套），订阅报纸11种，标准书架3个、杂志架5个、阅览桌6张、椅子24个。文体室配有投影仪、音响等设备和乒乓球桌、象棋等器材。多功能厅配有卫星电视接收和多媒体文化共享工程设备1套、座椅100个，各项活动正常开展。

0601 樊家川乡文化站

地　　址：环县樊家川乡中街

隶属关系：樊家川乡人民政府

人　员　数：5人

观　众　数：4500人

开展活动情况：经常性地组织农民群众晨练

健身操，晚上跳广场舞；定期播放电影、皮影演出、香包刺绣展览等；每逢重大节日，文化站都要举办大型文艺演出活动。

场地面积：400 平方米

文艺创作作品：无

简　　介：环县樊家川乡文化站建成于 2010 年，建筑面积 400 平方米，内设文体活动室、图书阅览室、香包刺绣展室、文化信息资源共享室等，全免费开放。外设有文化广场，包括舞台 1 座、篮球场 2 个和各类室外健身器材等文体设施。文化站现有工作人员 5 名。文化站引导群众开展每月一次的农业科技培训；结合"五一"劳动节及"十一"国庆节举办舞蹈、戏曲、书法、小品、篮球等各类比赛，组织春节社火排练、巡回演出活动，春节前组织当地书法家在乡文化站送春联活动，通过寓教于乐的文体活动，陶冶了当地群众的情操，提升了他们的生活质量和文化品味。

0602 山城乡文化站

地　　址：环县山城乡南街

隶属关系：山城乡人民政府

人　员　数：5 人

观　众　数：3700 人

开展活动情况：文化站各功能室实行全免费开放，并坚持长年开展各类文化活动。每天早上有 1 小时的晨练健身操，晚上 7 点到 9 点有广场舞，每天分早中晚三次定期播放广播，每季度适时安排电影播放、皮影演出、香包刺绣展览等；长年开展图书借阅活动；每逢重大节日，文化站都要举办大型文艺演出活动。

场地面积：310 平方米

文艺创作作品：无

简　　介：环县山城乡文化站建成于 2009 年，建筑面积 310 平方米，设乒乓球室、图书阅览室、香包刺绣展室等，现已全免费开放。文化广场有舞台 1 座、篮球场 3 个，各类室外健身器材、棋牌桌均安装到位。文化站紧紧围绕经济建设和改革、发展、稳定的大局，积极探索和研究本乡文化活动特色，坚持寓教于文、寓教于艺、寓教于乐，丰富了当地群众的文化生活，培养了他们的美好心灵、纯洁情操、高尚人品，满足了他们日益增长的文化生活需要。

（四十六）定西市安定区

0603 鲁家沟镇文化站
地　　址：安定区鲁家沟镇南川村
隶属关系：鲁家沟镇人民政府
人 员 数：9人
观 众 数：2600人
开展活动情况：组织小曲、秦腔、秧歌舞等文艺活动7次，参加人数2500人。
场地面积：305.72平方米
文艺创作作品：无
简　　介：鲁家沟镇文化站位于鲁家沟镇南川村，始建于2012年，站舍建筑面积305.72平方米，室外活动场地面积1330平方米。设有图书阅览室、电子阅览室和办公室以及露天剧院。站内藏书1000余册，年订报刊杂志6种，有各类文艺体育器材10种，配备专职文化干部4名。文化站充分发挥自身优势，积极开展文艺演出、体育健身、书报刊借阅、时政法制科普教育等活动。文化站把涉农政策、农情资讯、农业技术、致富方略等广大群众看得懂、用得上的文件、报刊和书籍上架，同时还积极举办培训班进行指导村文化室的活动，年均指导、辅导辖区内村文化室开展活动，为辖区内群众举办讲座和培训。此外，还组建了站办业余文艺团队。文化站通过开展丰富多彩的活动，在营造新农村文化氛围、满足农民精神文化需求、培育农村文化骨干队伍、创建农村精神文明和谐音符等方面起到了重要作用。

0604 永定路街道文化站
地　　址：安定区永定路
隶属关系：永定路街道办事处
人 员 数：5人
观 众 数：3500人
开展活动情况：组织群众业余文艺团体进行交流演出，举办民间艺术表演。
场地面积：320平方米
文艺创作作品：无
简　　介：永定路街道文化站建于2008年，从业人员5人，占地面积320平方米，配有5台计算机，藏书2000册。组织文艺活动5次，参加人次4000人。举办展览3个，参观人数3500人。安定区永定路街道文化站从建馆到现今，在历次的文艺活动中都得到了群众的良好评价。

0605 称钩驿镇综合文化站

地　　址：安定区称钩驿镇周家河村

隶属关系：称钩驿镇人民政府

人 员 数：5人

观 众 数：2500人

开展活动情况：组织文艺活动5次，参加人数2500人；举办书画展3次，参观人数2500人；藏书1800册，免费供群众阅读学习。

场地面积：300平方米

文艺创作作品：无

简　　介：称钩驿镇综合文化站建于2011年，位于周家河村十一社，占地300平方米，设有多功能活动室、图书室、棋牌室、办公室各1间，配备了桌椅、书架、书柜、电脑、电视、投影仪等办公设备，室内图书、影像等文化娱乐设施配备齐全。综合文化站现有在岗人员5名，其中专职人员2名。在文化站工作人员组织下，称钩驿镇常年开展文化体育活动，极大地丰富了群众的文化生活。

0606 石峡湾乡文化站

地　　址：安定区石峡湾乡

隶属关系：石峡湾乡人民政府

人 员 数：7人

观 众 数：2000人

开展活动情况：常年开展群众喜闻乐见的文艺体育活动。

场地面积：300平方米

文艺创作作品：无

简　　介：石峡湾乡文化站建于2011年，位于原乡址院内，占地300多平方米，设有多功能活动室、图书室、棋牌室、办公室各一间，配备了桌椅、书架、书柜、电脑、电视、投影仪等办公设备，室内图书、影像等文化娱乐设施配备齐全。室外活动场地面积800平方米。文化站现有在岗人员3名，其中专职人员2名。文化站外设有宣传橱窗、板报栏、文化走廊20平方米。文化站组织综合性大型文化活动，举办单项性文体活动，举办科普、法制、农技、美化生活等讲座、培训，出行宣传橱窗、板报，指导、辅导本镇辖区内的村文化室开展活动，为辖区群众举办讲座和培训，为辖区内文化骨干（文艺团队）举办文艺技能培训。文化站鼓励图书借阅，利用共享工程资源开展信息服务，搜集、整理民族民间文化、非物质文化遗产。文化站全体职工在各级领导的关心和支持下，不断进取，开拓创新，开创群众文化事业的崭新局面。

0607 白碌乡文化站

地　　址：安定区白碌乡

隶属关系：白碌乡人民政府

人 员 数：6人

观 众 数：1100人

开展活动情况：开展读书活动，组织大型文艺演出，举办书画展览。

场地面积：300 平方米

文艺创作作品：无

简　　介：白碌乡文化站建于 2008 年，占地面积 300 平方米，有工作人员 6 人，藏书 2000 册，配有计算机 4 台。文化站组织文艺活动 4 次，参加人次 1700 人；举办展览，参观人数 1100 人。白碌乡坚持"贴近实际、贴近生活、贴近群众"的原则，加强培养农村业余文化队伍，新组建农民广场舞队、农民戏曲自乐班，带领他们有纪律地开展活动；加强了农家书屋的指导和管理，开展农家书屋阅读活动，"脱贫有门，致富有路"的培训活动；加强了对民间剪纸、摄影、书画艺术人才的挖掘和保护，通过一系列活动的开展，提高了本地群众的幸福指数，丰富了他们的文化生活。

0608 葛家岔镇文化站

地　　址：安定区葛家岔镇

隶属关系：葛家岔镇人民政府

人　员　数：1 人

观　众　数：3800 人

开展活动情况：组织唱秦腔、奏小曲、扭秧歌文艺活动；在闲余时间，鼓励群众在图书阅览室读书、看报；举办群众书画展。

场地面积：310 平方米

文艺创作作品：无

简　　介：葛家岔镇文化站建于 2008 年，占地 310 平方米。辖区内村文化活动室 11 个，工作人员 7 人。组织文艺活动 5 次，参加人数 3800 人。举办展览 2 个，参观人数 2000 人次。藏书 3000 册，配有计算机 5 台。葛家岔镇文化站从成立以来，促进了当地的群众文化事业发展，让当地的群众足不出村就可以享受高质量的文艺活动和文化学习。

0609 中华路街道办事处文化站

地　　址：安定区中华路

隶属关系：中华路街道办事处

人　员　数：3 人

观　众　数：5000 人

开展活动情况：开展文艺演出；组织群众参加法律知识、农业科技、医疗卫生等知识的学习；组织文艺活动 5 次，参加人数 5000 人；举办展览 4 次，参观人数 2800 人。

场地面积：280 平方米

文艺创作作品：无

简　　介：中华路街道办事处文化站建于 2008 年，占地 280 平方米。该文化站工作人员 3 人，配有 12 台计算机。文化站组织各种文艺演出，举办展览 4 次。安定区文化站自成立以来在当地群众中有很好的影响，在安定区文化建设事业中起到了积极作用。

0610 青岚山乡综合文化站

地　　址：安定区青岚山乡
隶属关系：青岚山乡人民政府
人　员　数：6人
观　众　数：4000人
开展活动情况：先后组建各类文艺团队15个，每年举办演讲比赛、文艺演出、送文化下乡等大型活动4次，举办其他单项性文体活动5次以上。
场地面积：453平方米
文艺创作作品：无
简　　介：青岚山乡综合文化站是时任中宣部部长刘云山于2007年8月视察大坪村时确定的建设项目，建成于2008年11月，总投资132万元，占地4000平方米（砖混结构二层主体楼1幢453平方米、文化广场1处3000平方米、戏台1座200平方米）。文化站设多功能厅、图书阅览室、服装道具室、多媒体电教室、活动室和办公室，配备了电脑、音响等文化共享设备以及民族乐器、服装道具和各类健身器材。阅览室藏书3200多册，每年订购报刊杂志10种、60多份。文化站现有专职管理人员5名，平均年龄28岁，站长由副科级干部担任。该站以"基础好、功能齐、覆盖广、服务优"为目标，继承发扬传统民俗文化，大力传播现代文明，积极开展宣传培训和各类文化活动，充分发挥了宣传阵地和文化中心的作用。

0611 团结镇综合文化站

地　　址：安定区团结镇唐家堡村
隶属关系：团结镇人民政府
人　员　数：7人
观　众　数：2200人
开展活动情况：积极鼓励村民去文化站图书室和各村的农家书屋读书看报，组织小型规模的文艺演出活动。
场地面积：300平方米
文艺创作作品：无
简　　介：团结镇综合文化站建于2011年，位于唐家堡村址院内，占地300多平方米，设有多功能活动室、图书室、棋牌室、办公室各1间，配备了桌椅、书架、书柜、电脑、电视、投影仪等办公设备，室内图书、影像等文化娱乐设施配备齐全。站内现有文化资源共享工程设备1套，各村分别配备DVD机1台、投影设备1套、音响设备各1套。有在岗人员5名，其中专职人员2名。综合文化服务中心在各村建立了农家书屋10个，各类藏书、报刊、杂志等约7000册，涵盖生产文化、婚姻家庭和人生礼仪文化、口头传承文化、民间歌舞娱乐文化、节日文化、信仰文化等。成立了秧歌社火队1支、民间小曲演唱队3个、秦腔演唱队2支，剪纸、刺绣、书画等民间爱好者160多人。文化站的建成，为丰富群众文化生活提供了平台，为群众获得致富信息搭建了平台。

0612 新集乡文化站

地　　址：安定区新集乡
隶属关系：新集乡人民政府
人 员 数：5人
观 众 数：1200人
开展活动情况：乡文化站全天对公众开放，充分利用现有资源，在"三八"妇女节、"七一"建党节、国庆节和春节等重大节日举办大型文体活动。
场地面积：304平方米
文艺创作作品：无
简　　介：乡党委、政府为了加强乡文化站基础设施建设，进一步促进全乡文化事业持续健康发展，于2011年实施了新集乡综合文化站建设工程。该项目总投资36万元，占地面积368平方米，建筑面积304平方米。文化站内设置文体活动室、多功能厅、电子阅览室、图书阅览室和绘画写字室等。各类硬件设施配套比较齐全，绘画写字室有专用书案1张；文体活动室有乒乓球案2副、背投式液晶电视1台和电视接收设备；图书阅览室内有图书3000余册、阅览桌7张、读者阅览椅15个、书架3组、期刊杂志陈列架5组、报架5个、办公桌1张、办公椅1个、文件柜2组；多功能厅有多功能座椅5套、电脑5台、大功率音响设备1套。文化站每年举办各种活动，极大地丰富了广大干部群众的精神文化生活。

0613 宁远镇文化站

地　　址：安定区宁远镇
隶属关系：宁远镇人民政府
人 员 数：7人
观 众 数：5000人
开展活动情况：定期组织秦腔、小曲、秧歌舞、健美操等多种自娱自乐的文艺活动。
场地面积：308平方米
文艺创作作品：无
简　　介：宁远镇文化站位于宁远镇中心地段，占地面积898平方米，建筑面积308平方米，总投资42万元，硬化院内面积390平方米，花园面积200平方米，工程现已全面竣工。文化站内设置办公室、图书阅览室、文体活动室、多功能室，配备了2名文化专干。文化站经常性地培训本地乡土文化艺人，充分发挥文化艺人的组织、带动和指导作用。文化站常年开展文化体育活动，极大地满足了群众的文化生活需求。

0614 石泉乡文化站

地　　址：安定区石泉乡
隶属关系：石泉乡人民政府
人 员 数：3人
观 众 数：1800人
开展活动情况：定期组织村民开展喜闻乐见、自娱自乐、自编自导的文艺活动。
场地面积：250平方米

文艺创作作品：无

简　　介：石泉乡文化站建于2009年，占地面积300平方米，从业人员3人；配备4台计算机，藏书1600册；组织文艺活动，举办展览2次。文化站自建成以来，开展了群众喜闻乐见的文艺活动，受到了当地群众的好评。

0615　杏园乡文化站

地　　址：安定区杏园乡
隶属关系：杏园乡人民政府
人　员　数：8人
观　众　数：1000人
开展活动情况：春节期间举办传统的耍社火、顶天灯、猜灯谜、太平鼓等活动；在平时的农闲时分，组织村民开展自娱自乐的小曲、秦腔演出；文化阅览室常年免费提供读书读报的文化学习活动。
场地面积：280平方米
文艺创作作品：无
简　　介：杏园乡文化站建于2009年，房屋总面积为280平方米，藏书2000册，配有计算机6台，从业人员8人。文化站始终从满足群众日益增长的物质文化需求出发，开展贴近群众、雅俗共赏的特色文体活动，丰富村民的文化生活。文化活动主要有舞蹈、小品、秦腔、大合唱、腰鼓表演、书画联展、体育比赛等。

0616　李家堡镇文化站

地　　址：定西市李家堡镇麻子川
隶属关系：李家堡镇人民政府
人　员　数：8人
观　众　数：3000人
开展活动情况：组织地方性文艺活动6次，活动主要以群众喜闻乐见的带有地方特色的秦腔表演及板胡、二胡小曲演奏为主。
场地面积：310平方米
文艺创作作品：无
简　　介：李家堡镇文化站始建于2009年，位于李家堡镇麻子川，内设书刊阅览室、多功能展览室、文体活动室、文化信息资源共享服务室、电影播放室等多种文化活动场所。站内有阅览桌、读者阅览椅、书架、报架、期刊杂志陈列架、绘图写字书架等文化配套设备，共有藏书3880册，报刊杂志30余种。文化站内人员具有文艺特长，能够积极参加上级举办的各种业务培训。文化站以镇党委、政府为中心，结合本乡实际，积极组织开展丰富多彩的节日文体活动，进一步促进全镇文化事业的发展。

0617　巉口镇文化站

地　　址：安定区巉口镇政府内
隶属关系：巉口镇人民政府
人　员　数：9人
观　众　数：2100人
开展活动情况：组织文艺活动8次，参加

人数 2000 人；举办培训班 4 次，培训人数 1600 人；举办展览 3 次，参观人数 2100 人。

场地面积：608 平方米

文艺创作作品：无

简　　介：巉口镇文化站始建于 1980 年 10 月，相继在 1997 年 6 月、2009 年 7 月经两次改建，逐步形成现在集文体活动室、多功能室、阅览室、展览室、广播电视室为一体的综合性文化中心，办公场所为双面三层楼一栋，建筑面积 608 平方米，有露天剧场 1 个。文化站现有工作人员 7 名，有文化信息资源共享工程设备 1 套，电脑 4 台。在全镇 18 个行政村都建立了农家书屋，每个书屋藏书 1500 册以上，并逐村设立了村级文化室。2014 年，根据镇上干部人数不断增多和进一步加强干部学习的需要，又在镇政府北楼三楼设立干部职工图书室 1 处，涵盖政史、科技、报刊等 3000 余册，有专人管理，正常开展借阅。文化站不断挖掘和鼓励培植民间文化团队。巉口镇现有民间小曲演唱队 2 个、秧歌社火队 18 支、业余书画家 27 人、文学创作者 5 人、摄影师 11 人、剪纸刺绣等民间爱好者 170 多人。

0618 西巩驿镇文化站

地　　址：安定区西巩驿镇

隶属关系：西巩驿镇人民政府

人　员　数：11 人

观　众　数：6000 人

开展活动情况：在重要节假日举行自娱自乐、自编自导的文艺演出。在春节期间有耍社火、踩高跷、跳秧歌舞等活动。镇综合文化站组建健身队伍 1 支，排练的健身节目在市、区均获得了好成绩。同时，镇舞狮队参加"西凤杯"中国首届社火艺术节获得金奖，镇篮球队参加西巩驿镇第一届"小康杯"2014 年春节篮球赛获得第四名的好成绩。每年举办"展风采创和谐"三八节、"真情送服务建设新农村"、计生协会活动日、卡拉 OK 大家唱等活动，参与群众达 3000 人次。

场地面积：500 平方米

文艺创作作品：无

简　　介：2009 年，结合上级文化优惠政策，西巩驿镇主动投资 50 万元，建立了 500 平方米的文化站，设置了文化信息资源共享基层服务室、书报阅览室、多功能活动厅、综合展示厅、教育培训室、青少年及老年活动室、办公用房，配备电脑 8 台、液晶电视 1 台、投影仪 1 台、音响设备 1 套、图书 3000 多册，订阅《甘肃日报》《定西日报》《甘肃经济日报》《甘肃农民日报》《阅读参考》《甘肃农村工作》等报刊。目前，文化信息资源基层服务室和书报阅览周一至周日全天免费向群众开放，每天开放 8 小时以上，有固定读者 200 余人，每周借书达百余次，包括中小学生、医务人员、孕妇、养殖能手及农民群众。确定 1 名副科级领导分管综合文化站，配备专职站长 1 人和工作人员 8 人，负责综合文化站的日常工作。镇上以西巩剧场为平台，认真组织开展好文化下乡活动。到目前为止，累计送戏下乡演出 7 场，送电影下乡 192 场，开展文体活动 8 场，观众累计达 20 万人次。

0619 高峰乡文化站

地　　址：安定区高峰乡

隶属关系：高峰乡人民政府

人 员 数：8人

观 众 数：1800人

开展活动情况：组织文艺活动4次，举办展览2次。

场地面积：380平方米

文艺创作作品：无

简　　介：高峰乡文化站建于2008年，工作人员8人，占地面积380平方米，辖区内村文化活动室有8个，藏书2000册，配有4台电脑。文化站结合群众实际，大力宣讲社会主义核心价值观，教育他们敬老爱亲、热爱劳动、感恩社会、诚信守法、热爱祖国；加强各村文化骨干队伍培养，充分发挥他们的辐射引领作用，组织村民植树种花、绿化环境；在重大节日举办农民运动会、文艺表演、诗歌朗诵等文体活动。

0620 内官营镇文化站

地　　址：安定区内官营镇

隶属关系：内官营镇人民政府

人 员 数：12人

观 众 数：8000人

开展活动情况：举办大小文艺演出10余次；开展了群众自编自导、喜闻乐见的地方戏剧文化娱乐活动多次；举办书法、绘画、摄影展览3次。

场地面积：450平方米

文艺创作作品：无

简　　介：内官营镇文化站建于2009年，占地450平方米。配有计算机4台、藏书3000册。文化站从建成以来，强化文化站工作人员、各村农家书屋、文化室管理人员学习培训，提高他们的业务能力；注重对人民群众的文化教育，举办多期党的理论知识、科技农业知识、法律法规、卫生保健知识的宣讲；大力发展农村骨干人才的挖掘培养，让他们积极融入到乡村文化建设的工作中来，自创、自编文艺节目、义务巡回演出；调动当地书画家组织少儿书画培训、春节送春联活动等等。

0621 符川镇综合文化站

地　　址：安定区符川镇

隶属关系：符川镇人民政府

人 员 数：5人

观 众 数：3200人

开展活动情况：组织文艺活动6次，演出主要以群众喜闻乐见的小曲、秦腔、腰鼓为主；开展市区文化下乡的文艺演出数次；在送书画下乡活动中，举办展览，进行书画义送。

场地面积：305.7平方米

文艺创作作品：无

简　　介：符川镇综合文化站是镇党委、政府为进一步促进全镇文化事业持续健康发展，加快社会主义新农村建设步伐，而实施的一项综合性文化建设工程。该项目总投资36万元，于2010年6月开工建设，同年10月底竣工，占地面积605.7平方米，建筑面积305.7平方米。文化站内设置文体活动室、图书阅览室、电子阅览室、办公室。文体活动室用于符川镇开展科普宣传、文化艺术培训、科普培训、知识讲座等；图书阅览室提供多种务农书籍和报刊、文学名著、杂志等，供干部群众阅览学习。文体活动室内有绘画写字书案1张、乒乓球案1副；图书阅览室内有阅览桌5张、读者阅览椅30个、书架10组、期刊杂志陈列架2组、报架2个；办公室内有办公桌1张、办公椅1个、文件柜1组、音响设备1套。文化站成为符川镇集文化、娱乐、健身、图书阅览、政策宣传、整理挖掘传统群众文化为一体的多功能文化宣传中心。

（四十七）定西市通渭县

0622 通渭县图书馆

地　　址：通渭县平襄镇西街2号
隶属关系：通渭县文化广播影视局
人 员 数：20人
观 众 数：1万人
开展活动情况：无
场地面积：2000平方米
文艺创作作品：无
简　　介：通渭县图书馆历史悠久，据《通渭县志》记载，早在明清时期已具雏形，1979年11月正式挂牌成立。近几年来，在县委、县政府的正确领导和大力支持下，图书馆得到了很大的发展，现有藏书8万余册，形成了以社会科学、自然科学为基础的综合性藏书体系，尤其突出了农业、文学、教育及其综合性工具书的收藏。其中古籍图书8600余册，部分为具有较高的收藏价值，如《古今图书集成》《佩文韵府》等。收藏报刊40余种、12000余册。其中《人民日报》《甘肃日报》等报刊存档年限在50年以上。地方文献867种、10000余册。在1994年和1998年全国公共图书馆评估中，我馆两次被评定为三级图书馆。图书馆连续两年被县委、县政府授予"文明单位"。

0623 通渭县文化馆

地　　址：通渭县平襄镇南街2号
隶属关系：通渭县文化广播影视局
人 员 数：10人
观 众 数：1万人
开展活动情况：围绕创建全省"书画"基地、"麦秆画、烙画"基地、"红色文化"基地，开发通渭书画、剪纸、皮影、草编、麦秆画、根雕、砖雕等民间文化艺术产品18个，在"首届国际文化产业大会暨第五届甘肃省文博会"上，通渭民间艺人冉艺飞创作的麦秆画受到了高度评价。新培养通渭小曲戏传承人30名，2011年组织"通渭小曲"民间艺人在西北师大音乐学院音乐厅、中国音乐学院进行了专场演出。
场地面积：1900平方米
文艺创作作品：通渭小曲，通渭草编，通渭脊兽，通渭剪纸。
简　　介：通渭县文化馆成立于1950年6月，正科级建制，事业单位，现有职工20人。第二次全国文化馆评估定级时通渭县文化馆被评为国家三级文化馆。近年来，通渭县文化馆贯彻落实党中央、国务院关于构建公共文化服务体系的要求，加强管理，增加投入，全面提升文化馆建设与服务水平，不断为广大城乡群众提供更多更好的文化产品和文化服务，大力开展非物质文化遗产保护，促进文化大繁荣大发展，取得了显著成绩。

（四十八）定西市陇西县

0624　陇西县图书馆

地　　址：陇西县巩昌镇文化广场11号
隶属关系：陇西县文化广播影视局
人　员　数：19人
观　众　数：2万人
开展活动情况：开展"图书服务宣传周""全民阅读""读书演讲""文化下乡""红领巾读书读报""公益性讲座""建立馆际资源共建、实施资源共享"等文化活动。
场地面积：2073平方米
文艺创作作品：无
简　　介：陇西县图书馆始建于1958年，是当地承载教育职能和精神文明建设的一座县级公共图书馆。馆舍占地1782平方米，总建筑面积2073平方米，馆藏各类文献8万余册。多年来陇西县图书馆坚持"读者至上、服务第一、勤奋求实、开拓进取"的服务理念，加强文献资源建设，深化读者服务工作，开展馆际协作交流，加快自动化建设步伐。通过开展"图书服务宣传周""全民阅读"等有效途径搞好服务。在荣获市、县级多项荣誉称号的同时，连年被甘肃省图书馆学会授予"全民阅读活动先进单位""征文优秀组织奖单位"。2009年被甘肃省妇联命名为"三八红旗先进集体"。2010年被市委、市政府授予"文明单位"。2011年被中共定西市委宣传部、定西市社会科学界联合会评为"社会科学普及基地"。2011年被省图书馆学会评为"全民阅读基地"。2012年荣获"全国文化信息资源共享工程、电子阅览室示范点"，被定西市妇联评为"巾帼文明岗"，被共青团陇西县团委评为"青年文明号"。在全国公共图书馆第四次评估工作中，被文化部评定为"国家二级图书馆"。2010年被中宣部、文化部等联合评为"全国服务农民服务基层文化建设先进集体"，成为定西市唯一荣获该项殊荣的文化单位。图书馆2011年6月1日起向公众免费开放，接待读者12万多人次，借阅量10万多册。

0625　陇西县文化馆

地　　址：陇西县巩昌镇文化广场11号
隶属关系：陇西县文化广播影视局
人　员　数：25人
观　众　数：3万人
开展活动情况：馆内活动室功能齐全，免费

开放工作有序开展。利用阵地优势，成功推出了舞蹈、声乐、器乐、诗歌朗诵、节目主持、民间文艺汇演等群众文化活动品牌。文艺调演、节庆汇演、专题演出活动频繁。原创文艺作品多次在获国家、省市调演获奖。《陇西云阳板》代表甘肃省参加全国第九届艺术节获银奖。文艺辅导、文化"五进"（进村社、进军营、进学校、进企业、进社区）活动常年举办。陇西云阳板、陇西腊肉、陇西民歌入围省非物质级非遗项目，文化遗产保护工作成绩斐然。2010年，创设"百姓舞台"活动机制，以文化馆"百姓舞台"活动中心为龙头，辐射带动村镇、社区"百姓舞台"活动点不断繁荣。2013年，"百姓舞台"机制被列为国家级公共文化服务示范项目，现已在定西市全面推广。

场地面积：3500平方米

文艺创作作品：大型舞蹈《陇西堂乐舞》，李氏文化旅游节大型情景剧《故里明月》，原创歌曲《梦回陇西》《陇西——悠远的名字》《苦楝树》《纸马调》，大型民间舞蹈《陇西云阳板》。

简　　介：陇西县文化馆是在原"民众教育馆"（成立于1934年）的基础上建立。中华人民共和国成立后馆址屡有变迁。1985年，省文化厅和县财政投资40多万元，在文化广场建成了全省第一座标准化文化馆大楼，面积达3500平方米。并建了13000平方米的文化公园，公园内设有龙女牧羊雕塑、喷泉、花坛、草坪等景观。1988年文化馆被国家文化部、财政部授予"全国以文补文先进单位"称号。1996年6月，文化馆分设为"三馆一院"（文化馆、图书馆、博物馆、书画院）。目前，文化馆为国家三级馆，科级建制，现有职工25人。20世纪80年代，文化馆内利用舞厅、剧场、招待所、展览厅、排练室、评书室、电动游戏室、图书室、成人阅览室、儿童阅览室等基础设施，开展了丰富多彩的各类文化活动。20世纪90年代文化活动以"三剧一板"（《太阳颂》《中华魂》《黄河颂》《陇西云阳板》）为代表。在省市县巡演达10余场次，为陇西文化馆赢得了多项殊荣。2000年以来，文化馆领导班子积极探索群众文化发展的新思路、新举措，以"活动出亮点、工作上台阶"为宗旨，积极开展群众文化活动。新的起点，新的要求，将进一步深入贯彻党的十八届三中全会精神，践行党的群众路线，牢记党的宗旨，坚持"双百"方针，团结奋进、锐意进取、创新思路、开拓创新，为陇西县群众文化事业持续繁荣发展做出更大的贡献。

0626　陇西县美术馆

地　　址：陇西县巩昌镇文化广场11号

隶属关系：陇西县文化广播影视局

人 员 数：14人

观 众 数：3万人

开展活动情况：开展艺术创作与展览，艺术作品参赛和相关的社会服务。

场地面积：4000平方米

文艺创作作品：美术馆职工美术作品参加省市及国家级展赛，多次入选并获奖。

简　　介：1996年秋，陇西县文化馆、陇西县图书馆、陇西县博物馆分设，并决定成立陇西县美术馆。美术馆主要职责：开展艺术创作与展览，促进艺术繁荣，丰富文化生活，艺术创作与研究，艺术展览，艺术作品收藏、保管、研究，艺术史料建档与保管，艺术作品参赛与组织和相关的社会服务。美术馆现有工作人员11人，其中副高职称人员1人、中级职称人员3人、助理馆员5人、工勤人员3人、科级干部2人。

0627 陇西县博物馆

地　　址：陇西县巩昌镇龙宫广场东侧
隶属关系：陇西县文化广播影视局
人　员　数：21人
观　众　数：20万人
开展活动情况：一是举办"陇西历史文明展""馆藏书画精品展""李氏族谱陈列展"三个基本展览。二是举办了"杨建华书画展""第二届'希望圆梦'杯全国书画作品展陇西巡回展""陇西县博物馆首届书法小品提名展""杨荣祖剪纸作品展""临洮沁园春陇西巡回展"等5个临时展览。三是在李家龙宫广场成功举办了以"博物馆藏品架起沟通的桥梁"为主题的"国际博物馆日"主题宣传活动，展出六县一区展板230余块，馆藏书画精品60余幅、书法精品80余幅。工作人员共发放各类宣传资料5万余份，取得了良好地社会效益。四是充分发挥爱国主义教育阵地作用。联系了特殊教育学校、华盛幼儿园、定西工贸中专等学校2000多名学生参观我馆展览，通过此次参观不仅使他们感受到了历史文化，加强了同学们凝聚力，也使他们了解到了陇西灿烂的历史文化，进一步增强了青少年的文物保护意识。五是正月十五开放威远楼，接待游客3400余人次，日常接待来陇检查指导的各级领导近30次约1200人次。通过威远楼开放接待，展示了陇西深厚的文化底蕴，对宣传陇西、扩大陇西知名度、树立陇西文化品牌发挥了积极作用。

场地面积：5371平方米
文艺创作作品：无
简　　介：陇西县博物馆占地面积6000平方米，建筑面积为5371平方米。其中展厅面积为3000平方米，库房面积为300平方米，是一座集收藏、宣传、陈列展览历史文物为主的综合性博物馆。博物馆有3个基本陈列展览，展出文物1200多件，同时还设有两个临时展厅不定期举办各类艺术交流展。

（四十九）定西市漳县

0628 漳县图书馆

地　　址：漳县武阳路中心街4号
隶属关系：漳县文化广播影视局
人 员 数：4人
观 众 数：1.5万人
开展活动情况：开展"书香漳县"——迎"七一"退休老党员读书心得座谈会暨赠送图书等系列慰问活动；举办"我的中国梦"主题演讲活动。
场地面积：1068平方米
文艺创作作品：无
简　　介：漳县图书馆始建于1986年5月，建筑面积1068平方米，总藏书量8.2万余册，报刊200余种，读者座席172个，年接待量达到15000余人次，在2009年全国公共图书馆验收中被评为三级图书馆。图书馆设有书库、期刊外借室、报刊查阅室、地方文献室、电子阅览室、少儿阅览室、影像放映室、成人阅览室共8个窗口。馆内设施先进、功能齐全，全面实行计算机管理，已初具现代化图书馆的规模。图书馆利用各大节日以及"世界读书日""服务宣传周""全民读书月""科技周"等，举办各种读者喜闻乐见的文化活动和主题阅读活动，鼓励读者多读书、读好书，并长期为读者提供免费、周到、细致、温馨的服务，充分发挥了公共图书馆自身服务职能，在丰富漳县人民的文化生活、提高人民的科学文化素质、加强精神文明建设等方面发挥了重要作用。

0629 漳县文化馆

地　　址：漳县武阳路中心街4号
隶属关系：漳县文化广播影视局
人 员 数：16人
观 众 数：2.5万人
开展活动情况：每年开展活动达到6次，其中书画展2次，文艺活动4次；排练县级节目150个；组织普法知识学习、农业科技培训、卫生健康知识宣传5次。
场地面积：1000平方米
文艺创作作品：创作歌曲《照镜子》，创作小品《灾后重建——借钱》。
简　　介：漳县文化馆成立于1956年，公益性文化事业单位，正科级建制，独立法人单位，2011年起隶属于县文化广播影视局。漳县文化馆积极组织各类文化活动，主要有每年的春节文化活动、元宵节文艺演出活动、百姓舞台活动、"三下乡"活动，以及各种大型节目汇演、主题性演出、书画展布展等。文化站在"三下乡"文艺演出中，深入农村，义务为农民朋友送书画、春联，为他们送去快乐、送去丰富的精神食粮。文化馆坚持以人民为中心的活动导向，把满足人民精神文化需求作为出发点和落脚点，进一步开展好文化建设工作，创作出弘扬主旋律、传递正能量、能给广大人民群众带来美的享受、深受专家和人民群众喜闻乐见、经得起时间检验的文艺作品，真正发挥先进文化的引领作用。

0630 殪虎桥乡文化站

地　　址：漳县殪虎桥乡龙架月村
隶属关系：殪虎桥乡人民政府
人 员 数：4人
观 众 数：4000人
开展活动情况：举办乒乓球比赛、羽毛球比赛、象棋比赛；重大节日组织文艺演出；定期放映电影；农闲时节组织农民群众进行法律常识、文化科技、卫生健康知识学习。
场地面积：300平方米
文艺创作作品：创作诗歌25首，书画创作50幅，舞蹈创作2个。
简　　介：为适应殪虎桥乡社会经济建设发展，满足人民群众日益增长的精神文化生活需求，在乡党委、政府的支持下，乡政府出资，建设成了高标准的殪虎桥乡文化站，现有文化服务中心1个，11个行政村均建有农家书屋。殪虎桥乡文化站占地面积500平方米，建筑面积300平方米。站设有图书室、多功能厅、电子阅览室、活动场地等。站内藏书1000多册，有文艺体育器材多种，扩音设备1套，配备专职文化干部4名。体育器材有羽毛球、篮球、乒乓球等。文化科技培训室配备了投影仪、电脑、播放机、调音台、音箱、话筒、桌椅，该室可进行科技知识讲座和培训，供群众上网查询相关农业知识。乡镇文化站是推进农村文化建设的桥梁和枢纽，是唱好农村文化小康生活的主角，对于加强农村文化建设起着重要的作用。文化站通过开展各种文化活动，调动了农村群众学文化、学科学、学技术的积极性，让农民在娱乐中得到启发，从而提高了思想道德修养，形成讲科学、讲文化、讲道德的好风尚，弘扬了时代主旋律。文化站面向广大农民群众免费开放，旨在丰富群众的文化娱乐生活。近年来，结合本乡实际，文化站积极开展阵地宣传、科技培训和各类文艺活动，使文化站真正成为农民学文化、学科学的课堂和推广科学技术、带领农民致富的示范基地，较好地满足了农民多方面的文化需求。

0631 三岔镇文化站

地　　址：漳县三岔镇三岔村
隶属关系：三岔镇人民政府
人 员 数：4人
观 众 数：6000人

开展活动情况：举办春节社火秧歌比赛；举办"爱我家乡"有奖征文比赛；每年开展活动6次。

场地面积：600平方米

文艺创作作品：社火《抬花桥》《歌唱太平》。

简　　介：三岔镇政府于2013年建成三岔镇文化站。文化站建筑面积600平方米，内有文体活动室、多功能展室、阅览室、文化资源共享活动室，各室内基本设施齐全。文化站编制4人、站长1名。文化站负责全镇文艺辅导、文艺展演指导、科技骨干培训工作，指导各村开展群众文化活动。

0632 盐井乡文化站

地　　址：漳县盐井乡盐井村

隶属关系：盐井乡人民政府

人　员　数：3人

观　众　数：5000人

开展活动情况：春节文化活动有社火比赛、元宵灯谜晚会，每年举办庆"三八"妇女节剪纸比赛。

场地面积：500平方米

文艺创作作品：社火《红军住过的地方》《南桥担水》《梁秋燕》。

简　　介：漳县盐井乡文化站始建于2010年，2013年投入使用，编制3人，站长1名。盐井乡高度重视文化建设，采取多种行之有效的办法，开展普法宣传教育、农业科技知识培训、卫生健康知识普及、党的方针政策宣传，在重大节日开展大型文艺演出和运动会，各项文化活动开展顺利。

0633 武当乡文化站

地　　址：漳县武当乡李家河村

隶属关系：武当乡人民政府

人　员　数：3人

观　众　数：6000人

开展活动情况：举办春节猜灯谜、社火比赛、文艺汇演等文化活动；举办农家女剪纸、编艺技能比赛及农民书画展。

场地面积：310平方米

文艺创作作品：快板《计生红花赞》，秧歌《歌唱李家河》，舞蹈《让世界充满爱》。

简　　介：武当乡文化站位于漳武公路沿线李家河村，占地面积310平方米，建筑面积240平方米。站内设置文体活动室、图书阅览室、办公室、多功能厅。文体活动室用于开展科普宣传、文化艺术培训、知识讲座等。图书阅览室提供各种书籍和报刊、杂志，供群众阅览学习。多功能厅放映各种科教影片和中外电影。文体活动室有绘画写字案1张、图书阅览室内有阅览桌5张、读者阅览椅40把。多功能厅有电脑3台、音响设备1套、摄影设备1套。办公室有办公桌2张、椅子2个、档案柜2组。文化站现有工作人员3人，专职站长1名，专业技术人员2人。文化站担负着全乡农村文艺的辅导，文艺活动的组织开展，国家方针、政策、法律、法规的宣传，文化市场的管理，文艺创作和研究，民族民间文化遗产的收集整理等工作。自建站以来，在武当乡党委、政府的正确领导下，在有关部门及社会各界的关心支持下，文化站不断加强公共文化服务基础设施建设，坚持公益性、便利性等原则，把握文化发展的方向，围绕阵地活动促发展的理念，开展群众喜闻乐见的文化活动，有力推动了全乡精神文明建设。

0634 武阳镇文化站

地　　址：漳县武阳镇武阳村
隶属关系：武阳镇人民政府
人 员 数：5人
观 众 数：6000人
开展活动情况：举办春节社火表演，每年开展各类文化活动5次。
场地面积：600平方米
文艺创作作品：新眉户剧《转作风》，小品《对象》。
简　　介：武阳镇高度重视文化公共基础设施建设，在2013年建成武阳镇文化站。文化站有在编人员5人，站长1名。文化站发挥文化引领作用，组织辖区内各村搞好文化娱乐活动，积极培育文化骨干人才，武阳镇文化建设取得显著成绩。辖区内新庄门村把人口文化宣传作为突破口，在文体活动大院周边墙体设置14块以计生人口文化为内容的大型喷绘宣传版面，宣传内容涵盖了农村"一事一议"、精神文明建设、"双联"优生优育、婚育新风进万家、计划生育"关爱女孩"、关爱老人、诚信计生、免费孕前优生检查、生殖健康服务、奖励扶助优惠政策、人口与社会家庭等版块。宣传版面图文并茂，内容通俗易懂，美观活跃，群众喜闻乐见，成为武阳镇文化建设的新亮点。

0635 大草滩乡综合文化站

地　　址：漳县大草滩乡大草滩村
隶属关系：大草滩乡人民政府
人 员 数：4人
观 众 数：6000人
开展活动情况：举办春节灾区慰问文艺汇演；举办拔河比赛、篮球赛、乒乓球赛、象棋比赛等，每年举办活动达到8次。
场地面积：600平方米
文艺创作作品：创作书画100幅，创作小品2个，创作舞蹈3个。
简　　介：大草滩乡综合文化站是一所为群众提供公共文化服务、指导基层文化工作和协助管理农村文化市场的公益性单位，主要职能有报刊阅读、宣传教育、文艺娱乐、科普培训、体育健身等。文化站位于大草滩乡农贸市场院内，为一幢单面两层楼房共4间，分别设有文学社、阅览室、多功能室、办公室。现有电脑6台、投影1个、音响2个、档案柜1个、电视1台、读书陈列架3个、杂志陈列架5个、报夹3个、桌子数张、椅子数把。

文化站外有百姓舞台1个，有管理人员4名，其中站长1名，文化干事3名。文化站组织的各种活动，极大地丰富了大草滩乡广大人民群众的文化娱乐活动，有力地促进了大草滩乡人民群众的文化氛围，为全面建成小康社会奠定了坚实的精神基础。

0636 金钟镇文化站

地　　址：漳县金钟镇挖麽村
隶属关系：金钟镇人民政府
人　员　数：4人
观　众　数：6000人
开展活动情况：举办各类比赛4场（次），利用休息日组织下象棋比赛，举办春节社火秧歌比赛。
场地面积：500平方米
文艺创作作品：创作书画作品100幅，创作诗歌30首，创作摄影作品100幅；社火《歌唱太平》。
简　　介：金钟镇文化站是一所为群众提供公共文化服务、指导基层文化工作和协助管理公益性文化服务单位。金钟镇文化站位于金钟镇镇区街道，由一幢单面两层楼房和5间瓦房组成，分别设有文学社、阅览室、多功能室、图书室、计算机网络室、办公室（各1间）。现有电脑4台、投影1个、音响2个、档案柜1个、电视1台、读书陈列架3个、杂志陈列架5个、报夹3个、桌子数张、椅子数把。文化站现有管理人员4名，其中站长1名，文化干事3名。定期举办文艺人才培训，农闲时节开展法律常识、文化科技等讲座辅导，有效推动了金钟镇文化建设的步伐。

0637 草滩乡文化站

地　　址：漳县草滩乡金门村
隶属关系：草滩乡人民政府
人　员　数：4人
观　众　数：5000人
开展活动情况：举办象棋、乒乓球比赛，举办农民工培训，每年举办6次大型文体活动。
场地面积：450平方米
文艺创作作品：创作小品1个，创作诗歌25首，创作书画60幅。
简　　介：草滩乡文化站成立于2010年6月20日，占地面积600平方米，建筑面积450平方米。文化站内设置文体活动室、图书阅览室、办公室、多功能厅，各室硬件设施较为齐全。文化站现有人员4名，专业技术人员3名，有专职站长。文化站开展图书借阅、报刊阅览服务，进行摄像摄影、全乡农村文艺的辅导，组织开展文艺活动等，草滩乡文化活动有力推动了全乡精神文明建设。

0638 东泉乡文化站

地　　址：漳县东泉乡韩川村
隶属关系：东泉乡人民政府
人　员　数：3 人
观　众　数：4000 人
开展活动情况：举办春节社火秧歌比赛，常年免费借阅图书，定期放映电影，农闲时节开展文艺人才培训及科普知识、法律常识、卫生常识讲座辅导。
场地面积：200 平方米
文艺创作作品：创作舞蹈《洗衣歌》，创作秧歌《转娘家》，创作书画作品 35 幅。
简　　介：近年来，东泉乡切实把加强乡村文化建设作为贯彻落实科学发展观和加快全乡经济又好又快发展的重要举措抓在手上，逐步加大对文化事业的经费投入。采取乡村合建的方式投资 100 余万元，建成了占地 200 平方米的乡级文化站，设有文体活动室、图书阅览室、展览室、广播录像室、媒体阅览室等，配置电脑 2 台、图书 1000 册以及投影仪等设施。室外新建标准化篮球场 1 处，由专人进行负责管理，每天对群众开放。文化站在节庆日组织开展了文艺汇演、书法比赛、羽毛球比赛等丰富多彩的活动项目，活跃了农民的业余文化生活。同时文化站还定期聘请专业老师对各村的健身舞、秧歌、秦腔演出等文化团队进行培训辅导，提高了群众的文化素养和道德品质。

0639 新寺镇综合文化站

地　　址：漳县新寺镇新寺村
隶属关系：新寺镇人民政府
人　员　数：4 人
观　众　数：7000 人
开展活动情况：每年举办活动 6 次，其中书画展 2 次、文艺活动 4 次，观众达到 7000 人（次）。
场地面积：325 平方米
文艺创作作品：创作小品 2 个，合唱作品 1 个，创作诗歌 20 首。
简　　介：新寺镇综合文化站总建筑面积 325 平方米，有办公室、电子阅览室、多功能室。目前，该站有工作人员 4 人。全镇 10 个村均建立了村级文化室，配备了农家书屋、专职图书管理员 10 人。全镇从事书画装裱、书画创作、摄影、根雕、奇石经营人员 30 余人，有群众性组织龙川文化研究会 1 个，开展龙川文化的研究和整理工作。文化站在镇党委和政府的正确领导下，每年组织群众文化活动，2013 年举办以"中国梦·龙川情"为主题的大型群众文艺汇演、书画交流等活动，受到群众好评。

0640 四族乡文化站

地　　址：漳县四族乡四族村

隶属关系：四族乡人民政府

人 员 数：4人

观 众 数：4000人

开展活动情况：每年举办活动不少于4次，观众人数4000人。

场地面积：500平方米

文艺创作作品：创作诗歌20首、创作书画50幅，摄影100幅；创作舞蹈3个，创作快板1个。

简　　介：四族乡党委、政府高度重视文化事业的建设和发展，深入调查研究，掌握全乡文化事业的发展状况，帮助解决文化站在建设发展上遇到的困难和问题，对全乡文化事业的发展做了长期规划和安排，对当前工作做了部署，对文化站的工作起到了指导和督促作用。在乡党委、政府的领导下，在县文广局的大力支持下，四族乡文化站通过自身艰苦努力、求真务实，彻底改变了文化站的基础设施，硬件和软件的建设都取得了较大改善，为文化站开展各项文化活动提供了有力保障。文化站开展活动做到有方案、有计划、有安排、早准备、早落实，确保活动顺利开展，文化活动的开展进一步丰富了广大群众的精神文化生活，使全乡文化事业迈上了全新的台阶。

（五十）定西市渭源县

0641 渭源县文化馆

地　　址：渭源县清源镇新街 19 号
隶属关系：文化广播影视局
人 员 数：10 人
观 众 数：5 万人
开展活动情况：组织开展了送文化下乡、辅导培训、文艺演出、研讨交流、民俗展演、百姓舞台、流动舞台服务等丰富多彩的群众文化活动。
场地面积：1890 平方米
文艺创作作品：近年来，文化馆专业人员在文艺创作方面取得了巨大成绩。侯定东的书法作品在省第四、五届中青年书画展览中展出，在"旭东"杯书法展、张芝书法展以及市县书法展览中获得奖项。朱雁翎、王鹏、程雪峰、李晓燕、刘源、朱元林、李淑华等的美术作品、理论文章等均在省市县美术书法作品展览、在省级刊物中刊登，并获得奖项。大型广场舞《渭河八面鼓》、舞蹈《渭河吉祥鼓》《开门红》《采薇歌》等在省市县举办的文化活动中演出，其中舞蹈《渭河吉祥鼓》获得省级三等奖。文化馆原馆长李德清、邹虎华创作的渭源歌曲《欢迎您到渭源来》《首阳山怀吟》《渭河，母亲河》等在县内重大节庆活动中作为主题音乐播放。
简　　介：渭源县文化馆创建于 1935 年，命名为民众教育馆，1951 年 10 月成立渭源县人民文化教育馆，1953 年改称文化馆，1997 年定为渭源县文教体育局直属事业单位，现属于渭源县文化广播影视局，2008 年被文化部评为三级文化馆。近年来，在县委、县政府和上级主管部门的正确领导下，文化馆坚持"双百"方针，组织开展了丰富多彩的群众文化活动和免费开放活动。非物质文化遗产保护工作取得了一定成果，先后公布了两批县级名录，并有多项进入省、市级名录，整理编印了《渭源县非物质文化遗产丛书》，充分利用节庆活动日和民间传统节日开展了形式多样的非遗保护宣传活动，文艺创作水平上了一个新台阶。文化馆专业技术人员经过不懈努力和刻苦钻研，业务水平逐步提高，创作的文艺作品先后在省市级业务大赛、书画展览中取得了好成绩。

0642 峡城乡文化站

地　　址：渭源县峡城乡峡城村

隶属关系：峡城乡人民政府

人 员 数：8人

观 众 数：6000人

开展活动情况：服务中心每年举行"洮河风情花儿艺术节暨旅游推介活动"，活动期间举办全民运动会及花儿歌手大奖赛等多项活动。"花儿皇后"汪莲莲参加艺术节文艺演出。文化服务中心每年举办"三八"妇女节、中秋节等节日全体干部和乡属机关负责人联谊晚会。

场地面积：320平方米

文艺创作作品：无

简　　介：峡城乡文化站建在峡城乡乡政府西面，占地总面积320平方米，共计房屋6间。配有电脑4台、打印机1台、投影仪1台、音像设备、办公桌椅、体育器材、乒乓球案，室外有篮球架。近年来，峡城乡文化站在加大专业人员管理、知识培训、管理的基础之上充分发挥自身优势，积极开展了阵地宣传、科技培训及各种高尚健康、丰富多彩、群众喜闻乐见的文体活动，充实了群众的文化生活。每年春夏之交的"花儿会"一场连着一场，农历五月十五峡城的花儿盛会上，来自三州五县的花儿歌手在磨沟峡口、在洮河古渡船边尽展歌喉，峡城街上到处是花伞，到处是花海。峡城乡利用每年的花儿盛会，连续五届举办了以"洮水明珠、花儿故里、魅力峡城"为主题的花儿大奖赛暨旅游推介会，期间开展为期一周的包括万米千人长跑、篮球、拔河、乒乓球、象棋等全民健身体育活动。

0643 上湾乡文化服务中心

地　　址：渭源县上湾乡尖山村

隶属关系：上湾乡人民政府

人 员 数：5人

观 众 数：1000人

开展活动情况：在重大节日时间举办艺术活动汇演、社火表演，不定期开展书画展及文物保护、农家书屋管理培训等活动。

场地面积：340平方米

文艺创作作品：中国画《锦绣河山》。

简　　介：上湾乡文化服务中心始建于1982年，地处乡政府驻地尖山村，内设图书室、书画创作室、文化娱乐室等功能室。文化活动设施配备齐全，配有阅览桌椅64把、报刊杂志陈列架5个、书架、文件柜、绘画书写案1张、音响设备、文化信息资源共享设备（包括终端计算机、打印机、卫星接收系统、中央控制台、投影仪、电视机等）。文化中心把群众文化宣传教育工作当作提高群众素质、提升群众品味的大事来抓。先后组织廉政文化书画展以及"三八"妇女节联谊会、乡村各单位运动会等文化体育活动。乡文化服务中心充分发挥文化活动主阵地作用，为农民群众开放图书室、娱乐室等活动场所，积极开展以提高群众文化素质为主要内容的教育宣传活动。

0644 清源镇综合文化站

地　　址：渭源县清源镇柯寨村
隶属关系：清源镇人民政府
人　员　数：11人
观　众　数：1200人
开展活动情况：秧歌表演40场次，登山活动1次，各类文艺表演30场次，体育比赛45场，图书阅览500人次。
场地面积：300平方米
文艺创作作品：无
简　　介：清源镇综合文化站（又称清源镇文化服务中心），坐落在清源镇柯寨村书院社杜家庄，建筑面积300平方米，与新农村同处一地，龙亭中学毗邻，交通便利，人口稠密。清源镇文化中心积极带领农民群众开展各类文体活动，进行文化科技、时事政治、法律法规、卫生保健常识讲座辅导，定期放映电影，开展文艺骨干培训，有效推动了清源镇文化建设的进程。

0645 新寨镇文化服务中心

地　　址：渭源县新寨镇新寨村
隶属关系：新寨镇人民政府
人　员　数：12人
观　众　数：1000人
开展活动情况：组织开展丰富多彩的群众性文化、艺术、体育活动；举办各类文化艺术讲座班，辅导和培训群众文化骨干；搜集、整理、保护民族和民间文化遗产。
场地面积：380平方米
文艺创作作品：无
简　　介：新寨镇文化服务中心建有多功能厅、文体活动室、图书阅览室、电子阅览室。配有阅览桌6张、读者阅览椅24个、多功能座椅60把、办公桌2张、办公椅2把、书架3组、期刊杂志成列架5组、报架5个、文件柜2组、绘画写字书案1张、液晶电视1台、电脑桌椅4套、终端计算机4台、中央控制台1台、投影机1套、打印机1台、音响设备1套。另外，镇区建有新寨镇文化活动广场一座，占地2000平方米，内设塑胶篮球场，配篮球架1副和若干健身器材。新寨镇文化服务中心现有中心主任1名，副主任1名，人员技师1名，助理工程师1名，职员8名，共12人。镇文化服务中心旨在运用媒体及时传达政令，疏通信息，做好导向服务；通过图书、报刊、电影电视、图书展览、讲座、报告会、业余学校、培训班等形式，对广大群众进行文明建设的宣传教育，服务党委、政府的中心工作；组织开展丰富多彩的群众性文化、艺术、体育活动，丰富人民群众的精神文化生活；举办各类文化艺术讲座班，辅导和培训群众文化骨干；搜集、整理、保护民族和民间文化遗产；做好文物古迹的宣传和保护工作；指导村文化室开展工作。

（五十一）定西市岷县

0646 岷县图书馆

地　　址：岷县新民街19号
隶属关系：岷县文化广播影视局
人员数：9人
观众数：3.2万人
开展活动情况：无
场地面积：2200平方米
文艺创作作品：无
简　　介：岷县图书馆在编人数9人，场馆面积2200平方米，正科级建制，设有图书阅览室、电子阅览室、多媒体室等。图书总藏量5.5万册，书刊外借1.2万册。2012年度累计投入额55万，累计支出55万，购置新图书1万册。

0647 岷县档案馆

地　　址：岷县岷阳镇和平街113号
隶属关系：岷县文化广播影视局
人员数：10人
观众数：580人
开展活动情况：无
场地面积：805平方米
文艺创作作品：无
简　　介：岷县档案馆截至2012年底人员数10人，场馆面积805平方米，档案柜50组，档案总藏量32646卷、1504件，资料数3590册，新接收档案904卷、1334件，征集照片档案1100张。档案馆建成爱国主义教育基地1个，举办的固定档案陈列展面积65平方米、220件，查阅档案资料年均580人次、925卷。

0648 岷县文化馆

地　　址：岷县公园新村4号
隶属关系：岷县文化广播影视局
人员数：15人
观众数：3万人
场地面积：1550平方米
简　　介：岷县文化馆成立于1980年，现位于岷县岷阳镇新村4号，占地面积2148.1平方米，建筑面积1550平方米，场地活动面积1860平方米。2011年被文化部评为国家二级馆，现工作人员16名，平均年龄38岁，馆长5名，副馆长3人，专业技术人员9名，技师1名，高级工22名。设有民俗保护陈列组、美术组、书法组、摄影组、文艺组、花儿组、业务培训7个活动组。

(五十二)定西市临洮县

0649 临洮县图书馆

地　　址：临洮县洮阳镇椒山街97号
隶属关系：临洮县文化广播影视局
人　员　数：9人
观　众　数：6.3万人
开展活动情况：开展读书演讲比赛、有奖征文活动、农家书屋管理员技能大赛、中老年健康知识讲座，播放中小学生爱国主义电影等。
场地面积：2640平方米
文艺创作作品：无
简　　介：临洮县文化历史悠久，为陇上名城。早在1924年，由热心于公益事业的临洮人士王竹安创办了"狄道县图书馆"，1956年成立了"临洮县图书馆"，1958年与县文化馆合并，馆址设在旧城隍庙院内。1984年又与县文化馆、县博物馆分设，在省、地、县领导的大力支持和社会各界热情帮助下，1986年开始修建办公大楼，1989年10月正式向广大读者开放。馆舍面积2640平方米，使用至今。图书馆现有工作人员10人，其中：公务员1人，馆员3人，助理馆员3人；高级工2人，中级工1人。馆内服务窗口有图书外借室、报刊阅览室、少儿阅览室、电子阅览室、多媒体播放厅、制作室、古籍资料查阅室、地方文献资料查阅室、报刊资料查阅室、业务辅导室、图书采编室、办公室、自学室。现有藏书137385册，有古籍、哲学、政治理论、社会科学、自然科学、综合性图书以及各类工具书、地方文献、报刊资料等。1994年、1998年、2003年、2009年临洮县图书馆四次经省评估领导小组审定，被文化部定为国家三级图书馆。1998年被省文化厅评为"甘肃省文明图书馆"，1999年被县委、县政府评为"文明图书馆"，2000年被县文化局评为"先进单位"。2009年荣获甘肃省图书馆学会"征文活动优秀组织奖"，2012年荣获甘肃省省共享工程中小学生电脑小报制作活动"优秀组织奖"，2013年被县委宣传部、文化广播影视新闻出版局评为"先进集体"。

0650 临洮县博物馆

地　　址：临洮县洮阳镇东大街6号
隶属关系：临洮县文化广播影视局

人　员　数：7 人

观　众　数：2 万人

开展活动情况：博物馆向外开放，接待当地群众及外来人员观看文物。

场地面积：13938 平方米

文艺创作作品：无

简　　介：临洮县新博物馆于 2012 年 10 月正式动工，2013 年 12 月建成主体，2014 年已全部建成。新博物馆占地面积为 20067.9 平方米。总建筑面积为 13938 平方米，分三层，外形为马家窑彩陶样式的现代建筑。临洮县博物馆现有藏品 7289 件。其中一级文物 4 件、二级 43 件、三级 163 件，以三种文化为特色，沿革清晰，种类齐全，具有较高的历史和艺术价值。临洮县博物馆现有工作人员 7 人，其中管理人员 1 人，专业技术人员 5 人（中级 1 人、初级 4 人），工勤人员 1 人。2013 年县博物馆为馆藏三级以上珍贵文物全部订做了文物专用囊匣，基本达到文物安全保存条件。临洮县博物馆成立以来，一直兼管各级文物保护单位。全县境内共有各类文物保护单位 160 余处，其中全国重点文物保护单位 4 处，分别为马家窑遗址（1988 年公布）、寺洼遗址（2006 年公布）、战国秦长城遗址（2006 年公布）、辛店遗址（2013 年公布）。省级文物保护单位 7 处，分别为哥舒翰记功碑、东甘铺汉墓群、格致坪遗址、冯家坪遗址、寺门遗址、灰嘴洼遗址、朱家坪遗址。县级文物保护单位 41 处。

0651 甘肃马家窑彩陶文化博物馆

地　　址：临洮县南关 1 号

隶属关系：临洮县商务总社

人　员　数：10 人

观　众　数：3.8 万人

开展活动情况：彩陶鉴定，彩陶展览，彩陶收售，学术交流。

场地面积：400 平方米

文艺创作作品：无

简　　介：甘肃马家窑彩陶文化博物馆是甘肃省马家窑文化研究会的内部学术研究资料馆，也是对外展示马家窑文化的展览馆，是经甘肃省文物局批准成立的甘肃首家民间马家窑文化彩陶博物馆。博物馆汇集展出彩陶精品 600 余件，数十件展品为国内外绝无仅有的珍品，藏品总量达 2500 多件。博物馆的建立，为防止本地稀世之品古文化遗存严重外流起到了积极作用，并为研究会的学术研究准备了充分的实物资料。博物馆建于马家窑文化遗址所在地——临洮县的临宝斋文化楼，分两个展馆，建筑面积 400 平方米。藏品的文化内涵丰富多彩，有数十件藏品为国内外绝无仅有的顶级珍品。其中有画着新石器时代晚期先民们开始农耕活动的人物造型的彩陶，它证明远在 4800 年前中国人物画的最早绘画形式已经产生；有画着最早时期龙图腾原形的彩陶，它证明了中华龙在史前已经有了雏形；有先民们为了战胜水患，想象出的"蛙神"系列彩陶；有史前先民们娱乐用的陶牌；有先民们制陶用的工具——远古石砚、磨光器；有绘着原始文字图形的彩陶，为中华民族书画同源提供了新的证据；有反映出"卍"符号最早来源于太阳崇拜的远古彩陶；有画着人类生殖文化崇拜和宗教文化崇拜合璧交映，反映先民哲学思想已经存在的神秘彩陶；有中国最早可释读"巫"字纹彩陶罐，鉴于彩陶上这种特殊的图符互证形式，我们最终确定彩陶上这个符号就是中国最早的"巫"字，从而将"巫"字的产生年代向前推进了1000年。博物馆中的彩陶系统而清晰地为研究会的研究提供了充分的物证。勾画出先民从水的崇拜转向土地崇拜，再向战胜水患的"蛙神"崇拜不断发展的思想轨迹和精神历程。

0652 临洮县美术馆

地　　址：临洮县洮阳镇背斗巷11号
隶属关系：临洮县文化广播影视局
人　员　数：2人
观　众　数：5000人
场地面积：300平方米
简　　介：为了继承和发扬我县悠久的历史文化，发挥美术馆在精品珍藏、学术研究、公共教育、对外交流、展览策划等方面的作用，于2012年11月成立临洮县美术馆，与临洮画院一个单位挂两块牌子。2013年国家已下拨美术馆专项免费开放资金，现因人员编制急缺，无法正常开展工作。目前，美术馆设馆长1人、副馆长1人（均为专业人员）。

0653 红旗乡综合文化站

地　　址：临洮县红旗乡红咀村
隶属关系：红旗乡人民政府
人　员　数：5人
观　众　数：4000人
场地面积：300平方米
简　　介：红旗乡有综合文化站1个，11个行政村全部配有农家书屋，农村业余文化活动丰富。红旗乡综合文化站主体建成于2011年年底，实际使用房屋建筑面积300平方米。其中，一楼设有办公室，用于管理人员办公及处理日常事务；多功能活动厅130平方米，用于各种培训、小型文艺活动开展和群众文艺演出活动。二楼设有多媒体活动室，用于文化信息资源共享、收听收看广播影视等活动；书报刊阅览室100平方米，用于书报刊借阅、科普培训教育和科技知识推广。站内现有在编在职工作人员5名。

0654 太石镇综合文化站

地　　址：临洮县太石镇
隶属关系：太石镇人民政府
人　员　数：19人
观　众　数：3000人
开展活动情况：太石镇综合文化站每天为群众开放8.5小时以上，每周开放时间达到42小时以上。定期开展以文艺、农业技术培训、读书活动、知识讲座、电子阅览活动等为内容的文化活动。并面向全镇群众开展了"三八"妇女节拔河比赛、"五四"青年节篮球比赛、"六一"儿童节活动、全民阅读日活动等。编制文化宣传橱窗、板报12期。
场地面积：300平方米
文艺创作作品：无
简　　介：太石镇综合文化站于2011年建成并投入使用，文化站建筑面积达300平方米，一楼为多功能培训大厅和办公室，二楼有图书阅览室和电子阅览室，室外场地500平方米左右，建有专门的办公室、文化活动场所，有文化走廊、篮球场地、健身器械等。图书阅览室和电子阅览室每周开放五天，每天开放6小时，多功能活动室每周向群众开放40小时以上。有文化专干12人，其中大专以上学历6人，具备较强的业务能力和管理水平，并定期参加市县各级举办的文化业务知识培训，参训率达100%。图书室藏书达3500册，免费对外借阅。电子阅览室按时开放，方便读者阅览，不定期举办各类科技培训。太石镇充分发挥文化站载体作用，在传统节假日期间举办丰富多彩的大型文体活动。

0655 康家集乡综合文化站

地　　址：临洮县康家集乡汤家川村
隶属关系：康家集乡人民政府
人 员 数：15人
观 众 数：5000人
场地面积：400平方米
简　　介：康家集乡综合文化站建筑面积400平方米，设有多功能活动室（辅导培训室）、图书阅览室、信息资源共享室（电子阅览室）等5室，室内配有电脑5台、办公桌2个、读书椅子60把、读书桌6个、书架4组、音影播放设备1套等。图书阅览室收藏图书、报刊杂志等2200多册（份）。

于2009年7月投资10万多元建成了集文化娱乐、运动休闲等为一体的文化广场，占地面积500多平方米。文化站共有工作人员15人，配备固定工作人员2名，负责组织文化活动、综合文化站免费开放和日常业务处理等工作。

0656 玉井镇综合文化站

地　　址：临洮县玉井镇店子街政府内
隶属关系：玉井镇人民政府
人 员 数：18人
观 众 数：1万人
开展活动情况：本着"百花开放、百家争鸣"的方针，按照"贴近实际、贴近生活、贴近群众"的原则，以主办、承办、联办、协办等多种形式同有关部门相互配合，把节日文化与党委、政府的中心工作有机结合起来，根据不同民俗节日特点，组织开展形式多样、内容丰富的综合性大型文化活动（玉井峰文化旅游节、朱家坪庙会旅游节、黑池庙文化旅游节、姚家坪十三场会及全民阅读、迎春节送春联活动），还有各种单项性文体活动。
场地面积：391平方米
文艺创作作品：无
简　　介：玉井镇综合文化站位于镇政府院内，总面积391平方米，现有在编人员18人，其中文化专干12人，广播专干6人，均素质优良，事业心强。站内设有多功能活动厅、电子图书阅览室、文体活动室、站办公室。文化站免费开放活动项目10个。活动主要有报刊阅览、图书借阅、乒乓球、共享工程电子阅览、展览、健身、培训、排练等，日接待读者和体育爱好者60余人次。文化站注重以文艺活动促繁荣的理念，每年举办"送文化下乡"活动。近年来，玉井镇综合文化站在上级文化部门和镇党委、政府的正确领导下，坚持以科学发展观为统领，以创建和谐新玉井为目标，以特色文化为依托，全面挖掘镇内民俗文化。把节日文化与党委、政府的中心工作有机结合起来，根据不同民俗节日特点，组织开展形式多样、内容丰富的综合性大型文化活动以及单项性文体活动。同时积极挖掘玉井峰文化、唐泉文化、花儿文化、古唐泉手工织毯、雕塑起源传说等历史文化资源和人文自然资源，着重突出玉井地方特色文化。同时文化站在镇党委、政府和相关部门的关心与支持下，进一步加大文化阵地建设，基础设施得到明显改善，为开展各种文化活动提供了有力保障，并坚持向群众宣传新思想、新观念、新文化。

0657 龙门镇文化广播站

地　　址：临洮县龙门镇二十铺村
隶属关系：龙门镇人民政府
人　员　数：15人
观　众　数：3000人
开展活动情况：开展李氏祖籍地龙门民俗文化艺术节。
场地面积：300平方米
文艺创作作品：无
简　　介：龙门镇文化广播站于2009年正式动工，投资30万元，建筑面积300平方米，于2010年年底建成投入使用。文化站设有图书阅览室、多功能厅、多媒体室、文体娱乐室。多功能大厅面积100平方米，配备了42寸液晶电视1台、100寸投影布1块、投影仪1台、电子信息讲台1台、文化资源共享终端接收器1个、音响设备1套、资源管理服务器1台、DVD 1台、打印机1台、有线话筒2个、扬声器2台、多功能厅座椅60个；图书阅览室有书架6组、期刊杂志陈列架4组、阅览桌6个、阅览椅24个、藏书1200多册。平时都有专人管理，每周开放五天，供周边群众借阅。二楼设有文体娱乐室和办公室，站长室暂时与办公室合用。镇辖区内所有农家书屋建有完整的档案并有专职人员管理，每年对管理人员进行2次培训。文广站还设有文物保护管理机构和管理人员，并在文物行政主管部门指导下开展相应的文物保护工作，及时上报省级文物保护点李仲翔家族汉墓群的自然毁损情况，建立不可移动文物记录档案、文物安全制度，保障了不可移动文物的安全。

0658 南屏镇综合文化站

地　　址：临洮县南屏镇三甲村
隶属关系：南屏镇人民政府
人　员　数：8人
观　众　数：1800人
开展活动情况：2013年举办"五四"职工篮球比赛、"七一"书画展以及花儿会等活动；2014年开展"三八"妇女歌唱比赛、"五四"篮球比赛与乒乓球比赛、"七一"书画展、花儿比赛等活动。

场地面积：298平方米

文艺创作作品：无

简　　介：南屏镇综合文化站于2011年动工建设，位于南屏镇三甲村，建筑面积298平方米，2012年正式投入使用。站内藏书约1300多册，年订报刊杂志10余种，配备电脑、电子信息设备、电视以及音响设备等。综合文化站配有文广系统工作人员8名，包括站长1名。自综合文化站免费开放以来，充分发挥地域优势，积极组织群众开展傩舞、花儿、书法等文化娱乐活动，并且定期向群众开放综合文化站，利用多媒体和信息设备丰富群众文化生活。南屏镇文化站紧密结合镇党委、政府的工作安排，定期在综合文化站组织开展各种农业技术培训、禁毒宣传、法律讲座等活动，为全镇文化建设工作做出了突出贡献。

0659　连儿湾乡综合文化站

地　　址：临洮县连儿湾乡连儿湾村

隶属关系：连儿湾乡人民政府

人 员 数：6人

观 众 数：1000人

场地面积：297平方米

简　　介：连儿湾乡综合文化站坐落在连儿湾村市场内，于2011年动工建设，投资40万元，建筑面积360平方米，实用建筑面积297.57平方米，于2012年3月建成投入使用。文化站分别设置了多功能活动室、图书阅览室、电子阅览室、体育活动室。多功能活动室面积100平方米，配备了42寸液晶电视、多媒体投影仪、电子信息讲台、文化资源共享终端接收器、音响设备、资源管理服务器、DVD机、打印机等电子设备。图书阅览室有期刊杂志陈列架6组、阅览桌6个、阅览椅24个，藏书2000多册。电子阅览室有电脑桌6个、电脑椅6个、办公桌2张、报架6个、办公椅2个、电脑4台、文件档案柜2台、绘画书写架1个。文化站建有社火队3队、180多人，农民篮球队11个、130多人。文化站现有人员6名，其中文化专干5名、广播员1名。文化站每年元旦、建党节、教师节等重要节日开展文体活动，进一步丰富广大群众的精神文化生活，树立强身、健身新观念，振奋了广大干部职工、人民群众团结拼搏、昂扬向上的斗志精神，激发其爱国主义的思想情操，对构建和谐社会发挥精神文化的重要作用，对连儿湾乡文化事业的大发展、大繁荣做出了积极贡献。在文化站努力下，建有村级农家书屋11个，每村配备各类图书1500册、书架4个、报架1个，全部实现挂牌并免费开发。截至目前，全乡共安装"村村通"和"户户通"设备5144台，全部运转良好。

0660　峡口镇综合文化站

地　　址：临洮县峡口镇峡口村

隶属关系：峡口镇人民政府

人 员 数：9人

观 众 数：2000人

开展活动情况：2012年组织举办"书香峡口"全民阅读活动；2012年组织峡口镇新集村农民运动会。

场地面积：300平方米

文艺创作作品：无

简　　介：峡口镇综合文化站建设在峡口镇人民政府院内，于2011年7月建成，建筑面积300平方米。建筑风格按照上级部门标准要求施工，站内设有娱乐室、书画室、文化信息资源共享室、多功能厅、培训室、电影放映室、图书室、电子阅览室等。其中，一楼设有100平方米的多功能活动厅和80平方米的娱乐室兼书画室，多功能活动厅用于各种培训、农村电影放映以及小型文艺活动开展等。娱乐室和书画室内配有象棋、乒乓球等娱乐器材以及毛笔、颜料等书画用品，为丰富干部群众的业余生活提供了便利条件。二楼设有书报刊阅览室70平方米，用于书报刊借阅、科普培训教育和科技知识推广。综合文化站将进一步满足农民日益增长的文化需求，有效地推进农村文化服务体系的建设，引导农民建立科学文明的生活方式，提高生产力水平和生活质量，从而进一步推进峡口镇农村文化、经济和社会的全面发展。

0661　站滩乡综合文化站

地　　址：临洮县站滩乡站滩村

隶属关系：站滩乡人民政府

人　员　数：4人

观　众　数：5000人

开展活动情况：站滩乡文化站根据本乡的实际情况，每年都要举行多次文化活动，如书画比赛、乒乓球比赛、篮球比赛、广场舞比赛等。

场地面积：300平方米

文艺创作作品：站滩乡皮影戏。

简　　介：站滩乡综合文化站建于2006年，面积300平方米。站内设有多功能活动室、电子阅览室、图书阅览室及文化科技培训室等。现在职人员3名，正式事业编制2名。站滩乡党委、政府十分重视乡文化站工作，并将乡文化工作列入乡年度工作中。文化站建立了完整的文化站档案，建立健全了各种规章制度，年初有详细的工作计划，年终有工作总结。制作公众意见箱，公开监督电话，定期召开公众座谈会，公众满意度达80%。文化站对群众开放提供服务时间达40小时，设有免费活动项目；组织综合性大型文化活动和单项性文体活动；定时更新宣传橱窗内容，举办科普、法制、农村讲座，举办文艺培训班，开展信息服务；搜集、整理民间文化遗产并建立完整的民间艺术、非物质文化遗产档案；积极宣传国家文物保护法规，配合相关部门做好乡文物保护工作；认真做好文化市场管理、监督工作，对违反规定的依法责令停业整顿，情节严重的，请工商行政部门吊销营业执照，构成犯罪的依法追究刑事责任。文化站以后要更多地组织群众开展喜闻乐见的文体活动，多为群众服务，多为群众办实事，更好地满足群众多方面的文化需求。

0662 漫洼乡文化站

地　　址：临洮县漫洼乡漫洼村

隶属关系：漫洼乡人民政府

人　员　数：5 人

观　众　数：1000 人

开展活动情况：图书阅览室、文体活动室、电子阅览室、老年活动室、书画活动室免费开放；定期组织文化科技、文艺人才等的培训；每季度放映电影 1 次；重大节日开展文体活动。

场地面积：300 平方米

文艺创作作品：无

简　　介：在精准脱贫政策的深入实施下，漫洼乡建起了建筑面积 300 平方米的文化站，设在漫洼乡漫洼村。新修的塑胶广场上，有乡村舞台、篮球场、乒乓球桌、健身器材。漫洼乡领导干部从当地实际出发，为满足农民对精神文化方面的强烈追求，从 2011 年开始在每年农历"六月六"的传统庙会上举办了农民艺术节，农民艺术节越办越大、越办越红火。漫洼乡让农民在"富口袋"的同时让思想也"富"起来，得到了当地群众的良好评价。

0663 上营乡文化站

地　　址：临洮县上营乡上营村

隶属关系：上营乡人民政府

人　员　数：8 人

观　众　数：3600 人

开展活动情况：开展党的政策宣传、科技培训和贴近群众的文体活动。

场地面积：360 平方米

文艺创作作品：无

简　　介：上营乡于 2011 年投资 40 万元建设建筑面积 360 平方米，使用面积 297.57 平方米的上营乡文化站，于 2012 年 3 月建成投入使用。站内分别设置了多功能活动室、图书阅览室、电子阅览室、办公室。多功能活动室面积 100 平方米，配备了电视、电子信息讲台、多媒体投影仪、文化资源共享终端接收器、音响设备、DVD、打印机、资源管理服务器等电子设备。图书阅览室有阅览桌 6 个、书架 3 个、期刊杂志陈列架 5 组、阅览椅 24 个。电子阅览室有办公桌 2 张、办公椅 2 个、电脑 11 台、电脑桌 6 个、电脑椅 4 个、报架 5 个、文件档案柜 2 台、绘画书写架 1 个。有社火队 3 个、450 多人，农民篮球队 14 个、160 多人。文化站现有工作人员 8 人。近年来，该站因地制宜，充分发挥自身优势，积极开展党的政策宣传、科技培训和贴近群众的文体活动，为全乡经济社会发展起到了推波助澜的作用。

0664 洮阳镇文化站

地　　址：临洮县洮阳镇政府内

隶属关系：洮阳镇人民政府

人　员　数：23 人

观 众 数：1000人

开展活动情况：洮阳镇文化站自2013年7月建成，建成以来每年依托文化站组织文化娱乐活动多达10次以上，如图书借阅活动、体育健身活动以及各种形式的文化培训和实用技术培训活动。

场地面积：300平方米

文艺创作作品：洮阳镇辖区内有很多知名的书画家，首屈一指的当属创立甘肃省马家窑文化研究会的王志安老先生，他创编《马家窑文化源流》《马家窑文化研究论文集》等刊物，由于他的深入研究、解读，让临洮的马家窑文化从民间走向了大学讲堂，引起了社会和主流媒体的广泛关注。

简　　介：洮阳镇文化站占地面积为300平方米，自2013年7月起建成使用，站内分布有图书借阅室、电子阅览室、办公室、文体活动、多功能培训室5个房间。目前各个功能室已经完全实现了免费开放。站内各类设施设备比较齐全。每年洮阳镇文化站组织各项文体活动，全方位地方便了群众，也达到了丰富群众文化生活的目的。

0665 辛店镇综合文化站

地　　址：临洮县辛店镇

隶属关系：辛店镇人民政府

人 员 数：13人

观 众 数：2000人

开展活动情况：每年开展农民科技培训4次，每年举办农民运动会、职工运动会、端午文化旅游节等。

场地面积：300平方米

文艺创作作品：无

简　　介：辛店镇综合文化站于2011年建成并投入使用。建筑面积达300平方米，一楼为多功能培训大厅和办公室，二楼有图书阅览室和电子阅览室。室外有场地800平方米左右的文化活动场所。图书阅览室和电子阅览室每周开放5天，每天开放6小时，多功能活动室每周向群众开放40小时以上。文化站内配有比较齐全的设施设备。

（五十三）陇南市成县

0666 成县同谷书画院

地　　址：成县城关镇西大街
隶属关系：成县文化广播影视局
人 员 数：10人
观 众 数：7000人
开展活动情况：成同谷书画院展厅长期陈列展品对外开放。
场地面积：1500平方米
文艺创作作品：近年来多幅书画作品参加了全国、省、市各基点重大展览活动并获奖，为我县争得荣誉。特别是院长杨立强出版的《彼岸无岸》一书获得甘肃省政府敦煌文艺奖。
简　　介：成县同谷书画院（成县美术馆）是国家事业单位，承担着书画创作、对外交流和免费开放展览的文化任务。现建筑面积1500平方米，其中展厅500平方米、会议室70平方米，有专业创作人员10人。年接待参观者7000余人次，培训辅导60场次。同谷书画院坚持创作精品，扩大对外交流。展厅长期陈列文艺精品对外开放。

0667 成县博物馆

地　　址：成县水泉路北侧
隶属关系：成县文化广播影视局
人 员 数：23人
观 众 数：6万人
开展活动情况：珍藏品展览、资料查询。
场地面积：2700平方米
文艺创作作品：无
简　　介：成县博物馆新馆位于成县水泉路西段北侧，总占地面积约3000平方米，建筑面积约2700平方米，展厅面积约1600平方米。成县博物馆成立于2000年10月，2001年1月1日正式挂牌。2008年被省文物局确定为第二批免费开放的博物馆，馆内共珍藏各个历史时期的文物藏品959件（套）。其中国家一级文物12件、二级文物36件、三级文物91件，其余均为一般文物。馆藏品种类有青铜器、铁器、瓷器、陶器、玉石器、书画等，数量总计有1000余件。成县博物馆现有"璀璨的大地——成县非物质文化遗产展""成州历史文明展""东汉摩崖石刻、西狭颂、石门颂与郙阁颂"3个基本陈列。另设有"江山无尽——成县博物馆馆藏当代名人书画展"。博物馆内设办公室、陈列展览部、信息中心、宣传教育部、档案资料室、考古调查部、安全保卫部。

0668 索池乡文化站

地　　址：成县索池乡政府内
隶属关系：索池乡人民政府
人 员 数：7人
观 众 数：400人
场地面积：240平方米
简　　介：索池乡文化站位于成县索池乡政府院内，占地面积100多平方米，二层砖混结构楼房，建筑面积240多平方米，拥有图书室、多媒体室、老年少儿活动室、培训教室等活动场所。现有员工7人，具有较强的文化专业技能。室外有一个800多平方米的集文化娱乐、休闲健身、应急避难于一体的开放型综合性广场。文化广场常年有跳广场舞的、打羽毛球的、散步的，各种活动精彩纷呈。索池乡文化站和文化广场自建成以来，不仅繁荣了群众的文化生活，还带动了辖区内文化大院的作用发挥。目前，全乡共建成了花泉、索池、寨子、大川四个人口文化大院，这些文化大院在宣传计划生育政策、健康知识的同时，更为繁荣群众文化生活提供了舞台。为村民健身、休闲、开展农闲文化活动提供了场所，满足了人们休闲健身活动的需要，进一步丰富了村民的精神文化生活。

0669 纸坊镇文化站

地　　址：成县纸坊镇纸坊村
隶属关系：纸坊镇人民政府
人 员 数：6人
观 众 数：3500人
场地面积：240平方米
简　　介：纸坊镇党委、政府高度重视文化建设，加大投资，建成场馆面积240平方米的文化站和文化广场。文化站人员数6人，有图书阅览室、棋牌室、书画室、电子阅览室。各功能室配置齐全，基本能满足群众文化活动的需求。镇党委、镇政府充分发挥文化骨干人才的示范辐射作用，在文化广场经常性地组织各村群众开展文艺表演、体育竞赛等，文化活动热闹非凡，为农村经济社会的全面发展起到了积极的推动作用。

0670 沙坝镇综合文化站

地　　址：成县沙坝镇沙坝村
隶属关系：沙坝镇人民政府
人 员 数：1人
观 众 数：1000人
场地面积：260平方米
简　　介：沙坝镇综合文化站是政府举办的提供公共文化服务、指导基层文化工作和协助管理农村文化市场的公益性事业单位，是集书报刊阅读、宣传教育、文艺娱乐、科普培训、信息服务、体育健身等各类文化活动于一体，服务于当地农村群众的综合性公共文化机构。沙坝镇综合文化站位于沙坝镇中心，总面积320平方米，建筑面积260平方米，办公面积70多平方米，内设图书阅览室、办公室、羽毛球场地，现有工作人员6名，图书室藏书2000多册。文化站积极组织宣传教育、文艺娱乐、科普培训、信息服务、体育健身等各类文化活动，极大地丰富了当地农村群众的文化生活。

0671 二郎乡文化站

地　　址：成县二郎乡店子村

隶属关系：二郎乡人民政府

人 员 数：5 人

观 众 数：3000 人

开展活动情况：二郎乡以文化站和文化广场为文化活动基地，经常性地组织文化科技卫生"三下乡"活动，在重大节日期间开展大型文艺演出和体育运动会，在农闲时节开展文化艺术人才培训、排练演出节目、党的政策宣讲等活动。

场地面积：240 平方米

文艺创作作品：无

简　　介：二郎乡文化站场馆面积 240 平方米，内有图书阅览室、棋牌室、书画室、电子阅览室，有工作人员 6 人，业务素质较高，基本能胜任所负责的工作。二郎乡在社会各界的资金支持下建设了集法治文化、法制宣传、休闲健身为一体的高品位、多功能的文化广场。文化站组织开展了各项活动，进行各种培训，基本满足了群众文化活动的需要。

0672 王磨镇文化站

地　　址：成县王磨镇王磨村

隶属关系：王磨镇人民政府

人 员 数：2 人

观 众 数：300 人

开展活动情况：无

场地面积：160 平方米

文艺创作作品：无

简　　介：总面积 160 多平方米的王磨镇文化站综合楼内设有图书阅览室、培训中心、文体活动室等功能室，图书室藏书达 1000 多册，文化站建立了农村远程信息服务终端，成为该镇科普宣传、农技培训、群众娱乐等活动阵地。并分别在陈庄、浪沟、梨树等村建设了集休闲、娱乐、健身于一体的文化广场，为群众休闲娱乐搭建了平台。

0673 黄陈镇文化站

地　　址：成县黄陈镇

隶属关系：黄陈镇人民政府

人 员 数：6 人

观 众 数：1400 人

开展活动情况：黄陈镇以文化站为文体活动的基地，在重大节日积极组织村民开展大型文艺演出和运动会，在农闲时节组织村民学习党的方针政策、法律常识、卫生保健知识、农业科技知识等，每个季度放映电影。

场地面积：120 平方米

文艺创作作品：无

简　　介：黄陈镇党委、政府十分重视乡村文化建设，投资大量资金建成建筑面积 120 平方米的黄陈镇文化站。文化站现有工作人员 5 名；有办公室、多功能媒体室、电子阅览室、文体活动室、图书室；有图书 2100 册，订阅报刊《人民日报》《甘肃日报》《陇南报》《中国文化报》《文化陇南》等；有体育健身器材共计10件、电脑4台、投影仪1台。通过文化站开展各种文化活动，村民的文化素质和道德品质有了大幅度提升，文化生活有了极大丰富。

0674 黄渚镇文化站

地　　址：成县黄渚镇
隶属关系：黄渚镇人民政府
人 员 数：6人
观 众 数：5000人
开展活动情况：开展农业科技培训、运动会、文艺汇演、非物质文化遗产保护等活动。
场地面积：120平方米
文艺创作作品：无
简　　介：黄渚镇文化站由镇政府提供120平方米活动场所，有专干6人，县局配置"文化资源共享工程"设备1套。2013年镇政府投资2万多元，购置了供人民群众可以借阅的农业技术类、音乐美术类、医疗卫生类、世界名著类等方面的书籍200多册，及象棋、围棋、跳棋、跳绳、羽毛球拍、跳绳等体育用品。文化站经常组织文化专干、各村农家书屋负责人员进行业务培训、辅导、交流等活动，提高了文化工作人员的政治和业务素质；制定了文化站设备管理制度；充分利用现在的文化阵地，宣传党和国家的路线、方针、政策等，让群众了解时事热点，把握正确的政治方向；定期开展农业科技、卫生知识、法律常识等培训；在元旦、春节、"三八"妇女节等节日开展社火表演、红歌大家唱、篮球比赛、羽毛球比赛、拔河比赛、广场舞比赛等。通过开展活动，丰富了农村文化生活，为本辖区的发展、稳定和农村建设提供了强大的精神动力、智力支持，取得了显著的成效。

0675 陈院镇文化站

地　　址：成县陈院镇陈庄村
隶属关系：陈院镇人民政府
人 员 数：7人
观 众 数：5000人
场地面积：200平方米
简　　介：陈院镇文化站于2009年新建三层办公楼，办公室15间，内设多媒体室、阅览室、图书室、会议室、老年活动室、乒乓球室等。文化站有面积200平方米的文化活动场地，场内有健身器材5件，篮球架一副等。文化站现有专干7人，图书室藏书达2000余册。多媒体室配备52寸液晶电视、音响、多媒体播放器、投影仪、文化共享工程电脑多台。

（五十四）陇南市徽县

0676 徽县文化馆

地　　址：徽县城关镇和平路 2 号
隶属关系：徽县文化体育局
人 员 数：19 人
观 众 数：3 万人
开展活动情况：开展文化宣传，收藏展览文物，弘扬民族文化；组织文化下乡活动；进行艺术门类的相关培训、辅导。
场地面积：1960 平方米
文艺创作作品：散文《留在时光里》，小说《希望》。
简　　介：徽县文化馆成立于 1951 年，现有办公大楼一栋，共有 7 层，建筑面积 1960 平方米，2006 年 3 月动工，2011 年 3 月投入使用。一楼为东方馨画廊，二楼为徽成两康战役纪念馆，三楼为徽县文化馆办公室楼层，四楼为徽县文体局办公楼层，五楼为非物质文化遗产保护中心，六楼为徽县文化馆文化艺术培训中心。目前徽县文化馆各功能室齐全，能够正常开展工作。

（五十五）陇南市西和县

0677 十里乡文化站

地　　址：西和县十里乡河沟村
隶属关系：十里乡人民政府
人　员　数：5人
观　众　数：1000人
开展活动情况：2008年8月十里乡青羊村成功举办"青羊杯"迎奥运象棋比赛，十里村秧歌队、张集村秧歌队代表乡上参加了2009年春节汇报演出。梁集村每年开展农历七月份的老年乞巧民俗活动，有效地传承了古老的民族文化，丰富了农村老年人的精神文化生活。
场地面积：200平方米
文艺创作作品：无
简　　介：十里乡文化站位于西和县县城南部，距离县城6.5公里，始建于2013年5月。文化站设有图书室、阅览室、展览室、录像室、露天舞台，设施设备比较齐全，共有专职文化干部5名，都热心于本乡镇的文化事业。十里乡是一个文化大乡，乡村文化资源丰富。近年来，文化站充分发挥自身优势，积极开展阵地宣传、科技培训和各类文化表演活动。

0678 大桥乡文化站

地　　址：西和县大桥乡
隶属关系：大桥乡人民政府
人　员　数：4人
观　众　数：600人
开展活动情况：2013年举办"幸福家庭"创建专题会；2014年举办了西和县大桥乡迎国庆、促发展文艺联欢会；2014年依托伏羲文化和仇池文化资源厚重的有利优势，进行美丽乡村建设。
场地面积：249平方米
文艺创作作品：无
简　　介：文化站以文化基础设施建设为重点，以满足农民群众的文化需求为出发点，大力开展文化建设。文化站内设有展览室、文体活动室、图书室、阅览室，各室设施齐全；站外有文化广场、露天舞台、篮球场、健身器械等。西和县大桥乡采取多项措施，深入开展了贴近群众的文化体育活动。

（五十六）陇南市礼县

0679 礼县博物馆

地　　址：礼县城关镇东新南路秦人广场
隶属关系：礼县文化体育广播影视局
观 众 数：7500 人
开展活动情况：无
场地面积：20533 平方米
文艺创作作品：无
简　　介：礼县博物馆坐落于甘肃省陇南市礼县城关镇东新南路秦人广场，占地面积43865 平方米，建筑面积 20533 平方米，主体为仿秦汉式建筑。举办有"礼县秦文化文物展"和"礼县历史陈列展"两个基本陈列，另有"礼县民俗展"和"翰墨遗珍书画展"。"礼县秦文化文物展"以丰富独特的早期秦文化文物向世人重现了早期秦人那段惊心动魄、恢弘壮阔的历史。

0680 龙林乡综合文化站

地　　址：礼县龙林乡人民政府
隶属关系：龙林乡人民政府
人 员 数：3 人
观 众 数：1500 人
开展活动情况：每逢节庆，组织社火队、秧歌队等表演。
场地面积：300 平方米
文艺创作作品：无
简　　介：龙林乡综合文化站是农村文化的前沿阵地、农村精神文明建设的重要窗口，它肩负着农村群众文化活动的示范和导向作用，是政府和农村群众感情联络的桥梁和纽带。乡党委、政府高度重视群众性文化体育事业，始终将其作为精神文明建设的重要内容来抓，2011 年新建成并投入使用 300 多平方米的文化站，内设有图书室、阅览室、棋牌室、乒乓球室、体育健身场、多功能活动厅、篮球场等。图书室藏书达 2000 多册。

0681 盐官镇综合文化站

地　　址：礼县盐官镇
隶属关系：盐官镇人民政府
人 员 数：3 人
观 众 数：3000 人
开展活动情况：近年来盐官镇综合文化站陆续举办了以"喜迎十八大"宣传活动、"欢度重阳节"为主题的舞蹈表演及书画交流活动、"迎新春广场舞文艺汇演"和纪念"八一"

拥军拥民大型文艺活动。2014年成功举办了"迎新春大型舞蹈汇演"，来自全镇及周边乡村的18支舞蹈队伍参演，内容丰富，节目精彩。

场地面积：400平方米

文艺创作作品：无

简　　介：盐官镇综合文化站建筑面积400平方米，现有工作人员3人，主要有报刊阅览、图书借阅、共享工程电子阅览、书画展览交流培训等活动室，有藏书1万多册、电脑5台、液晶电视1台等。自建站以来，在县文体局和镇党委、政府及广大文艺爱好者的大力支持下，镇文化站充分发挥自身职能作用，始终坚持科学发展观，不断加强公共文化服务体系建设，坚持公益性、便利性等原则，把握文化发展方向，确立了围绕阵地活动促发展的理念。为全镇各项事业的发展、经济的腾飞，起了积极的宣传引导作用。文化站组织各种活动，极大地丰富了盐官镇人民群众的精神文化生活，赢得了广大人民群众的一致好评。同时建立了围绕节日搞活动的长效机制，群众文化活动呈现出蒸蒸日上的崭新局面。

0682　滩坪乡综合文化站

地　　址：礼县滩坪乡

隶属关系：滩坪乡人民政府

人　员　数：3人

观　众　数：1700人

开展活动情况：群众长期坚持晨练广场舞，晚上跳秧歌舞、健身操；文化站定期组织文化下乡活动；重大节日开展文艺演出。

场地面积：300平方米

文艺创作作品：无

简　　介：滩坪乡乡党委、政府高度重视群众性文化体育事业，始终将其作为精神文明建设的重要内容来抓，2011年新建成并投入使用200多平方米的文化站，内设有图书室、阅览室、棋牌室、乒乓球室、体育健身场、多功能活动厅等。图书室藏书达2000多册。在文化站的引导下，辖区内经常举办各种活动，极大地丰富了乡村的文化生活。

0683　湫山乡综合文化站

地　　址：礼县湫山乡政府内

隶属关系：湫山乡人民政府

人　员　数：3人

观　众　数：1600人

开展活动情况：乡综合文化站积极宣传涉农政策、农情资讯、农业技术、致富方略等实用信息，同时到各村组织开展贴近农民生活的文体活动。

场地面积：150平方米

文艺创作作品：无

简　　介：在乡党委和政府的领导和支持下建成乡综合文化站，并于2011年投入使用。湫山乡综合文化站建筑面积150平方米，文化站各类设施设备齐全。乡综合文化站积极举办文化站工作人员和各村负责文化管理人员的业务培训班，各村组织人民群众学习党的政策、法律常识、农业科技等活动，在各个重要节日期间组织文艺演出、篮球比赛、乒乓球比赛等文体活动。通过开展丰富多彩的活动，在营造新农村文化氛围、满足农民精神文化需求、培育农村文化骨干队伍、创建农村精神文明和谐音符等方面起到了重要作用。

0684 永坪乡综合文化站

地　　址：礼县永坪乡政府内
隶属关系：永坪乡人民政府
人 员 数：3人
观 众 数：2000人
开展活动情况：每逢节庆开展广场舞比赛、社火表演、篮球比赛、乒乓球比赛等，为乡村带来了快乐祥和的文化氛围。
场地面积：300平方米
文艺创作作品：无
简　　介：永坪乡党委、政府高度重视乡村文化事业，始终将其作为精神文明建设的重要内容来抓，于2012年新建成建筑面积300多平方米、体育健身广场600多平方米的文化站，内设有图书室、阅览室、文化信息共享活动室、综合展示厅、多功能活动厅等，配备专职文化干部3名，图书室藏书达2000多册。体育健身广场设有舞台、篮球场地、健身器材、文化长廊、宣传栏等。

0685 三峪乡综合文化站

地　　址：礼县三峪乡政府内
隶属关系：三峪乡人民政府
人 员 数：3人
观 众 数：1500人
开展活动情况：常年引导村民去广场跳广场舞、唱卡拉OK歌曲；在重大节日组织篮球比赛、拔河比赛、棋牌比赛、文艺汇演；组织文艺骨干培训、编排节目或演出；举办书画展览。
场地面积：200平方米
文艺创作作品：无
简　　介：三峪乡综合文化站于2011年新建成并投入使用。文化站建筑面积200多平方米，内设有多功能活动厅、图书室、阅览室、乒乓球室、棋牌室，图书室藏书达2000多册，各功能室免费向村民开放；外设有体育健身房、篮球场、文化长廊等。文化站建立了文化活动长效机制，为辖区内精神文明建设做出了积极贡献。

0686 红河乡文化站

地　　址：礼县红河乡政府内
隶属关系：红河乡人民政府
人 员 数：3人
观 众 数：1800人
开展活动情况：书画创作者、戏曲爱好者和农村各类民俗文化自乐班均会不定期现场表演，参观者络绎不绝。

场地面积：900平方米

文艺创作作品：无

简　　介：红河乡党委、政府坚持"围绕党建抓产业、挖掘文化促发展、开发旅游谋出路"的主题，深入实施"党建牵头、文化搭桥、旅游引路、竞相发展、共筑和谐"的发展战略，依托历史文化，发展旅游产业，整合区域特色，带动城镇建设，初步形成了红河文化舞台。红河乡文化站立足全乡实际，积极主动创造条件，繁荣文化市场，不断延伸文化产业链。目前已探索形成了优势互补、特色鲜明的红河文化发展模式。随着红河小城镇建设初具规模，全长500米的文化一条街道路硬化工程完工，红河文化的载体作用显得越来越重要，成为县、乡两级领导及红河文化名人最为关注的事情。2011年争取政府投资150万元，在县文体局的大力支持下，文化站工程于2011年8月正式动工，2011年底全面竣工并投入使用。文化站占地8000多平方米，为全市较大规模的文化站，整体建筑分为秦汉风味舞台、健身中心、文化长廊等多个主体。文化站建筑面积900平方米，室内设有管理室、文化活动室，室外有宣传栏、篮球场等文化体育健身器材。文化活动室按布局分为文艺、曲艺两个综合工作室，下设管理、展厅、文学、书画、泥塑、根艺、盆景、高台、皮影、纸布艺、收藏、戏曲歌舞等多个科室，每个科室均安排专门负责人和管理人员，建立了相应的管理制度。文化站竣工后乡政府安排专人管理，每天向群众开放。文化站周围设计了具有红河文化特色的文化墙，院内草坪浓密、各类花卉整齐划一、盆景根艺四周均有展示。

0687　白关乡综合文化站

地　　址：礼县白关乡政府内

隶属关系：白关乡人民政府

人　员　数：3人

观　众　数：1400人

开展活动情况：积极组织群众分批次参观各类展览，举办各类培训，重大节日开展文艺演出和大型体育运动会，组织村民学习党的政策、法律常识、文化科技等知识。

场地面积：300平方米

文艺创作作品：无

简　　介：白关乡党委、政府把文化建设作为乡政府的重点工作抓实、抓好，投资大量资金，建成建筑面积300平方米的文化站，站内设有多功能活动室、展厅、阅览室、文化信息共享活动室，各室内设备配置齐全；外设有文化广场，广场内有文化长廊、体育健身所、健身器材、篮球场地等。全乡各村都设有农家书屋，各藏有1500册图书。文化站自建立以来，通过开展文化活动，有效地满足了辖区内群众的文化需求。

0688　崖城乡综合文化站

地　　址：礼县崖城乡政府内

隶属关系：崖城乡人民政府

人　员　数：3人

观　众　数：1600人

开展活动情况：文化站每天开放，节假日举办广场舞各种文体活动，经常有上百名观众参加，还不定期举办美术、书法展览、音乐培训班。

场地面积：300 平方米

文艺创作作品：无

简　　介：崖城乡综合文化站位于崖城乡政府北1000米，距县城20公里，临近洛礼公路，现有工作人员4名，配套投入8万余元，硬件设施基本齐全，各项文化活动业务有序开展。文化站拥有主厅2个，并配有硬化大院及活动设施，用于各项文艺活动排练及表演。该站规章制度、档案资料齐全，开展活动正常，为群众提供一个集体休闲娱乐的场所，并为信息传递、科技普及、思想教育提供了服务平台。

0689　马河乡综合文化站

地　　址：礼县马河乡政府内

隶属关系：马河乡人民政府

人 员 数：3人

观 众 数：1800人

开展活动情况：文化站每年和各村联合举办篮球赛、文艺汇演等文体活动，并积极组织各行政村开展各种形式多样的文化活动，尤其是连续3年与阳坡村联合举办贺新春篮球比赛，吸引了周边3乡10余支篮球队参加比赛。

场地面积：297 平方米

文艺创作作品：无

简　　介：马河乡综合文化站在马河乡人民政府院内，建筑面积297平方米。文化站设有图书阅览室、信息共享室、录音室、书画室、老年活动室、青少年活动室等活动阵地。各室制度齐全，管理人员定岗到位。马河乡文化站活动阵地全年免费对外开放，每天开放时间达8小时以上，深受居民喜爱。文化活动的长期开展为马河乡文体繁荣发展做出了应有的贡献。

0690　罗坝乡综合文化站

地　　址：礼县罗坝乡政府内

隶属关系：罗坝乡人民政府

人 员 数：3人

观 众 数：1500人

开展活动情况：文化站定期组织文化下乡活动，农闲时节培训文艺骨干、科技人才；每逢节庆开展大型健美操比赛、秧歌队表演。

场地面积：300 平方米

文艺创作作品：无

简　　介：罗坝乡党委、政府高度重视群众性文化体育事业，始终将其作为精神文明建设的重要内容来抓，于2011年建成建筑面积300多平方米的文化站，并投入使用。站内设有图书室、阅览室、棋牌室、乒乓球室、体育健身场、多功能活动厅、篮球场等。图书室藏书达2000多册，免费向村民开放。罗坝乡领导干部积极动员村民去文化站下棋、看书、打乒乓球、上网查阅资料，罗坝乡文化活动开展得红红火火热热闹闹。

0691 上坪乡综合文化站

地　　址：礼县上坪乡政府内
隶属关系：上坪乡人民政府
人 员 数：3人
观 众 数：2000人
开展活动情况：文化站定期为村民放映电影、组织文化活动下乡；农闲时节培训文艺骨干、科技人才；每逢节庆开展大型文艺演出和农民运动会。
场地面积：300平方米
文艺创作作品：无
简　　介：上坪乡乡党委、政府高度重视文化建设事业，投入大量资金于2011年新建成300平方米的文化站，站内设有棋牌室、乒乓球室、图书室、阅览室、多功能活动厅；站外有体育健身场、篮球场等。文化站各功能室向村民免费开放，农闲时间部分村民在文化站下棋、看书、打乒乓球、上网查阅资料；部分村民每天早晚在体育健身场跳健美操，在篮球场打篮球。文化站组织各种文艺演出和体育活动，极大地丰富了村民的文化生活。

0692 草坪乡综合文化站

地　　址：礼县草坪乡政府内
隶属关系：草坪乡人民政府
人 员 数：3人
观 众 数：1200人
开展活动情况：每逢节庆开展合唱、舞蹈、独唱、小品等形式的文艺演出。
场地面积：300平方米
文艺创作作品：无
简　　介：草坪乡综合文化站是农村精神文明建设的重要窗口，它肩负着农村群众文化活动的示范和导向作用，是政府和农民群众感情联络的桥梁和纽带。草坪乡党委、政府高度重视群众性文化体育事业，始终将其作为精神文明建设的重要内容来抓，2011年新建成并投入使用300平方米的文化站，内设有图书室、阅览室、棋牌室、乒乓球室、体育健身场、多功能活动厅、篮球场等。文化站经常有群众看书、打乒乓球、下棋、上网查阅资料，农闲时节培训文艺骨干、科技人才。草坪乡文化建设有了大的发展。

0693 桥头乡综合文化站

地　　址：礼县桥头乡
隶属关系：桥头乡人民政府
人 员 数：3人
观 众 数：1200人
开展活动情况：组织村民学习党的理论知识、法律常识、卫生知识，组织年青人农业科技技能培训并颁发结业证书；举办大型体育活动、文艺汇演；引导村民在农家书屋及文化活动室看书、下棋、打乒乓球。
场地面积：300平方米
文艺创作作品：无
简　　介：桥头乡乡党委、政府高度重视群众性文化体育事业，始终将其作为精神文明建设的重要内容来抓，2011年新建成并投入使用300平方米的文化站，内设有图书室、阅览室、棋牌室、乒乓球室、多功能活动厅，外设有体育健身场、篮球场、文化长廊等。图书室藏书达2000多册，常年向群众免费开放。文化站积极开展文化下乡活动，举办农村电影节、农民秦腔、戏曲表演、农民运动会等活动；文化站定期在各村召集群众进行党的政策及社会主义核心价值的宣讲，邀请农业专家进行农业技术培训；开展"我是最美好媳妇"活动；积极引导村民去文化站活动室、农家书屋读书看报、打球、下棋。在文化站的引导下，通过抓建设、抓素质、谋发展，本乡的文化建设取得了大的发展。

0694 雷坝乡综合文化站

地　　址：礼县雷坝乡政府内

隶属关系：雷坝乡人民政府

人 员 数：3人

观 众 数：1600人

开展活动情况：冬闲之际，广大群众去文化站或农家书屋看书、打乒乓球、下象棋、上网、排练节目。

场地面积：200平方米

文艺创作作品：无

简　　介：雷坝乡乡党委、政府坚持"百花齐放，百家争鸣"的"双百方针"和"为人民服务，为社会主义服务"的方向，将文化建设作为乡政府重要的工作来抓，于2011年新建成建筑面积200平方米的文化站，内设有阅览室、棋牌室、图书室、乒乓球室、多功能活动厅，图书室藏书达2000多册；外设有体育健身场、宣传栏、篮球场等。所辖16个行政村都设有农家书屋，实现了农家书屋全覆盖。

0695 永兴乡综合文化站

地　　址：礼县永兴乡政府内

隶属关系：永兴乡人民政府

人 员 数：3人

观 众 数：1200人

开展活动情况：文化站注重以文艺活动促繁荣的理念，常年举办"乞巧文化艺术节"、"三八"妇女节、"五四"青年节、"六一"儿童节等主题文艺庆祝演出5次。

场地面积：300平方米

文艺创作作品：无

简　　介：永兴乡综合文化站建筑面积300平方米，现有在编人员3人。自建站以来，在县局及地方党委、政府的正确领导下，在有关部门及社会各界的关心支持下，不断加强公共文化服务体系建设，坚持公益性、便利性等原则，把握文化发展方向，确立了围绕阵地活动促发展的理念。建立文艺团队10多个，创建了图书室，藏书达2.5万册，书籍种类齐全，有报刊杂志12种。文化站免费开放活动项目11个，主要有报刊阅览、图书借阅、乒乓球、共享工程电子阅览、展览、健身、培训、排练、老年活动等，日接待读者和体育爱好者1000余人次。文化站建立了围绕节日搞活动的长效机制，群众文化呈现出蒸蒸日上的崭新局面。

0696 洮坪乡综合文化站

地　　址：礼县洮坪乡

隶属关系：洮坪乡人民政府

人 员 数：3人

观 众 数：1600人

开展活动情况：体育健身场、篮球场、村民活动室、农家书屋都有村民积极的参与各种文体活动。文化站引导村民早晚去文化广场跳健身操，每逢节日都组织开展拔河比赛、象棋比赛、秦腔汇演、红歌大合唱等文化体育活动。

场地面积：300平方米

文艺创作作品：无

简　　介：洮坪乡党委、政府高度重视群众性文化体育事业，大力进行文化基础设施建设，于2011年新建成300平方米的文化站，内设有图书室、阅览室、棋牌室、乒乓球室、多功能活动厅，外设有体育健身场、篮球场、文化长廊、文化宣传栏等。文化站组织开展各种文体活动，洮坪乡群众的文化生活有了大的改善。

0697 中坝乡综合文化站

地　　址：礼县中坝乡
隶属关系：中坝乡人民政府
人　员　数：3人
观　众　数：1500人
开展活动情况：开展各种文体活动。
场地面积：300平方米
文艺创作作品：无
简　　介：中坝乡党委、政府高度重视群众性文化体育事业，投入大量资金于2011年新建成300平方米的文化站，内设有图书室、阅览室、棋牌室、乒乓球室、多功能活动厅，外设体育健身场、篮球场、健身器材等。文化站充分发挥文化活动的示范和导向作用，积极调动当地群众参加各项文化体育活动，极大地推动了辖区内文化建设的发展。

0698 沙金乡综合文化站

地　　址：礼县沙金乡
隶属关系：沙金乡人民政府
人　员　数：3人
观　众　数：1200人
开展活动情况：组织各村文艺团体自创自编文艺节目，到各村巡回演出；组织农民运动会、广场舞表演；培养农村文艺骨干；强化村民思想教育活动。
场地面积：300平方米
文艺创作作品：无
简　　介：沙金乡于2011年新建成建筑面积300多平方米的文化站，内设有图书室、阅览室、棋牌室、乒乓球室、多功能活动厅，外设有篮球场、文化广场等。乡文化站充分发挥示范和导向作用，组织群众开展多样化的文体活动，给乡村社会建设带来了极大变化和生机。

0699 石桥镇综合文化站

地　　址：礼县石桥镇
隶属关系：石桥镇人民政府
人　员　数：3人
观　众　数：2100人
开展活动情况：开展"住在石桥、热爱石桥、建设石桥、发展石桥"的主题教育活动，镇文化广场举办为期5天的"魅力石桥"秦腔大汇演，每逢节庆举办社火队表演、文艺晚会、大合唱等活动。
场地面积：200平方米
文艺创作作品：无
简　　介：石桥镇党委、政府高度重视群众性文化体育事业，始终将其作为精神文明建设的重要内容来抓，2011年新建成并投入使用200平方米的文化站，内设有图书室、阅览室、棋牌室、乒乓球室、多功能活动厅，外设有体育健身场、篮球场、文化长廊、宣传栏等。文化站在元旦、春节、"三八"、"五一"、"七一"、中秋、国庆等重大节日开展社火表演、文艺晚会、农民运动会、秦腔大汇演、唱红歌比赛等；定期对当地村民宣讲科普知识、法律常识、卫生知识，以此提高他们的文化素养、保健意识、维权意识；组织各村的文化自乐班，引导他们开展文艺活动。通过各种活动的开展，本乡洋溢着喜庆的氛围。

0700 江口乡综合文化站

地　　址：礼县江口乡
隶属关系：江口乡人民政府
人 员 数：3 人
观 众 数：1500 人
开展活动情况：引导村民去阅览室、农家书屋看书，去活动室下棋、打乒乓球；定期组织文化下乡活动；定期在各村放映电影。
场地面积：300 平方米
文艺创作作品：无
简　　介：江口乡综合文化站于 2011 年建成，建筑面积 300 平方米，内部设备齐全。文化站的建成为江口乡文化体育活动提供了活动场地，为群众带来了很多方便，提高了群众的文化知识水平，促进了本乡文化体育事业的进一步发展。

0701 雷王乡综合文化站

地　　址：礼县雷王乡政府内
隶属关系：雷王乡人民政府
人 员 数：3 人
观 众 数：1200 人
开展活动情况：举办雷王乡春节文化交流会，举行了丰富多彩的文体活动，组织文化骨干人才、农业科技人才培训和各类文化知识辅导讲座，开展送文化下乡活动。
场地面积：300 平方米
文艺创作作品：无
简　　介：雷王乡于 2011 年新建成建筑面积 300 平方米的文化站，内设有图书室、阅览室、棋牌室、乒乓球室、多功能活动厅，外设有体育健身场、篮球场、文化长廊、文化宣传栏等。全乡有 26 个行政村建有农家书屋，各藏书 2000 余册。雷王乡为了营造经济腾飞、文化繁荣、人才成长的发展环境，打造文化交流、才艺展示的平台，在文化站的指导和带领下开展丰富多彩的文体活动，极大地活跃了群众的精神文化生活。

0702 固城乡综合文化站

地　　址：礼县固城乡政府内
隶属关系：固城乡人民政府
人 员 数：3 人
观 众 数：1500 人
开展活动情况：在节庆日组织开展了文艺汇演、乒乓球、羽毛球比赛等多种丰富多彩的活动项目；定期聘请专业老师对各村的健身舞、秧歌、腰鼓等文化团队进行培训辅导；每逢春节开展社火、舞龙表演。

场地面积：200 平方米

文艺创作作品：无

简　　介：固城乡切实把加强社会文化建设作为加快全镇经济又好又快发展的重要举措抓在手上，逐步加大对文化事业的经费投入。2011年建成并投入使用建筑面积200平方米的乡级文化站，设有文体活动室、图书阅览室、展览室、广播录像室、媒体阅览室等，配置电脑4台、投影仪等设施。室外新建标准化篮球场1处、乒乓球场1处。文化站建成后，安排专人进行负责管理，每天对群众开放，活跃了农民的业余文化生活，提高了群众的文化素养和文明素质。

0703 城关镇综合文化站

地　　址：礼县城关镇政府内

隶属关系：城关镇人民政府

人 员 数：3人

观 众 数：3000人

开展活动情况：由县文广局、城关镇人民政府主办，县图书馆、县妇联协办，城关镇甘沟村委会承办的大型群众文化汇演活动，文化活动包括文艺节目汇演和书画作品展示两方面；礼县组织文艺工作者深入城关镇开展群众汇演等。

场地面积：150 平方米

文艺创作作品：无

简　　介：城关镇镇党委、政府高度重视群众性文化体育事业，加大投资，于2006年建成并投入使用面积150平方米的文化站，内设有图书室、阅览室、棋牌室、乒乓球室、多功能活动厅，外设有文化广场、篮球场、宣传栏、体育健身器材等。城关镇辖区内文化活动开展的异彩纷呈，丰富多彩的文化活动深入群众生活，极大地提升了广大群众的文化素养和道德品质，赢得了村民的一致赞誉。

0704 白河镇综合文化站

地　　址：礼县白河镇政府内

隶属关系：白河镇人民政府

人 员 数：3人

观 众 数：1500人

开展活动情况：建站以来举办大型文艺活动，如：广场舞表演、卡拉OK演唱、各村文艺骨干培训、趣味体育游戏等活动。深受广大人民群众好评。

场地面积：600 平方米

文艺创作作品：无

简　　介：白河镇综合文化站始建于2011年，总建筑面积600平方米，室内设有多功能厅、图书室等。白河镇文化站坚持服务群众为核心，组织文艺团体编排文艺节目到各村演出；在重大节日举办书画展、歌咏比赛、联欢晚会、大型体育运动会；组织慰问农村老人、留守儿童，举办"好媳妇、好婆婆"评选活动。通过活动确保了文化建设落到实处，让群众真正享受到文化建设的普惠服务。

0705 宽川乡综合文化站

地　　址：礼县宽川乡人民政府

隶属关系：宽川乡人民政府

人 员 数：3人

观 众 数：2600人

开展活动情况：开展图书借阅活动、送文化下乡活动、群众运动会等丰富多彩的文体项目。

场地面积：800平方米

文艺创作作品：无

简　　介：宽川乡综合文化站始建于2011年，总建筑面积800平方米，室内设有"三农"文化陈列室、多功能厅、图书室和站长室。宽川乡文化站以弘扬"开放包容、改革进取、重信崇文、感恩责任"的礼县精神，抢救性挖掘和精心打造"三农"文化，全方位传承和展现传统的民间优秀文化，构建具有宽川特色的核心价值体系为目标，以"农业、农村、农民"的发展变迁为主线，推陈出新，服务"三农"，文化兴农。主要从生产工具、衣食住行、民间工艺、戏曲文艺、宗教祭祀等方面发掘、保护和提炼，以满足全乡人民的精神文化需求，为建设和谐美好的新宽川营造良好的人文环境。文化站坚持以"亲民、爱民、乐民、为民"为遵旨，不断繁荣社会主义先进文化，注重群众参与，丰富群众文化生活，为建设富强、文明、幸福、和谐的宽川乡发挥积极作用。

0706 祁山乡综合文化站

地　　址：礼县祁山乡政府内

隶属关系：祁山乡人民政府

人 员 数：3人

观 众 数：1900人

开展活动情况：祁山乡继承传统，在每年的农历七月初四带领当地群众举办乞巧文化传承汇演活动，汇演节目包括巧娘娘歌舞《十献花》《十二个月》《十绣》《万花灯》，现代舞《兵哥哥》《花蝴蝶》《走进新时代》等；在春节期间举办社火秧歌表演；每个季度放映电影；农闲时节组织村民学习法律常识、卫生保健知识、时事政治、农业科技知识。

场地面积：300平方米

文艺创作作品：无

简　　介：祁山乡党委、政府把乡村文化事业作为农村经济社会发展的重要内容来抓，于2012年建成建筑面积300平方米的文化站。文化站内设有图书室、阅览室、文化信息共享设备、综合展示厅、多功能活动厅等，外设有600多平方米的健身广场，配备专职文化干部3名。文化站组织各种文化活动，使祁山乡文化建设呈现蒸蒸日上的局面。

0707 肖良乡综合文化站

地　　址：礼县肖良乡政府内

隶属关系：肖良乡人民政府

人 员 数：3人

观 众 数：1600人

开展活动情况：带领群众每逢节庆举办大型表演，定期送文化下乡，农闲时节组织各类培训、文化学习、排练节目。

场地面积：200平方米

文艺创作作品：无

简　　介：肖良乡党委、政府把群众性文化体育事业作为精神文明建设的重要内容来抓，2011年新建成并投入使用建筑面积200平方米的文化站，内设有图书室、阅览室、棋牌室、乒乓球室、多功能活动厅，外设有文化广场、篮球场、舞台等。肖良乡综合文化站充分发挥农村文化的阵地作用，给乡村的生活带来一派生机向上的景象。

（五十七）陇南市康县

0708 康县图书馆
地　　址：康县城关镇西街方家坝新区
隶属关系：康县文化体育局
人 员 数：11人
观 众 数：1万人
开展活动情况：组织各类讲座18次，参加人数1万人次，总流通人数14万人次，书刊文献外借人数2400人次，书刊文献外借4.6万册次。
场地面积：2300平方米
文艺创作作品：负责《康县文化》的编制、出版工作，已出版《康县文化》6期；负责编撰出版了《康县文化系列丛书》10卷。
简　　介：康县图书馆是属国家兴办的为人民大众提供各种载体形式文献信息资源的社会公益性的文化、教育、服务的事业机构。图书馆以收集、整理、加工和保存人类文化遗产，进行社会教育、传播科学文化知识、开发智力资源为职能，对乡、村文化站（室）进行业余辅导培训，推广交流先进经验，组织开展各类读者读书活动，开展社会教育活动。图书馆副科级建制核定财政全额预算事业编制9人，其中领导职数2人。

0709 康县博物馆
地　　址：康县城关镇西街白云山公园
隶属关系：康县文化体育局
人 员 数：5人
观 众 数：2万人
开展活动情况：主要从事文物研究、保护；举办临时展览2个，参观人数1800人次。
场地面积：3000平方米
文艺创作作品：无
简　　介：康县博物馆于2012年1月建成，位于康县城关镇白云山公园内，属中央灾后重建资金项目，占地面积15亩，总投资870万元，主体建筑为仿古风格，使用面积3000平方米，职工人数5人，展览以"古道沧桑——康县历史文化展"为主题，共分历史悠悠、古道漫漫、多彩民俗、旧貌新颜4个单元。

0710 康县文化馆
地　　址：康县城关镇方家坝新区
隶属关系：康县文化体育局
人 员 数：8人
观 众 数：1万人
开展活动情况：康县文化馆举办展览2次，参观人数1.1万人次；组织文艺活动2次，参加人数1.2万人次；举办培训班3次，培训450人次；组织公益性讲座2次，参加人数280人次。
简　　介：康县文化馆成立于1952年，担负着组织、培训、指导全县群众文化艺术活动，创作文化艺术作品，培养业余文艺骨干，搜集、整理、研究、保护民族民间文化艺术和进行社会文化理论研究，为社会主义精神文明建设服务的综合性公共文化服务职能。是党和政府通过公益性文化艺术活动加强和人民群众联系的纽带；是社会主义精神文明建设的主阵地。康县文化馆成立六十多年来，先后分立出了县图书馆、县文联、县白云书画院和县博物馆，并于1984年创办县级刊物《山溪》。文化馆始终坚持全县群众文化的"龙头"示范作用，面向基层、面向群众、面向农村，不断开展群众文化艺术活动，为繁荣我县群众文化事业和社会主义精神文明建设做出了贡献。

0711 大堡镇综合文化站

地　　址：康县大堡镇街道村
隶属关系：大堡镇人民政府
人 员 数：4人
观 众 数：3000人
开展活动情况：组织开展群众文艺活动，做好图书借阅服务，组织开展全民健身活动。
场地面积：490平方米
文艺创作作品：无
简　　介：大堡镇综合文化站于2010年7月建成，总面积490平方米。站内设多功能活动室、书画创作室、文化信息资源共享服务室、文化科技培训室、图书报刊阅览室、文体活动室、老年人活动中心、少儿活动中心，外设有文化广场、文化长廊、健身器械、舞台等。阅览室配置图书2000余册，书籍种类齐全，报刊杂志8种。大堡镇文化站现有工作人员4人、其中文化专职人员2人。为了提高文化服务工作水平，更好地为群众服务，文化站设置了意见箱、监督电话。

0712 岸门口镇综合文化站

地　　址：康县岸门口镇街道村
隶属关系：岸门口镇人民政府
人 员 数：6人
观 众 数：2800人
开展活动情况：在重大节日举办文艺汇演、戏曲表演、篮球比赛、拔河比赛等文体活动。多次举办强化文化管理人员的素质培训班，开展农村群众文化知识讲座10次。
场地面积：800平方米
文艺创作作品：无
简　　介：康县岸门口镇综合文化站于2010年7月建成，文化站占地面积约800平方米，站内基础设施设备完好功能齐全，内设多功能演艺厅、书画创作展览室、图书阅览室、办公室、电教室等活动场所。配备有电视机、DVD、投影仪、电教设备和乒乓球台、象棋等文体设施，室外安装有6套健身器材。站内一次可容纳200余人进行培训、图书阅览、健身娱乐等活动。为突出文化站的文化元素，站内设有宣传橱窗、板报栏，并收藏有本县名人字画20余幅。镇文化站现有工作人员6人，其中，站长1名，文化专职人员4人。为了提高文化服务工作水平，更好地为群众服务，文化站设置了意见箱、监督电话。在文化站的带领下，各村开展健康有益的文体活动，群众的文体活动热情异常高涨，真正提高了村民的精神文化水平。

0713 白云山书画院

地　　址：康县城关镇方家坝新区
隶属关系：康县文体局
人 员 数：4人
观 众 数：1.5万人
开展活动情况：举办"六一"全县青少年书画大赛，庆"七一爱党爱国爱康县"主题书画展，开展了送书画进校园活动，为城关中学举办了书画理论讲座。

场地面积：1200平方米

文艺创作作品：出版《玉龙吟》《明月诗文集》《发现北茶马古道》《康县诗词（第五集）》《逆光》《失去炊烟的村庄》《松雪轩》《心之亭》《永恒的瞬间》等诗词作品，刘宏钟国画作品《进城》，杨清军工笔画作品《老磨坊》。

0714 店子乡综合文化站

地　　址：康县店子乡街道村

隶属关系：店子乡人民政府

人 员 数：2人

观 众 数：2000人

开展活动情况：康县店子乡综合文化站经常辅导乡村群众开展文化活动，全年组织文化活动3次。

场地面积：400平方米

文艺创作作品：无

简　　介：康县店子乡综合文化站建筑面积400平方米，文化广场1900平方米，开放式舞台30多平方米，村民健身器材11套（其中县文化局配备8套、乡政府自购3套）。文化站设有图书室，内布置设备齐全，可供借阅图书3000多册，外有运动场、篮球场各1块。现有专职人员2名，所有活动场所周一至周日全天免费开放。辖区内农家书屋16个。近年来，乡党委、政府高度重视综合文化站的建设和管理，因地制宜，统筹规划，加大投入，改善公共文化服务网络，提高了店子乡干部群众参与文化活动的热情，丰富了干部群众的文化生活。

（五十八）临夏回族自治州积石山保安族东乡族撒拉族自治县

0715 积石山县图书馆

地　　址：积石山县吹麻滩镇二环西路
隶属关系：积石山县文化广播影视局
人　员　数：2人
观　众　数：1500人
开展活动情况：无
场地面积：960平方米
文艺创作作品：无
简　　介：积石山县图书馆免费开放公共空间设施场所主要包括：图书阅览室、图书外借室、地方文献查阅室、电子阅览室等。图书馆为村民免费提供基本公共文化服务项目，主要包括文献资源借阅、检索与咨询、基层辅导、流动服务、文化共享工程服务等基本文化服务以及为保障基本职能实现的辅助性服务。积石山县图书馆于2009年开始实现无障碍、零门槛进入，对公共空间设施场地全部免费开放。

（五十九）甘南藏族自治州合作市

0716 合作市图书馆
地　　址：合作市当周街
隶属关系：合作市文化体育局
人 员 数：7人
开展活动情况：无
观 众 数：1万人
场地面积：1500平方米
文艺创作作品：无
简　　介：合作市图书馆成立于1998年9月22日，现有工作人员7人。图书馆面积1500平方米，内设报刊杂志阅览室、电子阅览室等。现有报刊34种、图书6000余册、电子阅览室电脑37台。图书馆年图书借阅5000人次。

0717 勒秀乡文化站
地　　址：合作市勒秀乡政府内
隶属关系：勒秀乡人民政府
人 员 数：2人
开展活动情况：勒秀乡多次组织了赛马活动；在重大节日举办锅庄舞比赛、运动会、健身操比赛等；定期组织群众学习农牧知识、法律常识等。
观 众 数：5000人
场地面积：300平方米
文艺创作作品：无
简　　介：勒秀乡党委、政府高度重视农牧民群众的文化活动，加大投资，建成建筑面积300平方米的文化站，站内各功能室齐全，各种设备基本能满足群众的需求。为了弘扬优秀民族文化，丰富农牧民群众的精神文化生活，勒秀乡组织教育培训、科技推广、文化娱乐等，为群众营造一个团结和谐的氛围，为勒秀乡文化建设奠定了良好的文化基础。

0718 合作市文化馆
地　　址：合作市文化馆
隶属关系：合作市文化体育局
人 员 数：10人
开展活动情况：开展教育培训、科技推广、文化娱乐等多种服务活动。

观 众 数：5000 人

场地面积：1868 平方米

文艺创作作品：无

简　　介：合作市文化馆成立于 1998 年 9 月 22 日，现有工作人员 10 人。文化馆面积 1868 平方米，购置了摄像机、照相机、计算机、电视机、室内外健身器材、演出服装、道具、扩音设备、乐器等。配置了乒乓球桌、象棋桌等，并安置了篮球架。文化站弘扬与创新民族文化，积累与推动学术发展的研究。

0719　佐盖多玛乡文化站

地　　址：合作市佐盖多玛乡

隶属关系：佐盖多玛乡人民政府

人 员 数：2 人

开展活动情况：普及科技知识、传递经济信息、监管文化市场、保护"非遗"等。

观 众 数：5000 人

场地面积：300 平方米

文艺创作作品：无

简　　介：佐盖多玛乡文化站建筑面积 300 平方米，内设办公室、图书室、阅览室、多功能活动室、文化资源共享室，设备配置齐全。文化站积极举办教育培训、科技推广、文化娱乐等多种服务活动。文化信息共享设备投入使用以来，及时接受各类信息，并将接收到的信息免费向辖区居民开放。

0720　卡加道乡文化站

地　　址：合作市卡加道乡政府内

隶属关系：卡加道乡人民政府

人 员 数：2 人

开展活动情况：文化科技知识、卫生保健知识、法律知识、党的政策等知识的宣传普及，开展文体活动，传递经济信息，保护"非遗"等。

观 众 数：5000 人

场地面积：300 平方米

文艺创作作品：无

简　　介：卡加道乡文化站，内设办公室、阅览室、多功能活动室、图书室、文化资源共享室，配置了乒乓球桌、象棋桌等，安置了羽毛球架和篮球架。文化站充分发挥引领示范作用，积极开展农业科技知识、党的政策、法律知识讲座辅导，定期放映电影，重大节日组织文艺活动，闲暇时间组织群众在文化站看书、下棋、打乒乓球等多种活动。

0721 卡加曼乡文化站

地　　址：合作市卡加曼乡
隶属关系：卡加曼乡人民政府
人 员 数：1人
开展活动情况：举办"下基层、讲政策、送文化、促和谐"千名干部下乡大宣讲暨巡回演出活动；卡加曼乡海康行政村举办赛马活动等。
观 众 数：6000人
场地面积：300平方米
文艺创作作品：无
简　　介：卡加曼乡文化站内设办公室、图书室、阅览室、多功能活动室、文化资源共享室，文化站各种设备齐全，基本能满足农牧民群众的文化活动需要。文化站积极举办教育培训、科技推广、文化娱乐等多种服务活动。丰富多彩的文化生活，既促进了民族团结，又让大家在丰富的文体活动中相互沟通，相互学习，取长补短。

（六十）甘南藏族自治州卓尼县

0722 卓尼县图书馆

地　　址：卓尼县滨河西街 12 号
隶属关系：卓尼县文化体育广播影视局
人 员 数：9 人
观 众 数：1 万人
场地面积：1000 平方米
简　　介：卓尼县图书馆成立于 1983 年。图书馆设有采编室、少儿阅览室、综合阅览室、电子阅览室、图书借阅室、资料室书库等，图书馆从业人员 9 人，其中业务人员 8 人。图书馆场馆面积 1000 平方米。图书馆现有电脑 35 台，图书总藏量 25192 册（其中书籍 16855 册、期刊资料为 8237 册、光盘 300 余张），图书总流通人次 3627 人，书刊外借册次 1.4 万余册。卓尼县图书馆原为县文化馆内部机构，属于事业单位，行政财务等事项仍属县文化馆管理。当今时代，文化越来越成为民族凝聚力和创造力的重要源泉，越来越成为综合国力竞争的重要因素，丰富精神文化生活已成为全国人民的热切愿望。图书馆在社会主义和谐文化建设中具有不可或缺的作用，为了社会主义和谐社会提供文化资源支持，卓尼县图书馆积极争取上级部门的支持，加大建设力度，为广大群众尽可能地提供最好的文化服务，从而保障所属地群众平等读书权利和获得知识的机会。

0723 卓尼县文化馆

地　　址：卓尼县柳林镇滨河西街 12 号
隶属关系：卓尼县文化体育广播影视局
人 员 数：11 人
观 众 数：1000 人
场地面积：1566 平方米
简　　介：卓尼县文化馆成立于 1953 年，目前有办公室 3 个、文化活动室 4 个、多功能室 1 个、展厅 1 个、资料加工室 1 间，配备有摄像机、电脑、数码相机、投影仪和电视等一批数字化服务设备。馆内现有职工 11 人，专业技术职务 4 人（其中中级职称 2 人、初级职称 2 人），有业务人员 9 人，其中书画组 2 人、摄影组 1 人、非遗组 2 人、计算机组 2 人、综合组 2 人。文化馆内部设有书画、摄影、非遗和计算机 4 个专门的辅导培训机构。

0724　洮砚乡综合文化站

地　　址：卓尼县洮砚乡
隶属关系：洮砚乡人民政府
人　员　数：1人
观　众　数：1200人
开展活动情况：举办洮砚技术培训、书画展览、体育运动会、广场舞表演等文体活动。
场地面积：500平方米
文艺创作作品：无
简　　介：洮砚乡综合文化站设有多功能厅、文体活动室、图书阅览室、电子阅览室、文化研究室、综合培训室、洮砚文化展览室、接待室等8个功能室，设有文化走廊46平方米。室外活动场地面积500平方米以上（不计各村活动点）。现有文化干事1人，每年组织对专职人员培训，文化站有文艺团队、体育团队共3支。

0725　阿子滩乡综合文化站

地　　址：卓尼县阿子滩乡
隶属关系：阿子滩乡人民政府
人　员　数：1人
观　众　数：1100人
开展活动情况：乡文化站配有专业流动电影放映队1个，放映区域包括4个乡镇的各级行政村，年放映量300余场，为活跃群众文化生活起到积极的作用。
场地面积：345平方米
文艺创作作品：无
简　　介：阿子滩乡综合文化站占地面积345平方米，设有多功能活动室3间、图书室2间、电子阅览室1间、电脑4台，桌凳齐全。图书室现有各类图书4000余册，阅览室内配有专用书架、书柜、阅览桌凳、报架、办公桌椅等。活动室配有大功率音响设备（包括大小音箱4个、喇叭2个、话筒2个）、调音器1台及VCD机、电视各1台。有文化干事1人。阿子滩乡综合文化站被评为甘肃省乡镇三级综合文化站。图书室、阅览室工作正常，各项制度健全，多功能活动室充分发挥职能，极大地丰富了农牧民群众的业余文化生活。文化站设有宣传橱窗、黑板报等宣传设施，积极配合乡镇工作定期举办以宣传党的方针政策、时事政治、法治形势教育、科普知识培训等内容的宣传栏，为全乡思想宣传工作搭建了良好平台，成为全乡宣传教育和精神文明的窗口。

0726　纳浪乡综合文化站

地　　址：卓尼县纳浪乡
隶属关系：纳浪乡人民政府
人　员　数：1人
观　众　数：2700人
开展活动情况：定期组织篮球比赛、乒乓球赛、羽毛球赛，每个月下村放一场电影，组织文化专干培训学习。
场地面积：320平方米

文艺创作作品：无

简　　介：纳浪乡综合文化站建于 2011 年，占地面积 320 平方米，文化站内设置文体活动室、图书阅览室、办公室和多功能厅。文体活动室用于开展宣传、文化艺术培训、科普培训、知识讲座等。图书阅览室提供多种务农书籍和报刊、杂志，供群众阅览学习。多功能厅放映各种科教影片。文化站硬件设施较为齐全，文体活动室内有写字书桌 1 张，图书阅览室内有阅览桌 10 张、读者阅览椅 32 个、书柜 2 个、报刊架 2 个，办公室内有办公桌 4 张、办公椅 4 个、文件柜 4 组。现有图书 4000 册、音响设备 1 套。文化站的建成使用，进一步加快了农村文化服务体系建设，缩小了城乡间文化公共服务差距，丰富了农民群众业余生活，有力地推动了全乡农村精神文明建设。

0727　木耳镇综合文化站

地　　址：卓尼县木耳镇
隶属关系：木耳镇人民政府
人 员 数：1 人
观 众 数：2300 人
场地面积：300 平方米

简　　介：木耳镇综合文化站建于 2003 年，占地面积 300 平方米，站内设有图书室、办公室、文化活动室。文化站藏书 1000 多本，年订报刊 300 多册；配备了各类文艺器材，有音响、摄影、大型话筒等诸多设备。镇政府还专门为文化站配备了文化干事 1 名。全镇 11 个村委会建设了村文化书室。该站充分发挥自身优势，积极开展阵地宣传，积极举办各类文化活动，每年"三八"妇女节、"五一"劳动节、"六一"儿童节都积极配合学校、妇联举办各类文艺活动。文化站自建立以来，在人民政府的大力支持下，在镇党委、政府的正确领导下，全镇上下将文化站工作纳入全镇重点工作，不断加强公共文化建设，坚持公益性、便利性等原则，把握文化发展方向，确立了团体阵地活动发展的理念，不断进取，开拓创新，努力搞好文化宣传工作，使镇文化工作事业开创出崭新局面。

0728　刀告乡综合文化站

地　　址：卓尼县刀告乡
隶属关系：刀告乡人民政府
人 员 数：1 人
观 众 数：1200 人
场地面积：280 平方米

简　　介：刀告乡综合文化站于 2010 年建成，有 1 名兼职文化干事，文化站占地面积 280 平方米。站内设有多功能活动室 3 间、图书室 2 间、电子阅览室 1 间、电脑 4 台，桌凳齐全，各类上墙制度健全。图书室现有各类图书 3000 余册，阅览室内配有专用书架、书柜、阅览桌、报架、办公桌椅等。活动室配有大功率音响设备（包括大小音箱4个、喇叭2个、话筒2个）调音器1台及VCD机、电视各一台。文化站工作人员在乡党委、政府的领导下以乡文化站为重点工作，在做好本职工作的同时，积极配合乡各项工作，全方位多层次开展工作。

0729 尼巴乡综合文化站

地　　址：卓尼县尼巴乡

隶属关系：尼巴乡人民政府

人　员　数：1人

观　众　数：900人

开展活动情况：乡综合文化站积极配合乡政府开展形式多样的群体文化活动，在每年的春节期间积极鼓励和支持全乡广大牧民群众开展篮球运动会、跑马、文艺晚会、唱藏戏等活动。文化站积极鼓励群众参加本县及周边兄弟县市开展的篮球、赛马等活动，并给予一定的经济支持。

场地面积：263平方米

文艺创作作品：无

简　　介：尼巴乡综合文化站有文化干事1人，占地面积263平方米。文化站设有多功能活动室1间、图书室2间、电子阅览室1间、电脑5台、桌凳齐全。图书室现有各类图书3500余册，阅览室内配有专用书架、书柜、阅览桌、报架、办公桌椅等，活动室配有大功率音响设备（包括大小音箱4个、喇叭2个、话筒2个）调音器1台，VCD机1台，电视机1台，图书室、阅览室工作正常，各项制度健全。在休闲时间图书室、阅览室完全对外开放，充分发挥其职能作用，丰富了辖区内各单位职工的业余文化生活。为了丰富广大牧民群众的体育文化生活，文化站开展各种群体文化活动，工作人员充分利用下基层的有利机会，广泛开展党的政策、法律常识、卫生保健知识等方面的宣传，为推动尼巴乡文化建设工作发挥了重要作用。

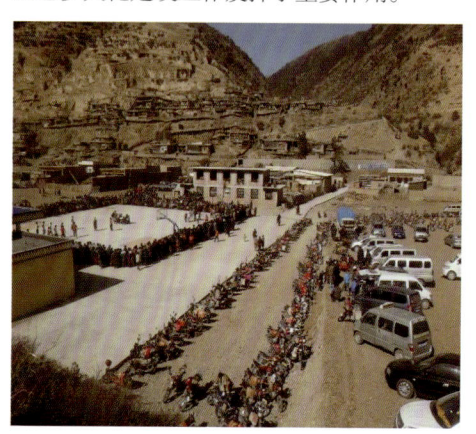

0730 藏巴哇乡综合文化站

地　　址：卓尼县藏巴哇乡新堡村

隶属关系：藏巴哇乡人民政府

人　员　数：1人

观　众　数：1000人

开展活动情况：积极举办大型文化活动15次，开展党的政策、法律常识、农牧科技等培训20多次。

场地面积：360平方米

文艺创作作品：无

简　　介：藏巴哇乡综合文化站位于藏巴哇乡的新堡村，是乡政府所在地。文化站与乡政府办公楼合建，建筑面积约360平方米。其中多功能厅及活动中心150平方米，图书阅览室100平方米，文化站工作人员办公室50平方米。藏巴哇乡综合文化站修建完成后，及时购置了图书报刊架、桌椅板凳等基本设施。自建站以来，乡党委、政府把文化事业列入重要议事日程，并召开了专题会议，为进一步加强全乡文化工作中心力量，成立了乡文化工作领导小组，及时调整了村级文化领导小组和管理员，初步建立了全乡各类文化队伍，9个村委会为农牧民书屋配齐了工作人员，确保了藏巴哇乡文化工作组织健全，进一步推动了全乡文化事业的发展。

0731 杓哇乡综合文化站

地　　址：卓尼县杓哇乡
隶属关系：杓哇乡人民政府
人　员　数：1人
观　众　数：1000人
开展活动情况：无
场地面积：300平方米
文艺创作作品：调动当地群众早晚去文化广场跳锅庄舞、健身操；定期放映电影；在"三八"、"五一"、国庆节、春节组织文艺演出、篮球比赛。
简　　介：杓哇乡综合文化站占地总面积300平方米，现有文化干事1人，设有多功能活动室4间、阅览室2间（内配有专用书架、书柜、阅览桌、报架、办公桌椅等）。活动室配有大功率音响设备（包括大小音箱2个、喇叭2个、话筒2个、调音器1台、电视1台）。其他2个行政村也修建了简易篮球场等设施，各行政村都建设了农家书屋，各类书籍2000余册，为广大农牧民群众提供了健康、良好的文化资源。文化站各类上墙制度健全。报刊阅览室、图书借阅室、乒乓球室、篮球场、老年活动室等免费开放。自建站以来，在县委县政府及乡党委、政府的正确领导下，在有关部门及社会各界的关心支持下，文化站坚持公益性、便利性等原则，把握文化发展方向，确立了围绕阵地活动促发展的理念，不断加强公共文化服务体系建设，极大地丰富了人民群众的业余文化生活。

0732 柳林镇综合文化站

地　　址：卓尼县柳林镇
隶属关系：柳林镇人民政府
人　员　数：1人
观　众　数：2000人
开展活动情况：举办各村元宵晚会、篮球友谊赛等活动，为广大农牧民群众的文化生活提供健康、良好的生活方式。
场地面积：300平方米
文艺创作作品：无
简　　介：柳林镇综合文化站建成运行以来，镇党委、政府始终把提升文化活动作为群众工作的一部分，在上级主管部门的关照下，配备了部分文化设备及办公器材，购置了图书阅览书架、音响、调音等常用设备，文化站工作顺利开展。现将具体情况做以介绍：一、馆舍建设情况。柳林镇综合文化站场所基本常用的设备齐全，办公电脑4台、投影机1台、大音响1组、小音响2组、调音台1套、打印机1个、图书阅览架5个。二、队伍建设情况。文化站由分管领导兼任文化站站长，1名专职文化干事具体处理日常事务，组织开展文化业余活动，活跃干部群众的文化氛围，增添文化气息，为建设生龙活虎的文化柳林努力工作。三、活动开展情况。文化站设有宣传橱窗、黑板报等宣传设施，积极配合本镇工作定期举办以宣传党的方针政策、时事政治、执法形势教育、科普知识培训等内容的宣传栏，为镇思想宣传工作搭建了良好平台，成为全镇宣传教育和精神文明的窗口。文化站始终本着丰富群众文化生活为出发点，千方百计创造机会，编制活动内容，开展群众喜闻乐见的大众化活动。

0733 完冒乡综合文化站

地　　址：卓尼县完冒乡
隶属关系：完冒乡人民政府
人 员 数：1人
观 众 数：1000人
开展活动情况：在重大节日举办具有民族特色的文艺联欢会、体育运动会等活动。
场地面积：300平方米
文艺创作作品：无
简　　介：完冒乡综合文化站2011年5月初建，现有文化干事1人，办公室3间，多功能活动室1间，图书室1间，电子阅览室1间，电脑4台，桌凳齐全，各类墙上制度健全。阅览室内配有专用书架、书柜、阅览桌、报架、办公桌椅等，有各类图书1000余册。活动室配有大功率音响设备（包括大小音箱2个、喇叭2个、话筒2个、调音器1台、VCD机1台、电视1台）。文化站配有专业流动电影放映队1个，工作正常，放映区域是各级行政村，年放映量300余场，为活跃群众文化生活起到积极的作用。文化站设有宣传橱窗、黑板报等宣传设施，积极配合乡镇工作定期举办以宣传党的方针政策、时事政治、法律常识教育、科普知识培训等内容的宣传栏，为本乡思想宣传工作搭建了良好平台，成为全乡宣传教育和精神文明建设的窗口。乡文化站积极引导群众自发性开展文体活动，极大地丰富了广大农牧民群众的文化生活。

0734 申藏乡综合文化站

地　　址：卓尼县申藏乡
隶属关系：申藏乡人民政府
人 员 数：1人
观 众 数：1600人
开展活动情况：无
场地面积：320平方米
文艺创作作品：开展锅庄舞表演赛、赛马比赛、摔跤表演、卡拉OK比赛。
简　　介：申藏乡综合文化站占地总面积320平方米，有文化干事1人，设有多功能活动室4间，各类上墙制度健全。阅览室内配有专用书架、书柜、阅览桌、报架、办公桌椅等，活动室配有大功率音响设备（包括大小音箱4个、喇叭2个、话筒2个、调音器1台、电脑5台、电视1台）。2013年建成申藏村文化广场1处，占地面积240平方米，健身器材基本齐全，篮球场1处，方便村民在农闲时候的文体活动。其他6个行政村也修建了简易篮球场等设施，各行政村都建设了农家书屋，各类书籍2000余册。本站报刊阅览室、图书借阅室、乒乓球室、篮球场、老年活动室等阵地免费开放。活动室及场所充分发挥职能，丰富了辖区内群众的业余文化生活。

农村文化服务体系建设，缩小了城乡间文化公共服务差距，丰富了农民群众业余生活，有力推动了全乡农村精神文明建设。

0735 喀尔钦乡综合文化站

地　　址：卓尼县喀尔钦乡
隶属关系：喀尔钦乡人民政府
人 员 数：1人
观 众 数：1600人
开展活动情况：开展篮球赛、摔跤比赛、赛马会、锅庄舞比赛、民歌大赛等文化体育活动。
场地面积：300平方米
文艺创作作品：无
简　　介：喀尔钦乡综合文化站占地面积300平方米，内设文体活动室、图书阅览室、办公室和多功能厅。文体活动室用于乡开展宣传、文化艺术培训、科普培训、知识讲座等。图书阅览室提供多种务农书籍和报刊、杂志，供群众阅览学习。多功能厅放映各种科教影片。文体活动室内有写字书桌1张，图书阅览室内有阅览桌8张、读者阅览椅30个、书柜2个、报刊架2个，办公室内有办公桌2张、办公椅2个、文件柜2组、音响设备1套，多功能厅有多功能座椅60个。全乡各行政村农家书屋现有图书1万册。该文化站的建成投用，彻底改变了全乡农村文化阵地建设薄弱的落后局面，进一步加快了

0736 恰盖乡综合文化站

地　　址：卓尼县恰盖乡政府内
隶属关系：恰盖乡人民政府
人 员 数：1人
观 众 数：1200人
开展活动情况：开展群众喜闻乐见的赛马会、篮球友谊赛、扛沙袋、摔跤等文化活动。
场地面积：300平方米
文艺创作作品：无
简　　介：恰盖乡综合文化站与办公楼配套一体使用，在乡政府办公楼3楼，各功能室、基本常用的设备齐全。文化站由分管领导兼任文化站站长，1名文化站工作人员具体处理日常事务，组织开展文化业余活动。文化站始终本着丰富群众文化生活为出发点，千方百计创造机会，编制活动内容，开展各种群众喜闻乐见的文化活动。

0737 扎古录镇综合文化站

地　　址：卓尼县扎古录镇
隶属关系：扎古录镇人民政府
人　员　数：2 人
观　众　数：1600 人
开展活动情况：文化站积极参与各项群众自发性文体活动，充分利用麻路村农牧民健身基地、各村简易篮球场等现有设施积极开展大型运动会、健身操表演。
场地面积：300 平方米
文艺创作作品：无
简　　介：扎古录镇综合文化站现有人数 2 人，2004 年修建而成，设有图书室 2 间、电子阅览室 1 间，有电脑 4 台，桌凳齐全。图书室现有各类图书 4000 余册，阅览室内配有专用书架、书柜、阅览桌、报架、办公桌椅等。活动室配有大功率音响设备调音器 1 台及 VCD 机 1 台、电视 1 台。图书室、阅览室工作正常，各项制度健全，尤其是周末双休日对外开放不变。乡镇文化站配有专业流动电影放映队 1 个，工作正常。文化站积极为广大农牧民群众的文化生活提供服务。

0738 康多乡综合文化站

地　　址：卓尼县康多乡
隶属关系：康多乡人民政府
人　员　数：1 人
观　众　数：8000 人
开展活动情况：文化站积极组织各类文体活动，党的方针政策、科技文化、法律知识、卫生知识等辅导讲座，组织培养辖区内文艺人才。
场地面积：300 平方米
文艺创作作品：无
简　　介：康多乡综合文化站占地面积 300 平方米，内设有办公室、多功能活动室、图书室、阅览室、信息资源共享室。图书室现有各类图书 3500 余册，阅览室内配有专用书架、书柜、阅览桌凳、报架、办公桌椅等，活动室配有大功率音响设备（包括大小音箱 6 个、喇叭 2 个、话筒 2 个）调音器 1 台、VCD 机 1 台、电视机 1 台。文化站站长由分管文化的副乡长兼任，专职文化干事 1 名。文化站设有宣传橱窗、黑板报等宣传设施，积极配合本乡工作，定期举办以宣传党的方针政策、时事政治、法律法规教育、科普知识培训等内容的宣传栏，为本乡思想宣传工作搭建了良好平台。文化站组织各种文体活动、开展培训，极大地丰富了广大农牧民群众的文化生活。

（六十一）甘南藏族自治州临潭县

0739 临潭县图书馆

地　　址：临潭县南大街3号
隶属关系：临潭县文化体育广播影局
人 员 数：8人
观 众 数：3.5万人
开展活动情况：每年送流动图书下乡2次，给新城镇皇庙免费赠送图书2000余册等。
场地面积：300平方米
文艺创作作品：无
简　　介：临潭县图书馆的前身是由新城士绅贾义山、王星天等人首倡、捐资、捐书于民国二十三年（1934）成立，称民众教育馆，地址为现新城镇西街，贾义山任馆长，藏书约1000余册。1949年中华人民共和国成立后，改名为临潭县图书馆，1954年随县政府迁至旧城。现有工作人员5人，总有图书数量2.8万余册。其中古籍线装95套、350册（善本有3套43册、线装古本19册、线装书38册），杂志1850本，报纸4380份，洮州厅志8册，洮州卫志2册。新建的临潭县博物馆、图书馆、档案馆、文化馆综合楼位于县城广场东侧，四馆综合楼为9层框架结构，总投资为2651.86万元。图书馆认真开展图书采访、图书编目、图书典藏、图书借阅；除此之外还提供参考咨询，如课题服务、咨询服务、文献传递和会展；新场馆的投入使用大大提升了图书馆工作效率，改善了为人民服务的条件。临潭县图书馆传承和弘扬优秀传统文化，宣扬新兴文化，为全县人民提供不可或缺的文化资料与信息，为树立临潭文化大县的形象尽自己一份力。

（六十二）甘南藏族自治州玛曲县

0740 玛曲县尼玛镇综合文化站

地　　址：玛曲县尼玛镇
隶属关系：玛曲县尼玛镇人民政府
人员数：3人
观众数：1000人
开展活动情况：尼玛镇综合文化站自2011年建成以来，组织综合性文化活动2次，单项性文体活动5次；举办科普、法制、卫生等讲座、培训8次。其中包括承担州委宣讲团宣讲政策、县委党校讲党课、党员冬训附带学习等活动。
场地面积：700平方米
文艺创作作品：无
简　　介：尼玛镇综合文化站建于2011年，总投资20万元，使用面积700平方米，室外活动面积600平方米。站内设有图书阅览室、辅导培训室和电子阅览室，配备专职人员3名，列入正式事业编制。

0741 玛曲县曼日玛乡综合文化站

地　　址：玛曲县曼日玛乡
隶属关系：玛曲县曼日玛乡人民政府
人员数：2人
观众数：1000人
开展活动情况：举办综合性文化活动1次，单项性文体活动2次，定时更新宣传橱窗内容8期，举办科普、法制、牧业讲座3次，组织尕加村、斗隆村、强茂村文化活动室开展文体活动，举办文艺培训2期。文化站对公众开放提供服务每周不少于35小时，定期为孤寡老人、留守儿童、青少年举办各项文艺演出及文体活动，在节庆、法会期间，有计划地组织群众参与拔河、摔跤等各项文体活动。
场地面积：300平方米
文艺创作作品：无
简　　介：曼日玛乡2012年建成综合文化站，建筑总面积300平方米，内设办公室、图书阅览室、多功能厅。室内藏书达500余册，配有专职文化专干2人。文化站配合上级业务部门做好搜集、整理民间文化遗产、文物保护、市场监管等工作。在重大节日文化站调动各村文艺团体自编自演文艺节目；组织当地群众积极去文化广场跳健身操、锅庄舞，由文化站派专人负责指导；举办赛马会、摔跤比赛、篮球赛、拔河比赛等。

0742 玛曲县阿万仓乡综合文化站

地　　址：玛曲县阿万仓乡
隶属关系：玛曲县阿万仓乡人民政府
人 员 数：2人
观 众 数：1500人
开展活动情况：每年组织综合性文化活动1次，单项性文体活动3次；举办科普、法制、农技、卫生等讲座、培训5次，并利用共享工程开展活动2次，开展信息服务2次。
场地面积：300平方米
文艺创作作品：无
简　　介：阿万仓乡综合文化站建于2012年，总投资15万元，使用面积300平方米，室外活动面积800平方米。站内设有图书阅览室、辅导培训室和电子阅览室，配备专业人员2名，列入正式事业编制。文化站对公众开放提供服务时间每周达40小时，设有免费活动项目。文化站以文艺讲座为载体宣传社会主义核心价值观，面对面与参加群众一起交流学习。邀请农业专家、法律专家到乡文化站做讲座，提升当地群众的文化知识和农牧技术；在重大节日开展赛马会、锅庄舞比赛、拔河比赛等。还积极配合上级业务部门做好本辖区内的文物保护、市场监管工作。

后 记

在甘肃进行全面性的文化资源普查属于首次，将普查成果汇编成大型的文化资源名录在国内也属于前列。《甘肃省文化资源名录》是按照《甘肃省文化提升行动协调推进领导小组工作方案》和《甘肃省文化资源普查和分类分级评估工作实施方案》要求推出的重要成果。经过甘肃省文化资源普查和分类分级评估工作领导小组办公室组织40多名专家学者，在甘肃省文化资源普查平台数据库基础上，历时两年精心编排，终于完成书稿，这是参与全省文化资源普查的所有工作人员集体智慧的结晶。

甘肃省委原常委、省委宣传部原部长连辑，甘肃省委常委、省委组织部部长梁言顺，甘肃省委常委、省委宣传部部长陈青，先后领导和部署了本名录的编辑出版工作。省委宣传部原副部长、省社科院原院长范鹏研究员协调推进了本名录的编写。甘肃省社科院院长王福生研究员组织实施了本名录的策划设计、内容编排、审定并最终定稿。甘肃省社科院副院长马廷旭研究员负责了审稿、统稿和出版发行事宜。刘玉顺同志全程负责了书稿编排工作。

在《甘肃省文化资源名录》面世之际，感谢甘肃省文化提升行动协调推进领导小组各位领导的大力支持与关心，感谢参与普查工作的各市（州）县（区）、有关省直厅局的鼎力相助，感谢参与普查的专家学者和基层工作人员的辛勤付出，感谢中国书籍出版社为本名录的出版所做的努力，感谢所有关心关注本名录的人们。《甘肃省文化资源名录》是从盘清全省文化资源家底的角度入手，收录范围极其宽泛，有部分内容还存在缺项，有的资源没有资源简介，有的资源缺图片等等，给该书的出版留下了遗憾（该套丛书普查数据截至2012年12月31日）。同时，由于我们的水平有限，可能还有错讹疏漏之处，恳请读者随时批评指正，以便在将来进一步完善和修订。

甘肃省社会科学院
2017年7月

甘肃省文化资源名录
总书目

第 一 卷　　可移动文物Ⅰ（金银器、铜器）

第 二 卷　　可移动文物Ⅱ（铜器）

第 三 卷　　可移动文物Ⅲ（铜器、铁器）

第 四 卷　　可移动文物Ⅳ（陶泥器）

第 五 卷　　可移动文物Ⅴ（陶泥器）

第 六 卷　　可移动文物Ⅵ（陶泥器）

第 七 卷　　可移动文物Ⅶ（陶泥器）

第 八 卷　　可移动文物Ⅷ（陶泥器）

第 九 卷　　可移动文物Ⅸ（砖瓦、瓷器）

第 十 卷　　可移动文物Ⅹ（瓷器）

第十一卷　　可移动文物Ⅺ（宝、玉石器，石器、石刻）

第十二卷　　可移动文物Ⅻ（纺织品、皮革、漆木竹器、珐琅器、玻璃器、骨角牙器、文具乐器法器、绘画）

第十三卷　　可移动文物ⅩⅢ（书法、拓片、玺印、货币、雕塑、造像）

第十四卷　　可移动文物ⅩⅣ（文献图书、徽章、证件、票据、邮品、度量衡器、交通运输工具、武器装备、航天装备、古脊椎动物化石、人类化石、其他）

第十五卷　　不可移动文物Ⅰ（古墓葬、古遗址）

第十六卷　　不可移动文物Ⅱ（古建筑、石窟寺及石刻、其他）

第十七卷　　红色文化（故居、旧址、纪念地、纪念设施、烈士墓、其他）

第十八卷　　历史事件与人物Ⅰ（历史事件、历史人物）

第十九卷　　历史事件与人物Ⅱ（历史人物）

第二十卷　　历史文献Ⅰ（古籍）

第二十一卷　历史文献Ⅱ（古籍、志书、档案、其他）

第二十二卷　非物质文化遗产Ⅰ（民间文学、民间音乐、民间舞蹈、民间戏剧、曲艺）

第二十三卷　非物质文化遗产Ⅱ（民间杂技、游艺传统体育与竞技、民间美术、民间技艺）

第二十四卷　非物质文化遗产Ⅲ（民间技艺、民间医药、民间信仰、岁时节令、生产商贸习俗、消费习俗、民间知识、人生礼俗）

第二十五卷　建筑、自然景观文化（建筑文化、自然景观文化）

甘肃省文化资源名录
总书目

第二十六卷	文学艺术Ⅰ（文学、艺术）
第二十七卷	文学艺术Ⅱ（艺术）
第二十八卷	饮食文化（酒、茶、饮料、特色饮食、饮食器皿）
第二十九卷	节庆、赛事、文化之乡（节庆、赛事、文化之乡）
第 三十 卷	地名文化Ⅰ（特色自然地理地名、市州、市县区、乡镇街道、村、社区）
第三十一卷	地名文化Ⅱ（村、社区）
第三十二卷	地名文化Ⅲ（村、社区）
第三十三卷	地名文化Ⅳ（村、社区）
第三十四卷	地名文化Ⅴ（村、社区）
第三十五卷	地名文化Ⅵ（村、社区）
第三十六卷	文化产业、传媒Ⅰ（新闻出版发行服务、广播电视电影服务、文化用品的生产、文化产品生产的辅助生产）
第三十七卷	文化产业、传媒Ⅱ（文化艺术服务、文化信息传输服务、文化休闲娱乐服务、工艺美术品的生产）
第三十八卷	文化产业、传媒Ⅲ（文化创意和艺术服务、文化专用设备的生产、传媒）
第三十九卷	社科研究Ⅰ（机构和团体、著作类、研究报告、学术活动、社科刊物、获奖成果）
第 四十 卷	社科研究Ⅱ（论文）
第四十一卷	社科研究Ⅲ（论文）
第四十二卷	文化类高等教育、文化艺术机构团体Ⅰ（文化类高等教育、文化艺术机构、文艺团体、文艺表演团体、文艺场馆）
第四十三卷	文化类高等教育、文化艺术机构团体Ⅱ（群众文化艺术馆）
第四十四卷	文化人才Ⅰ（社科人才）
第四十五卷	文化人才Ⅱ（社科人才）
第四十六卷	文化人才Ⅲ（图书情报人才、档案人才、文博人才、新闻人才、出版人才、文艺人才）
第四十七卷	文化人才Ⅳ（体育人才、网络文化人才、动漫人才、民间文化人才）
第四十八卷	宗教文化、民族语言文字Ⅰ（教职人员、宗教经卷）
第四十九卷	宗教文化、民族语言文字Ⅱ（宗教活动场所）
第 五十 卷	宗教文化、民族语言文字Ⅲ（宗教活动场所、民族语言文字）